PMI PMP® Certification 취득을 위한
PMBOK 6th Edition과 7th Edition 핵심요약

PMP Certification ECO 문제집

ATP(Authorized Training Partner) 주식회사 PCCA

박성철, 이길호, 이두표, 오석현, 최광호, 김현일, 현정훈 지음

BM (주)도서출판 성안당

■ 도서 A/S 안내

서문

본서는 PMI(Project Management Institute) PMP(Project Management Professionals) 자격시험을 준비하고자 하는 수험생을 위한 책이다. 최근 PMI에서 PMBOK(Project Management Body of Knowledge(PMBOK® Guide) 7판과 PMI STANDARD를 다양한 방향으로 업데이트한 후 PMP 시험의 유형과 경향이 과거와는 많이 달라졌다.

특히 PMI(Project Management Institute)에서 2021년 1월부터 진행되는 PMP 자격시험 준비에 대한 Guide에 의하면 "더 이상 PMP 시험은 PMBOK에 한정되지 않고 PMP ECO(Exam Content Outline) 기준으로 출제되며, PMI PMBOK(A Guide to the Project Management Body of Knowledge)은 시험 준비를 위한 10가지 책 중 하나일 뿐(아래 그림 참고)이라고 공지하였다.

The PMI course materials we deliver are now up to date with *PMBOK® Guide* – Sixth Edition. When will they be updated with the 7th Edition (domains, principles, etc)?

The topics and concepts covered on the PMP exam can be found in the Exam Content Outline (ECO) as the exam is based on the ECO. You can also recommend students read some of the sources on the reference list, but we recommend that they focus their time reviewing the ECO. It is important to

Authorized Training Partner Premier Series Webcast FAQ | Created: February 2022 | Page **3** of **5**
©2022 Project Management Institute, Inc. All rights reserved.

Project Management Institute.

Authorized Training Partner Premier Series
February 2022 Webcast Questions + Answers

remember that the PMP exam is NOT based on the PMBOK® Guide, but rather the ECO. The volunteer exam item writers create the questions from the ECO and then validate it using two titles on the recognized references list. When we say an exam item is "validated" by titles/resources on that references list, it does not mean the question came from the title. It means that the title has content that reinforces the concept the question is testing. While the PMBOK® Guide - Seventh Edition is one of many references on that list – and thus a source exam writers can choose from to validate new exam questions – it is not the ONLY one.

PMI에서 제시하고 있는 PMP-ECO(Examination Content Outline)는 다음과 같다.

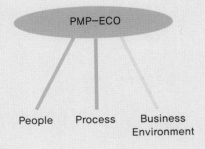

▲ 참고자료(PMP 시험준비 교재)

따라서 아래의 PMBOK 외에도 9가지 참고도서를 추가로 학습해야 하는 상황이다.

1. Agile Practice Guide
2. *Project Management: A Systems Approach to Planning, Scheduling, and Controlling*
3. *Effective Project Management: Traditional, Agile, Extreme, Hybrid*
4. *Fundamentals of Technology Project Management, 2nd Edition*
5. *Project Managers Portable Handbook, 3rd Edition*
6. *Information Technology Project Management, 7th Edition*
7. *Essential Scrum: A Practical Guide to the Most Popular Agile Process*
8. *Project Management: The Managerial Process*
9. *The Project Management Tool Kit: 100 Tips and Techniques for Getting the Job Done Right*

현재 국내에도 PMI PMP 자격증 시험에 대비하기 위한 다양한 책이 출판되었다. 이 책들은 단순히 PMBOK(A Guide to the Project Management Body of Knowledge) 중심의 이론적 설명으로 구성되어 있다.

이러한 이유로 기존 출판된 책만으로는 PMP 자격시험 준비에 부족한 부분이 있다고 판단하여, 2023년 현재 국내 유일의 PMI ATP(Authorized Training Partner)인 주식회사 PCCA 소속의 ATP Instructor인 박성철, 이길호, 이두표, 오석현, 최광호 5명의 공인강사와 ATP PCCA 소속의 PMP/PMI-SP 김현일 팀장, PMP/PMI-RMP 현정훈 팀장의 협업으로 "PMP® Certification ECO 문제집"을 출간하게 되었다.

이 책의 Part I은 PMI PMP® Certification 관련 소개와, PMBOK 6th와 PMBOK 7th의 핵심요약, PMP ECO(Exam Content Outline)의 3Domain(People, Process, Business Environment), 35(14, 17, 4) Tasks를 설명하고 각 Task별 5문제 및 문제 풀이로 구성하였고, Part II는 자격시험을 위한 최종 점검 모의고사를 3회로 구성하여 PMP® Certification 자격시험을 위한 최종 마무리를 할 수 있도록 구성하였다.

3회 최종점검 모의고사는 PMP® Certification 획득을 위한 ECO의 모든 내용을 반영하여 실전과 동일한 180문제로 구성하였고 Waterfall, Agile, Hybrid 형태의 다양한 프로젝트 상황을 제시하고 있다.

마지막으로, PMP® Certification 시험을 준비하는 모든 분의 PMP 자격 취득에 도움이 될 수 있도록 바쁘신 업무에도 시간을 내주신 집필진 모든 분께 감사 말씀드립니다.

PMI ATP PCCA 저자 일동

PART 1 PMI PMP 핵심 정리

CHAPTER 1 PMI PMP 시험 개요

CHAPTER 2 PMP ECO(Exam Content Outline)

PART 2 최종 점검 모의고사

PMI PMP 핵심 정리

학습 목표

Part 1에서는 PMI PMP 시험 개요를 설명하고, PMBOK 6th의 10개 지식 영역(Knowledge Areas)과 5개의 프로세스 그룹(Process Group)을 설명하고 PMBOK 7th Edition의 12원칙(Principle)과 8개 성과 영역(Performance Domain)의 핵심 내용을 이해할 수 있다. 또한, PMP 자격시험의 기준으로 설명되는 ECO(Examination Content Outline)의 3가지 영역(Domain)인 영역 1의 사람(People) 14과제(Tasks), 영역 2의 프로세스(Process) 17과제(Tasks), 영역 3의 비즈니스 환경(Business Environment) 4과제(Tasks)를 간략하게 설명하고 해당 과제의 문제를 활용하여 PMP 자격인증 준비를 위한 학습 방향성을 확립할 수 있다.

PMP® Certification ECO

Project Management Institute / Project Management Professional

1 PMI(Project Management Institute): 프로젝트관리협회<비영리 전문단체>

- 1969년 창립
- 216개국, 304 챕터, 620,000명 이상의 정회원
- 프로젝트 관리에 대한 세계 최고의 권위있는 기관
- 글로벌 지원, 네트워킹, 협업, 연구 및 교육
- 끊임없이 변화하는 역동적인 세계에서 조직과 개인이 보다 현명하게 프로젝트를 수행할 수 있도록 지원

2 PMI PMP® Certification(Project Management Professional Certification)

PMP는 프로젝트 관리(이하 'PM') 분야의 세계 최고 자격증으로 미국 PM 전문기관인 PMI(Project Management Institute)가 1984년부터 PM의 전문성 확보와 체계적인 PM기법 습득을 통하여 성공적인 프로젝트 수행을 위한 전문가 확보를 위하여 시행하고 있는 자격증이며, '프로젝트 매니지먼트 전문가(PMP)'로 통칭되고 있다. 현재 전 세계적으로 2021년 12월 기준 1,252,228명의 PMP가 각 산업 분야에서 활동하고 있으며, 국내의 경우 대중적인 관심 고조와 함께 2022년 6월 현재 10,845명이 자격 보유 및 활동 중이다.

Active Certifications 11,129	
PMP	10,743
CAPM	139
PMI-ACP	85
PgMP	4
PMI-PBA	12
PMI-RMP	99
PfMP	3
PMI-SP	37
AH-MC	3
CD-MC	1
DASM	2
DASSM	1

Active Certifications 1,473,954	
PMP	1,312,526
CAPM	65,437
PMI-ACP	53,115
PgMP	4,168
PMI-PBA	6,130
PMI-RMP	13,460
PfMP	1,387
PMI-SP	2,934
AH-MC	2,605
AM-MC	345
BEPM	127
BETI	170
CD-MC	541
CDBA	200
CPBEP	8
DAC	142
DASM	4,671
DASSM	4,011
DAVSC	82
ECC	361
OTF	1,032
OTI	285
OTO	217

PMI FACT FILE 28 February 2023 Numbers	
664,342	Total Members
210	Total Countries /Territories
302	Chartered Chapters
7	Potential Chapters

Certifications
Total Active Holders of:

4,732	DASM
65,810	CAPM
53,444	PMI-ACP
4,196	DASSM
160	DAC
13,699	PMI-RMP
2,962	PMI-SP
6,209	PMI-PBA
1,319,962	PMP
4,221	PgMP
1,386	PfMP
2,198	PMI Project Management Ready

▲ 2023년 2월 10일 현재(Global) ▲ 2023년 2월 10일 현재(Korea)

3 PMP® 전문가 교육 및 자격 취득 필요성

- ESG, Safety, 노동시간 등 프로젝트 수행 시 영향을 미치는 기업환경요인(EEF; Enterprise Environment Factors)을 고려한 프로젝트 관리를 위한 통합적 계획 수립(Planning) 및 모니터링 및 통제(Monitoring & Controlling) 요구 증가
- 선제적/의도적 프로젝트 관리능력 향상을 통한 그룹 차원의 프로그램 및 프로젝트 관리 역량 향상과 경쟁력 확보
- 통합적이고 체계적인 관리를 통한 프로젝트 고객의 요구사항인 On time/Within Budget 달성을 통한 고객만족/고객감동 요구 증가
- 프로젝트 발주처(Client)의 프로젝트 전문가 자격 요구 증가(PQ 시 가점)
- 프로젝트 수행 시 글로벌 프로젝트 표준(Global Project Standard)의 준수 요구
- 미국 PM 관련 조달 법 제정(필요성)

4 PMP® Certification 가치

- 글로벌 표준을 근거로 한 세계 최고의 프로젝트 관리 인증
- 해외뿐 아니라 국내에서도 인정받을 수 있는 국제자격증
- 프로젝트 관리에 대한 능력을 공식적으로 인정

- 예측(Predictive)
- 애자일(Agile)
- 하이브리드(Hybrid)

– 프로젝트 관리에 대한 전문성 인정

– PMI 조사에서 2027년까지 매년(220만 명) 프로젝트 관리자의 수요 증가 예상

– PMP® 자격 취득을 통해 다음 3가지의 가치를 더할 수 있다.

    1. Add value: 프로젝트 관리의 최고 자격(미국 CIO magazine)

    2. Delivers Benefits

    3. Proves you work smarter

2017년 미국에서는 프로젝트화(projectized) 된 산업의 프로젝트 관리 중심의 노동자 수입이 비프로젝트 중심의 관리 전문가 임금보다 평균적으로 82퍼센트 정도 높은 프리미엄을 제공받아 프로젝트 전문가들이 훨씬 많은 급여를 벌었다는 연구결과를 발표하였다.

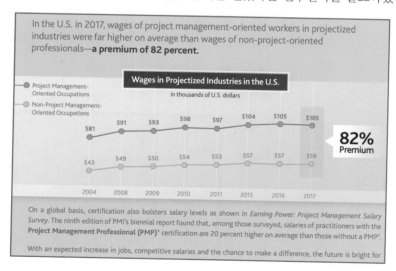

5 PMI ATP에 대한 소개

1. PMP(Project Management Professional)® 시험 준비

2. DA(Disciplined Agile) 교육

3. PMI가 제작한 공인 교재 사용

4. 공인된 PMI ATP 강사 강의 진행

5. 수강생이 신뢰할 수 있는 교육 제공

6. 수강생에게 PMI에서 제공된 PMP 모의고사 문제 제공

또한 세계 최대의 프로젝트 관리 협회인 PMI와의 제휴를 통하여 3년마다 PMI의 품질 검토 프로세스를 거쳐 PMI에 등록된 모든 프로젝트 관리 과정이 적절하고 유효한지 검토한다. ATP 강사들은 최신 학습 방법을 갖추고 있으며 지속적으로 기술을 향상시키고 있다. 모든 과정은 최신 상태로 진행되며 PMI 글로벌 표준에 부합해 진행되고 있다. PMP 과정의 모든 강사들은 PMP 자격증을 보유한 경험 많은 프로젝트 관리자일 뿐만 아니라 PMP 시험 준비를 위한 PMI의 공식 교육 프로그램을 성공적으로 이수했다.

2023년 현재 국내 ATP PCCA 소속 Instructor는 6명이다.

박성철, 이두표, 최광호, 이길호, 오석현, 박용권(호주 거주)

6 PMP 시험 절차

PMP 시험은 CBT(Computer Based Test: 컴퓨터를 이용한 시험) 방식이며, 아래는 시험 방식에 대한 기본적인 안내 사항이다.

응시자는 인터넷이 연결된 PC, 웹카메라, 마이크, 스피커가 장착된 환경에서 시험을 치르며, 시험장소는 PMI가 시험을 의뢰한 대행기관의 시험장에서 치른다. 코로나 이후 비대면의 필요성에 따라 2020년 9월부터 Off-line(시험장) 또는 On-line(원격)으로 시험 진행이 가능하게 되었으며,

신청자가 직접 선택할 수 있다. 온라인으로 시험을 보고자 할 경우는 아래의 웹페이지를 통해 온라인 시험이 가능한 환경인지 사전에 확인할 수 있다.

https://home.pearsonvue.com/Clients/PMI/OnVUE-online-proctored.aspx

아래는 PMP 시험 방식에 대한 개요이다.

1. 총 시험 문항 수: 180문제(175+5 Dummy)
2. 총 시험 응시 시간: 230분
3. CBT 시험 중간에 10분 휴식시간 부여
4. 4지 선다형 외 복수 선택 문제+주관식
5. Agile 문제 40% 이상 출제

PMP 시험은 응시하기 위한 프로젝트 실무경력과 교육의 기본 요구사항이 있다. 4년제 이상의 학위를 가진 경우 최소 3년의 프로젝트 관리 경험과 프로젝트 작업을 지휘하고 지시하는 데 최소 4,500 시간을 투입한 경험이 필요하며, 고등학교 또는 준학사 학위를 가지고 있는 경우는 최소 5년의 경험과 7,500 시간을 투입한 경험이 필요하다.

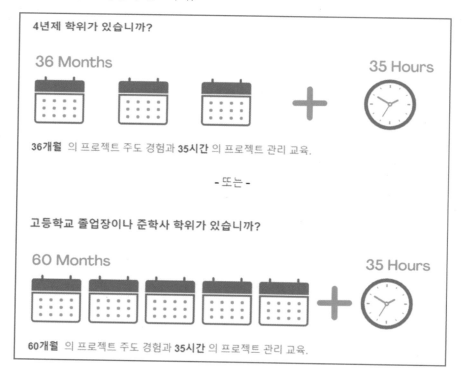

4년제 학위가 있습니까?

36 Months   35 Hours

36개월 의 프로젝트 주도 경험과 **35시간** 의 프로젝트 관리 교육.

- 또는 -

고등학교 졸업장이나 준학사 학위가 있습니까?

60 Months   35 Hours

60개월 의 프로젝트 주도 경험과 **35시간** 의 프로젝트 관리 교육.

다만 프로젝트의 중복되는 기간은 인정하지 않는다.

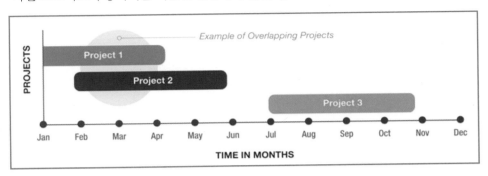

PMP 시험을 응시하기 위해서는 35시간(35 PDUs – Professional Development Units) 이상의 프로젝트 관리에 대한 교육을 의무적으로 수강하여야 한다.

다음의 교육 제공자 유형 중 하나 이상에서 제공한 강의, 워크숍, 교육 세션을 성공적으로 이수했음을 입증함으로써 교육 요구사항을 충족할 수 있다.

1. PMI 승인 교육 파트너(ATP)

2. PMI 챕터*

3. 고용주/회사 후원 프로그램

4. 교육 회사 또는 컨설턴트(**예** 양성 기관)

5. 강의 후 평가를 포함한 원격 학습 회사

6. 종합대학/대학 및 평생 교육 프로그램

시험 응시 비용은 아래와 같다. (2022년 10월 기준)

최초 응시	$405(PMI회원)
	$555(비회원)
재응시(불합격 후 1년간)	$275(PMI회원)
	$375(비회원)
PMI(www.pmi.org) 가입 $139	
ATP 공식교육 수강자 할인 가능	

◗ ATP PCCA 공인교육 수강 및 관련 교육 수강 시 Max 15% 할인 가능

- 회원가입비용 $139(Vat 별도) → $159.9

- 유료회원 시험응시료 $405(Vat 별도) → $445.5

- Total : $598.4

- PCCA ATP Discount(15%)=$508.64

7 PMP® Certification Exam 등록 방법

01 PMI 웹사이트(www.pmi.org) 상단 메뉴에서 [Certifications]-[Certifications]-[Project Management Professional(PMP)]를 선택한다.

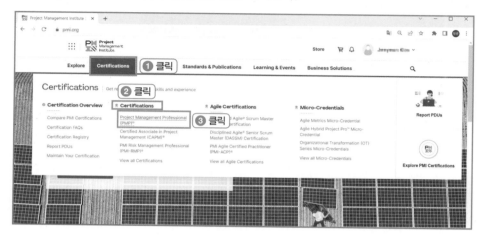

02 해당 화면에서 [Apply Now For Your PMP] 버튼을 클릭하면 새로운 신청서 작성을 시작할 수 있다.

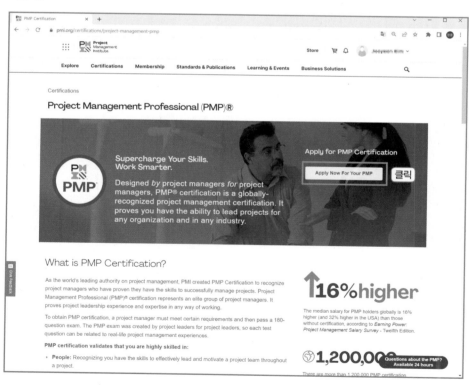

03 신청서 작성은 3가지 단계로 구성되어 있다.

: Education, Experience, Exam Details

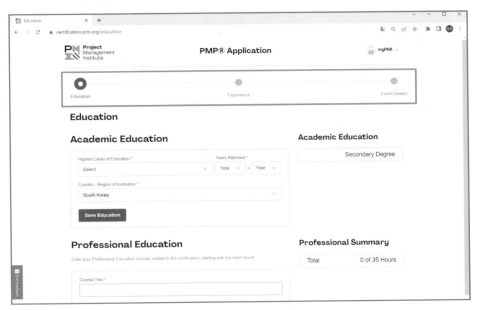

ⓐ 학력에 대한 정보(**최종 학력, 교육처 국가 및 교육처**)를 입력하고 전공과 학력 기간까지 입력해야
한다. 입력 후에는 [Save Education] 버튼을 클릭한다.

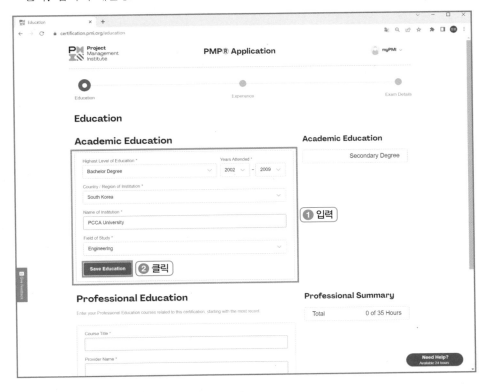

ⓑ 다음 응시 조건은 전문 교육으로, PMP는 **총 35시간**의 전문 교육을 이수해야 한다. 35시간을 채우기 위해 1개 또는 그 이상의 교육을 입력할 수 있다.

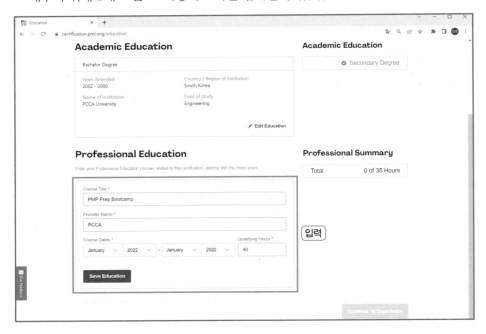

ⓒ 2개 교육 항목을 모두 입력하면 [Continue To Experience] 버튼을 클릭한다.

04 중요 내용을 입력하는 단계이다.

ⓐ 경력 페이지에서는 프로젝트 경력 정보를 입력할 수 있다. **프로젝트 제목, 조직(회사) 이름 및 직위**를 입력한다.

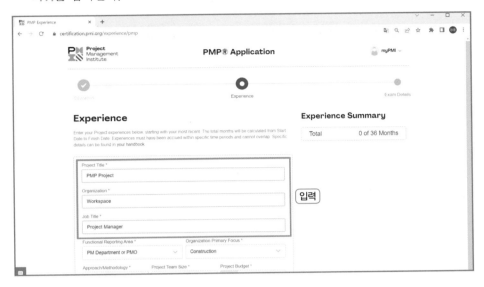

ⓑ 'Functional Reporting Area'와 'Organization Primary Focus'는 새롭게 선보이는 항목으로, 두 항목의 답변은 다를 수 있다. 예를 들어, 건설회사의 마케팅 부서, 재무회사의 IT 부서에서 일하는 경우이다.

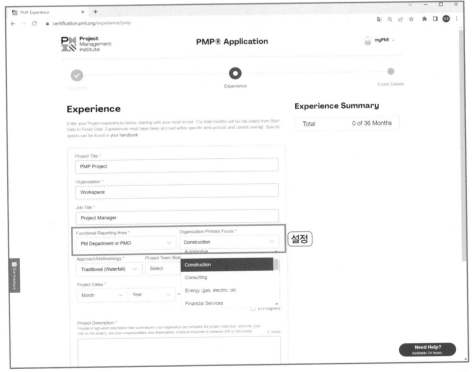

ⓒ PMP 응시의 경우, 'Approach/Methodology' 항목의 Traditional, Agile, Hybrid 중에서
선택할 수 있다.

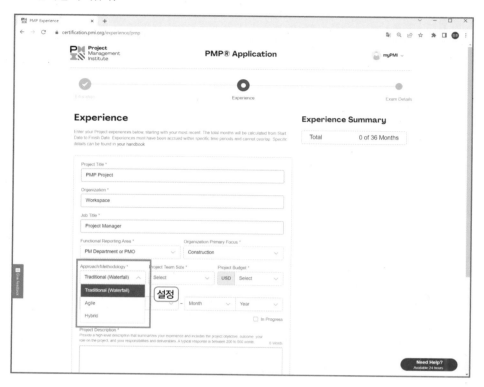

ⓓ Project Team Size, Project Budget, 시작일, 종료일을 입력한다. 해당 프로젝트가 현재 진행
중이라면 'In Progress' 박스에 체크한다.

ⓔ Project Description은 200자 이상 입력해야 한다. 작성을 마치면 [Save Experience] 버튼을 클릭한다.

ⓕ 필요한 경력 개월 수(36개월)가 충족될 때까지 프로젝트 경력을 추가할 수 있다. 모두 충족했다면 [Continue to Exam Details] 버튼을 클릭한다.

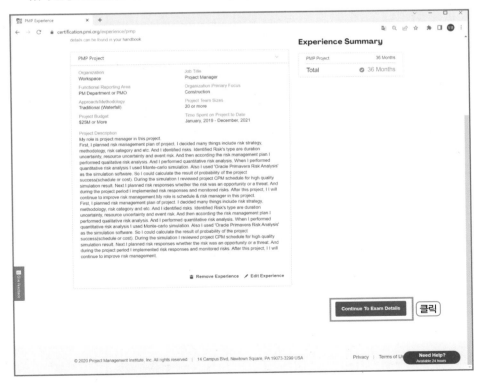

05 주소, 이름, 이메일, 전화번호는 이미 등록된 프로필로 입력되며, 필요시 수정할 수 있다.

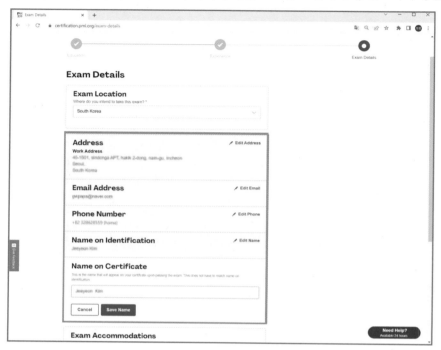

06 시험 응시를 원하는 지역을 선택해야 하며, 'Exam Accommodations' 항목 및 하단 약관 동의 부분을 체크한다. 모든 부분을 확인 및 저장한 후 [Submit Application] 버튼을 클릭한다.

07 PMP 신청서가 제출되었으며 [My Dashboard] 버튼을 클릭하면 상태를 확인할 수 있다.

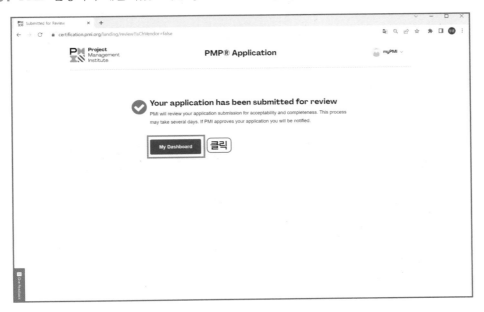

08 신청서가 'Submitted' 상태이며 검토 절차가 진행될 것임을 확인할 수 있다.

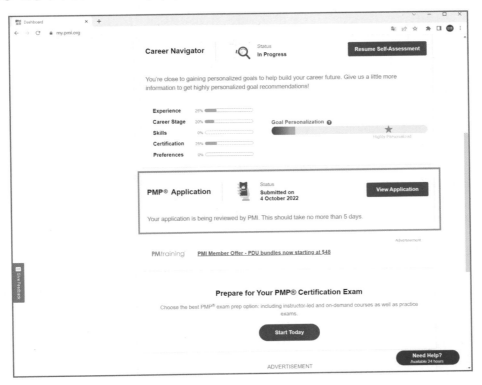

09 검토 절차(보통 일주일 이내)가 완료되면 [Certifications]−[Certifications]−[Project Management Professional(PMP)]에서 'Your Application has been Approved' 상태를 확인할 수 있다. [Go to MyPMI] 버튼을 클릭한다.

10 PMI시험은 승인 후 1년(365일) 이내에 비용을 지불하고 시험 일정을 조정할 수 있다. [Pay for Exam] 버튼을 클릭한다.

11 'Online Exam'을 선택하고 [Continue] 버튼을 클릭한다.

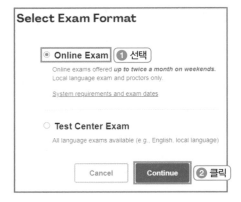

12 PMP시험에 대한 비용과 Donation을 확인하고 [Continue to Checkout] 버튼을 클릭한다. 시험 비용은 PMI Membership 여부, 교육기간의 할인정책에 따라 달라질 수 있다.

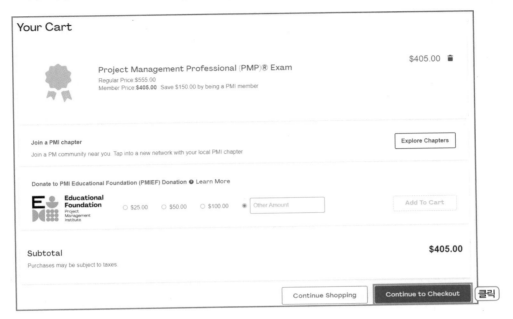

13 Payment Information을 확인 후, 하단의 [Review Order] 버튼을 클릭한다.

14 최종결제금액, 결제 정보를 확인 후 [Place Order] 버튼을 클릭해서 결제한다.

Order Review

Place Order

Project Management Professional (PMP)® Exam $405.00
Regular Price:$555.00
Member Price:**$405.00** Save $150.00 by being a PMI member

Subtotal $405.00
Purchases may be subject to taxes.

Tax $40.50

Payment Methods

VISA [   ]   Expires: [   ]

South Korea

Total Savings of **$150.00** on your entire purchase.   **Total**   **$445.50**

Place Order

클릭

8 PMP 시험 신청 및 응시

다음은 PMP 시험(PMP® Certification Exam) 신청과 시험 응시까지의 전반적인 프로세스를 보여준다.

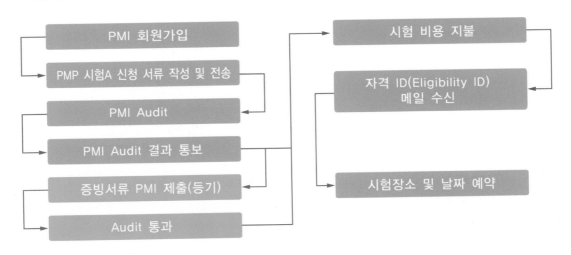

① PMP® Certification Exam 일정 변경(Reschedule) 및 취소(Cancel) 정책

	일정 변경 및 취소 일시	비용
30-Day 정책		
5월 5일	4월 4일(또는 이전)	비용 없음
5월 5일	4월 4일(또는 5월 2일까지)	$70
48h 정책		
5월 5일, 08:00	5월 3일, 08:00 이전	$70
5월 5일, 08:00	5월 3일, 08:00 이후 (일정 변경 및 취소 불가)	시험 비용 전액 몰수

② PMP® 시험 방식

- Off-line 및 On-line 진행(2020년 9월부터 적용)
  - 응시자는 인터넷이 연결된 PC, 웹카메라, 마이크, 스피커가 장착된 환경에서 시험을 치르게 된다.
  - https://home.pearsonvue.com/Clients/PMI/OnVUE-online-proctored.aspx
  - 위 링크에서 온라인 시험이 가능한 환경인지 확인할 수 있다.

• 총 문제 수: 180문제(175+5(Dummy))

• 총 응시 시간: 230분

• CBT는 중간에 10분 휴식시간 부여

• 4지 선다형 외 복수 선택 문제+주관식

• Agile 문제 40% 이상

■ PMP 시험 Item Type-1

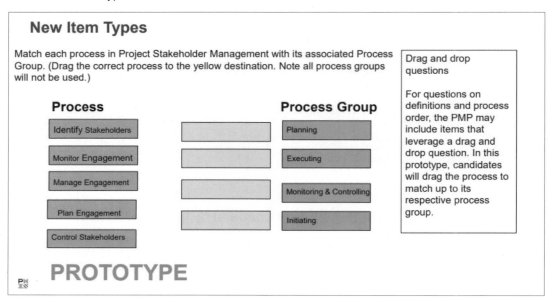

■ PMP 시험 Item Type-2

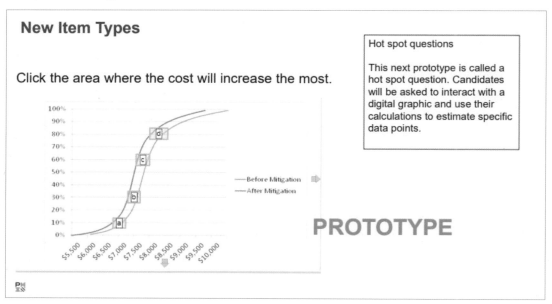

New Item Types

Scenario about risk describing a specific issue.

Based on the current risk register and the scenario described, which entry should the project manager edit? (enter the correct ID number in the text box).

☐

Risk register:

ID	Description	Likelihood of risk occuring	Impact if risk occurs	Severity	Owner	Mitigation Strategy
1	Something is ill defined	Medium	High	High	...	...
2	Project design incomplete	Low	High	High	...	...
3	Project schedule misunderstood	Low	Medium	Medium	...	...
4	...	...	...	...	...	...
5	...	...	...	...	...	...

PROTOTYPE

Hot spot questions

This next prototype is called a hot spot question. Candidates will be asked to interact with a digital graphic and use their calculations to estimate specific data points.

Both the drag and drop and hot spot questions will be available for PMP exams delivered via computer, both at test centers and via online proctoring.

---

9 PMBOK 6th

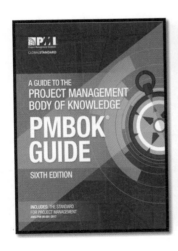

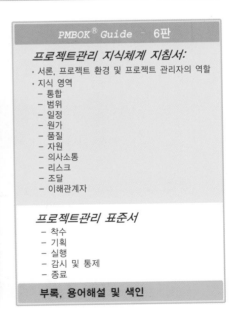

PMBOK® Guide - 6판

프로젝트관리 지식체계 지침서:
· 서론, 프로젝트 환경 및 프로젝트 관리자의 역할
· 지식 영역
  – 통합
  – 범위
  – 일정
  – 원가
  – 품질
  – 자원
  – 의사소통
  – 리스크
  – 조달
  – 이해관계자

프로젝트관리 표준서
  – 착수
  – 기획
  – 실행
  – 감시 및 통제
  – 종료

부록, 용어해설 및 색인

① PMBOK 6판은 5개의 프로세스 그룹, 10개의 지식 영역, 49개의 프로세스로 구성된다.

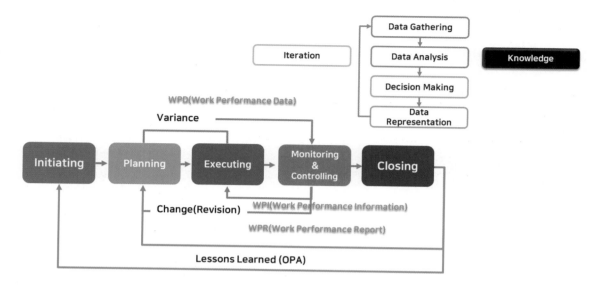

▲ 프로세스 그룹(프로젝트 관리 표준)

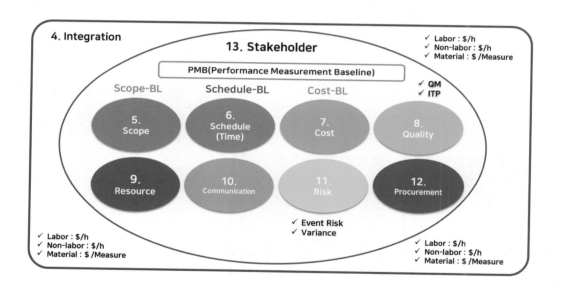

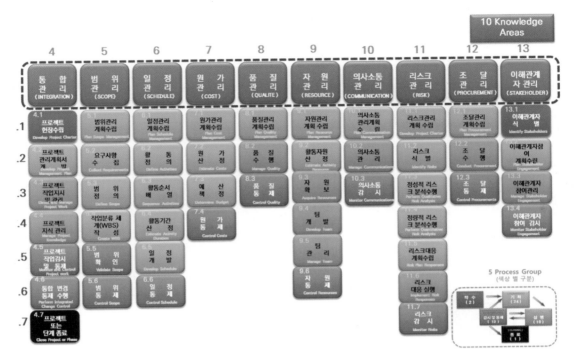

▲ 지식 영역과 프로세스

② 모든 프로세스는 투입물(Input), 도구 및 기법(Tool & Technique), 산출물(Output)로 구성되며, 아래는 프로젝트 헌장 개발프로세스의 ITTO(Input, Tool & Technique, Outpu)에 관한 예이다.

프로젝트 헌장 개발		
투입물	**도구 및 기법**	**산출물**
1. 비즈니스 문서 　• 비즈니스 케이스 2. 협약 3. 환경요인(EEF) 4. 조직 프로세스 자산(OPA)	1. 전문가 판단 2. 데이터 수집 　• 브레인스토밍 　• 핵심 전문가 그룹 　• 인터뷰 3. 대인관계 및 팀 기술 　• 갈등 관리 　• 촉진 　• 회의 관리 4. 회의	1. 프로젝트 헌장 2. 가정사항 기록부

③ Process Group & 49 Process 정리

▦ Initiating(2 process)

4.1 Develop Project Chapter	13.1 Identity Stakeholder
• Project Chapter • Assumption Log	• Starkhoder Register

▦ Planning(24 process)

4.2 Develop Project Management Plan

• PMP

- Scope Management Plan(5.1)
- Requirement Management Plan(5.1)
- Schedule Management Plan(6.1)
- Cost Management Plan(7.1)
- Quality Management Plan(8.1)
- Resource Management Plan(9.1)
- Communication Management Plan(10.1)
- Risk Management Plan(11.1)
- Procurement Management Plan(12.1)
- Stakeholder Engagement Plan(13.2)
- Configuration Management Plan
- Change Management Plan
- Scope(5.4)/Schedule(6.5)/Cost Baseline(7.3)
- Performance Baseline/Develop Approach
- Project Lifecycle Description

5.1 Plan Scope Management
- Scope Management Plan
- Requirement Management Plan

5.2 Collect Requirement
- Requirement Documentation
- Requirement Traceability Matrix

5.3 Define Scope
- **Project Scope Statement**

5.4 Create WBS
- **Scope Baseline**

6.1 Plan Schedule Management	• Schedule Management Plan
6.2 Define Activity	• Milestone list • Activity list
6.3 Sequence Activities	• **Porject Schedule Network Diagram**
6.4 Estiamte Activity Duration	• **Duration estimate** (With Resource)
6.5 Develop Schedule	• **Schedule Baseline**

8.1 Plan Quality Management

9.1 Plan Resource Management

9.2 Estimate Activity Resource

11.1 Plan Risk Management

11.2 Identify Risk

11.3 Perform Qualitative Risk Analysis

11.4 Perform Quantitative Risk Analysis

11.5 Plan Risk Response

12.1 Plan Procurement Management

7.1 Plan Cost Management	• Cost Management Plan
7.2 Estimate Cost	• Cost estimate
7.3 Determine Budget	• Cost Baseline

10.1 Plan Communication Management

13.2 Plan Stakeholder Engagement

■ **Executing(10 process)**

4.3 Direct and Manage Project work	9.3 Acquire Resources	10.2 Manage Communication	12.2 Conduct Procurement
4.4 Manage Knowledge Project	9.4 Develop Team		
	9.5 Manage Team	11.6 Implement Risk Response	13.3 Manage Stakeholder Engagement

8.2 Manage Quality

■ Monitoring & Controlling(12 process)

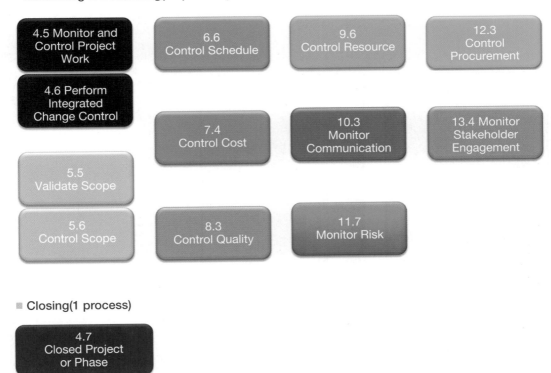

4.5 Monitor and Control Project Work	6.6 Control Schedule	9.6 Control Resource	12.3 Control Procurement
4.6 Perform Integrated Change Control	7.4 Control Cost	10.3 Monitor Communication	13.4 Monitor Stakeholder Engagement
5.5 Validate Scope			
5.6 Control Scope	8.3 Control Quality	11.7 Monitor Risk	

■ Closing(1 process)

4.7 Closed Project or Phase

④ Integration WPD/WPI/WPR DFD(Data Flow Diagram) in PMBOK

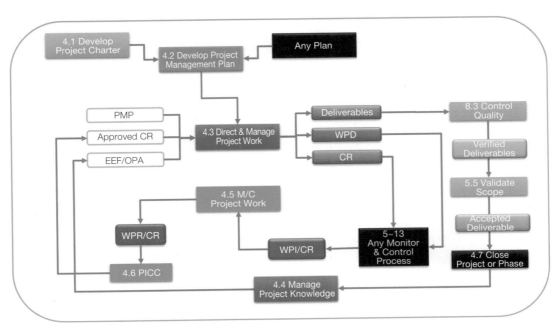

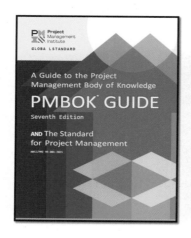

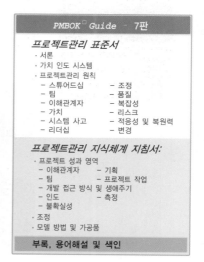

PMBOK 7판은 12개의 프로젝트 관리 기본 원칙(프로젝트 관리 표준서)과 8개의 프로젝트 성과 영역(프로젝트관리 지식체계 지침서)으로 구성된다. 프로젝트 관리 원칙은 기본적인 규범, 진실 또는 가치를 말한다. 프로젝트 관리 원칙은 프로젝트 참여자들의 행동에 대한 지침을 제공하여 성과 영역에 영향을 미치고 의도한 결과를 산출하고자 하는 것이다. 원칙과 성과 영역 사이에 개념적 중복이 있는 반면에, 원칙은 행위를 안내하고 성과 영역은 해당 행위를 설명하기 위한 광범위한 초점 영역을 나타낸다.

행동을 위한 지침　　　　　**프로젝트 성과 영역**

◆ 프로젝트 관리 원칙

스튜어트십	성실하고 존경할만하며 배려심 있는 관리자 되기
팀	협력하는 팀 환경 조성
이해관계자	이해관계자와 효과적인 교류
가치	가치 중심
시스템 사고	시스템 상호 작용에 대한 인식, 평가 및 대응
리더십	리더십 행동 보여주기
조정	상황에 따른 조정하기
품질	프로세스 및 인도물의 품질 체계 구축
복잡성	복잡성 탐색
리스크	리스크 대응 최적화
적응성 및 복원력	적응성과 복원력 수용
변경	계획된 미래 목표 달성을 위한 변화

행동 안내

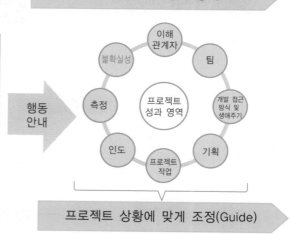

프로젝트 상황에 맞게 조정(Guide)

프로젝트 관리 표준서(Standard)는 서론, 가치 인도 시스템, 그리고 프로젝트 관리 원칙으로 구성된다. 다음은 이에 대한 요약이다.

① 가치 인도 시스템(System for value delivery)

조직을 구축, 유지 및 발전시키는 것을 목표로 하는 전략적 비즈니스 활동의 모음으로 프로젝트, 프로그램, 포트폴리오 등이 가치 전달 시스템의 일부로 간주된다. 아래는 PMBOK에서 설명하는 가치 전달 시스템 각 섹션 주요 내용을 간략하게 정리한 내용이다.

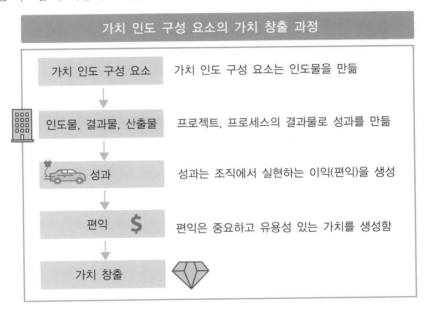

주요 용어 정리

- **인도물(Deliverable)** : 프로세스, 단계 또는 프로젝트를 완료하기 위해 산출해야 하는 고유하고 검증 가능한 제품, 결과
- **결과물(Artifact)** : 템플릿, 문서, 산출물 또는 프로젝트 인도물
- **산출물(Output)** : 측정 가능한 유/무형의 결과
- **성과(Outcome)** : 프로세스나 프로젝트의 최종 결과물. 성과에는 산출물과 결과물이 포함될 수 있지만 프로젝트를 통해 인도하려는 편익과 가치에 초점을 맞추면 의미가 더 넓어질 수 있다.
- **편익(Benefit)** : 편익이란 재화나 서비스를 소비함으로써 얻을 수 있는 주관적 만족감을 객관적 척도인 화폐가치로 표현한 것.
- **가치(Value)** : 어떤 것의 가치, 중요성 또는 유용성. 이해관계자마다 가치를 인식하는 방식이 다르다. 고객은 제품의 특정 기능 및 특징을 사용할 수 있는 능력으로 가치를 정의할 수 있다. 조직은 재무 지표(예 어떤 편익을 얻는 데 드는 비용보다 그 편익이 적음)에 따라 결정된 비즈니스 가치에 중점을 둘 수 있다. 사회적 가치에는 사람, 지역사회 또는 환경 그룹에 대한 기여도가 포함될 수 있다.

다음은 가치 전달 시스템과 관련된 내용의 요약이다.

가치 창출	• 조직과 이해관계자를 위한 가치를 창출하기 위해 시스템 내에서 프로젝트가 어떻게 작동하는지 설명한다. • portfolios, programs, projects, products 등 다양한 요소를 통해 가치를 창출할 수 있다. • 가치 전달 시스템은 정보와 피드백이 모든 구성 요소 간에 일관되게 공유될 때 가장 효과적으로 작동한다.
조직 거버넌스 시스템	• 거버넌스가 가치 전달 시스템을 지원하는 방법을 설명한다. • 거버넌스 시스템은 가치 전달 시스템과 함께 작동하여 원활한 워크플로를 지원하고 문제를 관리하며 의사 결정을 지원한다.
프로젝트 관련 기능	• 프로젝트를 지원하는 기능을 식별한다. • 프로젝트와 관련된 기능은 한 사람 혹은 여러 사람이 수행하거나 정의한 역할로 결합한다.
프로젝트 환경	• 프로젝트와 가치 전달에 영향을 미치는 내부 및 외부 요인을 식별한다. • 프로젝트는 가치 전달에 다양한 영향을 주는 내부 및 외부 환경에서 수행한다. • 내부 및 외부 환경은 계획 및 기타 프로젝트 활동에 영향을 줄 수 있으며, 이러한 영향은 프로젝트 특성, 이해관계자 또는 프로젝트 팀에 유리하거나 불리하거나 중립적인 영향을 미친다.
제품 관리 고려 사항	• 포트폴리오, 프로그램, 프로젝트 및 제품이 관련되는 방식을 식별한다.

② 프로젝트 관리 원칙 [12]

ⓐ 성실하고 존중하며 배려하는 관리자가 되어야 한다. (Be a diligent, respectful, and caring steward)

스튜어드십(STEWARDSHIP)

관리자는 내부 및 외부 지침을 준수하면서 청렴성, 관심 및 신뢰성을 가지고 활동을 수행하기 위해 책임감 있게 행동한다.
관리자는 자신이 지원하는 프로젝트의 재무적, 사회적, 환경적 영향에 대한 광범위한 헌신을 보여준다.

✓ 스튜어드십은 조직 내부 및 외부에 대한 책임을 포괄한다.
✓ 스튜어드십에는 다음이 포함된다.
  • 청렴성
  • 관심
  • 신뢰성
  • 규정 준수
✓ 스튜어드십의 전체적인 관점에서는 재무적, 사회적, 기술적 및 지속 가능한 환경 인식을 고려한다.

ⓑ 협업하는 프로젝트 팀 환경을 조성한다. (Create a collaborative project team environment)

팀(TEAM)

프로젝트 팀은 다양한 기술, 지식 및 경험을 갖춘 개인으로 구성되어 있다. 협력적으로 작업하는 프로젝트 팀은 독자적으로 작업하는 개인보다 공유 목표를 더 효과적이고 효율적으로 달성할 수 있다.

✓ 프로젝트는 프로젝트 팀에서 인도한다.

✓ 프로젝트 팀은 조직적, 전문적 문화와 지침 내에서 업무를 수행하며, 종종 자체적인 "현지" 문화를 구축한다.

✓ 협력적 프로젝트 팀 환경은 아래와 같은 것을 촉진한다.
  • 다른 조직 문화 및 지침과 연계
  • 개인 및 팀의 학습 및 개발
  • 원하는 성과를 인도하기 위한 최적의 기여

ⓒ 이해관계자와 효과적으로 소통한다. (Effectively engage with stakeholders)

이해관계자(STAKEHOLDER)

프로젝트 성공 및 고객 만족도에 기여하는 데 필요한 수준으로 선제적으로 이해관계자를 참여시킨다.

✓ 이해관계자는 프로젝트, 성과 및 결과에 영향을 미친다.

✓ 프로젝트 팀은 참여를 통해 다른 이해관계자에게 서비스를 제공한다.

✓ 이해관계자 참여는 가치 인도를 선제적으로 발전시킨다.

ⓓ 가치(value)에 중점을 둔다. (Focus on value)

가치(VALUE)

비즈니스 목표 및 의도한 편익과 가치에 맞게 프로젝트 연계를 지속적으로 평가 및 조정한다.

✓ 가치는 프로젝트 성공의 궁극적인 지표이다.

✓ 가치는 프로젝트 전반에 걸쳐 프로젝트 종료 시 또는 프로젝트 완료 후에 실현될 수 있다.

✓ 가치와 가치에 기여하는 편익은 정량적 및/또는 정성적 용어로 정의될 수 있다.

✓ 성과에 집중하면 프로젝트 팀이 가치 창출로 이어지는 의도한 편익을 지원할 수 있다.

✓ 프로젝트 팀은 진행 상황을 평가하고 예상 가치를 극대화하도록 조정한다.

ⓔ 시스템 상호 작용을 인식하고 평가 및 대응한다. (Recognize, evaluate, and respond to system interactions)

시스템 사고(SYSTEM THINKING)

프로젝트 성과에 긍정적인 영향을 미치기 위해 총체적인 방법으로 프로젝트 내부 및 주변의 동적 상황을 인식하고 평가하고 대응한다.

✓ 프로젝트는 상호 의존적이고 상호 작용하는 활동 영역의 시스템이다.
✓ 시스템 사고는 프로젝트 각 부분이 서로 간에, 그리고 외부 시스템과 어떻게 상호 작용하는지에 대한 전체적인 관점을 수반한다.
✓ 시스템은 계속해서 변하므로 내부 및 외부 조건에 지속적으로 주의를 기울여야 한다.
✓ 시스템 상호 작용에 반응함으로써 프로젝트 팀은 긍정적인 성과를 활용할 수 있다.

ⓕ 리더십 행동을 보여준다. (Demonstrate leadership behaviors)

리더십(LEADERSHIP)

개인 및 팀의 요구를 지원하기 위해 리더십 행동을 보여주고 조정한다.

✓ 효과적인 리더십은 프로젝트 성공을 촉진하고 긍정적인 프로젝트 성과에 기여한다.
✓ 어떤 프로젝트 팀 구성원이라도 리더십 행동을 보여줄 수 있다.
✓ 리더십은 권위와 다르다.
✓ 효과적인 리더는 상황에 맞게 자신의 스타일을 조정한다.
✓ 효과적인 리더는 프로젝트 팀원 간의 동기부여의 차이를 인식한다.
✓ 리더들은 정직성, 청렴성 및 윤리적 행동 영역에서 바람직한 행동을 보인다.

ⓖ 상황에 맞게 조정한다. (Tailor based on context)

조정(TAILORING)

가치를 극대화하고, 비용을 관리하고 속도를 개선하는 동시에 추구하는 성과를 달성하기에 "충분한" 프로세스를 사용하여 프로젝트, 목표, 이해관계자, 거버넌스 및 환경의 맥락에 기반하여 프로젝트 개발 방식을 설계한다.

✓ 각 프로젝트는 고유하다.
✓ 프로젝트의 성공은 프로젝트의 고유한 맥락에 적응하며, 원하는 성과를 내기에 가장 적절한 방법을 결정하는 데 달려있다.
✓ 접근 방식 조정은 반복적이므로 프로젝트 전반에 걸쳐 지속되는 프로세스이다.

ⓗ 프로세스 및 결과물에 품질을 확보한다. (Build quality into processes and deliverables)

품질(QAULITY)

프로젝트 목표를 충족하고 관련 이해관계자가 제시하는 니즈, 사용 및 인수 요구사항에 부합하는 인도물을 생산하는 품질에 계속해서 초점을 맞춘다.

✓ 프로젝트 품질에는 이해관계의 기대를 충족하고 프로젝트 및 제품 요구사항을 충족하는 것이 수반된다.
✓ 품질은 인도물의 인수 기준을 충족하는 데 중점을 둔다.
✓ 프로젝트 품질에는 프로젝트 프로세스가 적절하고 최대한 효과적인지 확인하는 작업이 수반된다.

ⓘ 복잡성을 살핀다. (Navigate complexity)

복잡성(COMPLEXITY)

접근 방식 및 계획에 따라 프로젝트 팀이 프로젝트 생애주기를 성공적으로 탐색할 수 있도록 프로젝트 복잡성을 지속적으로 평가하고 탐색한다.

✓ 복잡성은 인간의 행동, 시스템 상호작용, 불확실성 및 모호성으로 인해 발생한다.
✓ 복잡성은 프로젝트 진행 중 어떤 지점에서든 발생할 수 있다.
✓ 복잡성은 가치, 범위, 의사소통, 이해관계자, 리스크 및 기술 혁신에 영향을 미치는 이벤트 또는 조건에 의해 발생할 수 있다.
✓ 프로젝트 팀은 복잡성의 요소를 파악하는 데 주의를 기울이고, 복잡성의 규모나 영향을 줄이기 위해 다양한 방법을 사용할 수 있다.

ⓙ 위험 대응을 최적화한다. (Optimize risk responses)

리스크(RISK)

프로젝트와 그 성과에 대한 긍정적인 영향을 극대화하고 부정적인 영향을 최소화하기 위해 리스크에 대한 노출, 즉 기회 및 위협을 지속적으로 평가한다.

✓ 개별적인 리스크와 전반적인 리스크가 프로젝트에 영향을 줄 수 있다.
✓ 리스크는 긍정적(기회) 또는 부정적(위협)일 수 있다.
✓ 리스크는 프로젝트 전반에 걸쳐 지속적으로 처리된다.
✓ 리스크를 대하는 조직의 태도, 리스크 선호도 및 한계선은 리스크 처리 방식에 영향을 미친다.
✓ 리스크 대응은 다음과 같아야 한다.
  • 리스크 심각성에 적합해야 한다.
  • 비용 대비 효과적이어야 한다.
  • 프로젝트 맥락 내에서 현실적이어야 한다.
  • 관련 이해관계자가 동의해야 한다.
  • 담당자가 결정되어야 한다.

ⓚ 적응력과 유연성을 받아들인다. (Embrace adaptability and resiliency)

적응성과 복원력(ADAPTABILITY AND RESILIENCY)

조직 및 프로젝트 팀의 접근 방식에 적응성과 복원력을 구축하여 프로젝트가 변경을 수용하고, 좌절에서 회복하며, 프로젝트 작업을 발전시킬 수 있도록 지원할 수 있다.

✓ 적응성은 변화하는 조건에 대응할 수 있는 능력이다.
✓ 복원력은 충격을 흡수하고 좌절 또는 실패로부터 신속하게 회복하는 능력이다.
✓ 산출물보다는 성과에 중점을 두면 적응성을 촉진할 수 있다.

ⓛ 계획한 앞날을 달성할 수 있도록 변화할 수 있다. (Enable change to achieve the envisioned future state)

변화(CHANGE)

현재 상태에서 프로젝트 성과에 의해 생성되는 의도된 미래 상태로 전환하는 데 필요한 새롭고 다른 행동과 프로세스의 채택 및 지속에 대비해 영향을 받는 사람들을 준비시킨다.

✓ 변화에 대한 구조적인 접근 방식은 개인, 그룹 및 조직이 현재 상태에서 미래지향적 상태로 전환하는 데 도움이 된다.
✓ 변화는 내부 영향 또는 외부 요인에서 비롯될 수 있다.
✓ 모든 이해관계자가 변화를 수용하는 것은 아니므로 변화를 가능하게 하는 것은 어려울 수 있다.
✓ 짧은 시간 내에 너무 많은 변화를 시도하면 변화에 대한 피로감 및/또는 저항으로 이어질 수 있다.
✓ 이해관계자 참여와 동기부여식 접근 방식은 변화를 채택하는 데 도움이 된다.

7판의 프로젝트관리 지식체계 지침서는 프로젝트 성과 영역, 조정, 모델, 방법 및 가공품의 3가지 부분으로 구성된다. 다음은 이에 대한 개요이다.

프로젝트 성과 도메인 (Project Performance Domains)	프로젝트 및 의도된 결과의 성공적인 전달을 가능하게 하는 통합 시스템을 형성하는 8개의 프로젝트 성과 영역을 식별하고 설명한다.
조정(테일러링) (Tailoring)	조정(테일러링) 기법을 설명하고 테일러링 대상과 개별 프로젝트 조정 방법에 대한 개요를 제공한다.
모델, 방법 및 가공품 (아티팩트) (Models, Methods, and Artifacts)	일반적으로 적용되는 모델, 방법 및 가공품(아티팩트)에 대한 간략한 설명을 제공한다. 이러한 모델, 방법 및 가공품은 프로젝트 팀이 결과물을 생성하고, 작업을 구성하고, 의사소통 및 협업을 활성화하는 데 사용할 수 있는 선택의 범위를 기술한다.

③ 프로젝트 성과 영역 [8]

프로젝트 성과 도메인(Project Performance Domains)은 프로젝트의 수행 영역으로 다음과 같이 8개 영역으로 구분하고 있다.

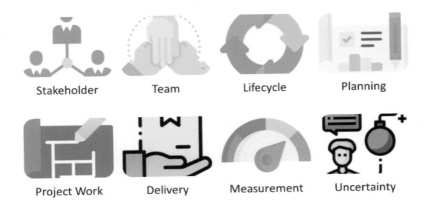

Stakeholder Team Lifecycle Planning

Project Work Delivery Measurement Uncertainty

ⓐ 이해관계자(Stakeholders)

이해관계자 성과 영역(STAKEHOLDER PERFORMANCE DOMAIN)

이해관계자 성과 영역은 이해관계자와 관련된 활동 및 기능을 다룬다.	이 성과 영역을 효과적으로 실행하면 다음과 같은 원하는 성과를 얻을 수 있다. ✓ 프로젝트 전반에 걸쳐 이해관계자와의 생산적인 업무 관계 ✓ 프로젝트 목표에 대해 이해관계자와의 합의 ✓ 프로젝트 수혜자인 이해관계자가 지지하고 만족하며, 프로젝트나 그 인도를 반대할 수 있는 이해관계자는 프로젝트 성과에 부정적인 영향을 미치지 않는다.

ⓑ 팀(Team)

팀 성과 영역(TEAM PERFORMANCE DOMAIN)

팀 성과 영역은 비즈니스 성과를 실현하는 프로젝트 인도물 생산 담당자와 관련 있는 활동 및 기능을 다룬다.	이 성과 영역을 효과적으로 실행하면 다음과 같은 원하는 성과를 얻을 수 있다. ✓ 공유된 오너십 ✓ 높은 성과를 올리는 팀 ✓ 모든 구성원이 보여주는 적절한 리더십과 기타 대인관계 기술

ⓒ 개발 접근 방식 및 라이프 사이클(Development Approach and Life Cycle)

개발 방식 및 생애주기 성과 영역
(DEVELOPMENT APPROACH AND LIFE CYCLE PERFORMANCE DOMAIN)

개발 방식 및 생애주기 성과 영역은 프로젝트의 개발 방식, 케이던스 및 생애주기 단계와 관련된 활동 및 기능을 다룬다.

이 성과 영역을 효과적으로 실행하면 다음과 같은 원하는 성과를 얻을 수 있다.

✓ 프로젝트 인도물과 일치하는 개발 방식
✓ 프로젝트 생애주기는 프로젝트 시작부터 마지막까지 비즈니스 인도 및 이해관계자 가치를 연결하는 단계로 구성된다.
✓ 프로젝트 생애주기는 프로젝트 인도물을 생산하는 데 필요한 인도 케이던스 및 개발 방식을 원활하게 하는 단계로 구성된다.

ⓓ 기획(Planning)

기획 성과 영역(PLANNING PERFORMANCE DOMAIN)

기획 성과 영역은 프로젝트 인도물과 성과 인도에 필요한 초기, 진행 및 진화하는 조직 및 협동과 관련된 활동과 기능을 다룬다.

이 성과 영역을 효과적으로 실행하면 다음과 같은 원하는 성과를 얻을 수 있다.

✓ 프로젝트가 조직적이고, 통합적이며, 의도적인 방식으로 진행된다.
✓ 총체적인 접근 방식으로 프로젝트 성과를 제공한다.
✓ 진화하는 정보가 프로젝트 착수의 인도물과 성과를 산출할 수 있도록 정교하게 구성된다.
✓ 계획에 소요된 시간이 상황에 적절하다.
✓ 기획 정보가 이해관계자 기대치를 관리하기에 충분하다.
✓ 새롭게 부상하고 변화하는 요구나 조건을 근거로 프로젝트 전반에서 계획을 조정하는 프로세스가 있다.

ⓔ 프로젝트 작업(Project Work)

프로젝트 작업 성과 영역(PROJECT WORK PERFORMANCE DOMAIN)

프로젝트 작업 성과 영역은 프로젝트 프로세스 확립, 물적 자원 관리, 학습 환경 조성 등과 관련된 활동과 기능을 다룬다.

이 성과 영역을 효과적으로 실행하면 다음과 같은 원하는 성과를 얻을 수 있다.

✓ 효율적이고 효과적인 프로젝트 성과
✓ 프로젝트와 환경에 적합한 프로젝트 프로세스
✓ 이해관계자와의 적절한 커뮤니케이션
✓ 물적 자원의 효율적 관리
✓ 조달의 효과적 관리
✓ 지속적인 학습과 프로세스 개선으로 팀 역량 개선

ⓕ 전달(Delivery)

인도 성과 영역(DELIVERY PERFORMANCE DOMAIN)

인도 성과 영역은 프로젝트에 부여된 범위 및 품질 이행의 제공과 관련된 활동 및 기능을 다룬다.

이 성과 영역을 효과적으로 실행하면 다음과 같은 원하는 성과를 얻을 수 있다.

✓ 프로젝트가 비즈니스 목표 및 전략 발전에 기여
✓ 프로젝트가 인도에 착수한 성과를 실현
✓ 프로젝트 편익이 계획된 기간에 실현
✓ 프로젝트 팀이 요구사항을 명확하게 이해
✓ 이해관계자가 프로젝트 인도물을 수락하고 만족

ⓖ 측정(Measurement)

성과 측정 영역(MEASUREMENT PERFORMANCE DOMAIN)

성과 측정 영역은 프로젝트 성과 측정 및 수용 가능한 성과 유지를 위한 적절한 조치 이행과 관련된 활동 및 기능을 다룬다.

이 성과 영역을 효과적으로 실행하면 다음과 같은 원하는 성과를 얻을 수 있다.

✓ 프로젝트 상태에 대한 신뢰할 수 있는 이해
✓ 의사결정을 촉진하는 실행 가능한 데이터
✓ 프로젝트 성과를 추적하기 위한 적절한 조치의 적시 실행
✓ 신뢰할 수 있는 예측 및 평가를 기반으로 적시에 정보에 입각한 의사결정을 내림으로써 목표를 달성하고 비즈니스 가치를 창출

ⓗ 불확실성(Uncertainty)

불확실성 성과 영역(UNCERTAINTY PERFORMANCE DOMAIN)

불확실성 성과 영역은 리스크 및 불확실성과 관련된 활동과 기능을 다룬다.

이 성과 영역을 효과적으로 실행하면 다음과 같은 원하는 성과를 얻을 수 있다.

✔ 기술, 사회, 정치, 시장 및 경제 환경을 포함하여(이에 국한되지 않음) 프로젝트가 발생하는 환경을 인식
✔ 불확실성에 대한 사전 예방적 탐구 및 대응
✔ 프로젝트에서 여러 변수의 상호의존성 인식
✔ 위협과 기회를 예측하고 문제의 결과를 이해하는 능력
✔ 예상치 못한 이벤트나 조건으로 인한 부정적인 영향이 거의 없거나 전혀 없는 프로젝트 인도
✔ 프로젝트 성과 및 결과를 개선할 수 있는 기회 실현
✔ 프로젝트 목표에 맞춰 여분의 비용 및 일정을 효과적으로 활용

④ 조정(테일러링, Tailoring)

조정이란 프로젝트 관리 접근 방식, 거버넌스 및 프로세스를 주어진 환경과 당면 과제에 더욱 적합하게 만드는 의도적인 적용을 말한다.

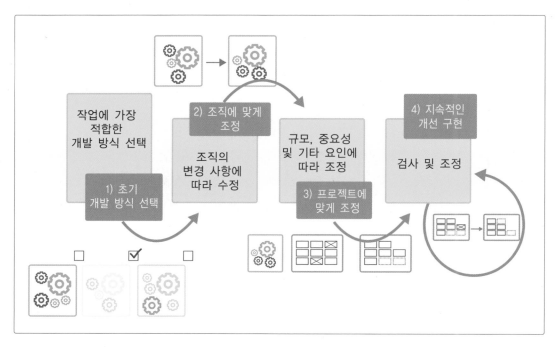

성과 영역별 조정의 예는 아래와 같다.

> **이해관계자** : 이해관계자와 공급업체를 위한 협업적인 환경이 조성되어 있는가?

> **프로젝트 팀** : 프로젝트 팀원의 물리적 위치는 어디인가? 프로젝트 팀이 동일장소에 배치되어 있는가?

> **개발 방식 및 생애주기** : 어떠한 개발 방식이 제품, 서비스 또는 결과물에 적합한가? 적응형 방식일 경우, 반복형과 점증형 중 어느 방식으로 프로젝트를 개발할 것인가?

> **기획** : 내부 및 외부 환경 요인이 프로젝트와 그 인도물에 어떤 영향을 미치는가?

> **프로젝트 작업** : 프로젝트 전반에 거쳐 그리고 프로젝트 종료 시 어떤 정보를 수집해야 하는가?

> **인도** : 조직에 검증 및 통제와 관련된 기존의 공식 또는 비공식 정책, 절차 및 지침이 있는가?

> **불확실성** : 현재의 노력에 대한 리스크 선호도 및 리스크 허용한도는 어떠한가?

> **측정** : 가치는 어떻게 측정되는가?

⑤ 모델, 방법, 가공품(Models, Methods and Artifacts)

ⓐ 모델(Model) : 모델은 프로세스, 프레임워크 또는 현상을 설명하는 사고 전략이다.

ⓑ 방법(Method) : 방법은 성과, 산출물, 결과 또는 프로젝트 인도물을 달성하기 위한 수단이다.

ⓒ 가공품(Artifact) : 결과물은 템플릿, 문서, 산출물 또는 프로젝트 인도물이 될 수 있다.

프로젝트 관리 원칙			
성실하고 존경할만하여 배려심 있는 관리자 되기	협력적인 프로젝트 팀 환경 조성	이해관계자와의 효과적인 관계	가치 중점
시스템 상호 작용에 대한 인식	리더십 행동 보여주기	상황에 따른 조정	프로세스 및 인도물의 품질 체계 구축
복잡성 탐색	리스크 대응 최적화	적응성 및 복원력 수용	계획된 미래 상태 달성을 위한 변화

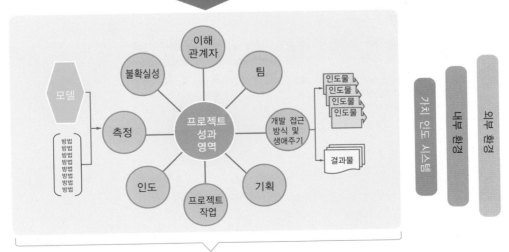

프로젝트 상황에 맞게 조정

① 주요 변화

- PMBOK® 지침서의 지식 영역(10개) → 성과 영역(8개)으로 전환
- 프로젝트 관리 표준서의 프로세스(5개) → 관리 원칙(12개)으로 전환
- 6th : 인도물 산출을 위한 프로세스 중심
- 7th : 의도한 결과 도출에 초점을 맞춰 원칙 기반 표준서
- 단순한 인도물 생산이 아닌 조직의 가치 체인을 고려한 시스템 관점

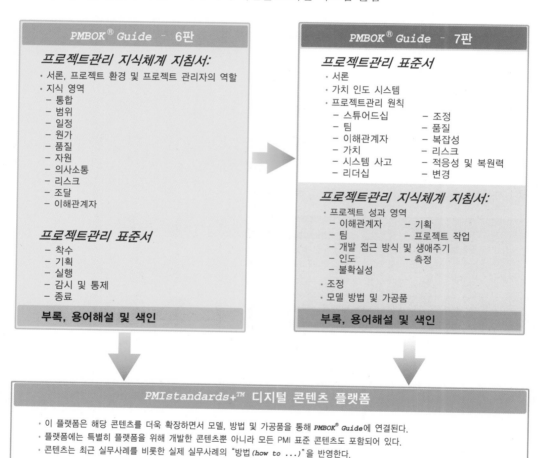

7판의 주요한 변화로 내용적인 측면뿐 아니라 형식적인 측면에서도 프로젝트 성과 도메인은 기존 PMBOK의 프로세스 지식 영역 프로세스와 상당한 차이가 있다.

가장 중요한 점은 기존 프로세스와 달리 투입물(Input), 도구 및 기법(Tool & Technique),

산출물(Output)을 명시적으로 기술하지 않고 가치 전달을 위한 성과물(Outcome)을 중점적으로 기술한다는 점이다. 실제로 각 성과 도메인(영역)에는 ITTO 대신, 아래와 같이 각 도메인에 대한 성과물 체크리스트를 제공하고 있다.

[결과 확인 - 성과 측정 영역]

성과	체크
프로젝트 상태에 대한 안정적인 이해	감사 측정 및 보고서가 데이터의 신뢰 여부를 보여준다.
의사결정을 용이하게 하기 위한 실행 가능한 데이터	측정은 프로젝트가 예상대로 수행되고 있는지, 아니면 차이가 있는지 나타낸다.
프로젝트 성과를 추적하기 위한 적절한 적시의 조치	측정은 적시의 의사결정과 조치를 이끄는 주요 지표 및 현재 상태를 제공한다.
신뢰할 수 있는 예측 및 평가를 기반으로 적시에 정보에 입각한 의사결정을 내림으로써 목표를 달성하고 비즈니스 가치를 창출	과거 예측과 현재 성과를 검토하면 이전 예측이 현재를 정확하게 반영하는지를 보여준다. 실제 성과를 계획된 성과와 비교하고 비즈니스 문서를 평가하면 프로젝트에서 의도한 가치를 획득할 가능성이 표시된다.

프로젝트 성과 도메인은 프로젝트와 의도된 결과의 성공적인 전달을 가능하게 하기 위해 각 성과 영역이 다른 성과 영역과 상호 의존하는 통합 시스템으로 작동한다. 가치를 전달하는 방식과 무관하게 프로젝트 전체에서 동시에 실행된다.

예를 들면 PMBOK 6판에서 중요하게 다뤘던 원가관리 지식 영역의 '예산관리'나 '획득 가치 관리'의 경우, 기존에는 '원가 관리(Cost)' 지식 영역에서만 대부분의 내용을 다뤘지만, PMBOK 7판에서는 여러 성과 영역(도메인)에 걸쳐서 이러한 내용을 다루고 있다. 예산 계획은 '기획 성과 영역(2.4. Planning Performance Domain)'에서 그리고 획득 가치 분석은 '측정 성과 영역(2.7 Measurement)'에서 다루고 있다.

PMBOK에서는 기존 버전과 달리 프로세스(Process) 기반이 아닌 원칙(Principle) 기반으로 프로젝트 관리 접근 방식을 전환했다고 기술하고 있다.

모델, 방법, 가공품(아티팩트)은 기존 PMBOK 6판까지의 ITTO와 상당히 성격이 비슷한 부분이다. 프로젝트 관리에 필요한 여러 가지 기법이나 작업물을 기술하고 있다. 아래는 모델, 방법, 가공품 각각의 예제들 중 하나이다.

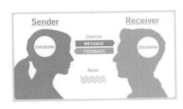
▲ 의사소통 모델(모델)

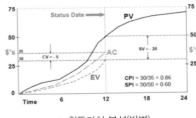
▲ 획득가치 분석(방법)

▲ 대시 보드(가공품)

주목할 것은 기존 PMBOK에서 사용했던 프로세스 그룹 모델 역시 이 섹션에서 프로세스 모델의 한 사례로 간략하게 기술하고 있다.

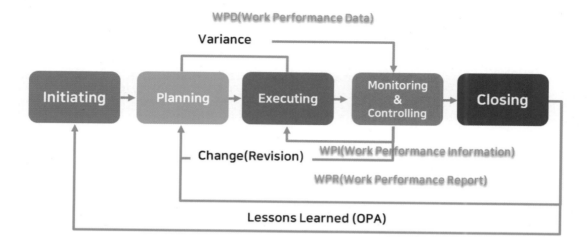

7판의 중요한 특징으로 6판 대비 내용이 많이 줄었는데, 7판의 경우 본문 기준 약 300페이지 정도이다. 프로젝트 관리에 대한 관점이 프로세스 중심에서 원칙 중심으로 전환되었다. 가치 전달을 위한 12개 원칙과 8개 성과 도메인이 그것이다. 기존에 사용하던 용어들 중 새롭게 추가되거나 대치되는 용어가 많아졌다. 예를 들면 PMO(Project Management Office, 프로젝트 관리 오피스)에서 VMO(Value Management Office, 가치 관리 오피스)로의 변화, Output(산출물)이 Outcome(성과), 프로세스의 ITTO(Input, Tool & Technique, Output)가 Models, Methods 그리고 Artifacts 등으로 강조되었다.

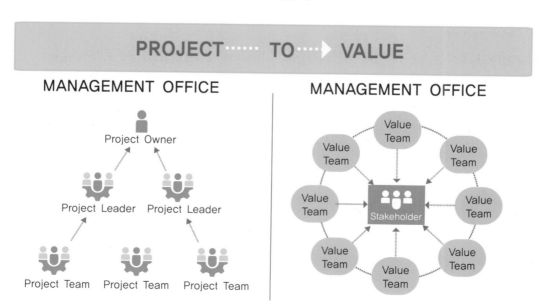

기존의 PMBOK에서 다뤘던 입력물(Input), 산출물(Output)들이 '모델, 방법, 가공품(아티팩트)을 설명하는 부분에서 가공품(Artifact)으로 등장한다. PMBOK 7판에 예시되는 가공품들 중 상당수의 가공품들이 기존 6판에서 다뤄왔던 산출물들이다. PMBOK 7판은 아티팩트들이 적용되는 각 성과 영역을 매핑하여 아래와 같이 도표로 제공하고 있다.

방법	성과 영역							
	팀	이해관계자	개발 방식 및 생애주기	기획	프로젝트 작업	인도	측정	불확실성
데이터 수집 및 분석 방법								
대안 분석				×	×	×		×
가정 및 제약 분석				×		×		×
벤치마킹						×	×	
비즈니스 정당성 분석				×			×	
회수 기간			×	×			×	
내부수익률				×			×	
투자수익률				×			×	
순현재가치			×	×		×	×	
비용-편익 비율				×			×	
점검기록지						×	×	
품질비용				×		×	×	
의사결정나무 분석				×				
획득가치 분석				×			×	
기대화폐가치				×				
예측치							×	
영향관계도				×				
생애주기 평가				×				
제작-구매 분석				×	×			
확률-영향 매트릭스				×				×
프로세스 분석				×	×	×	×	
회귀분석				×				
근본원인 분석					×	×		
민감도 분석				×		×		
시뮬레이션				×			×	
이해관계자 분석		×		×	×			
SWOT 분석				×				×
추세분석							×	
가치흐름 매핑				×	×	×		
차이분석							×	
가정형 시나리오 분석				×				×

12 PMP ECO(Exam Content Outline)

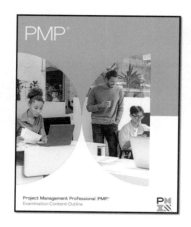

~ 2020. 12	2021. 1 ~
Initiating	People
Planning	Process
Executing	Business Environment
Monitoring & Controlling	–
Closing	–

영역(Domain)	테스트 항목의 비율
I. 사람(People)	42%
II. 프로세스(Process)	50%
III. 비즈니스 환경(Business Environment)	8%
총계	100%

① PMP® 시험내용 구조(ECO)

- **영역(Domain)** : 프로젝트 관리 실무에 필수적인 높은 수준의 지식 영역(Domain)
- **과제(Task)** : 각 영역(Domain) 내에서 프로젝트 관리자가 수행해야 할 기본적인 책임
- **과제요소(Enabler)** : 과제(Task)와 관련된 작업의 예시

02 PMP ECO(Exam Content Outline)

1 영역(Domain) I : 사람(People)

영역 I	사람—42%
과제 1	갈등관리 • 갈등의 원인 및 단계 해석 • 갈등의 상황 분석 • 적절한 갈등 해결책 평가/권유/조정
과제 2	팀 선도 • 분명한 비전과 임무 설정 • 다양성과 포용성 지원(예 행동 유형, 사고 프로세스) • 섬김형 리더십 존중(예 섬김형 리더십의 원칙을 팀에게 불어넣기) • 적절한 리더십 스타일 결정(예 지시적, 협력적) • 팀 구성원/이해관계자에게 영감을 주고 동기를 부여하고 영향을 끼침(예 팀 계약, 사회적 계약, 보상 체계) • 팀 구성원 및 이해관계자의 영향 분석 • 다양한 팀 구성원 및 이해관계자를 선도하기 위한 다양한 선택 사항 구분
과제 3	팀 성과 지원 • 핵심 성과지표를 기준으로 팀 구성원의 성과 평가 • 팀 구성원의 발전과 성장을 지원하고 인정 • 적절한 피드백 방식 결정 • 성과 개선 검증
과제 4	팀 구성원 및 이해관계자의 역량 강화 • 팀의 강점을 바탕으로 조직화 • 팀의 과제 책임 지원 • 과제 책임 설명 평가 • 의사결정 권한 수준을 결정 및 부여
과제 5	팀 구성원 및 이해관계자에 대한 적절한 교육 제공 • 필요한 능력과 교육 요소 결정 • 교육 요구사항에 따라 교육 옵션 결정 • 교육을 위한 자원 할당 • 교육 결과 측정

과제 6	팀 구축 • 이해관계자의 스킬 평가 • 프로젝트 자원 요구사항 추정 • 프로젝트 요구사항을 충족하기 위해 지속적으로 팀의 스킬을 평가 및 개선 • 팀 및 지식 전달 관리
과제 7	팀에 대한 방해 요소, 장애물, 차단 요인을 해결 및 제거 • 팀에 대한 중대한 방해 요소, 장애물, 차단 요인을 파악 • 팀에 대한 중대한 방해 요소, 장애물, 차단 요인의 우선순위 지정 • 팀에 대한 방해 요소, 장애물 차단 요인을 네트워크를 활용하여 제거하기 위한 솔루션 실행 • 팀에 대한 방해 요소, 장애물, 차단 요인을 해결하도록 지속적으로 재평가 작업 실시
과제 8	프로젝트 협약 협상 • 협약을 위한 협상 한계 분석 • 우선순위를 평가하고 궁극적인 목표를 결정 • 프로젝트 협약의 목표가 충족되었는지 확인 • 협약 협상에 참여 • 협상 전략 결정
과제 9	이해관계자와 협업 • 이해관계자의 참여 요구사항 평가 • 이해관계자의 요구사항, 기대사항, 프로젝트 목표를 최적으로 조율 • 신뢰를 형성하고 이해관계자에게 영향을 미쳐 프로젝트 목표 달성
과제 10	공감대 형성 • 상황을 분석하여 오해의 원인 파악 • 필요한 모든 당사자의 의견을 듣고 합의에 도달 • 당사자의 동의에 대한 결과 지원 • 잠재적 오해 조사
과제 11	가상 팀의 참여 지원 • 가상 팀 구성원의 요구사항 파악(예 환경, 지리, 문화, 글로벌 등) • 가상 팀 구성원의 참여를 위한 대안적 방법 파악(예 커뮤니케이션 도구, 동일 장소 배치) • 가상 팀 구성원의 참여를 위한 옵션 실행 • 가상 팀 구성원 참여의 효율성을 지속적으로 평가
과제 12	팀의 기본 규칙 정의 • 팀 및 외부 이해관계자에게 조직의 원칙 전달 • 기본 규칙 준수를 장려하는 환경 조성 • 기본 규칙 위반 사례를 관리 및 정정
과제 13	관련된 이해관계자 멘토링 • 멘토링을 위한 시간 할당 • 멘토링 기회를 인식하고 실천
과제 14	감성지능을 적용하여 팀 성과 높이기 • 성격지표를 사용하여 행동 평가 • 성격지표 분석 및 주요 프로젝트 이해관계자의 감성적 요구사항 조정

갈등 관리 [과제 요소]

Domain 1 : 사람 People(42%)		
Task 1	**갈등 관리(Manage Conflict)**	
	• 갈등의 원인 및 단계 해석	
	• 갈등의 상황 분석	
	• 적절한 갈등 해결책 평가/권유/조정	

- 갈등의 원인 및 단계를 해석한다.
- 갈등 상황을 분석한다.
- 효과를 평가/권유/조정 및 추적한다.
- 오해의 근본 원인을 파악한다.
- 잠재적 오해를 조사한다.

■ **갈등관리의 접근 방식**

후퇴/회피
- 갈등 상황에서 도피
- 이슈 연기

원할/수용
- 협약 영역 강조
- 조화와 관계를 유지하기 위한 입지 양보

타협/조정
- 모두가 어느 정도 만족할 수 있는 설루션 탐색
- 타협을 통해 일시적 또는 부분적 갈등 해결

강제/지시
- 다른 사람을 희생하여 자신의 관점 추구
- 승/패 설루션만 제공

협업/문제 해결
- 여러 관점 통합
- 협력적 태도와 열린 대화를 통한 합의와 약속

01 프로젝트 관리자에게는 프로젝트에 대한 로컬 및 가상 팀 구성원이 있다. 팀 구성원 간의 일정 우선순위 충돌을 관리하기 위해 프로젝트 관리자는 화상 회의를 예약한다.

이 시나리오에 대한 설명으로 옳은 것은 무엇인가?

A. 원만/수용적인 충돌 해결 기술을 보여준다.

B. 협력/문제 해결 충돌 해결 기법의 한 예이다.

C. 강요/지시 충돌 해결 기술을 보여준다.

D. 타협/조정 충돌 해결 기법의 한 예이다.

정답 | B

협력/문제 해결은 각각 다른 시각에서 다양한 관점과 통찰력을 통합한다. 일반적으로 합의와 약속으로 이어지는 협력적인 태도와 열린 대화가 필요하다. 이 접근 방식은 윈-윈 상황을 만들 수 있다.

02 프로젝트 관리자가 프로젝트 팀의 대체자로 프로젝트에 참여한다. 팀원들은 서로의 아이디어를 존중하지 않았고 환경은 비생산적이었다. 그러나 이제 팀은 보다 효과적으로 의사소통하고 함께 작업하기 위한 몇 가지 프로세스와 절차를 개발하기 시작했다.

현재 팀은 어떤 개발 단계에 있는가?

A. 형성기(Forming)   B. 폭풍기(Storming)

C. 규범기(Norming)   D. 수행기(Performing)

정답 | C

• 폭풍기는 종종 팀 구성원의 자연스러운 작업 스타일이 충돌하는 것에서 시작된다.

• 사람들은 다양한 이유와 다양한 방식으로 일할 수 있지만, 서로 다른 작업 방식으로 인해 예상치 못한 문제가 발생하면 좌절감을 느끼고 역효과를 낳을 수 있다.

• 팀 구성원이 함께 일하기 시작하고 업무 습관과 행동을 조정하여 지원을 강화하면 팀은 규범기로 전환된다.

03 애자일 프로젝트에서 다음에 수행할 기능에 대한 논쟁이 발생했다. 합의가 만들어지지 않았지만, 곧 결정을 내려야 한다. 이 상황에서 가장 적합한 갈등 해결 방법은 어느 것인가?

A. 제품 책임자가 우선순위를 결정하도록 한다.

B. 기능을 더 작은 기능으로 분할하는 방법에 대해 제품 책임자와 협업을 한다.

C. 프로젝트 스폰서와 타협하여 기능을 결정한다.

D. 팀의 결정에 영향을 미치지 않도록 논쟁으로 철수한다.

정답 | A

수행할 요구사항은 제품 책임자의 권한이다.

04 다음 중 효과적인 팀 헌장의 일부는 무엇인가? (2가지 선택)

A. 공유하는 가치

B. 프로젝트 목표

C. 자원 할당

D. 갈등 해결

정답 | A, D

팀 헌장은 팀 가치, 합의사항 및 운영 지침을 명시하고, 프로젝트 팀원에게 허용되는 행동과 관련하여 명확한 기대사항을 기술한 문서로, 팀은 기본 규칙을 갖고 평등한 갈등 해결을 할 수 있다.

05 프로젝트 관리자는 반복에 대한 검토 일정을 잡았으며 일부 주요 이해관계자가 기능 개발 방법을 승인하지 않는다는 것을 알게 되었다.

이 문제를 해결하기 위해 프로젝트 관리자는 먼저 무엇을 해야 하는가?

A. 프로젝트 팀 구성원을 브레인스토밍 세션에 초대하여 적절한 응답을 식별한다.

B. 이러한 이해관계자가 우려하는 이유를 평가한 후에 문제를 해결한다.

C. 상황의 장단점을 나열하여 갈등의 영향을 결정한다.

D. 프로젝트 스폰서에게 불만족스러운 이해관계자와의 협상에서 중립적인 입장을 취하도록 요청한다.

정답 | B

반복 검토의 목적은 이해관계자에게 반복 결과를 보여 주어 팀이 피드백을 받을 수 있도록 하는 것이다. 때때로 결과가 거부되기도 한다. 이해관계자들이 무엇을 좋아하고, 좋아하지 않는지 이해하는 것이 좋으며, 이것으로 팀이 가장 잘 작동하게 하고 이해관계자에게 가치를 제공하는 제품을 제공할 수 있다.

팀 선도 [과제 요소]

Domain 1 : 사람 People(42%)	
	팀 선도(Lead a team)
	• 분명한 비전과 임무 설정
	• 다양성과 포용성 지원(예 행동 유형, 사고 프로세스)
	• 섬김형 리더십 가치 (예 섬김형 리더십의 원칙을 팀에게 불어넣기)
Task 2	• 적절한 리더십 스타일 결정(예 지시적, 협력적)
	• 팀원/이해관계자에게 영감을 주고 동기를 부여하고 영향을 끼침 (예 팀 계약, 사회적 계약, 보상 체계)
	• 팀원 및 이해관계자의 영향 분석
	• 다양한 팀원 및 이해관계자를 선도하기 위한 다양한 선택 사항 구분하기

- 분명한 비전과 임무를 설정한다.
- 다양성과 포용성을 지지한다.
- 섬김형 리더십에 가치를 둔다.
- 적절한 리더십 스타일을 결정한다.
- 팀원/이해관계자에게 영감을 주고 동기를 부여하고 영향을 끼친다.
- 팀원 및 이해관계자의 영향을 분석한다.
- 다양한 팀원 및 이해관계자를 선도하기 위한 다양한 선택 사항을 구분한다.
- 팀을 유지 관리한다.

■ 팀을 위한 보상 및 인정 계획

보상	인정
• 유형의 소모품	• 무형의 경험적 이벤트
• 특정 결과에 도달하거나 성취 결과로 제공	• 결과가 아닌 받는 사람의 행동에 따른 결과로 제공
• 명확한 시작 및 종료 또는 고정된 기간	• 설정 시간에 제한되지 않음
• 일반적으로 목표 달성 시 예상되는 것	• 일반적으로 받는 사람이 예상치 못함
• 목적은 특정 결과를 위해 동기를 부여하는 것이며, 인정하지 않고 부여되는 것이 아님	• 목적은 받는 사람의 감사하는 기분을 높이는 것으로, 보상 없이 주어질 수 있는 것

01 효과적인 리더십의 일환으로 프로젝트 관리자는 팀 구성원이 성장하도록 돕고 프로젝트 전반에 걸쳐 동기를 부여한다.

이러한 리더십을 뒷받침하는 한 가지 특성은 무엇인가?

A. 팀의 신념과 확고한 입장을 고수한다.

B. 프로젝트 작업을 위임하여 팀을 도전 시킨다.

C. 매일 토론 세션을 사용하여 팀의 우려 사항을 요청하고 응답한다.

D. 성공적으로 완료된 각 작업에 대해 팀에 보상을 제공한다.

정답 | A

팀 헌장은 핵심적인 애자일 문서이다. 전체 팀에 의해 만들어지고 새로운 합류자가 있을 때 업데이트된다. 서번트 리더가 팀 헌장을 옹호하고 도전을 받을 경우 그 원칙을 주장하는 것이 중요하다.

02 전략적 및 운영상의 가정과 제약을 식별하기 위해 이해관계자의 참여가 필요하지만, 프로젝트 관리자는 이해관계자의 참여 부족으로 인해 일관된 의견을 얻기가 어렵다는 것을 알고 있다.

프로젝트 관리자는 어떻게 이해관계자의 의견을 높일 수 있는가?

A. 정치적 인식 기술을 사용한다.

B. 리스크 관리 도구 및 기법을 검토한다.

C. 효과적인 회의 관리 기법에 참여한다.

D. 효과적인 촉진 기법을 사용한다.

정답 | D

촉진이란 그룹의 이벤트를 성공적인 결정, 해결책 또는 결론으로 효과적으로 안내하는 능력을 말한다. 촉진자는 효과적인 참여가 있고, 참가자가 상호 이해를 달성하고, 모든 기여가 고려되고, 결론이나 결과가 프로젝트에 대해 설정된 의사 결정 프로세스에 따라 완전히 동의하고, 달성된 조치와 합의가 적절하게 처리 되었는지 후에 확인한다.

03 애자일 팀이 새로운 릴리스를 시작하고 있다. 작업들이 초기에 예상한 것보다 약간 느리게 진행되고 있다. 프로젝트 관리자는 서번트 리더십 접근법을 취하고 있다.

다음 중 프로젝트 관리자가 수행할 가능성이 가장 높은 조치는 무엇인가?

A. 개략적인 범위기술서와 산정을 만든다.

B. 비생산적인 팀 논쟁에 개입한다.

C. 팀을 위한 행정 활동을 한다.

D. 경영진에게 시스템을 보여준다.

- 서번트 리더십 접근 방식에서 프로젝트 관리자는 팀을 위한 관리 활동을 수행할 가능성이 높다.
- 이 용어에서 알 수 있듯이, 서번트 리더의 역할은 팀을 섬기는 데 중점을 둔다.
- 서번트 리더는 팀 구성원이 비즈니스 가치를 창출하고 팀의 성공을 돕는 데 필요한 것을 수행하는 것을 인식한다.
- 제시된 선택 중에서 관리 작업을 수행하는 작업이 목표를 가장 잘 지원한다.

04 당신은 새로운 공장을 건설하는 프로젝트 관리자로 팀워크를 촉진하고 팀원들에게 동기부여를 할 수 있는 환경을 조성하기 위해 노력하고 있다. 이제 Tuckman ladder에 따라 당신은 팀원들이 휴지기 단계에 있다고 말한다.

이것은 어떤 의미인가?

A. 팀원들이 만나 프로젝트를 배우고 있다.

B. 팀이 잘 조직된 단위로 활동한다.

C. 팀이 작업을 완료했고 프로젝트에서 이동 준비를 한다.

D. 갈등이 팀원들의 전문적인 관계에 영향을 미쳤다.

휴지기 단계에서는 팀이 작업을 완료하고 프로젝트에서 벗어난다. 일반적으로 인도물이 완료되면서 또는 프로젝트 또는 단계 종료 프로세스의 일부로 팀원이 프로젝트에서 해산할 때 이 단계가 진행된다.

05 당신은 회사에서 새로 구성한 ABS 프로젝트의 관리자로 임명되었다. 다양한 부서에서 파견된 직원들은 서로 잘 모르는 관계로 초기에 서먹하다. 이런 경우 당신은 프로젝트 관리자로서 어떤 리더십을 발휘해야 하는가?

A. 지시적

B. 자유 방임적

C. 민주적

D. 지원형

- 팀이 새롭게 모일 경우에는 서로가 서먹서먹하므로 리더는 잘 지시하여 조정하는 하는 게 좋다. 이유는 팀이 형성된 초기 단계에서는 팀원들이 무엇을 어떻게 해야 할지를 잘 모르는 단계이기 때문이다.
- 초기 탐색기에는 직접 지시하는 Directing leader 형태가 좋으며, 혼돈기에는 Coaching leader, 규범기에는 Supporting Leader, 성과기에는 Laissez-faire Leader, 휴지기에는 Directing leader 형태가 바람직하다.

	Domain 1 : 사람 People(42%)
	팀 성과 지원(Support team performance)
Task 3	• 핵심 성과지표를 기준으로 팀원의 성과 칭찬
	• 팀원의 발전과 성장을 지원하고 인정
	• 피드백 방식 결정
	• 성과 개선 검증

- 핵심 성과지표를 기준으로 팀 성과를 칭찬한다.
- 팀의 발전과 성장을 지원하고 인정한다.
- 적절한 피드백 접근 방식을 결정한다.
- 팀원의 성과 향상을 확인한다.
- 팀의 과제 책임을 지원한다.

■ **팀 개발 단계 (Tuckman ladder)**

형성기	폭풍기	규범기	성취기	해산기
팀원이 서로를 알고 신뢰한다.	팀원이 자기 주장을 하고 새로운 이슈를 통제하기 시작한다.	팀은 개인적 수용이나 통제 이슈에 대해 걱정하지 않고 생산적으로 작업을 시작한다.	팀은 최적의 생산성을 위해 일하고, 쉽게 협업하고, 자유롭게 의사소통하며, 각자의 갈등 문제를 해결한다.	팀원이 배정된 작업을 완료하고 다음 프로젝트 또는 배정된 작업으로 이동한다.

01 가상 애자일 팀의 구성원들이 7개의 시간대로 구분되어 일한다. 일일 회의가 너무 길며 연설하는 구성원들 사이에 노트북 카메라를 전환하는 것으로 문제를 더욱 악화시킨다. 프로젝트 관리자는 더 짧고 효율적인 일일 회의를 달성하기 위해 어떤 조치를 취해야 하는가? (2개 선택)

A. 칸반 보드를 통한 논의를 위해 반복 검토를 사용한다.

B. 전체 회의 중에 모든 구성원이 일어서도록 요구한다.

C. 칸반 보드 및 팀을 서로 마주 볼 수 있도록 웹캠을 배치한다.

D. 팀원들에게 오프라인상에서 방해 요소들을 제기하도록 요청한다.

E. 진전이 있는 구성원으로만 발표자를 제한한다.

정답 | B, C

그룹당 하나의 웹캠으로 제한된 상설 회의는 효율성을 잃지 않고 회의 시간을 줄이는 것으로 나타났다. 다른 선택지들은 회의의 핵심 내용(칸반 검토, 방해요소 및 구성원당 세 가지 질문)을 제거하기 때문에 잘못된 것이다.

02 소프트웨어 프로젝트에는 다른 나라에 있는 4명의 원격 애자일 팀과 협업할 설루션이 필요하며 팀 간의 자발적인 구두 의사소통이 지원되어야 한다. 원격 팀의 모든 워크스테이션과 칸반 보드는 항상 볼 수 있어야 한다.

어떤 가상 팀 협업 설루션이 가장 적합한가?

A. 정보 방열기 모니터(Information radiator monitors)

B. 주문형 화상 회의(On-demand video conferencing)

C. 워크스테이션 화면 미러링(Workstation screen mirroring)

D. 항상 켜져 있는 어항 창(Always-on fishbowl windows)

정답 | D

- 이것은 기밀성과 보안이 중요한 프로젝트이므로 원격 자원에 대한 영구적인 모니터링이 필요하다.
- 어항 설루션만이 영구적으로 필요한 시야를 가질 수 있다.
- 방열기는 콘텐츠만 표시하고 주문형 화상 회의는 영구적인 비디오 피드가 아니며, 미러링은 환경 제공이 아닌 컴퓨터 화면 1개만 표시한다.

03 당신은 원자력 발전소 건설의 프로젝트 관리자이다. 당신은 의사소통에 대한 반응 정보를 제공함으로써 한 프로젝트 팀원을 멘토링하고 있다.

당신은 현재 어떤 의사소통 기법을 사용하고 있는가?

A. 코칭

B. 피드백

C. 트레이닝

D. 포커스 그룹

멘토링에서 중요한 것은 피드백이다. 피드백은 의사소통, 인도물 또는 상황에 대한 반응 관련 정보이다. 피드백은 프로젝트 관리자와 팀, 그 밖의 모든 프로젝트 이해관계자들 간 대화식 의사소통을 지원한다. 지도, 멘토링, 협상 등을 예로 들 수 있다.

04 애자일 프로젝트의 한 제품 책임자는 월간 일정에 너무 많은 회의가 있으며 프로젝트 작업을 위한 시간이 부족하다고 불평한다. 그들은 프로젝트 관리자에게 일부 회의의 우선순위를 정하고 다른 회의의 빈도를 줄이도록 지시한다.

프로젝트 관리자가 참석 빈도를 낮추기 위해 삭제할 수 있는 제품 책임자 회의 두 가지는 무엇인가? (2개 선택)

A. 스프린트 회고
B. 제품 전문가 컨설팅
C. 일일 스탠드업 미팅
D. 팀 성과 검토
E. 최종 사용자 피드백 세션

애자일 프로젝트에서는 최종 사용자 만족도를 높이고 제공에 집중하기 때문에 고객이 최우선이며, 성과 검토와 같은 관리 프로세스는 우선순위가 낮다. 제품 책임자가 매일 회의에 필요한 것은 아니다.

05 이해관계자는 애자일 팀이 마지막 반복에서 어떤 진척을 이루었는지 이해하기를 원한다. 이 정보를 결정하기 위해 이해관계자가 무엇을 검토해야 하는가?

A. 팀의 속도 차트(The team's velocity chart)
B. 스파이크의 결과(The results of the spike)
C. 제품 백로그(Product backlog)
D. 피쉬 조각(Fishbone slices)

속도 차트(Velocity chart)는 각 반복(Each iteration)에서 제공되는 가치의 양(Amount of value)을 보여주어 이해관계자가 반복할 동안 팀의 진행 상황을 이해할 수 있다. 팀 성과 추적과 관련 있는 것이 속도 차트(Velocity chart)이다.

[속도 차트]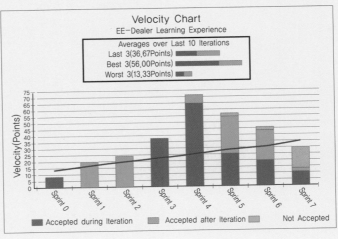

Domain 1 : 사람 People(42%)	
Task 4	**팀원 및 이해관계자의 역량 강화** **(Empower team members and stakeholders)**
	• 팀의 강점을 바탕으로 조직화
	• 팀의 과제 책임 지원
	• 과제 책임 평가 설명
	• 의사결정 권한 수준을 결정 및 부여

- 멘토링에 지속적으로 시간을 할당한다.
- 멘토링 기회를 인식하고 실천한다.
- 효과에 대해 적절한 피드백을 정한다.

■ 개인 멘토링 및 코칭

일대일 과제 또는 프로세스 멘토링	과제를 수행하는 동안 개별적으로 명시적으로 지식 공유
다른 사람들이 활동을 주도하도록 격려	자율적으로 구성하고 주도적으로 진행하도록 격려
회의 및 세션 촉진	다른 사람이 프로젝트 관리 과제를 실습할 수 있는 기회 촉진
새로운 역할 수행 실습	각 개인에게 다른 프로젝트 역할에 기여할 수 있는 방법 코칭
비공식적인 기회	암묵적 지식으로 개인 코칭
공식적인 기회	공식적인 교육 세션 주도
기술 전달	기술 전달 및 실습
행동 모델링	매일 원하는 기술 및 모범 사례 시연
서로 돕는 팀원	매일 업무 중 서로 코칭 및 멘토링하는 자율구성팀

01 프로젝트 관리자는 데모 및 검토 회의 중에 애자일 프로젝트가 순조롭게 진행되고 있지 않음을 보여 주는 상황 보고서를 받았다. 하지만 현재 모든 작업은 더 높은 수준의 목표를 달성하기 위해 의도적으로 선택되고 순서가 지정되었기 때문에 프로젝트 관리자는 해당 보고서에 놀랐다.

향후 프로젝트 관리자는 애자일 프로젝트에서 이러한 유형의 잘못된 의사소통을 어떻게 방지할 수 있는가?

A. 프로젝트 팀의 자체 조직화를 지원하고 프로젝트에 대한 승인을 제공하도록 돕는다.

B. 이러한 문제를 처리할 수 있는 우발사태 예비가 있는지 확인한다.

C. 팀이 애자일 프로세스 보고 시스템을 사용하도록 훈련되었는지 확인한다.

D. 프로젝트 팀을 위한 애자일 접근 방식에 대한 조기 교육 및 지속적인 멘토링을 제공한다.

정답 | A

애자일 프로젝트의 경우 프로젝트 관리자가 작업을 선택하고 순서를 지정하기 보다는 상위 수준의 목표가 설명되고 팀 구성원들이 특정 작업들을 자체 그룹 결성을 통해서 목표를 가장 잘 달성할 수 있다. 이는 팀원들의 상위 수준의 동의를 받아 실질적인 계획을 수립하게 할 수 있다.

02 프로젝트 팀 구성원은 새로운 자원이 할당된 작업에 적합하지 않은 것 같다고 우려한다. 프로젝트 관리자는 이 문제에 어떻게 대응해야 하는가?

A. 새 자원을 다른 프로젝트에 재할당할 가능성에 대해 논의하려면 고위 경영진에게 문의한다.

B. 새로운 자원과 이야기할 시간을 잡아 기술을 평가하고 강점 수준을 이해한다.

C. 팀 구성원에게 자원이 보여주는 작업 관련한 부족함을 문서화하도록 요청한다.

D. 프로젝트 스폰서에게 연락하여 이러한 우려 사항을 강조하고 적절한 대응을 결정한다.

정답 | B

프로젝트 관리자는 다른 구성원의 피드백을 듣는 것만으로 조치를 취해서는 안 된다. 새 구성원과 대화하여 그들의 기술을 평가하고 그들의 강점을 이해하여 프로젝트의 요구사항을 충족하는지 확인해야 한다.

03 프로젝트 관리자는 프로토타입 개발이 지연된 이유가 교차 기능 팀이 필요로 하는 특정 기술에 대한 지식이 부족했기 때문이라고 생각한다. 프로젝트 관리자는 향후 프로젝트에서 이러한 상황을 어떻게 방지할 수 있는가?

A. 프로젝트 전반에 걸쳐 팀에 보다 전문화된 교육을 제공한다.

B. 특정 기술에 대한 교육을 할당하기 위해 프로젝트 스폰서 및 팀 구성원을 만난다.

C. 필요한 강점을 파악하고 그 강점을 기반으로 팀을 구성한다.

D. 기술이 부족할 수 있는 상황에서도 팀 구성원이 문제를 해결할 수 있도록 권한을 부여한다.

팀을 개발하는 것은 서번트 리더십의 중요한 부분이다. 프로젝트 관리자가 프로젝트에 필요한 강점과 기술을 알고 있다면 이러한 강점을 중심으로 팀을 구성할 수 있다.

04 다음 중 팀원 및 이해관계자의 교육을 계획하는 첫 번째 단계는 무엇인가?

A. 교육 자료를 개발한다.

B. 초대 및 주의사항을 생성한다.

C. 교육 사이트를 예약한다.

D. 필요한 역량을 파악한다.

교육 계획 개발 및 실행의 첫 번째 측면은 이해관계자가 요구하는 필수 역량을 파악하는 것이며, 이해관계자마다 교육 요구가 다를 수 있다. 역량에는 지식, 기술 및 기타 속성이 포함될 수 있으며, 필요한 역량을 파악하는 것이 교육계획을 수립하고 실행하는 첫 번째이다.

05 프로젝트 관리자는 여러 프로젝트를 진행하고 있다. 한 프로젝트는 새로운 팀원들이 있고 초기 단계에 있으며, 다른 프로젝트들은 다음 몇 주 동안 다양한 실행 상태에 있다.

프로젝트 관리자는 향후 몇 주 동안 어떻게 새로운 프로젝트 팀을 개발할 수 있는가?

A. 팀 구성원이 팀 화합을 촉진하는 일련의 합의된 근무 규칙 또는 사회적 계약을 만들 수 있도록 돕는다.

B. 팀을 정상화하기 위해 여러 팀 구성 이벤트에 참여하도록 제안한다.

C. 매일 프로젝트 현황 업데이트를 짧게 보내 팀에 계속 알린다.

D. 각 팀원과 대면하여 개인적인 대화에 참여하여 관계를 구축한다.

사회적 계약 또는 합의된 일련의 업무 규칙을 만들면 팀이 정상화되고 사용자가 부재중일 때 자율적으로 업무를 수행할 수 있다. 다른 보기들은 팀원들이 독립적으로 그리고 팀으로서 발전하도록 격려하지 않는다.

	Domain 1 : 사람 People(42%)
Task 5	**팀원/이해관계자에 대한 적절한 교육 제공** **(Ensure team member/stakeholders are adequately trained)**
	• 필요한 능력과 교육 요소 결정
	• 교육 요구사항에 따라 교육 옵션 결정
	• 교육을 위한 자원 할당
	• 교육 결과 측정

- 공유 및 학습에 시간을 할애하면 멘토링을 활용할 수 있는 기회가 증가한다.
- 교육 및 공유를 위해 공식 또는 비공식적인 계획을 수립할 수 있다.
- 회고와 교훈 세션을 활용하여 프로젝트 관리 및 운영의 성공과 실패에 대한 이야기를 할 수 있다.
- 교육 세션을 예약하여 멘토링 및 코칭을 공식화한다.

문제

01 프로젝트가 실행 단계에 있다. 프로젝트를 빨리 완료해야 한다는 요구로 인해 프로젝트 관리자는 팀을 구성하고 프로젝트 요구사항을 충족하기 위해 자원을 신속하게 할당해야 한다.

프로젝트 관리자는 다음에 어떤 조치를 취해야 하는가?

A. 라이브러리 서비스를 구축한다.

B. 워크숍을 제공한다.

C. 새로운 팀을 확보하고 훈련한다.

D. 웨비나를 주최한다.

정답 | C

프로젝트 팀이 구성되면 프로젝트 관리자가 팀 개발을 시작할 수 있다.
팀 개발은 프로젝트 성과를 향상시키기 위해 역량, 팀 구성원 상호 작용 및 전체 팀 환경을 개선하는 프로세스이다.
교육은 프로젝트 팀 개발 프로세스의 도구 및 기법이다.

02 프로젝트의 특성이 다음과 같을 때 프로젝트 관리자가 이 팀의 성과를 향상시킬 수 있는 두 가지 방법은 무엇인가? (2개 선택)

> – 프로젝트 자원의 전문 지식 수준이 낮기 때문에 일정 성과 이슈가 발생한다.
> – 하급 인력은 적시에 작업을 완료하지 못하고 있다.
> – 경험이 풍부한 자원들은 후배들이 불필요한 업무를 수행하고 있다고 보고한다.

A. 팀 리더와 만나 상황을 논의하고 프로젝트 스폰서로 상향이 필요한지 결정한다.

B. 효율적인 작업 완료에 대처하기 위한 전체 팀 교육 프로그램을 시행한다.

C. 팀과 협력하여 프로젝트 목표에 맞는 교육 및 작업 완료 체크리스트를 설계한다.

D. 모든 팀원을 위한 체크리스트를 디자인한다.

E. 경험이 풍부한 인력이 후배 자원을 코칭하고 협업할 수 있도록 팀 내에서 멘토링 세션을 설정한다.

정답 | C, E

프로젝트 관리자는 계획을 변경하거나 이슈를 확대하기 전에 사용 가능한 도구와 기법을 사용하여 문제를 해결해야 한다. 교육이 필요한 사람들에게 교육을 제공하면 팀 성과는 향상되고 체크리스트는 각 팀원이 점검해야 할 사항만 확인할 수 있다.

03 전 세계에 있는 분산 팀(Distributed team)과 일할 때 가장 유용한 방법은 다음 중 어느 것인가?

A. 첫 번째 반복을 시작하기 전에 팀 전체를 다양성과 민감성 훈련교육을 위해 불러들인다.

B. 프로젝트가 끝날 때 큰 축하 행사를 위해 전체 그룹을 불러들인다.

C. 첫 반복(Iteration)을 시작하기 전에 서로 알기 위한 세션을 위해 전체 그룹을 함께 불러들인다.

D. 킥오프 이벤트를 위해 팀 전체를 모으고 최소 첫 번째 반복(Iteration)을 함께 일하도록 한다.

정답 | D

한 반복 작업을 팀이 같이 수행하도록 하는 것은 전 세계적으로 분산된 팀을 통합하는 데 도움이 되는 좋은 방법이다.

다양성 교육 및 알기 쉬운 세션은 훌륭하지만, 팀원들이 실제로 함께 일하게 하는 것이 서로의 업무 습관과 상호작용 모드를 배우는 가장 좋은 기회가 될 것이며, 지리적으로 분산되어 있는 팀을 조기에 소통을 시켜야 나중에 의사소통 증진을 가져온다.

04 팀은 애자일 방식이 프로젝트의 다음 단계의 요구에 적합하다고 판단한다. 안타깝게도 일부 팀원은 적절한 애자일 교육을 받지 못했다.

프로젝트 관리자는 애자일 교육의 부족에 어떻게 대응해야 하는가?

A. 팀원 중 일부를 다른 팀으로 전환하고 애자일 교육을 받은 자원으로 교체한다.

B. 프로젝트의 우발사태 예비비가 모든 팀원을 위한 애자일 교육을 포함할 수 있는지 확인한다.

C. 주요 팀원을 위한 가상 교육 세션을 만들고 주요 애자일 주제를 다룬다.

D. 팀원을 위한 가장 비용 효율적인 애자일 교육을 식별하고 실행한다.

정답 | D

- 프로젝트 팀원을 대상으로 교육을 실시하면 향후 단계나 프로젝트에 유용할 수 있는 스킬이 추가될 수 있다.
- 프로젝트 관리자는 팀원을 위한 애자일 교육을 파악하고 구현해야 한다.
- 교육 과정과 관련 비용은 평가되어야 하며 자원 관리 계획과 비용 및 일정 기준선에 포함되어야 한다.

05 진행 중인 프로젝트에 여러 명의 새 구성원이 추가된다. 기존의 팀 구성원은 프로젝트가 지원하는 비즈니스 운영의 세부 사항에 대한 기본 교육을 받았지만, 새 구성원은 해당 영역에 기본 이해를 갖고 있지 못하다. 이러한 이해 부족은 생산성 저하로 이어진다.

프로젝트 관리자는 이 문제에 어떻게 대응해야 하는가?

A. 원래 팀 구성원에게 지원 및 교육을 제공하도록 요청하고 새 팀 구성원을 위한 두 번째 착수 회의 일정을 잡는다.

B. 모든 새 팀 구성원에게 오랜 기간 일한 구성원과 프로젝트 관리자 모두에게 편안하게 도움을 요청할 수 있다고 확신시킨다.

C. 새로운 자원을 다른 프로젝트로 이동시키고 관련 경험이 있는 자원을 추가하도록 팀을 바꾼 다음 학습한 내용을 기록한다.

D. 이는 팀이 변화를 경험할 때 흔히 발생하는 일임을 인식하고 일정을 생산성이 약간 저하되는 것을 허용하는 것으로 수정한다.

정답 | A

새 구성원이 적절하게 교육을 받았는지 확인하는 것은 PM의 책임이다. 이 접근 방식은 해당 교육을 제공하는 것이다.

팀 구축 [과제 요소]

	Domain 1 : 사람 People(42%)
	팀 구축(Build a team)
	이해관계자 기술 평가
Task 6	프로젝트에 활용되는 자원 요구사항 추정
	프로젝트 요구사항을 충족하기 위해 지속적으로 팀의 기량을 평가 및 개선
	팀 및 지식 이전 관리

- 프로젝트는 프로젝트 팀에서 인도한다.
- 프로젝트 팀은 조직적, 전문적 문화와 지침 내에서 업무를 수행하며, 종종 자체적인 "현지" 문화를 구축한다.
- 협력적 프로젝트 팀 환경은 아래와 같은 것을 촉진한다.
  - 다른 조직 문화 및 지침과 연계
  - 개인 및 팀의 학습 및 개발
  - 원하는 성과를 인도하기 위한 최적의 기여

문제

01 프로젝트 팀원 중 핵심 인력이 기술적인 프로젝트 중간에 다른 프로젝트로 이동하라는 요청이 있었다. 팀은 이것이 적절하지 못한 조치라고 생각하고 걱정을 하고 있다.

이 문제를 해결하는데 어떠한 조치가 필요한가?

A. PM은 팀의 걱정을 인정하고 프로젝트에 미치는 영향도를 분석해야 한다.

B. 프로젝트 스폰서와 갈등을 논의하고 대응책을 마련한다.

C. 코칭 도구와 기술을 사용하여 프로젝트 팀에 동기를 부여한다.

D. 핵심 팀원을 동일한 기술을 가진 새 인원으로 교체한다.

정답 | A

PM은 주요 인사 변경 사항을 처리하고 팀에 동기를 부여하고 생산성을 유지하는 방법을 알아야 한다.

02 프로젝트에서 요구사항에 맞는 자원이 식별되었지만 다른 국가에 거주하고 있다. 해당 자원은 현장에서 작업할 수 있지만 몇 주로 예상되었던 비자 절차가 지금은 몇 달이 걸린다.

프로젝트 관리자는 어떠한 조치를 취해야 하는가?

A. 기존 팀에 초과 근무를 요청한다.

B. 프로젝트 범위에 제한을 둔다.

C. 자원이 가상으로 일하도록 요청한다.

D. 해당 기간 동안 프로젝트를 보류한다.

정답 | C

프로젝트의 세계화로 인해 동일한 프로젝트에서 작업하지만 동일장소에 함께 배치되지 않는 가상 팀의 필요성이 높아졌다.

[가상팀(Virtual Teams) 구축 고려사항]
- 유대감과 팀 정체성 발달이 어려울 수 있다.
- 토론, 달력 관리, 칸반(Kanban) 보드 및 기타 정보에 사용되는 다양한 형식의 의사소통 기술을 사용해야 한다.
- 개별 성과/진행 상황 감시가 어렵다.

03 고객이 개발 중인 제품에 대한 기술적 접근 방식의 변경을 요청하고 있다. 프로젝트 관리자는 반복적인 프로젝트 검토 중에 이 요청에 대해 알게 된다.

프로젝트 관리자는 어떻게 대응해야 하는가?

A. 팀원과 협력하여 새로운 접근 방식을 즉시 구현한다.

B. 팀이 이해관계자와의 대화에서 결정하고 검증할 수 있는 권한을 부여하면서 적절한 접근 방식을 결정하도록 한다.

C. 이해관계자들과 제안된 접근 방식의 장단점을 논의한 후, 팀에 가장 적합한 접근 방식을 선택하고 팀원들에게 알린다.

D. 스폰서 참여를 얻기 위해 팀이 접근 방식을 벤치마킹하도록 한다.

정답 | B

이는 기술적인 문제이므로 프로젝트 관리자는 팀과 요청에 대해 논의하고, 고객이 고객의 요청을 해결할 수 있는 최적의 옵션을 평가 및 선택하고 고객과 소통할 수 있는 권한을 부여해야 한다.

04 프로젝트 B의 한 교차 부서 팀은 프로토타입 개발이 지연되고 있다고 보고했다. 프로젝트 관리자는 팀에 필요한 특정 기술에 대한 지식이 부족하기 때문이라고 생각하는데, 프로젝트 관리자는 향후 프로젝트에서 어떤한 방법으로 이러한 상황을 예방할 수 있는가? (3개 선택)

A. 팀장에게 해결책을 추천해 달라고 요청한다.

B. 필요한 기술을 식별하고 기술의 강점을 기반으로 팀을 조직한다.

C. 프로젝트에 필요한 특정 스킬 목록을 작성한다.

D. 업무를 숙련된 전문가에게 아웃소싱을 한다.

E. 기술 부족을 프로젝트 리스크로 식별한다.

정답 | B, C, D

팀을 발전시키고 팀원 개개인의 역량을 적극적으로 강화하는 것은 서번트 리더십의 중요한 부분이다. 또한 프로젝트 관리자는 프로젝트에 필요한 강점과 기술 세트를 알고 해당 기술을 가진 자원에 작업을 아웃소싱 할 수 있어야 한다.

05 프로젝트 관리자는 상위 프로그램 하위의 프로젝트에서 일하고 있다. 그러던 중 프로젝트를 떠나야 했던 핵심 자원을 대체하기 위해 새 자원이 할당되었다. 외부 이해관계자는 새로 할당된 사람이 팀원 중 역량이 가장 약한 팀원이라고 생각한다.

프로젝트 관리자는 이 소문에 대해 어떻게 대처해야 하는가?

A. 현재 프로젝트 팀과의 의사소통 기술을 테스트하여 새 자원의 필요한 작업을 수행하는 능력을 평가한다.

B. 새로운 자원의 기술을 평가하여 자원이 프로젝트에 가치를 제공할 수 있는 방법을 확인한다.

C. 더 나은 자원을 얻기 위해 프로젝트 관리 오피스(PMO) 관리자에게 요청을 제출한다.

D. 프로젝트 팀 내 갈등을 완화하기 위해 새 자원의 기능 관리자와 함께 소문을 해결한다.

정답 | B

A는 새 자원을 부당하게 추정하는 상황이 될 수 있으며, C는 소문이 사실이라고 가정하여 프로젝트 관리자와 기능 관리자 사이에 긴장된 관계를 생성할 수 있다. 또한 D는 프로젝트 관리자에게 위안을 줄 수 있지만, 이는 부적절하고 부당한 일일 수 있으며 B가 최선의 답변이다. 성과를 직접 보지 않고는 소문에 대한 증거가 없기 때문이다.

	Domain 1 : 사람 People(42%)
	팀에 대한 장애, 방해물, 블로커를 해결 및 제거 **(Address and remove impediments, obstacles, and blockers for the team)**
Task 7	• 팀에 대한 중대한 장애, 방해물, 블로커를 파악
	• 팀에 대한 중대한 장애, 방해물, 블로커의 우선순위 지정
	• 팀에 대한 장애, 방해물, 블로커를 네트워크를 활용하여 제거하기 위한 솔루션 실행
	• 팀에 대한 장애, 방해물, 블로커를 해결하도록 지속적으로 재평가 작업 실시

- 팀에 대한 중대한 장애, 방해물, 블로커를 파악한다.
- 팀에 대한 중대한 장애, 방해물, 블로커의 우선순위를 지정한다.
- 팀에 대한 장애, 방해물, 블로커를 제거하기 위한 솔루션을 실행한다.
- 팀에 대한 장애, 방해물, 블로커를 해결하도록 지속적으로 재평가 작업을 실시한다.

■ 장애 추적

- 의사소통과 감독을 보장하기 위해 제기, 해결 및 해결되는 장애를 추적한다.
- 장애 추적 방법은 다음과 같다.
    - 이슈 기록부
    - 칸반(Task) 보드
    - 소프트웨어 응용 프로그램
- 식별한 장애와 관련된 상태 및 업무를 기록한다.

01 애자일 반복 중에 예기치 않은 문제로 인해 작업 A를 제시간에 완료할 수 없다. 프로젝트 내의 다른 팀은 프로젝트에서 자신들의 역할을 수행하기 위해 작업 A를 적시에 완료해야 한다.

프로젝트 관리자는 이 문제를 어떻게 해결해야 하는가?

A. 두 팀을 개별적으로 만나서 필요한 마감일을 지키고 프로젝트를 제시간에 완료할 수 있는 방법을 찾도록 요청한다.

B. 제품 책임자와 만나 반복 백로그의 우선순위를 다시 지정하여 다른 팀이나 의무에 영향을 미치지 않도록 한다.

C. 프로젝트 팀의 팀원 수를 늘리고 반복 기간을 늘려 작업이 일정에 따라 완료되도록 한다.

D. 팀원들에게 어려운 상황에서 최선을 다하기를 원한다는 것을 알리고, 교훈에서 반복의 어려움을 기록한다.

> 정답 | B
>
> 제품 책임자와 팀은 다른 팀에 영향을 미치거나 영향을 미칠 수 있는 작업의 우선순위를 지정해야 한다

02 애자일 팀은 스크럼 오브 스크럼(Scrum of Scrums)에서 누가 그들을 대표할지 결정해야 한다. 어떤 옵션을 사용하여 가장 적합한 팀원을 선택해야 하는가?

A. Scrum

B. DevOps

C. eXtreme Programming

D. CI/CD

> 정답 | B
>
> • DevOps는 소프트웨어 및 IT 리소스의 개발, 구축 및 사용 주기에서 사고를 일으키는 잠재적인 장애물과 격차를 제거하도록 설계되었다.
> • CI/CD는 DevOps에 포함되어 있으므로 CI/CD만으로는 많은 문제를 해결할 수 없다.
> • XP 및 Scrum은 작업과의 조정을 다루지 않는다.

03 프로젝트 관리자는 제품 개발의 세 번째 이터레이션 중에 프로젝트 관리 계획서에 사용된 템플릿에 업데이트가 표시되지 않는다는 것을 알게 된다.

프로젝트 관리자는 어떤 조치를 취해야 하는가?

A. 프로젝트 관리 계획서 템플릿을 업데이트하고 모든 리스크를 문서화할 팀원 한 명을 지정한다.

B. 향후 반복에 대한 비즈니스 가치에 따라 템플릿 업데이트 필요성의 순위를 매긴다.

C. 이슈를 독립적으로 수정하여 팀의 산만함을 추가하지 않도록 한다.

D. 이슈를 새로운 프로젝트 리스크로 문서화하고 해결책을 제안한다.

애자일 접근 방식에서 프로젝트 관리자는 제품 구축과 관련된 장애물로부터 팀을 보호하기 위해 노력해야 한다. 이 질문은 기술 지식이 필요하지 않으며 PM이 처리해야 하는 관리 작업을 다루는 것이다.

04 팀의 문제 해결 노력에도 불구하고 칸반 차단 칸에는 몇 가지 항목이 남아 있다. 회고전을 통해 모든 장애물이 대기 시간을 도입하는 의무적인 기업 비즈니스 프로세스와 관련되어 있음을 알 수 있다.

프로젝트 관리자는 다음에 무엇을 해야 하는가?

A. 팀이 팀 빌딩행사에 참석하는 동안 비즈니스 프로세스 현안을 해결하기 위한 서번트 리더 역할을 한다.

B. 다음 반복 작업을 비즈니스 프로세스에 대한 팀 교육에 전념하여 보다 자율적으로 작업할 수 있도록 지원한다.

C. 프로세스 소유자와 협력하여 절차를 간소화하고 프로세스에 대한 팀 코칭을 확보한다.

D. 팀과 협력하여 업무 프로세스 지연을 감안하여 작업 잔고에 있는 스토리 포인트 추정치를 늘린다.

정답 | C

서번트 리더는 팀에 영향을 미치는 프로세스를 최대한 간소화하기 위해 조직 내에서 일해야 한다. 기업은 일반적으로 내부 프로세스가 필요하므로 이러한 프로세스를 모두 제거할 수는 거의 없다.

05 프로젝트 팀은 효율적으로 결과를 전달하고 있다. 그들이 작업 중인 제품 업그레이드는 3개월 안에 출시되어야 한다. 그렇지 않으면 경쟁사의 신제품이 그들의 제품을 쓸모없게 만들 것이다. 이러한 이유로 제품 책임자는 갑자기 기능 수정을 요청한다. 하지만 프로젝트 팀의 누구도 그 일을 할 수 없다. 프로젝트 스폰서는 예산을 연장할 의향이 있지만 일정을 연장할 수는 없다.

프로젝트 관리자는 어떻게 해야 하는가?

A. 필요한 기술을 갖춘 새로운 자원을 추가하여 새로운 수요를 충족한다.

B. 확실한 결정이 내려질 때까지 프로젝트를 중단할 것을 권장한다.

C. 프로젝트 스폰서와 옵션을 논의하고 가장 좋은 옵션을 선택한다.

D. 새로운 기능이 바람직한지 판단하기 위해 요청을 접수하고 고객 조사를 시작한다.

정답 | A

- 시간 제약이 있는 상황에서 가장 효율적인 옵션은 숙련된 자원을 포함하도록 팀을 확장하는 것이다.
- 자원이 기간 내에 학습할 수 있는 능력을 갖춘 경우 교육도 옵션이다.
- 애자일 프로젝트는 예측 불가능한 환경에서도 프로젝트를 일시 중단하거나 취소하는 일은 거의 없다.

프로젝트 협약 협상 [과제 요소]

	Domain 1 : 사람 People(42%)
Task 8	**프로젝트 계약 협상(Negotiate project agreements)**
	• 협상의 범위를 분석하여 합의
	• 우선순위를 평가하고 궁극적인 목표를 결정
	• 프로젝트 계약의 목표가 충족되었는지 확인
	• 계약 협상에 참여
	• 계약 전략 결정

- 협약이란 당사자의 의도를 정의하는 문서 또는 의사소통을 말한다.
- 프로젝트에서 협약은 계약 또는 기타 정의된 합의의 형태를 취하게 된다.
- 계약은 지정된 제품, 서비스 또는 결과물을 제공할 판매자의 의무와 그에 대한 대가를 지불할 구매자의 의무를 명시하는 상호 간에 구속력 있는 협약이다.

■ **일반적인 계약 유형**

구분	Fixed Price	Cost Reimbursable	Time & Material
명칭	고정가 계약	원가 보상 계약(Cost Plus)	시간 자재 계약
내용	계약서상에 최종 금액 결정	업체 비용에 대한 실비정산 방식	단가 계약(수량은 미확정)
과업 범위	명확할 때 적용	불명확할 때 적용	외부에서 긴급 용역 계약
Risk	Seller	Buyer	–
비고	가장 일반적	엄격한 업체 성과 평가 필요 (EVMS 적용 등)	Hybrid 방식

High ◄─────────────────────── Client Risk ───────────────────────► Low

Contract Type				
Cost Reimbursement	Cost Plus Incentive of Award Fee	Time and Material (T&M)	Fixed Price Incentive of Award Fee	Firm Fixed Price

Low ◄─────────── Supplier Risk and Project Management Rigor ───────────► High

■ 애자일 방식의 계약 유형

Contract Type	Description
Capper Time and Materials Contracts (마감 시간 및 자재 계약)	• 기존의 시간 및 재료 계약과 같은 방식으로 작동 • 단, 고객 결재 시 상한선이 정해져 있음. • 고객은 상한 비용 한도에 대해 지불 • 공급업체는 조기 변경 시 혜택을 누릴 수 있음.
Target Cost Contracts (목표 비용 계약)	• 공급업체와 고객은 프로젝트 비용 협상 중 최종 가격에 합의 • 주로 계약 가치가 예산보다 낮은 경우 상호 비용 절감을 위해 사용 • 이 계약들은 양측이 예산을 초과할 경우 추가 비용을 부담하게 할 수 있음.
Incremental Delivery Contracts (증분 인도 계약)	• 고객은 계약 생애주기 동안 계약 생애주기의 사전에 지정된 지점에서 계약을 검토 • 고객은 이 시점에서 필요한 변경을 하거나 프로젝트를 계속하거나 종료할 수 있음.

문제

01 프로젝트 관리자가 프로젝트 헌장을 준비하고 있다. 이번 프로젝트는 제품 테스트의 일정 부분을 자동화하는 것을 목표로 하고 있으며, 프로젝트 스폰서는 자동화 테스트를 위해 선임 테스트 엔지니어를 할당하도록 프로젝트 관리자에게 조언한다. 그러나 테스트 부서 관리자는 프로젝트가 테스트 부서의 축소로 이어질 것이라고 생각하기 때문에 비협조적이다.

프로젝트 관리자가 우선적으로 해야 할 일은 무엇인가?

A. 작업 기술서(SOW)를 검토하기 위해 테스트 부서 관리자와 회의를 갖는다.

B. 프로젝트 스폰서에게 테스트 자동화에 대한 근거를 제공하도록 요청한다.

C. 테스트 부서 관리자에게 테스트 자동화에 대한 데이터 기반의 비용 대비 이점의 증거를 제시한다.

D. 선임 테스트 엔지니어가 테스팅에 참여하지 못할 리스크를 제기한다.

정답 | A

PM이 해야 할 첫 번째 일은 이해관계자가 프로젝트 목표를 명확하게 이해하고 있는지 확인하는 것이다.

02 진행 중인 애자일 프로젝트의 성공 여부는 다음과 같이 평가된다. 이 수치에서 어떤 두 가지 결론을 도출할 수 있는가? (2개 선택)

2주 스프린트	계획된 스토리 수	완료된 스토리 수	계획 비용	획득 가치
1	15	11	650K	476K
2	20	19	600K	570K
3	20	24	550K	660K
4	22	27	500K	614K

A. 팀은 시간이 지남에 따라 업무 효율이 떨어졌다.

B. 팀은 일정한 효율을 유지했다.

C. 가치 창출 시간에 대해 백로그의 우선순위를 정하지 않았다.

D. 백로그는 가치 창출 시간에 우선순위가 매겨졌다.

E. 팀은 시간이 지남에 따라 더 효율적으로 작업했다.

정답 | C, E

이 표는 계획된 가치/스토어화 된 계획 값을 나눌 때 시간이 지남에 따라 가치가 증가하는 것을 나타낸다. 위의 SPI(Story completed/Stories planning)는 팀이 시간이 지남에 따라 더 많은 스토리를 더 빠르게 완료했음을 보여준다.

03 회사는 새로운 비즈니스 모델로 경쟁자들에게 시장 점유율을 빼앗기고 있다. 애자일 팀은 제품의 기능 수를 제한하고 시장에 버전을 더 빨리 출시해야 하는 요청이 있는데, 이 요청이 계획에 어떤 영향을 미치겠는가?

A. 백로그는 작은 증분으로 기본 기능을 전달하기 위해 우선순위화 한다.

B. 제품 비전은 사용자 주도 릴리스 로드맵을 반영하도록 갱신될 것이다.

C. 스프린트 백로그는 작고 간단한 스토리부터 작업하도록 재우선화 될 것이다.

D. 증분은 빠른 제품 릴리스를 가능하게 하기 위해 감소되어야 한다.

정답 | A

기본적인 버전의 제품을 조기에 출시함으로써 회사는 작업으로부터 더 빨리 가치를 얻을 수 있다. 계획과 관련하여 팀은 기본 기능 및 고객에게도 가치를 제공하는 제품을 시장에 출시할 수 있도록 백로그 작업 우선순위를 정하는 방법을 모색해야 한다.

[목표 결정을 위한 우선순위화 기법]
- 제품 백로그(Product Backlog) : 팀이 제품에 대해 유지해야 하는 사용자 중심 요구사항의 우선순위 목록
- 카노 모델(Kano Model) : 당연품질, 일차원적 품질, 매력적 품질 요인으로 구별

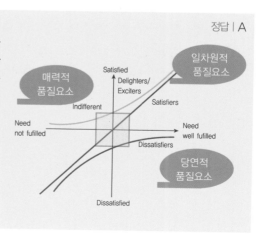

- MSCW Analysis : 꼭 있어야 하는 것(Must have), 있으면 좋은 것(Should have), 있을 수 있는 것(Could have), 없어도 되는 것(Won't have)으로 구별

MoSCow	Backlog
Must	
Should	
Could have	
Would have	

- 쌍 비교 분석(Paired Comparison Analysis) : 스토리의 쌍을 보고 한 스토리를 다른 스토리보다 우선순위로 지정

아이디어	B	C	D	우선순위
A	A(2)	C(1)	A(3)	A(2+3점)
B		C(1)	B(1)	C(1+1+2+2점)
C			C(2)	B(1점)
D				D(0점)

- 100점 방법(100 Points Method) : 각 이해관계자에게는 가장 중요한 요구사항에 투표하는 데 사용할 수 있는 100 점을 부여하여 각 백로그(Backlog)에 투표

	백로그	점수					백로그
100	1	50	40	30	35	40	1
100	2	20	20	25	30	25	2
100	3	15	20	20	10	15	4
100							
100	4	15	20	25	25	20	4

- Dot Voting or Multi-Voting : 각 이해관계자는 제시된 옵션들 사이에 분배하기 위해 사전 결정된 수의 점(Check marks, sticky stars 등)을 얻음.

백로그	점수	백로그
1	●●●●●●	1
2	●●●●	2
3	●●	4
4	●●●	3

- 모노폴리 머니(Monopoly Money) : 이해관계자에게 프로젝트 예산과 동일한 금액의 모노폴리 머니(Monopoly Money)를 제공하고 시스템 기능에 자금을 분배하도록 요청

04 제품 책임자의 일정이 매우 바빠서 몇 가지 업무를 숙련된 애자일 팀에 위임하고 싶어한다. 애자일 팀에 위임하는 데 적합한 작업은 무엇인가?

A. 크기에 따라 백로그에 항목 우선순위를 지정한다.

B. 백로그 조정 세션을 시작하고 실행한다.

C. 스프린트 백로그에 대해 우선순위가 지정된 항목을 선택한다.

D. 우선순위를 정하기 전에 백로그에 항목을 추가한다.

정답 | D

일반적으로 제품 책임자는 비즈니스 요구에 따라 밀린 작업 우선순위를 정하고 계획할 수 있는 유일한 권한을 가지며 개선에는 우선순위 지정도 필요하다. 항목 추가는 위임할 수 있으며, 제품 책임자는 나중에 우선순위를 정한다.

05 애자일 개발 팀이 제품을 조기에 여러 번 고객에게 제공했지만, 고객이 프로젝트 관리자에게 배송된 제품이 기대했던 것과 다르다며 만족하지 않는다.

프로젝트 관리자가 이 결과를 피할 수 있었던 한 가지 방법은 무엇인가?

A. 요구사항에 대한 지속적인 변경 사항에 대해 팀 승인이 필요하다.

B. 변경 후 제품 테스트를 위해 더 많은 자원들을 확보한다.

C. 고객이 데모의 가치를 인식하고 있는지 확인한다.

D. 팀이 프로젝트 범위 개발에 모두 참여했는지 확인한다.

정답 | C

고객이 프로젝트에 충분히 참여하지 않았다. 반복 검토는 팀이 제품을 시연하고 고객의 기대가 충족되었는지 확인하기 위한 피드백을 제공하는 데 가장 좋은 메커니즘이다.

Domain 1 : 사람 People(42%)		
Task 9	**이해관계자와 협업(Collaborate with stakeholders)**	
	• 이해관계자의 참여 요구사항 평가	
	• 이해관계자의 요구사항, 기대 사항, 프로젝트 목표를 최적으로 조율	
	• 신뢰를 형성하고 이해관계자에게 영향을 미쳐 프로젝트 목표 달성	

- 이해관계자의 참여 요구사항을 평가한다.
- 이해관계자의 요구사항, 기대사항, 프로젝트 목표를 최적으로 조율한다.
- 신뢰를 형성하고 이해관계자에게 영향을 미쳐 프로젝트 목표를 달성한다.

■ **이해관계자 참여관리 계획서**

- 이해관계자 참여관리 계획서는 의사결정 및 실행 과정에 이해관계자의 생산적인 참여를 촉진하기 위해 필요한 전략과 조치를 기술한 문서이다.
- 이해관계자 개인 또는 그룹의 참여를 위한 특정 전략 또는 접근 방식이 포함된다.
- 프로젝트 또는 프로그램 의사결정 및 실행 과정에 이해관계자의 생산적인 참여를 촉진하기 위해 필요한 전략과 조치를 기술한 문서로, 프로젝트 관리 계획서를 구성하는 요소이다.

문제

01 프로젝트 스폰서는 특정 기능이 늦어도 특정 날짜 이전에 대량 생산 준비가 될 것이라는 확신이 필요하기 때문에 새로운 프로젝트에서 애자일 트랙을 사용해야 한다고 확신하지 않는다.

하이브리드 프로젝트 접근 방식에서 애자일 방법을 통해 스폰서의 요구사항을 충족할 수 있는 방법은 무엇인가? (3개 선택)

A. 제품 로드맵은 자세한 분석을 제공할 수 있다.

B. 요구사항 우선순위는 각 반복에서 확인된다.

C. 점진적 개발로 품질 지연의 위험을 감소시킨다.

D. 영향 매핑을 사용하여 관련 이야기를 그룹화할 수 있다.

E. 이야기는 세분화된 에픽으로 나눌 수 있다.

[정시 인도를 보장하는 유효한 애자일 방법]

- 매 스프린트에서 백로그 우선순위 재지정
- 기능 수준 보기에 대한 영향 매핑
- 점진적인 테스트는 점진적인 개발을 보장한다.

로드맵과 에픽은 상세 보기가 아니라 상위 수준이기 때문에 다른 선택지들은 잘못되었다.

02 2명의 이해관계자가 출장으로 도시에서 벗어나 있으며 가끔씩 연락을 취할 수 있다. 제3자는 매우 바쁜 일정으로 인해 다른 긴 모임을 일정에 추가할 수 없다. 여러분은 각 이해관계자와 정기적으로 대면 상호작용을 하는 것이 중요하다고 생각한다.

고객의 요구사항을 어떻게 수용할 수 있는가? (2개 선택)

A. 화상 회의를 사용한다.

B. 이메일을 통해 메모를 보낸다.

C. 인스턴트 메시징 서비스를 사용한다.

D. 간단한 요약 회의를 개최한다.

대면 상호작용을 하는 것이 의사소통에서 가장 효과적이다. 화상회의 및 간단한 요약회의도 다른 의사방식(전달식/유입식)보다 유리하다.

03 마케팅 책임자는 은퇴자들을 위한 스마트폰 쇼핑 애플리케이션 버전을 출시하는 최초 출시 팀이 되기를 원하고 있으며, 애자일 팀에게 개발을 요청했다.

프로젝트 관리자가 개발 프로세스를 시작하려면 어떻게 해야 하는가?

A. 제품 책임자 및 주제 관련 전문가와 협력하여 요구사항을 스토리로 분할한다.

B. 제품 책임자, 팀 및 주제 관련 전문가와 만나 리스크 및 리스크 대응을 파악한다.

C. 팀에게 노력을 추산하고 그에 따라 비즈니스 케이스를 구축하도록 요청한다.

D. 제품 책임자, 팀 및 주제 관련 전문가와 만나 최소 실행 가능 제품을 정의한다.

출시 첫 번째 요구사항은 MVP(Minimum viable product)를 사용하는 것을 의미하며, 출시 후 가능한 한 신속하게 기능 요구사항을 개선한다.

04 프로젝트 팀원들이 지난주에 일하지 않았기 때문에 여러 후속 활동의 일정이 지연 상태이다. 이것은 주 공정에 영향을 미치는데, 프로젝트 관리자는 이 문제에 어떻게 대응해야 하는가?

A. 필요한 작업을 완료하기 위해 새로운 자원을 확보함으로써 주 공정에 미치는 영향을 줄인다.

B. 팀원들과 상황을 논의하여 실질적인 해결 방안을 모색할 수 있도록 협업한다.

C. 팀원들에게 그들이 협의된 일정 기간 내에 작업 패키지를 완료할 필요가 있음을 상기시킨다.

D. 기능 관리자에게 부재중인 팀원과 의사소통할 수 있게 지원을 요청한다.

정답 | B

- 프로젝트 관리자는 코치가 될 수 있는 능력을 가지고 있다.
- 서번트 리더십은 경청과 봉사를 장려하므로 팀원과 타협할 수 있다.
- 팀원들과 상황을 논의하여 실질적인 해결 방안을 모색할 수 있도록 협업을 해야 한다.

05 회사가 프로젝트 범위를 설정하는 데 어려움을 겪고 있다. 이 프로젝트는 각 단계 사이에 높은 수준의 의존성을 지닌 여러 단계로 되어 있다.

프로젝트 관리자는 이러한 도전에 어떻게 접근해야 하는가?

A. 대형 프로젝트의 범위 설정에 도움을 주는 것에 특화된 외부 업체와 계약한다.

B. 프로젝트 이해관계자와 협업하여 프로젝트 범위를 설정하는 데 도움을 줄 반복 접근법을 추천한다.

C. 일정 내에 여분의 시간을 갖는 프로젝트 관리 계획을 수립한 후 작업 범위를 수정할 방법을 찾는다.

D. 작업 범위가 명확하다면, 일정을 수정할 시간을 벌기 위해 프로젝트의 최종 인도일을 보류한다.

정답 | B

예측형 환경에서 적응 단계를 도입하는 것은 결코 쉽지 않으며, 이해관계자는 상호 작용 단계에 관여할 수 있다. 이해관계자와 협업하여 프로젝트 범위를 설정하는 데 도움을 줄 반복 접근법을 추천한다.

	Domain 1 : 사람 People(42%)		
Task 10	**공감대 형성(Build shared understanding)**		
	• 오해의 근본 원인을 파악하기 위한 상황 분석		
	• 합의에 도달하기 위해 필요한 모든 당사자를 조사		
	• 당사자의 합의에 대한 결과 지지		
	• 잠재적 오해 조사		

- 상황을 분석하여 오해의 원인을 파악한다.
- 필요한 모든 당사자의 의견을 듣고 합의에 도달한다.
- 당사자의 동의에 대한 결과를 지원한다.
- 잠재적 오해에 대해 조사한다.

■ **킥오프 회의**

- 프로젝트의 시작 회의는 모든 주요 이해관계자와 프로젝트 관리자를 포함한 프로젝트 팀을 포함하는 첫 번째 회의 중 하나이다. 어떠한 경우에도 고객 및 프로젝트 관리자가 회의에 참석해야 하며, 그렇지 않을 경우 공감대가 형성되지 않는다. "첫인상이 마지막 인상이다"라는 말처럼 이 회의에서 앞으로의 프로젝트가 어떻게 진행될 것인지에 대한 모든 것을 말하게 될 것이다.

- 프로젝트 시작 회의는 계약 문서가 공식적으로 서명되고 전체 예산 비용과 주요 마일스톤에 대한 일정이 확정된 후 개최된다.

- 일반적으로 킥오프 회의는 프로젝트 착수 시 열리지만 필요한 경우 어느 단계에서나 열릴 수 있다.

Kickoff Meeting

Purpose
- Establishes project context
- Assists in team formation
- Aligns team and stakeholders with project vision

Organizational/Public
- Announce project initiation
- Share understanding of high-level vision, purpose and value
- Identify sponsor, key stakeholders and project manager
- Include high-level items from the project charter

Internal/Team – *held after agreements are finalized*
- Give project charter overview
- Clarify team member roles and responsibilities (may include the initial team charter)
- Present results of planning efforts
- Initiate product backlog
- Present product roadmap

01 프로젝트 고객은 개발 팀에서 개발한 기능이 원래 디자인과 맞지 않는 것 같다며 거듭 불만을 토로했다. 이 문제를 해결하는 데 도움이 될 조치는 무엇인가?

A. 제품 책임자에게 제품의 개발 상태에 대해 자세히 알아보려면 다음 반복 검토 회의에 참석하도록 요청한다.

B. 품질 보증 팀에 초기 설계와 비교하여 기능의 불일치를 식별하도록 요청한다.

C. 프로젝트 범위와 일치하도록 개발 팀에 기능을 다시 작성하도록 요청한다.

D. 프로젝트 고객을 다음 스프린트/반복 검토에 초대하여 우려 사항을 논의한다.

정답 | D

반복 또는 스프린트 검토(데모)는 프로젝트 고객이 해당 반복/스프린트에서 팀이 생성한 것을 보여주기 위해 설계되었다. 이것은 프로젝트 책임자가 우려 사항을 제기할 수 있는 완벽한 기회이다.

02 PMO(Project Management Office)는 동시에 실행되는 수십 개의 애자일 프로젝트에 대한 지속적인 보고를 제공하고자 한다. 그들은 정보 라디에이터를 사용하여 진행 상황과 주요 교훈을 공유하기를 원한다.

이것을 가장 잘 달성할 수 있는 방법은 무엇인가?

A. 결합된 기능 번-업 차트와 회고 요약을 표시하는 모니터를 배치한다.

B. 어항 창을 사용하여 모든 프로젝트 팀의 칸반 보드 및 차트를 실시간으로 표시한다.

C. 웹캠을 배치하여 모든 칸반 보드를 방송하고 방열기에서 이미지를 순차적으로 순환한다.

D. 모든 애자일 팀이 실시간으로 업데이트하고 사용자가 요청 시 참조할 수 있는 내부 위키 페이지를 설정한다.

정답 | A

- 기능 번업 차트는 진행 상황의 일반적인 척도로 사용할 수 있으며 교훈은 회고록에 기록된다.
- 정보 방열기는 조직 전체에서 최신 정보를 공유하는 데 사용되는 물리적 디스플레이이다.
- 라이브 캠(어항 및 웹캠 선택지들)이 아니며 주문형 정보가 아니다(위키 페이지).

03 다음 중 팀이 협업을 개선하고 가시성을 높이기 위해 사용할 수 있는 도구는 무엇인가?

A. 프로젝트 헌장(Project Charter)

B. 획득 가치 분석(Earned Value Analysis)

C. 칸반 보드(Kanban Board)

D. MOSCOW 분석

작업 보드(Task Boards)를 이용하여 작업을 시각화하여 팀과 이해관계자가 작업 수행 시 진행 상황을 추적할 수 있다. 또한 가시성을 높이고 효율성을 극대화한다.

04 일부 주요 이해관계자는 프로젝트의 주요 기능 개발에 불만을 품고 있다. 그들은 반복 검토 회의 중에 불만을 표출한다.

프로젝트 관리자가 이 문제를 해결하기 위해 무엇을 먼저 해야 하는가?

A. 브레인스토밍 세션을 위해 프로젝트 팀을 모으고 설루션을 확인한다.

B. 기능에 문제가 있는 이유를 파악한 후 문제를 해결한다.

C. 갈등의 영향을 정의하기 위해 상황에 대한 찬반 목록을 만든다.

D. 이해관계자와 협상자로서의 역할을 수행하기 위해 프로젝트 스폰서와 같은 중립 당사자를 추가한다.

고객과 협력하여 이 기능에 대한 불만의 원인을 파악하는 것이 좋은 첫 번째 단계이다. 이는 팀과 이해관계자 간의 갈등 해결에도 도움이 된다.

05 프로젝트 관리자는 애자일 팀의 진행 상황을 모니터링하는 동안 전문가 구성원의 결과물이 하위 팀 구성원에 비해 훨씬 낮다는 것을 알게 된다. 하지만 전문가가 가장 복잡한 작업을 부지런히 수행하고 항상 결함 없는 결과를 생성해 왔기 때문에 이는 놀라운 일이다.

이러한 상황에 대한 설명으로 가장 적절한 것은 무엇인가?

A. 전문가는 주니어 회원보다 더 빨리 일하고 더 적은 시간을 보고한다.

B. 일반적으로 더 젊은 팀원이 더 생산적이다.

C. 전문가의 작업에 대한 스토리 포인트 추정치가 일관되게 너무 낮다.

D. 전문가는 더 많은 테스트를 실행하므로 더 적은 수의 스토리를 완료한다.

스토리 포인트 추정치는 애자일 프로젝트의 진행 상황을 측정하는 데 사용되며, 재지정하지 않는 한 실제 작업 시간은 분명하지 않다. 다른 선택지들은 애자일 방법(시간별 보고), 거짓(청년의 생산성) 또는 근본 원인(추정에 통합될 더 많은 테스트)과 일치하지 않는다.

가상 팀의 참여 및 지원 [과제 요소]

	Domain 1 : 사람 People(42%)	
Task 11	**가상팀의 참여 및 지원** **(Engage and support virtual teams)**	
	• 가상 팀 구성원의 요구사항 조사 (**예** 환경, 지리, 문화, 글로벌 등)	
	• 가상 팀 팀원의 참여를 위한 대안 조사 (**예** 커뮤니케이션 도구, 동일 장소 배치)	
	• 가상 팀 팀원의 참여를 위한 옵션 실행	
	• 가상 팀 팀원 참여의 효율성을 지속적으로 평가	

- 환경, 지리, 문화 등 가상팀 구성원의 요구사항에 대해 알아본다.
- 커뮤니케이션 도구, 동일 장소 배치와 같이 가상팀 구성원의 참여를 위한 대안적 방법을 알아본다.
- 가상팀 구성원의 참여를 위한 옵션을 실행한다.
- 가상팀 구성원 참여의 효율성을 지속적으로 평가한다.

■ 동일 장소 배치

프로젝트의 모든 인적자원들을 단일 위치에 배치하는 개념이다. 이 프로젝트 관리 용어는 "긴밀한 매트릭스"라고도 하며, 프로젝트를 구현하는 동안 전략적으로 모든 자원들이 동일한 위치에 있도록 한다. 이것은 프로젝트의 모든 이해관계자들과 의사소통을 강화하기 위한 이유도 있다. 동일 장소 배치를 통해 커뮤니케이션을 개선할 뿐만 아니라 팀의 관계와 생산성을 향상시키는 데도 도움이 된다. 팀이 단일 위치에서 함께 작업하거나 상호 작용하면 아이디어, 전문 지식을 쉽게 공유하고 뛰어난 제품을 생산할 수 있기 때문이다.

01 프로젝트 관리자는 전 세계적으로 다양하게 분산된 팀원이 있는 프로젝트를 성공적으로 이끌어야 한다. 프로젝트 관리자는 문화적 감수성을 개발하기 위해 무엇을 해야 하는가?

A. 몇 주 동안 각 팀 구성원의 문화를 심층적으로 탐색하여 그들의 요구사항에 민감하게 대처한다.

B. 이 분야에 대한 정식 교육을 받으려면 인적 자원 부서의 도움을 받는다.

C. 각 팀 구성원의 지리적 위치를 여행하여 그들의 문화에 대한 인식을 얻고 직접 만난다.

D. 현지 관습을 인식하고, 팀원들과 함께 일할 때 유연하게 일하며, 문화는 학습된다는 점을 인식한다.

정답 | D

프로젝트 관리자는 능동적이어야 하며 유연성을 유지하면서 자신이 할 수 있는 것을 배워야 한다.

02 소프트웨어 프로젝트에는 다른 국가의 6명으로 구성된 원격 애자일 팀과 협업할 수 있는 솔루션이 필요하며, 팀 간의 자발적인 구두 소통이 뒷받침되어야 한다. 또한 원격 팀의 모든 작업 스테이션과 칸반 보드가 항상 보여야 한다.

어떤 가상 팀 협업 솔루션이 가장 적합한가?

A. 정보 라디에이터   B. 주문형 화상 회의

C. 칸반 보드   D. 화이트 보드

정답 | A

기밀성과 보안이 중요한 프로젝트이므로 원격 자원에 대한 영구적 감시가 필요하다. 정보 라디에이터는 프로젝트 진행 현황의 콘텐츠를 표시한다. 주문형 화상 회의는 가상팀의 의사소통을 지원할 수 있지만, 가장 적합한 답은 정보 라디에이터이다.

03 프로젝트 관리자는 3개 대륙에 걸쳐 5개국에서 팀 구성원이 일하고 있는 프로젝트를 맡았다. 이 프로젝트를 성공적으로 관리하려면 프로젝트 관리자가 문화적 감수성을 개발해야 한다.

프로젝트 관리자는 무엇을 해야 하는가?

A. 팀원들과 함께 일할 때 융통성을 발휘하고 문화가 학습된다는 것을 인식하고 현지 관습을 인식한다.

B. 인사부서의 지침을 구하고 이 주제에 대한 인증을 요청한다.

C. 프로젝트를 이끌고 필요한 기술을 습득하기 위해 이것을 다른 프로젝트 관리자에게 요청하여 이 사람의 뒤를 따른다.

D. 필요한 학습 자료를 수집하여 각 팀 구성원의 요구사항에 대해 그들의 민감한 문화의 모든 세부 사항을 더 잘 이해하도록 한다.

프로젝트 관리 팀은 문화적 차이를 활용하고 프로젝트 생애주기 전반에 걸쳐 프로젝트 팀을 개발 및 유지하는 데 중점을 두며, 상호 신뢰의 분위기에서 상호 의존적으로 함께 일하도록 장려해야 한다.

04 가상 팀의 오랜 핵심 팀원은 가족이 사망한 후 몇 주 동안 동기 부여가 되지 않았다. 이 때문에 여러 프로젝트 활동이 예정보다 늦어져 프로젝트의 중요한 경로에 영향을 미치고 있다.

프로젝트 관리자는 이 상황을 어떻게 처리해야 하는가?

A. 팀원을 교체한다.

B. 팀원들과 상황을 논의하고 실행 가능한 해결책을 찾기 위해 협력한다.

C. 이 상황을 인사 문제로 보고 다른 팀원들에게 야근을 요청한다.

D. 기능 관리자에게 새 자원 할당을 포함하여 프로젝트에 대한 추가 지원을 요청한다.

정답 | B

- 프로젝트 관리자는 서번트 리더이다.
- 서번트 리더십은 듣고 공감하며 행동하는 것을 의미한다.
- 핵심 팀원을 교체하는 것은 프로젝트 팀원 등이 상황을 고려할 때 극단적이라고 인식할 수 있는 일방적인 행동이며, 이슈에 대해서는 팀원들과 상황을 논의하고 실행 가능한 해결책을 찾기 위해 협력해야 한다.

05 가상 팀의 프로젝트 관리자는 제품 개발의 세 번째 반복 과정에서 작업 진행 상황을 보여주는 팀 대시보드가 잘못되어 업데이트를 표시하지 않는다는 사실을 알게 된다.

프로젝트 관리자는 어떤 조치를 취해야 하는가?

A. 팀이 계속 일하게 하고 매일 팀에게 이메일 업데이트를 보낸다.

B. 향후 반복 작업을 위해 비즈니스 가치에 따라 대시보드를 수정해야 할 필요성을 평가한다.

C. 대시보드를 고정한다.

D. 이 이슈를 새로운 프로젝트 리스크로 문서화하고 해결책을 제안한다.

정답 | A

- 애자일 가상 팀에서 프로젝트 관리자는 팀이 진전을 볼 수 있도록 작업을 가시적으로 유지해야 한다.
- 프로젝트 도중에 팀이 함께 작업하는 방식을 변경하는 것은 매우 파괴적일 수 있다.
- 프로젝트 관리자는 팀을 장애로부터 보호하고 그들이 업무에 집중할 수 있도록 해야 한다.

팀의 기본 규칙 정의 [과제 요소]

Domain 1 : 사람 People(42%)	
Task 12	**팀의 기본 규칙 정의(Define ground rules)**
	• 팀 및 외부 이해관계자에 대해 조직 원칙 전달
	• 기본 규칙 준수를 촉진하는 환경 조성
	• 기본 규칙 위반 관리 및 시정

- 팀 및 외부 이해관계자에 대해 조직의 원칙에 대해 알린다.
- 기본 규칙 준수를 장려하는 환경을 조성한다.
- 기본 규칙 위반 사례를 관리 및 정정한다.

■ 팀 기본 규칙

- 팀이 전반적인 비전과 목표에 대해 조율되면 기본 규칙을 문서화해야 한다.
- 팀의 모든 구성원들에게 기본 규칙을 적용해야 효과가 있다.
- 협업 환경에서 기본 규칙을 만드는 것은 이를 극대화하는 한 가지 방법이다.
- 기본 규칙은 행동의 기준선을 설정하고 팀이 높은 성과를 내는 팀으로 기능하도록 하는 데 사용할 수 있는 일련의 관리적인 관행을 갖도록 한다.
- Patrick Lencioni는 신뢰의 부재, 갈등에 대한 두려움, 헌신 부족, 책임 회피, 결과에 대한 의도 등 팀 기능 장애 영역을 식별하는 데 도움이 되는 다섯 가지 기능 장애를 이야기함으로써 팀이 기능 장애를 극복할 수 있는 방법에 대한 통찰력을 제공하였다.

문제

01 스프린트에서 계획된 작업이 3일 전에 나타났지만 해결되지 않은 문제로 인해 완료되지 않는다. 프로젝트 관리자는 향후 이러한 상황을 방지하기 위해 무엇을 해야 하는가?

   A. 데모에서 문제를 해결한다.

   B. 회고 중에 문제를 검토한다.

   C. 다음 반복 계획 회의에서 문제를 논의한다.

   D. 다음 일일 스탠드업 미팅에서 문제를 검토한다.

정답 | B

회고는 무엇이 잘 되었는지, 무엇이 잘못되었는지, 교훈을 얻으며 다음에 개선해야 할 점에 대해 이야기할 수 있는 좋은 기회이다.

02 예측 방식에 대해 경험이 많은 프로젝트 관리자가 처음으로 애자일 프로젝트를 수행한다. 프로젝트 관리자는 조정 하는 것을 돕기 위해 서번트 리더로서 부적절한 행동에서 발생하는 상황들의 감시 목록을 작성한다.

서번트 리더십이 부족하면 어떤 상황이 발생할 수 있는가? (3개 선택)

A. 팀원들은 도전적인 일을 피한다.

B. 팀원들은 다른 부서와의 직접적인 의사소통을 피한다.

C. 팀원들이 제거할 수 없는 장애를 제기한다.

D. 팀의 고성과자들이 더욱 상위의 위치로 이동한다.

E. 프로젝트 이해관계자들이 애자일 방법에 대한 회의론을 표명한다.

정답 | A, B, E

서번트 리더는 도전을 통해 전문성 개발을 촉진해야 하며(A), 팀이 외부 그룹과 다리를 만드는 데 도움을 주어야 하며(B), 이해관계자에게 민첩한 비즈니스 가치를 교육해야 한다(E). 또한 서번트 리더는 장애물을 제거하고 프로젝트 관심을 넘어 개인 성장을 지원해야 한다.

03 프로젝트 팀원에 의해 수용할 수 있는 행동에 대한 명확한 기대치를 설정하기 위해 기본 규칙이 확립되었다. 기본 규칙을 강화하는 것은 누구의 책임인가?

A. 팀 헌장을 주관한 프로젝트 관리자

B. 팀 헌장이 수립되면 프로젝트 팀원은 규칙을 시행할 책임이 있다.

C. 팀 헌장 외에 프로젝트에 포함되는 모든 이해관계자

D. 팀 헌장의 가이드를 제공한 PMO(Project management office)

정답 | B

- 모든 프로젝트 팀원은 팀 헌장이 제정되면 규칙을 시행할 책임을 공유한다.
- 팀 헌장은 프로젝트 팀원들에게 허용되는 행동에 대한 명확한 기대사항을 규정하며, 초기부터 명확한 지침을 정하면 오해를 줄이고 생산성을 높일 수 있다.
- 행동강령, 의사소통, 의사결정 또는 회의 예절 등의 주제를 논의함으로써 팀원들이 서로에게 중요한 가치를 발견할 수 있다.
- 팀 헌장을 주기적으로 검토 및 업데이트함으로써 팀 기본 규칙을 계속 이해하고 새로운 팀원에게 방향을 제시하고 그들을 팀에 합류시킬 수 있다.

04 새로운 고속도로 건설에 있어 두 핵심 이해관계자 사이에 개인 업무 방식의 차이로 갈등을 야기했다. 갈등이 심화되었으며 프로젝트 관리자는 만족스러운 해결을 촉진하는 데 있어 도움이 되려면 어떻게 해야 하는가?

A. 갈등은 항상 양쪽 이해관계자와 그룹 미팅을 함으로써 해결되어야 한다.

B. 이런 갈등은 창의력의 증가와 더 나은 의사 결정으로 간주되어야 한다.

C. 갈등 관리에서 갈등은 그 자체보다는 사람에 초점을 맞춰야 한다.

D. 갈등 관리는 조기에 해결하고 협업적인 접근법을 사용해야 한다.

정답 | D

일반적으로 갈등은 직접적이며 협력적인 접근 방식을 통해 조기에 개인적으로 해결해야 한다. 파괴적인 갈등이 지속될 때는 징계 조치를 비롯한 공식적인 절차를 따를 수 있다.

05 3개의 프로젝트 팀이 단일 프로젝트의 일부를 작업하고 있다. 부품들은 상호 의존도가 매우 높고 팀의 리더는 세 팀의 결과물이 결합될 때 갈등이 발생할 수 있다고 말한다.

프로젝트 관리자가 팀장에게 어떤 지침을 제공해야 하는가?

A. 잠재적인 갈등을 식별하고 세 팀의 구성원과 매주 합동 회의를 열어 서로의 작업을 모니터링한다.

B. 어느 팀의 작업에 우선순위를 두어야 할지 결정한 후, 갈등이 없도록 나머지 두 팀의 작업을 지연시킨다.

C. 갈등이 발생할 때 문서화하고 발생한 문제를 해결하기 위한 조치를 취한다.

D. 세 팀 모두에게 테스트 단계에서 갈등을 해결할 수 있다는 점을 인지하고 동시에 작업을 계속하라고 말한다.

정답 | A

프로젝트 관리자는 조치를 취하기로 결정하기 전에 잠재적인 갈등을 파악하고 진행 상황을 모니터링해야 한다.

관련된 이해관계자 멘토링 [과제 요소]

Domain 1 : 사람 People(42%)	
Task 13	**관련된 이해관계자 멘토링(Mentor relevant stakeholders)**
	• 멘토링을 위한 시간 할당
	• 멘토링 기회를 인식하고 실천

- 멘토링을 위한 시간을 할당한다.
- 멘토링 기회를 인식하고 실천한다.

■ 촉진 기법

- 프로젝트 관리자는 일반적으로 프로젝트 관리 활동을 촉진할 때 주도권을 가진다.
- 훌륭한 프로젝트 촉진 기술 모델은 모두가 관찰하고 배운다.
- 이해관계자의 활동 참여를 장려하여 이해관계자의 지식과 이해력을 높인다.
- 안내 및 조언 제공을 통해 관련 피드백과 하고 있는 일에 대한 자신감을 얻을 수 있다.
- 모두가 기여할 때 모두가 함께 이득을 얻을 수 있다.

01 회사는 새로운 제품 패러다임을 홍보하기 위해 새로운 이사회를 고용했다. 애자일 팀은 신규 및 기존 제품에 대한 작업을 계속한다.

프로젝트 관리자는 이 새로운 개발에 어떻게 대처해야 하는가?

A. 애자일 팀에 결과 변경 사항이 가능한 한 오래 연기될 것임을 알린다.

B. 이사회가 팀에 명확한 지침을 제공할 때까지 관망하는 접근 방식을 취한다.

C. 스프린트 계획 및 백로그 정련 회의에 새 이사회 구성원을 초대한다.

D. 팀 작업에 방해가 되지 않도록 이사회와 조용한 시간을 협의한다.

정답 | C

새로운 주제전문가를 계획 회의에 초대함으로써 팀은 미래의 요구에 적응하고 미래의 재작업을 피하기 위해 고려될 수 있는 초기 정보를 얻는다. 모든 다른 선택지들은 새로운 정보에 대한 액세스를 지연시킬 것을 제안하며 이는 애자일 원칙에 위배된다.

02 당신은 팀에서 주관하는 적응형 프로젝트의 PM이다. 당신 조직의 임원은 적응형 생애주기에 대해 잘 모르지만, 핵심 이해관계자인 경우 어떻게 조치해야 하는가?

A. 임원을 코칭한다.

B. 마케팅 팀에 임원을 교육하라고 요청한다.

C. 마케팅 팀을 교육하고 임원에게 통보한다.

D. 전체 직원 교육계획을 세운다.

정답 | A

관련 이해관계자가 해당 지식이 없는 경우 적절한 교육을 받는 것이 우선이다.

03 제품 책임자가 애자일 프로젝트 경험이 없다. 스크럼 마스터는 어떻게 제품 책임자를 가이드 할 수 있는가?

A. 교육을 실시하면서 코칭을 한다.

B. 애자일 가이드 북을 읽어보라고 한다.

C. 애자일 워크숍을 실시하여 제품 책임자가 참여하도록 한다.

D. 가상교육을 실시한다.

정답 | A

경험이 없으면 적절한 교육을 받는 것이 우선이다.

04 부서의 관리자가 회사 프로젝트의 제품 책임자가 되어야 한다는 통보를 받았다. 그의 역할을 전환하기 위한 가장 좋은 방법은 무엇인가?

A. 애자일 프로젝트 관리에 대한 웹 사이트 및 책을 그에게 읽어보도록 한다.

B. 애자일 방법론에 대한 기대치를 그에게 설명한다.

C. 프로젝트 생애주기 동안 제품 책임자의 역할에 대해 그를 코칭한다.

D. 제품 책임자의 역할을 세 번 반복하는 동안 그에게 당신과 함께하라고 지시한다.

정답 | C

역할 변경에 따라 코칭을 실시한다.

05 백로그를 정제하는 동안, 당신은 관련 이해관계자를 조언하고 코칭해야 한다. 이 프로세스 동안 관련 이해관계자는 누구인가? (2개 선택)

A. 조직의 CEO

B. 프로젝트의 제품 책임자

C. 최종 사용자

D. 프로젝트 개발 팀

E. 주주 투자자

정답 | B, D

- 백로그 정제는 제품 책임자와 개발 팀 간의 의사소통이 중요하다.
- 백로그 우선순위 결정은 비즈니스 가치에 맞게 제품 책임자의 역할이다.
- 백로그 정제는 제품 개발 팀과 협의하여 보완하면서 진행한다.

Domain 1 : 사람 People(42%)	
Task 14	**감성지능을 적용하여 팀 성과 높이기** **(Promote team performance through the application of emotional intelligence)**
	• 성격 지표를 사용하여 행동 평가
	• 성격 지표 분석 및 주요 프로젝트 이해관계자의 감성적 요구사항 조정

- 성격 지표를 사용하여 행동을 평가한다.
- 성격 지표 분석을 통해 주요 프로젝트 이해관계자의 감성적 요구사항을 조정한다.

■ 감성지능

감성지능이란 본인 및 타인의 개인 감성, 그리고 집단의 군중 감성을 식별하고 평가 및 관리하는 능력이다. 팀에서 감성지능을 이용하여 프로젝트 팀원의 정서를 파악, 평가 및 통제하고 행동을 예견하고, 문제를 살피고 이슈에 대한 후속처리를 지원함으로써 긴장을 해소하고 협력을 증대할 수 있다.

개인적 기술
- 자기 인식
- 자기 조절
- 동기 부여

대인관계 기술
- 사회성 기술
- 공감

■ 동기부여 요소

요소	설명
성취 동인 (Achievement Drive)	• 어려운 목표 설정, 기회 이용 • 결과를 얻기 위해 힘껏 추진 • 역량 업그레이드 방법 탐색 • 불확실성을 최소화하기 위한 노력
헌신 (Commitment)	• 팀의 핵심 원칙에 기반한 의사 결정 • 포괄적인 탐구에서 얻는 편익 발견 • 회사의 목표 달성을 위한 희생 • 팀의 임무를 달성할 수 있는 기회 모색
이니셔티브 (Initiative)	• 목표를 향해 그 이상으로 노력 • 뛰어난 업적으로 다른 사람들에게 영감 전달 • 규칙을 넘어 작업 완료 • 기회 포착
낙관주의 (Optimism)	• 실패를 두려워하지 않고 성공을 희망하는 태도 • 통제 가능한 요인으로 인한 반전 확인 • 장벽에 관계없이 목표를 향해 전진

01 팀원 중 한 명이 청각장애가 있을 때 팀원과의 원활한 의사소통을 위해 프로젝트 관리자가 갖추어야 할 역량은 다음 중 어느 것인가?

A. 갈등관리   B.   영향력 행사

C. 감성지수   D.   협상기술

정답 | C

- 감정지수는 상대방의 상태를 충분하게 공감하고 이에 대한 역량을 가진 부분과 연관이 있다.
- 감성지능은 본인 및 타인의 개인 감성, 그리고 집단의 군중 감성을 식별하고 평가 및 관리하는 능력이다. 팀에서 감성지능을 이용하여 프로젝트 팀원의 정서를 파악, 평가 및 통제하고, 행동을 예견하고, 문제를 살피고, 이슈에 대한 후속처리를 지원함으로써 긴장을 해소하고 협력을 증대할 수 있다.

02 당신은 최근에 좀 난항을 겪고 있는 프로젝트를 맡았다. 팀은 몇 달 동안 성과 미달로 인해 질책과 비난을 받았다. 당신은 프로젝트 관리자로서 실제 상태를 파악하려고 하지만 아무도 응답하지 않는다.

이런 경우 당신은 어떤 조치를 취해야 하는가?

A. 팀 구성원이 안전하게 진실을 말할 수 있는 환경을 조성한다.

B. 팀원들이 말을 하지 않으면 스폰서와 상사에게 보고한다고 이야기한다.

C. 프로젝트에 대한 현실적인 평가를 얻기 위해 각 개인에게 Job shadowing을 실시한다.

D. 마지막 보고서가 정확했다고 가정하고 리스크 관리대장에 팀의 행동을 리스크로 입력한다.

정답 | A

- 의사결정에는 조직 및 프로젝트 관리 팀과 타협하고 영향을 미칠 수 있는 능력과 관련된 것으로 다양한 요인이 있지만, 환경 및 분위기 조성이 중요하다.
- 신뢰성 있는 환경이 조성되어야 실제 작업 상태를 진단할 수 있다. 주요한 영향력 행사 기량에는 상호 신뢰를 유지하면서 이슈를 처리하고 합의에 도달하기 위해 관련 정보 수집이 있다.
- 높은 성과를 달성하기 위해 비전을 공유하고 프로젝트 팀을 격려할 때 리더십도 중요하다.

03 기술 프로젝트 중에 업무 성과가 탁월한 프로젝트 팀원이 다른 프로젝트에 다시 할당된다. 그 팀은 재배치에 대해 난색을 표했다.

팀의 재배치의 거부감을 완화하는 데 도움이 될 수 있는 조치는 무엇인가?

A. 팀의 승인에 대해 프로젝트 스폰서에게 알리고 답변을 브레인스토밍 한다.

B. 리더십과 감성지능 도구 및 기술을 사용하여 팀이 계속 일하도록 격려한다.

C. 주요 팀원을 대체할 동일한 기술을 가진 자원을 추가한다.

D. 팀을 행복하게 만들기 위해 팀 빌딩 일정을 잡는다.

프로젝트 관리자는 주요 인사 이동을 처리하고 팀의 의욕과 생산성을 유지하는 방법을 알아야 한다.

04 감성지능(Emotional Intelligence)은 각 애자일 팀 구성원이 소유해야 하는 매우 중요한 대인 관계 기술이다. 감성지능의 사회적 인식 측면에서 다음 중 어느 것이 사실인가?

A. 사회적 인식은 자신감을 사용하는 것이 특징이다.

B. 사회적 인식은 영향력의 사용을 특징으로 한다.

C. 사회적 인식은 자기 통제의 사용을 특징으로 한다.

D. 사회적 인식은 공감의 사용을 특징으로 한다.

애자일 프로젝트에서 감성지능의 대인 관계 기술을 사용할 때 사회 인식은 상호작용하고 의사소통을 하는 사람의 관점을 이해하기 위해 공감을 사용하는 것이 특징이다.

05 회의 중에 토론이 격렬해지면 자신과 다른 사람의 감정에 주의를 기울여야 한다. 어떤 대인관계 기술을 활용하고 있는가?

A. 감성지능

B. 회의 관리

C. 리더십

D. 영향력

타인의 감성과 관련된 부분이 바로 감성지능이다. 감성지능은 본인 및 타인의 개인 감성, 그리고 집단의 군중 감성을 식별하고 평가 및 관리하는 능력이다.

2 영역(Domain) II : 프로세스(Process)

영역 II	프로세스-50%
과제 1	**비즈니스 가치를 실현하는 데 요구되는 절박함으로 프로젝트 실행** • 점증적으로 가치를 실현할 수 있는 기회 평가 • 프로젝트 전체에서 비즈니스 가치 알아보기 • 최소의 성공 가능한 제품을 찾기 위해 필요에 따라 프로젝트 과제를 나누도록 팀 지원
과제 2	**의사소통 관리** • 모든 이해관계자의 의사소통 요구사항 분석 • 모든 이해관계자를 위한 의사소통 방법, 채널, 빈도, 세부적 수준 결정 • 프로젝트 정보와 업데이트를 효과적으로 전달 • 전달 내용을 이해하고 피드백을 받았는지 확인
과제 3	**리스크 평가 및 관리** • 리스크 관리 옵션 결정 • 반복적으로 리스크를 평가하고 우선순위 지정
과제 4	**이해관계자 참여** • 이해관계자 분석(예 권력-관심 그리드, 영향력, 영향) • 이해관계자 범주 분류 • 범주별로 이해관계자 참여 • 이해관계자 참여를 위한 전략을 개발, 실행, 검증
과제 5	**예산과 자원 계획 및 관리** • 프로젝트 범위와 과거 프로젝트에서 얻은 교훈을 바탕으로 예산 요구사항을 추정 • 향후 예산 관련 요청 예측 • 예산 변화를 감시하고 거버넌스 프로세스를 필요에 따라 조정 • 자원 계획 및 관리
과제 6	**일정 계획 및 관리** • 프로젝트 과제 추정(마일스톤, 의존관계, 스토리 포인트) • 벤치마크 및 과거 데이터 활용 • 방법론 기반으로 일정 준비 • 방법론 기반으로 진행 상황 측정 • 방법론 기반으로 필요에 맞게 일정 수정 • 다른 프로젝트 및 운영 활동과 조정
과제 7	**제품/인도물의 품질 계획 및 관리** • 프로젝트 인도물에 요구되는 품질 표준 결정 • 품질 격차에 따라 개선을 위한 옵션 권유 • 프로젝트 인도물의 품질에 대해 지속적으로 조사
과제 8	**범위 계획 및 관리** • 요구사항 결정 및 우선순위 지정 • 범위 나누기(예 작업분류체계(WBS), 백로그) • 범위 감시 및 확인

과제 9	프로젝트 계획 활동 통합 • 프로젝트/단계 계획 통합 • 의존관계, 격차, 지속적 비즈니스 가치를 위한 통합된 프로젝트 계획 평가 • 수집된 데이터 분석 • 정보에 근거한 프로젝트 결정을 내리기 위해 데이터를 수집 및 분석 • 중대한 정보 요구사항 결정
과제 10	프로젝트 변경 사항 관리 • 변경의 필요성을 예측하고 수용(예 변경 관리 지침 준수) • 변경에 대처하기 위한 전략 결정 • 방법론에 따라 변경 관리 전략 실행 • 변경에 대한 대응 방법을 결정하여 프로젝트 실행
과제 11	조달 계획 및 관리 • 자원 요구사항 및 필요성 정의 • 자원 요구사항 전달 • 공급업체/계약 관리 • 조달 전략 계획 및 관리 • 제공 설루션 개발
과제 12	프로젝트 결과물 관리 • 프로젝트 결과물 관리를 위한 요구사항(무엇을, 언제, 어디서, 누가 등) 결정 • 프로젝트 정보가 최신 상태(예 버전 관리)이고, 모든 이해관계자가 접근할 수 있는지 확인 • 프로젝트 결과물 관리의 효율성을 지속적으로 평가
과제 13	적절한 프로젝트 방법론/방법 및 실무사례 결정 • 프로젝트 요구사항, 복잡성, 규모 평가 • 프로젝트 실행 전략 권유(예 계약, 자금) • 프로젝트 방법론/접근 방식 권유(예 예측, 애자일, 혼합형) • 프로젝트 생애주기 전반에서 반복적이고 점증적 실무사례 활용(예 교훈, 이해관계자 참여, 리스크)
과제 14	프로젝트 거버넌스 구조 확립 • 프로젝트를 위한 적절한 거버넌스 결정(예 조직 거버넌스 반복) • 에스컬레이션 경로 및 한계선 정의
과제 15	프로젝트 이슈 관리 • 리스크가 이슈로 변하는 시점 인식 • 프로젝트 성공을 달성하기 위한 최적의 조치를 취하여 이슈 공략 • 이슈를 해결하기 위한 접근 방식에 관해 관련 이해관계자와 협업
과제 16	프로젝트 연속성을 위한 지식 전달 보장 • 팀 내에서 프로젝트 책임 논의 • 업무 환경에 대한 기대사항 요약 • 지식 전달을 위한 접근 방식 확인
과제 17	프로젝트/단계 종료 또는 이동 계획 및 관리 • 프로젝트 또는 단계를 성공적으로 종료하기 위한 기준 결정 • 이동할 준비가 되었는지 여부 확인(예 운영 팀 또는 다음 단계로 이동) • 프로젝트 또는 단계를 마무리하기 위한 활동 종결(예 마지막으로 얻은 교훈, 회고, 조달, 자금, 자원)

비즈니스 가치를 실현하는 데 요구되는 절박함으로 프로젝트 실행 [과제 요소]

Domain 2 : Process(50%)	
Task 1	**비즈니스 가치 제공에 필요한 긴급성을 갖는 프로젝트 실행** **(Execute project with the urgency required to deliver business value)**
	• 점증적으로 가치를 실현할 수 있는 기회 평가
	• 프로젝트 전체에서 비즈니스 가치 검토
	• 최소의 실행 가능한 제품(MVP; Minimum Viable Product)을 찾기 위해 필요에 따라 프로젝트 작업을 세분화 할수록 지원

- 점증적으로 가치를 실현할 수 있는 기회를 평가한다.
- 프로젝트 전체에서 비즈니스 가치를 알아본다.
- 최소의 성공 가능한 제품을 찾기 위해 과제를 나누도록 팀을 지원한다.
- 방법론 기반으로 진행 상황을 측정한다.
- 충분한 정보로 프로젝트 결정을 내리기 위해 데이터를 수집 및 분석한다.

■ 비즈니스 가치

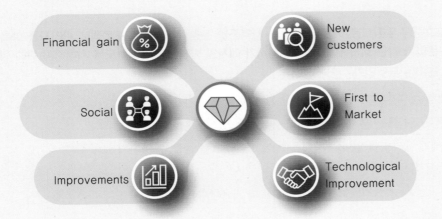

01 프로젝트 관리자는 16개월이라는 합의된 프로젝트 수명 주기를 기반으로 프로젝트 관리 계획과 일정을 개발하였으나 이후 비즈니스 요구사항의 변경으로 인해 프로젝트 관리자는 9개월 이내에 완료하도록 요청받았다.

프로젝트 관리자는 이 제안된 일정 변경에 어떻게 대응해야 하는가?

A. 주요 이해관계자 및 프로젝트 팀 구성원과 협력하여 프로젝트 계획보다 빨리 완료할 수 있는 점과 줄일 수 있는 모든 요구사항을 식별하는 방법을 논의한다.

B. 즉시 프로젝트 팀원들에게 프로젝트 내에서 각 작업의 속도를 높이도록 요청한다.

C. 수정된 마감일을 맞출 수 있도록 원래의 프로젝트 일정을 수정한다.

D. 프로젝트 팀 구성원과 개별적으로 만나 프로젝트 계획보다 빨리 완료할 수 있는 방법들에 대해 논의한다.

정답 | A

- 프로젝트 팀은 프로젝트를 신속하게 수행하기 위해 범위 축소가 있는지 이해관계자와 논의하고 가능한 한 짧은 시간 내에 개별 수준의 활동을 완료하는 방법을 찾아야 한다.
- 토론을 통하면 기본 작업에서 많은 활동들을 우회할 수 있고 새로운 작업들을 식별할 수 있으므로 프로젝트의 전체 기간을 줄이는 데 도움이 될 수 있다.
- 이것은 시간적으로 더 나은 가치를 제공할 수 있는 프로젝트 관리자의 애자일 사고 방식이다.

02 조직 변화 프로그램의 일환으로 애자일 경험과 자격증을 갖춘 경험 많은 프로젝트 관리자를 예측형 프로젝트 관리 문화가 강한 회사에 고용한다. 회사가 애자일 방법론을 채택하도록 지원하기 위해 취할 수 있는 2가지 조치는 무엇인가? (2개 선택)

A. 모든 프로젝트 요구사항을 작성하는 데 MoSCoW 방법이 사용되는지 확인한다.

B. 계획된 모든 프로젝트를 분석하여 적절한 애자일 모델을 선택한다.

C. 이해관계자에게 애자일이 얼마나 품질을 높이고 리스크를 줄일 수 있는지 보여준다.

D. 비즈니스 가치 향상을 위한 기회를 파악한다.

E. 프로젝트 팀이 보다 자립적이고 상호 작용하도록 교육한다.

정답 | C, D

애자일 채택은 그 이점을 전달하고 입증함으로써 가능하며, 애자일은 문화이기 때문에 애자일을 먼저 이해시켜야 하고 작은 성공을 통해 확산시켜야 한다. 애자일의 성공 예를 이점으로 입증하여야 정착이 가능하다.

03 프로젝트 관리자는 최근 주요 이해관계자가 현재 릴리스 계획이 긴급한 비즈니스 요구사항을 충족하지 못할 것이라고 우려한다는 사실을 알게 되었다.

프로젝트 관리자는 이해관계자의 우려 사항에 효과적으로 대응하기 위해 무엇을 할 수 있는가?

A. 작업분류체계(WBS)를 검토한 후 프로젝트 스폰서와 범위를 재협상한다.

B. 이해관계자 및 팀 구성원과 협의하여 출시에 필요한 최소 실행 가능한 제품을 식별한다.

C. 일정성과지수(SPI)를 결정한 다음 일정 위리스크를 프로젝트 스폰서에게 에스컬레이션 한다.

D. 이해관계자 요구사항을 충족하도록 일정 기준선을 수정한 후 번다운 차트를 사용하여 진행 상황을 모니터링한다.

정답 | B

[최소 기능 제품]
실행 가능한 최소 제품을 정의하면 비즈니스 이해관계자가 필요로 하는 필수 항목에만 집중하여 팀이 일정 내에서 비즈니스 가치를 만들 수 있다.

고객이 제품을 기능적이라고 여길 수 있는 특성들로서 제품 내에 포함된 최소 특성 모음이다. 린 방법론에서는 "골자(bare bones)" 또는 "필수 요소(no frills)" 기능이라고 한다.

04 프로젝트 관리자는 팀이 필요한 일정 내에 비즈니스 가치를 제공하도록 보장해야 한다. 프로젝트 관리자는 최근 주요 이해관계자들이 현재 출시 계획이 시급한 비즈니스 요구사항을 충족하지 못할 것을 우려하고 있다는 사실을 알게 되었다.

프로젝트 관리자가 이해관계자의 우려에 효과적으로 대응할 수 있는 방법은 무엇인가?

A. WBS(작업분류체계) 검토 후 프로젝트 스폰서와 범위를 재협상한다.

B. 이해관계자 및 팀원과 상의하여 출시에 필요한 최소 실행 가능 제품을 확인한다.

C. SPI(일정성과지수)를 결정한 다음 프로젝트 스폰서에게 일정 리스크를 상향한다.

D. 이해관계자 요구사항에 맞게 일정 기준선을 수정한 후 번 다운 차트를 사용하여 진행 상황을 감시한다.

정답 | B

실행 가능한 최소 제품을 정의하면 팀은 비즈니스 이해관계자가 필요로 하는 필수 항목에만 집중함으로써 타임라인 내에 비즈니스 가치를 제공할 수 있다.

05 프로젝트의 실행 단계에서 고객이 기능을 추가하고 싶다는 요청이 있었고, 프로젝트 관리자는 기능을 추가하기 위한 추가 비용이 적다는 것을 알게 된다. 추가 기능이 성공하면 수익 기회가 증가한다.

프로젝트 관리자는 다음에 무엇을 해야 하는가?

A. 기능이 좋은 기회를 제공할 것이라는 데 동의하지만 제안된 추가 기능은 범위를 벗어난다.

B. 프로젝트 관리자는 변경 요청을 제출한 다음 프로젝트에 대한 영향을 평가해야 한다.

C. 프로젝트의 관리 예비비를 사용하여 요청된 기능을 추가하여 계속 진행한다.

D. 새로운 기능과 결합할 수 있는 이미 개발된 기능을 식별하고 이것을 조합하여 고객의 요청을 충족한다.

정답 | B

고객이 프로젝트 관리자에게 변경을 요청하면 영향이 크든 적든 상관없이 통합 변경 통제 수행을 통해 변경해야 한다. 첫 번째 단계는 변경 요청을 제출한 다음 영향을 분석하는 것이다.

Domain 2 : Process(50%)	
Task 2	**의사소통 관리(Manage communications)**
	모든 이해관계자의 의사소통 요구사항 분석
	모든 이해관계자를 위한 의사소통 방법, 채널, 빈도, 세부적 수준 결정
	프로젝트 정보와 업데이트를 효과적으로 전달
	전달 내용을 이해하고 피드백을 받았는지 확인

- 모든 이해관계자의 의사소통 요구사항을 분석한다.
- 의사소통 방법, 채널, 빈도, 세부적 수준을 계획한다.
- 프로젝트 정보와 업데이트를 효과적으로 전달한다.
- 전달 내용을 이해하고 피드백을 받았는지 확인한다.

■ **의사소통 관리 계획서(예)**

이해관계자	의사소통 방법	빈도	담당(업무)	참고
주요 이해관계자	프로젝트 착수회의	프로젝트의 시작	프로젝트관리 오피스	팀과 고객 착수회의 모두 권장
	엑스트라넷	진행 중	프로젝트관리 오피스	프로젝트 일정, 주요 프로젝트 인도물, 회의록, 변경 요청 기록부, 이슈 기록부 포함
고객 경영진	경영진 운영위원회	매월 – 첫 번째 수요일	영업담당 관리자	상태, 마일스톤 충족, 획득가치(EV) 지표, 주요 이슈 검토
고객 스폰서	상태회의 상태보고서(이메일)	매주 – 금요일 오후 2시	프로젝트 관리자	프로젝트 상태, 일정, 변경 요청, 이슈 검토
개발 팀	상태회의	매주 – 금요일 오전 11시	프로젝트 관리자	고객 스폰서와 후속 미팅을 위한 정보 제공
고객 관리자	소식지(이메일)	매주 – 금요일	프로젝트 관리오피스	
고객 스폰서/ 주요 고객 이해관계자	고객 만족 설문조사	매월/각 단계 종료 시	영업담당 관리자/ 프로젝트 관리자	비공식(매월) 공식(각 단계 종료 시)

01 한 복잡한 프로젝트에는 미국, 프랑스 및 중국에 주요 이해관계자가 있다. 프로젝트 관리자는 주요 이해관계자가 팀원에게 프로젝트 정보를 요청했다는 사실을 발견했다.

다음 단계로 적절한 것은 무엇인가?

A. 이해관계자 관리대장의 정보에 의존한다.

B. PMIS(프로젝트 관리 정보 시스템)를 참조한다.

C. 상위 관리자가 다음 팀 회의에 참석하도록 한다.

D. 의사소통 관리 계획서를 읽어 본다.

정답 | D

메시지가 적절한 의사소통 전략에 정의된 다양한 형식과 다양한 수단으로 이해관계자에게 전달되도록 의사소통 관리 계획서가 개발된다.

의사소통 관리 계획서 구성 요소	
이해관계자 의사소통 요구사항	정보를 전달하는 데 사용하는 방법 또는 기술
사용할 언어 포함, 전달할 정보	의사소통에 할당된 시간 및 예산
정보 배포 이유	의사소통 관리 계획서 업데이트 방법
정보 배포 기간 및 빈도	규정/정책을 위한 모든 의사소통
의사소통 담당자	정보 흐름 순서도
기밀 정보 공개 담당자	가시성이 필요한 이슈에 대한 상신 프로세스
정보를 수신하는 사람	일반 용어 해설

02 현재 프로젝트에서 인도물의 원하는 품질 수준을 얻으려면 변경이 필요하다. 먼저 프로젝트 관리자가 공식 변경 요청을 발행하고 모든 이해관계자에게 변경 사항을 전달한다. 그러나 프로젝트 관리자는 이러한 의사소통 접근 방식이 이해관계자의 기대를 충족하지 못했다는 사실을 알게 된다.

프로젝트 관리자는 다음에 무엇을 해야 하는가?

A. 의사소통 관리 및 이해관계자 참여 계획서를 참조한다.

B. 프로젝트 관리 계획서에 이해관계자의 기대치를 포함하도록 변경 요청을 제공한다.

C. 이해관계자의 기대치를 더 잘 이해하기 위해 프로젝트 스폰서와 회의를 조직한다.

D. 의사소통 관리 계획서를 검토하고 준수하며 상황 보고서를 발행한다.

정답 | A

의사소통 및 이해관계자 참여 프로세스를 감시하면 의사소통 계획 및 활동이 추가되거나 수정될 수 있으므로 의사소통의 효율성이 향상될 수 있다. 이러한 반복은 의사소통 관리 및 이해관계자 참여 프로세스의 지속적인 특성을 보여준다. 문제 또는 핵심 성과 지표, 리스크 또는 갈등은 즉각적인 수정을 유발할 수 있다.

03 최근에 회사 내부 네트워크인 Intranet이 설치되어 있어서 당신은 프로젝트 관리자로서 최근 프로젝트 이슈를 공지하였다. 팀원들은 Intranet을 통하여 당신이 보낸 이슈에 대해 검토한 다음에 심도 있게 이 슈를 논의하기 위해 회의를 잡았다.

그렇다면 회의는 의사소통의 방식에서 어떤 유형에 해당되는가?

A. Push Communication

B. Pull Communication

C. Interactive Communication

D. Wiki

정답 | C

- 사내 Intranet은 기본적으로 공지하는 입장에서 보면 Push communication이 되고, 받는 입장에서는 Pull communication이 된다.
- 회의는 같이 모여서 의사를 교환하므로 Interactive communication 방식이 된다.

04 의사소통 기법에서 가장 효율적인 의사소통 방법은 무엇인가?

A. Pull Communication

B. Push Communication

C. Interactive Communication

D. 설문조사

정답 | C

의사소통 방법에서 가장 효율적인 방법은 역시 피드백을 수반하는 Interactive communication 방법으로, 예를 들면 회의, Tele-communication, 화상회의, 직접 대화 등이 있다.

05 프로젝트 관리 계획서의 초기 초안이 완료되고 프로젝트 관리자는 승인을 위해 전 세계에 있는 이해 관계자에게 초안을 보여줄 계획이다. 프로젝트 관리자는 승인을 얻는 데 시간이 제한되어 있고 프로젝 트 관리 계획서는 내용이 많다. 또한 프로젝트 관리자는 계획 검토가 정시에 완료되었는지 확인해야 한다.

프로젝트 관리자는 어떤 조치를 취해야 하는가?

A. 이해관계자가 검토할 수 있도록 계획을 보내고 모든 이해관계자와 만나 논의한다.

B. 각 이해관계자가 계획을 개별적으로 검토하고 의견을 추가한 다음 그에 따라 문서를 업데이트하 도록 한다.

C. 특정 이해관계자에게 전문 분야에 따라 계획의 특정 부분을 검토하도록 요청한다.

D. 주요 이해관계자와만 개별 회의를 구성하여 계획을 안내한다.

정답 | A

프로젝트 관리 계획서를 참석자에게 미리 전송함으로써 PM은 회의가 가장 생산적인지 확인할 수 있다.

Domain 2 : Process(50%)	
Task 3	**리스크 평가 및 관리(Assess and manage risks)**
	리스크 관리 옵션 결정
	반복적으로 리스크를 평가하고 우선순위 지정

- 리스크 관리 접근 방식을 결정한다.
- 리스크 및 리스크 대응을 반복적으로 식별하고 평가하고 우선순위를 지정한다.
- 리스크 대응을 결정한다.
- 리스크 대응을 실행한다.

■ 리스크 분류

충분히 연구되고
잘 이해된 정보

존재하는 것으로
이해되지만, 정보를 찾는
사람이 소유하지 않는 정보

Known Known   Known Unknown

Unknown Unknown   Unknown Known

예측할 수 없는 것

개인 또는 조직이 소유하고
있지만 존재, 관련성 또는
가치가 실현되지 않은 정보

01 프로젝트는 계획 단계에 있다. 프로젝트 관리자는 복잡한 다기능 애플리케이션을 생산하는 것이 현재 자원의 수로는 실현 가능하지 않다는 것을 깨닫고 애플리케이션 생산을 위해 더 많은 자원을 고용하기로 결정한다. 프로젝트 관리자는 임시 자원들을 확인하고 계약한다.

이 상황은 어떤 위험 대응 전략인가?

A. 완화(Mitigate)
C. 수용(Accept)

B. 전가(Transfer)
D. 회피(Avoid)

정답 | D

프로젝트에 대한 리스크는 불충분한 자원으로 인해 발생했다. 추가 자원을 고용하여 리스크를 회피했다.

02 하이브리드 프로젝트에서 예상치 못한 여러 장애물이 갑자기 칸반 보드에 나타난다. 각 팀 구성원은 예측 트랙에 의해 발행된 규제 사양과 관련된 하나 이상의 다른 문제를 보고했다.

리스크 평가에서 가장 높은 매개변수는 무엇인가?

A. 관리 용이성
C. 연결성

B. 휴면 기간
D. 통제성

정답 | C

• 리스크는 모두 공통 소스(규격)와 관련되어 있으므로 연결성은 "위험이 다른 많은 리스크와 연결되어 있는 경우 연결성이 높다"라는 정의에 따라 높은 순위를 차지한다.
• 위험 요소는 외부 규제자에 따라 달라지기 때문에 관리 가능성과 통제 가능성은 부정확하다. 명세서가 발행된 직후 위험이 감지되었으므로 휴면성은 낮다.

03 리스크 대응 방안을 실행한 후에도 남아있는 리스크를 무엇이라 하는가?

A. 2ndary risks
C. Workaround

B.　Residual risks
D.　High risks

정답 | B

리스크 대응방안 실행 후에도 남아있는 리스크를 잔존 리스크(Residual risk)라고 하며, 너무 많이 남는다면 추가적인 리스크 대응방안을 사용해야 할 필요가 있다.

04 차량과 장비에 대한 접근이 제한된 외딴 지역에서의 프로젝트가 계획되고 있다. 프로젝트 관리자는 막대한 비용에도 불구하고 회사에서 모든 중장비를 직접 배송할 것을 제안하며 이 활동에 대한 전적인 책임을 진다.

프로젝트 관리자는 어떤 유형의 위험 대응을 보여주고 있는가?

A. 전가(Transfer)

B. 완화(Mitigate)

C. 수용(Accept)

D. 회피(Avoid)

정답 | C

리스크 수용은 프로젝트 팀이 리스크를 인정하고 리스크가 발생하지 않는 한 어떠한 조치도 취하지 않기로 결정하는 리스크 대응 전략이다.

05 프로젝트 관리자는 신제품을 개발하는 프로젝트를 준비 중이지만, 새 제품에는 현재 사용할 수 없는 기술이 필요하다.

이 프로젝트를 시작하기 위해 프로젝트 관리자는 무엇을 해야 하는가?

A. 자세한 프로젝트 요구사항을 개발한다.

B. 품질 관리에 중점을 둔다.

C. 프로젝트 헌장에 리스크를 문서화한다.

D. 경쟁사 분석을 실시한다.

정답 | C

제품을 제공할 계획이고 필요한 기술을 보유하지 않은 경우 이것은 리스크이다. 리스크는 프로젝트 헌장에 문서화되어 프로젝트 시작 전에 영향을 분석할 수 있다.

과제 **4**

이해관계자 참여 [과제 요소]

Domain 2 : Process(50%)	
Task 4	**이해관계자 참여(Engage stakeholders)**
	이해관계자 분석(예 권력 – 관심 그리드, 영향력, 영향)
	이해관계자 범주 분류
	범주별로 이해관계자 참여
	이해관계자 참여를 위한 전략을 개발, 실행, 검증

- 이해관계자를 분석한다.
- 이해관계자 범주를 나눈다.
- 범주별로 이해관계자를 참여시킨다.
- 이해관계자 참여를 위한 전략을 개발, 실행, 검증한다.

■ **이해관계자 범주**

01 프로젝트 관리자는 이해관계자의 이해가 프로젝트에서 충돌할 것임을 깨닫고 이해관계자 참여 평가 매트릭스를 활용하기로 결정한다. 이 매트릭스는 프로젝트에 저항하는 영향력 있는 이해관계자를 정확히 나타낸다. 프로젝트 관리자는 이 이해관계자의 기대치를 맞춰야 한다.

프로젝트 관리자는 이 목표를 달성하기 위해 무엇을 해야 하는가?

A. 이해관계자 참여 계획을 수립한다.

B. 이해관계자 참여 계획을 전달한다.

C. 모든 이해관계자와 만나 프로젝트 목표에 대한 합의를 얻는다.

D. 이해관계자 등록부가 완료되고 업데이트되었는지 확인한다.

> 정답 | A
>
> 이해관계자 참여 계획은 프로젝트 이해관계자의 요구, 기대, 관심 및 프로젝트에 대한 잠재적 영향을 기반으로 프로젝트 이해관계자를 참여시키는 접근 방식을 개발하는 프로세스이다. 주요 이점은 이해관계자와 효과적으로 상호 작용할 수 있는 실행 가능한 계획을 제공한다는 것이다.

이해관계자	비인지형	저항형	중립형	지원형	주도형
이해관계자 A	C ――――――――→			D	
이해관계자 B			C ――→	D	
이해관계자 C				C ――→	D

C=현재 참여도 수준, D=요구되는 참여도 수준

02 이해관계자가 프로젝트의 결과물이 달성되지 않았다고 생각하는 경우, 프로젝트 관리자는 이해관계자의 승인을 얻기 위해 무엇을 해야 하는가?

A. 이해관계자의 요구 및 기대사항을 분석하는 한편 프로젝트 범위를 검토한다.

B. 회의를 통해 이 이해관계자와 함께 프로젝트 헌장을 철저히 검토한다.

C. 이해관계자가 품질 관리 계획을 이해하는지 확인한다.

D. 이해관계자의 새로운 요구사항을 파악한 후 리스크 분석을 수행한다.

> 정답 | A
>
> • 이해관계자 참여 감시는 프로젝트 이해관계자 관계를 감시하고 참여 전략 및 계획의 수정을 통해 이해관계자를 참여시키기 위한 전략을 조정하는 프로세스이다.
> • 이 프로세스의 주요 이점은 프로젝트가 발전하고 환경이 변화함에 따라 이해관계자 참여 활동의 효율성과 효과를 유지하거나 증가시킨다는 것이다.
> • 이 프로세스는 프로젝트 전체에서 수행된다.

03 프로젝트의 사용자 수용 단계에서 소수의 사용자 그룹이 자신의 기대치가 충족되지 않는다고 불평한다. 향후 프로젝트에서 이러한 문제를 방지하는 데 도움이 될 수 있는 조치는 무엇인가?

A. 이해관계자에게 업데이트를 더 자주 보낸다.

B. 프로젝트 전반에 걸쳐 리스크 평가에 참여한다.

C. 갈등 관리 기법을 사용한다.

D. 프로젝트 진행 중에 이해관계자 피드백을 활용한다.

정답 | D

이해관계자 참여를 관리하면 이해관계자들이 프로젝트의 목표, 목적, 이익 및 리스크 뿐만 아니라 그들의 기여가 프로젝트의 성공을 어떻게 향상시킬 수 있는지 명확하게 이해할 수 있다. 그들의 의견을 듣는 것은 참여의 중요한 부분이다.

04 프로젝트에 모든 이해관계자들을 참여시키는 목적은 프로젝트에서 어느 부분이 가장 중요하기 때문인가?

A. 프로젝트 일정, 산출물, 그리고 모든 요구사항을 결정한다.

B. 프로젝트의 산출물을 정의하고 제약사항과 산출물을 결정하는 데 도움이 된다.

C. 프로젝트에 대한 자원 요구와 자원 제약을 결정한다.

D. 가정사항, WBS 및 관리 계획을 제공하는 데 도움이 된다.

정답 | B

• WBS, 일정 개발은 주로 프로젝트 팀원들에 의해 만들어지고, 자원 부분은 일정관리의 한 부분이다. 핵심 이해관계자부터는 프로젝트의 제약사항 및 제품 산출물에 대한 부분을 결정한다.
• 이해관계자 참여관리는 이해관계자의 요구사항 및 기대사항을 충족하기 위해 이해관계자와 의사소통하고 협력하면서 이슈를 해결하고, 관련 이해관계자의 참여를 유도한다. 이해관계자 참여를 통해 산출물을 정의하고 제약사항과 산출물을 결정하는 부분이 핵심이다.

05 프로젝트의 사용자 수락 단계에서 소수의 사용자가 불평하며 그들의 기대가 충족되지 않는다고 말한다. 향후 프로젝트에서 이러한 문제를 방지하는 데 도움이 될 수 있는 조치는 무엇인가?

A. 사용자와 전문적인 관계를 만든다.

B. 프로젝트 전반에 걸쳐 리스크 평가에 참여한다.

C. 갈등 관리 기법을 활용한다.

D. 프로젝트 진행 중에 이해관계자 피드백을 활용한다.

정답 | D

이해관계자 참여를 관리하게 되면 이해관계자가 프로젝트의 목표, 목적, 이점 및 리스크와 그들의 기여가 프로젝트 성공을 향상시키는 방법을 명확하게 이해하는 데 도움이 된다. 그들의 피드백을 듣는 것은 이 참여의 중요한 부분이다.

Domain 2 : Process(50%)	
Task 5	**예산과 자원 계획 및 관리** **(Plan and manage budget and resources)**
	프로젝트 범위와 과거 프로젝트에서 얻은 교훈을 바탕으로 예산 요구사항을 추정
	향후 예산 관련 요청 예측
	예산 변화를 감시하고 거버넌스 프로세스를 필요에 따라 조정
	자원 계획 및 관리

- 예산 요구사항을 추정한다.
- 향후 예산 관련 요청을 예측한다.
- 예산 변화를 감시하고 거버넌스 프로세스를 사용한다.
- 자원을 계획하고 관리한다.

■ **산정기법의 장단점**

Analogous Estimating (유사산정)	Parametric Estimating (모수산정)	Bottom-up Estimating (상향식 산정)
작업 산정에서 실수로 작업이 누락되지 않도록 보장할 수 있다.	시간이 많이 소요되지 않는다.	매우 정확하며 하급 관리자에게 더 많은 책임을 부여한다.
하급 관리자가 원가 산정치를 산정하기 어려운 경우가 발생할 수 있다.	사용된 선례정보의 무결성에 따라 부정확할 수 있다.	시간이 오래 걸릴 수 있으며, 작업분류체계가 제대로 정의된 후에만 사용할 수 있다.

01 조직의 고위 관리자가 매우 중요한 프로젝트 자원을 새로운 프로젝트에 사용하고 싶어 한다. 프로젝트 관리자는 어떤 조치를 취해야 하는가?

A. 문제를 해결하기 위해 프로그램 관리자에게 문의한다.

B. 고위 관리자에게 대체할 수 있는 자원 공급을 요청한다.

C. 요청을 거부하기 위해 합법적인 형태의 권한을 사용한다.

D. 팀에 알리고 해당 자원의 책임을 다른 팀 구성원에게 재할당한다.

정답 | A

다른 사람들에게 영향을 미치는 프로젝트 관리 팀의 능력은 관련된 조직의 정치와 마찬가지로 자원 할당 협상에서 중요한 역할을 한다. 합의에 도달할 수 없는 경우 해결을 위해 문제를 에스컬레이션(Escalation) 해야 한다.

02 프로젝트의 주 공정에 대한 인도물이 일정보다 늦어지고 있으며 원가성과지수(CPI)는 1.3이다. 프로젝트를 일정대로 되돌릴 있는 경우 예상되는 결과는 무엇인가?

A. 동시에 수행되는 활동들이 있을 것이다.

B. 수정된 범위가 있을 것이다.

C. 원가와 리스크가 증가할 것이다.

D. 재작업이 있을 것이다.

정답 | C

- 원가성과지수(CPI)가 1 이상이므로 프로젝트가 계획보다 낮은 비율로 비용을 지출하고 있다.
- 프로젝트가 일정보다 늦어지기 때문에 일정성과지수(SPI)는 1보다 작다.
- 프로젝트를 일정대로 되돌린다는 것은 일정 단축 기법을 적용한다는 의미로, 이 경우 비용이 증가할 가능성이 높으며 더 짧은 시간에 더 많은 일을 하려고 할 때, 프로젝트와 관련된 위험을 증가시킬 가능성이 높다.

03 90%가 완료되어야 하는 프로젝트가 지금은 65%만 완료되었다. 총 프로젝트 예산은 US$120,000이고 현재까지 지출된 실제 원가(AC)는 US$80,000이다.

이 프로젝트의 일정성과지표(SPI)와 원가성과지표(CPI)는 무엇인가?

A. SPI는 0.72이고 CPI는 0.98이다.

B. SPI는 1.38이고 CPI는 1.2이다.

C. SPI는 0.94이고 CPI는 1.04이다.

D. SPI는 0.80이고 CPI는 0.91이다.

EV=실제 완료율*예산 : 65%*$120,000=$78,000,

AC=$80,000

CPI=EV/AC=$78,000/80,000=0.975 또는 0.98

CPI가 1보다 작으면 프로젝트가 원가를 초과하고 있음을 의미한다.

PV=계획 완료율*예산 : 90%*$120,000=$108,000,

SPI=EV/PV=$78,000/108,000=0.72

SPI가 1보다 작으면 프로젝트가 일정보다 늦어지고 있음을 의미한다.

04 현재 프로젝트의 계획 예산은 1,000만 달러, 실제 비용은 900만 달러, 획득 가치는 800만 달러이다. 다음 중 프로젝트에 대한 올바른 설명은 무엇인가?

A. 계획한 원가 대비 절감이다.

B. 계획된 원가 준수이다.

C. 계획한 원가 대비 초과이다.

D. 원가 상황에 대해 알아보려면 더 많은 정보가 더 필요하다.

획득가치 분석에 따라 PV(Planned Value)=1,000만 달러, AC(Actual Cost)=900만 달러, EV(Earned Value)=800만 달러이므로, EV가 PV, AC보다 작으므로 원가 초과, 일정 지연으로 분석된다.

05 새로운 웹 사이트의 개발은 아직 범위가 완전히 정의되지 않은 높은 변동성 수준을 가진 프로젝트이다. 그런데 당신은 프로젝트 관리자로서 프로젝트가 준수해야 하는 고정된 예산을 가지고 있다.

그렇다면 당신은 어떻게 해야 하나?

A. 원가기준선을 수정하기 위한 공식적인 변경 요청을 제안한다.

B. 원가 제약 내에서 유지되도록 범위 및 일정 기준선의 조정을 제안한다.

C. 새로운 원가 산정치를 제공하기 위해 가벼운 산정 방법을 사용한다.

D. 하청업체에게 연락을 취한다.

변동성이 큰 프로젝트에 예산이 엄격히 한정적인 경우에도 원가 제약을 벗어나지 않기 위해 범위와 일정을 자주 조정하게 된다.

과제 6

일정 계획 및 관리 [과제 요소]

	Domain 2 : Process(50%)
	일정 계획 및 관리(Plan and manage schedule)
	프로젝트 과제 추정(마일스톤, 의존관계, 스토리 포인트)
	벤치마크 및 과거 데이터 활용
Task 6	방법론 기반으로 일정 준비
	방법론 기반으로 진행 상황 측정
	방법론 기반으로 필요에 맞게 일정 수정
	다른 프로젝트 및 운영 활동과 조정

- 프로젝트 과제(Task)를 추정한다(마일스톤, 의존관계, 스토리 포인트).
- 벤치마크 및 과거 데이터를 활용한다.
- 방법론 기반으로 일정을 준비한다.
- 방법론 기반으로 진행 상황을 측정한다.
- 방법론 기반으로 필요에 맞게 일정을 수정한다.
- 다른 프로젝트 및 운영 활동과 조정한다.

■ 활동 의존관계 유형

의무적*
- 계약상 요구되거나 작업의 본질에 따라 형성되는 관계

임의적*
- 특정 응용 분야에서 검증된 모범사례 또는 특정 순서가 요구되는 프로젝트 측면을 바탕으로 형성되는 관계

외부적*
- 프로젝트 관련 활동과 프로젝트와 무관한 활동 사이의 관계

내부적*
- 프로젝트 팀의 통제 내의 투입물에 따라 다름.

01 프로젝트 관리자는 프로젝트 기간에 대해 확신이 없어 여러 그룹의 전문가와 상의한다. 첫 번째 그룹은 25일 이내에 완료할 수 있다는 의견이고, 두 번째 그룹은 기간을 최대 40일로 만들 수 있는 몇 가지 리스크를 식별하였다. 세 번째 그룹은 시간을 10일로 단축할 수 있는 새로운 방법을 제안한다.

삼각추정 기법을 사용한 프로젝트의 기간은 얼마인가?

A. 23일　　　　　　　　　　　　　　　　B. 25일

C. 27일　　　　　　　　　　　　　　　　D. 30일

정답 | B

삼각추정 기법 공식
[비관적 추정치+보통 추정치+낙관적 추정치]/3=[10+25+40]/3=75/3=25

02 다음 중 작업 A와 B 사이의 가장 가능성 있는 연관관계는 무엇인가?

- 3가지 작업이 있다.
- 작업 A는 작업 C가 시작되기 4주 전에 전달되어야 한다.
- 작업 B가 완료되면 작업 C가 시작된다.

A. Finish-to-start (FS)　　　　　　　　B. Finish-to-finish (FF)

C. Start-to-start (SS)　　　　　　　　D. Start-to-finish (SF)

정답 | B

A와 B 사이에는 직접 연관관계가 없지만, C가 시작되기 전에 둘 다 완료되어야 한다. 따라서 선택 사항 중에서 의미 있는 유일한 응답은 FF이다.

03 Project Management Office는 동시에 실행되는 수십 개의 애자일 프로젝트에 대해 지속적인 보고를 제공하고자 한다. 그들은 정보 방열판을 사용하여 진행 상황과 배운 주요 교훈을 공유하기를 원한다.

어떻게 하면 이것을 가장 잘 달성할 수 있는가?

A. 결합된 기능 번 업 차트와 회고전의 요약을 표시하는 모니터를 배치한다.

B. 어항 창을 사용하여 모든 프로젝트 팀의 칸반 보드와 차트를 실시간 표시한다.

C. 웹캠을 배치하여 Kanban 보드를 방송하고 정보 방열판에서 순차적으로 이미지를 순환한다.

D. 애자일 팀이 실시간으로 업데이트하고 사용자가 요청 시 상담하는 내부 Wiki 페이지를 설정한다.

정답 | A

- 번 업 차트는 일반적인 진행 척도로 사용할 수 있으며, 얻은 교훈은 회고록에 기록된다.
- 정보 방열판은 조직 전체에서 최신 정보를 공유하는 데 사용되는 물리적 디스플레이이다.

04 H사는 5개월 이내에 고객 만족도를 높이는 것을 목표로 하고 있으며, 이 목표를 달성하기 위한 프로젝트를 시작한다. 프로젝트 관리자는 모범 사례를 파악해야 한다.

이를 위해 프로젝트 관리자는 어떤 방법을 사용해야 하는가?

A. 벤치마킹

B. 감성지능

C. 촉진

D. 친화도

정답 | A

모범 사례를 식별하기 위해 벤치마킹을 사용해야 한다.

05 프로젝트 관리자가 PMP 교육 개설 프로젝트를 진행 중이며 일정 관리 계획을 개발 중이다. 프로젝트 스폰서의 요청에 따라 일정은 가능한 한 빨리 모든 작업이 완료되도록 계획해야 한다. 또한 일정 제약 조건을 위반하지 않는 수정된 자원 가용성이 프로젝트 관리자에게 제시된다.

프로젝트 관리자는 이 상황에 적합한 선도 및 지연 관계를 선택해야 하는데, 어떤 유형을 선택해야 하는가?

A. 모든 활동에서 빠른 착수는 늦은 착수보다 작다.

B. 빠른 착수와 늦은 착수가 몇몇 활동에서는 같다.

C. 빠른 착수와 늦은 착수가 모든 활동에서 같다.

D. 빠른 착수는 늦은 착수보다 몇몇 활동에서 작다.

정답 | C

스폰서가 모든 작업이 가능한 한 빨리 시작되기를 원한다고 요청했으므로 모든 작업을 중요한 경로의 일부분으로 만들어야 한다. 이는 모든 작업의 여유 시간(Total Float)이 없도록 해야 하므로 빠른 착수(Early Start)와 늦은 착수(Late Start)가 모든 활동에서 같아야 한다.

용어	특징 및 설명	예시
전진 계산 (Forward Pass)	– 프로젝트 시작일을 기준으로 앞에서 뒤로 순차적으로 계산 – ES(Early Start), EF(Early Finish) – EF=ES+OD(Time) – EF=ES+OD−1(Date)	
후진 계산 (Backward Pass)	– 프로젝트 종료일을 기준으로 뒤에서 앞으로 순차적으로 계산 – LS(Late Start), LF(Late Finish) – LS=LF−OD(Time) – LS=LF−OD+1(Date)	
전체 여유시간 (Total Float)	– 프로젝트 종료일에 영향을 주지 않고 가질 수 있는 여유시간 – TF=LS−ES=LF−EF	

Domain 2 : Process(50%)	
Task 7	**제품/인도물의 품질 계획 및 관리** **(Plan and manage quality of products/deliverables)**
	• 프로젝트 인도물에 요구되는 품질 표준 결정
	• 품질 격차에 따라 개선을 위한 옵션 권유
	• 프로젝트 인도물의 품질에 대해 지속적으로 조사

- 프로젝트 인도물에 요구되는 품질 표준을 계획한다.
- 품질 격차에 따라 개선을 위한 옵션을 권유한다.
- 프로젝트 인도물의 품질에 대해 지속적으로 조사한다.

■ **품질 관리 도구**

데이터 수집	데이터 분석	데이터 표현
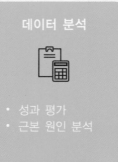	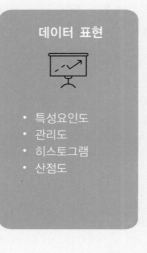	
• 체크리스트/체크시트 • 통계적 샘플링 • 설문지 조사법	• 성과 평가 • 근본 원인 분석	• 특성요인도 • 관리도 • 히스토그램 • 산점도

01 고객이 새롭게 출시되는 제품의 성능 문제들을 식별하게 되었을 때 프로젝트 관리자는 품질 비용 (COQ)을 사용해야 하며, 이 비용을 추정해야 한다.

프로젝트 관리자는 어떤 범주의 COQ를 사용해야 하는가?

A. 예방 비용(Prevention costs)

B. 외부 실패 비용(External failure costs)

C. 평가 비용(Appraisal costs)

D. 내부 실패 비용(Internal failure costs)

정답 | B

외부 실패 비용은 고객이 발견한 실패들이다.

02 프로젝트 이해관계자와의 정기 검토회의 중 프로젝트 스폰서가 프로젝트 관리자에게 결과물의 정확성을 확인하고 승인하는 방법을 묻는다.

이 정보는 어떤 프로젝트 문서에서 찾을 수 있는가?

A. 범위관리 계획서　　　　　　　　　B. 요구사항 관리계획서

C. 작업성과 보고서　　　　　　　　　D. 품질관리 계획서

정답 | D

품질관리 계획서는 프로젝트 및 결과물에 대한 품질 요구사항 및 표준을 식별하고 프로젝트가 품질 요구사항 및 표준 준수를 입증하는 방법을 문서화한다.

03 한 제품 책임자는 개발 팀이 개발한 기능이 원래 디자인과 맞지 않는다며 불만을 토로하고 있다. 이 상황을 해결하는 적절한 조치는 무엇인가?

A. 제품 책임자가 개발 팀에게 자신의 관점을 명확히 설명하도록 요청한다.

B. 품질 보증 팀에 초기 설계와 비교하여 기능 면에서 일치하지 않는 부분이 있는지 확인하도록 요청한다.

C. 개발 팀에 프로젝트 범위와 일치하도록 기능 재작성을 요청한다.

D. 제품 개발에 대해 일주일에 두 번 제품 책임자의 참여를 업데이트한다.

정답 | D

제품 책임자는 이미 원래의 디자인으로 요구사항을 설명했다. 여기서 해결책은 제품 책임자가 개발 상황을 계속 업데이트하여 팀이 범위를 벗어날 경우 작업을 조정할 수 있도록 하는 것이다.

04 매일 열리는 스탠드업 미팅에서 팀원들은 작업이 너무 많아서 재작업이 발생한다고 이야기한다. 프로젝트 관리자는 이에 대해 어떻게 대응해야 하는가?

A. 리뷰를 위해 칸반 보드를 사용해 본다.

B. 팀원이 시간상자 또는 스파이크를 명시적으로 구현하도록 요청한다.

C. 실적이 저조한 팀원을 교체한다.

D. 이것이 시간 문제인지 품질 문제인지 확인하기 위해 조사한다.

정답 | D

재작업은 종종 너무 짧은 시간에 너무 많은 작업을 수행하려고 시도하여 발생할 수도 있고, 작업 품질의 문제가 될 수도 있다. 시간이 문제라면 시간상자 및 스파이크 기법으로 일에 집중할 수 있으며, 품질이 문제라면 자원, 재료, 기술 수준 등을 평가해야 한다.

05 ABC 식품 회사에 따르면 제품의 무게가 덜 나가 불평하는 고객이 점점 더 많아지고 있다. 프로젝트 관리자는 생산 라인에서 무엇인가 변경해야 할 사항이 있는지 결정해야 한다.

프로젝트 관리자가 이 작업에 사용할 수 있는 도구 또는 기법은 무엇인가?

A. 산점도(Scatter diagram)

B. 친화도(Affinity diagram)

C. 관리도(Control chart)

D. 히스토그램(Histogram)

정답 | C

관리도는 프로세스가 안정적인지 또는 예측 가능한 성능을 가지고 있는지 여부를 결정하는 데 사용된다.

specification limit
contol limit
center line

범위 계획 및 관리 [과제 요소]

Domain 2 : Process(50%)	
Task 8	**범위 계획 및 관리(Plan and manage scope)**
	• 요구사항 결정 및 우선순위 지정
	• 범위 나누기(예 작업분류체계, 백로그)
	• 범위 감시 및 확인

- 요구사항을 결정하고 우선순위를 지정한다.
- 범위를 나누고 인수기준을 정의한다(완료 정의).
- 작업패키지를 구축하고 작업을 수행한다.
- 범위를 감시하고 확인하며 우선순위를 변경한다.

■ 범위관리의 도구 및 기법

전문가 판단

- 내부 및 외부 전문가

대안 분석

- 프로젝트 작업을 실행하고 수행하는 데 사용할 옵션이라 접근 방식을 선택하기 위해 식별된 옵션을 평가하는 데 사용

회의

- 팀원들이 범위관리 계획서 작성에 관여

01 프로젝트 관리자가 요구사항을 수집할 때 사용해야 하는 도구 또는 기술은 무엇인가? (2개 선택)

A. 프로토 타입

B. 전문가 판단

C. 제품 분석

D. 요구사항 추적 매트릭스 작성

정답 | A, B

새롭고 잠재적으로 복잡한 시장의 증가된 위험을 감안할 때 전문가의 판단을 사용할 수 있으며, 프로토 타입은 제품을 더 잘 이해하고 요구사항을 수집하는 훌륭한 방법이다.

02 애자일 팀은 시각적으로 "큰 그림"을 보는 것이 중요하다. 다음 중 우선순위 지정에 가장 적합한 도구는 무엇인가?

A. 에픽(Epic)

B. 사용자 스토리(User story)

C. 와이어 프레임(Wire frame)

D. 스토리 맵(Story map)

정답 | D

- 스토리 맵은 애자일 이해관계자가 사용 가능한 정보를 기반으로 계획 프로세스 초기에 프로젝트 우선순위를 매핑하는 데 사용할 수 있는 개략적 계획 도구이다.
- 스토리 맵은 필수적으로 제품을 만들기 위한 기능 및 사용자 스토리의 우선순위가 지정된 매트릭스이다.

03 당신은 고객이 기능을 고려하도록 제품에 포함할 수 있는 최소한의 기능만 포함하는 범위기술서를 작성하고 있다.

어떤 제품 접근 방식을 사용하고 있는가?

A. 릴리스 계획

B. 점진적 구체화

C. 최소 기능 제품

D. 관점별 혁신계획 수립

정답 | C

- 최소 기능 제품(MVP)은 제품을 기능적이라고 여길 수 있는 특성들로 제품 내에 포함된 최소 특성 모음이며, 제품 백로그는 현재 작업 중인 기능이다. 이 부분이 완료되면 최소 기능 제품이 되어 사용자에게 데모 후 인수 노력을 진행하게 된다.
- MVP를 사용하면 모든 이해관계자가 프로젝트 결과의 일부 형태를 확인하고 경험할 수 있다.

04 프로젝트 관리자는 원가 추정을 위해 프로젝트 범위를 검토하였으며 일부 산출물이 작업 분류 체계(WBS)에서 누락되었음을 알게 되었다.

프로젝트 관리자가 다음 단계로 취해야 할 조치는 무엇인가?

A. 100% 규칙에 따라 누락된 산출물을 WBS에 포함하고 총 프로젝트 원가를 다시 계산한다.

B. 이러한 누락된 결과물을 추가해야 하는지 이해관계자와 확인한다.

C. 프로젝트 관리 오피스(PMO)가 이 작업을 위한 추가 자금을 승인하도록 요청한다.

D. 해당 분야의 전문가와 확인하여 이러한 결과물이 필요한지 여부를 결정한다.

정답 | A

- 100% 규칙은 WBS의 모든 작업 패키지가 해당 작업 패키지에 대한 모든 작업의 100%로 구성되어야 함을 나타낸다.
- WBS는 범위 내에 있는 모든 작업 패키지를 포함해야 하므로 누락된 작업 패키지는 WBS에 추가하고 다시 계산해야 한다.
- 100% 규칙은 MECE 규칙이라고도 하며, 다음과 같이 나타낼 수 있다.

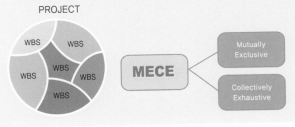

MECE(Mutually Exclusive and Collectively Exhaustive의 약자, 상호배제와 전체 포괄)는 항목들이 상호 배타적이면서 모였을 때는 완전히 전체를 이루는 것을 의미한다.

05 다음의 회의의 최종 결과는 무엇인가?

> – 스폰서가 프로젝트를 승인한다.
>
> – 프로젝트 관리자가 선택된 팀 구성원, 주요 이해관계자, 스폰서를 회의에 초대한다.
>
> – 회의의 주요 목적은 팀이 주요 프로젝트 결과물을 정의하는 데 지침이 될 문서를 만드는 것이다.

A. 마일스톤 목록

B. 범위관리 계획서

C. WBS 사전

D. 요구사항 관리계획서

정답 | B

범위 관리 계획서는 범위를 정의, 개발, 모니터링, 통제 및 검증하는 방법을 설명하는 프로젝트 관리 계획서의 구성 요소이다.

범위관리 계획서

프로젝트 제목: 122 East Main Street　　　**날짜:**

범위기술서 작성

이 프로젝트에 대한 범위기술서는 이전 주택 건설 프로젝트를 수행한 핵심 직원과 함께 다른 빌딩의 도움을 받아 프로젝트 관리자가 준비합니다.

작업분류체계 구조

작업분류체계(Work Breakdown Structure)는 4개 수준으로 구성되며, 프로젝트는 최상위 수준에 속합니다. 단계는 주요(수준 1) 인도물(예: 기초, 구성, 내벽, 배관 등)에 사용됩니다. 각 단계는 적절한 규모의 하위 인도물로 분해됩니다(예: 1층 구성, 2층 구성). 마지막으로 각 하위 인도물이 작업패키지로 분해됩니다. 일정 및 원가 산정치는 각 작업패키지에 맞게 준비되며 프로젝트 수준까지 작동합니다.

작업분류체계(WBS) 사전

작업분류체계의 각 요소에는 해당 요소를 관리할 수 있는 충분한 정보가 포함됩니다. 작업분류체계(WBS) 사전에는 시작일과 종료일, 자원 이름, 기간, 제약, 가정, 선행요소 및 후행요소가 포함되지만 이에 국한되지 않습니다.

범위 기준선 유지보수범위 기준선 유지보수 및 범위 변경

범위 기준선은 범위 기술서, 작업분류체계 및 작업분류체계(WBS) 사전으로 구성됩니다. 초기 범위 기준선은 프로젝트 스폰서가 승인합니다. 범위 기준선에 대한 모든 변경사항은 통합 변경통제 프로세스에 설명된 절차를 따르며, 그에 따라 모든 변경사항을 문서화하고 승인합니다.

인도물 수용

각 수준 1(단계) 인도물은 프로젝트 스폰서 또는 스폰서가 지명한 사람의 승인을 받습니다. 최종 인도물인 완성된 주택은 Greene City 건설과 조사관의 승인을 받게 되며, 적용 가능한 건설 법규 및 규정을 모두 준수합니다.

범위 및 요구사항 통합

설계 또는 기타 작업을 시작하기 전에 프로젝트 관리자의 지시에 따라 요구사항 문서를

- 프로젝트 관리자는 범위관리 계획을 개발할 때 프로젝트 헌장 및 프로젝트 관리 계획의 모든 보조 계획을 참조한다.
- 개발 중에 고려해야 할 또 다른 요소는 환경적 요소가 프로젝트와 관련이 있는지 여부이다.
- 범위관리 계획은 요구사항 수집, 범위 설명 작성에서 수행해야 하는 작업 분류에 이르기까지 범위 관련 활동을 관리하는 방법에 대한 지침을 제공한다.

Domain 2 : Process(50%)	
Task 9	**프로젝트 계획 활동 통합** **(Integrate project planning activities)**
	• 프로젝트/단계 계획 통합
	• 의존관계, 격차, 지속적 비즈니스 가치를 위한 통합된 프로젝트 계획 평가
	• 수집된 데이터 분석
	• 충분한 정보의 프로젝트 결정을 내리기 위해 데이터를 수집 및 분석
	• 중대한 정보 요구사항 결정

- 기본 규칙 위반 사례를 관리하고 정정한다.
- 프로젝트/단계 계획을 통합한다.
- 의존관계, 격차, 지속적 비즈니스 가치를 위한 계획을 평가한다.
- 수집된 데이터를 분석한다.
- 충분한 정보의 프로젝트 결정을 내리기 위해 데이터를 수집 및 분석한다.
- 중대한 정보 요구사항을 결정한다.
- 비즈니스 요인에 대한 프로젝트 규정 준수를 계획 및 관리한다.

■ 통합 관리

- 프로젝트 전반에 걸쳐 구축, 유지 및 실행되는 모든 계획 및 활동에 대해 평가 및 조정한다.
- 전체적이고 통합된 관점으로 계획을 함께 결합하고 업무량을 조율하고, 상호 의존하는 방법을 강조해서 나타낸다.
- 모든 계획에 대한 통합된 관점으로 격차 또는 갈등을 식별하고 시정할 수 있다.
- 계획의 통합은 전체 프로젝트 계획과 의도된 비즈니스 가치를 요약한다.

01 마케팅 팀이 새로운 제품을 개발 중이며 목표 잠재고객에 대해 동의했다. 다음으로 마케팅 팀은 대상 고객의 스타일 선호도를 식별해야 한다.

이 상황에 사용할 적절한 도구 또는 기술은 무엇인가?

A. 포커스 그룹(Focus groups)

B. 브레인 스토밍(Brainstorming)

C. 제품 분석(Product analysis)

D. 벤치마킹(Benchmarking)

정답 | A

포커스 그룹은 사전 자격을 갖춘 이해관계자와 주제 전문가를 모아 제안된 제품, 서비스 또는 결과에 대한 기대와 태도에 대해 알아보는 것이다.

02 고객이 프로젝트 결과물에 새로운 기능을 추가할 것을 고려하고 있다. 프로젝트 팀원이 이러한 새로운 기능에 대한 작업을 시작하기 전에 프로젝트 관리자가 수행해야 하는 필수 단계는 무엇인가?

A. 요구사항을 확인한다.

B. 프로젝트 관리 계획서에 명시된 담당자의 승인을 보장한다.

C. 프로젝트 스폰서의 승인을 얻는다.

D. 주요 주제 전문가가 승인하는지 확인한다.

정답 | B

문서화된 모든 변경 요청은 일반적으로 프로젝트 스폰서나 프로젝트 관리자와 같은 책임자가 승인, 연기 또는 거부해야 하며, 해당 책임자는 프로젝트 관리 계획이나 조직 절차에 의해 확인될 수 있다.

03 프로젝트 관리자는 프로젝트 헌장을 받은 후 프로젝트 관리 계획서를 작성 중이며 현재PMO(Project Management Office)에 기록 정보가 없다. 이 시나리오에서 프로젝트 관리자가 취해야 할 다음 단계는 무엇인가?

A. 유사산정을 활용한다.

B. 해당 분야의 전문가에게 조언을 구한다.

C. 초기 킥오프 콜을 조직한다.

D. 프로젝트 스폰서에게 입력을 요청한다.

정답 | B

사용 가능한 과거 정보가 없는 경우, 프로젝트 관리자가 프로젝트 계획을 준비하기 위해 할 수 있는 차선책은 전문가 판단이다.

04 프로젝트가 다음과 같은 상황인 경우 프로젝트 관리자는 어떤 조치를 취해야 하는가?

> – 어떤 제품을 만들어야 할지 결정하기 위해 타당성 조사를 했다.
> – 원래 요구사항과 모순되는 다른 제품을 개발하기 위해 변경 요청이 승인되었다.
> – 변경 요청이 승인되기 전에 데이터 분석을 수행했다.

A. 변경 요청을 실행한다.

B. 변경 요청을 거부한다.

C. 자세한 데이터분석 보고서를 요청한다.

D. 새 제품의 타당성 조사를 요청한다.

정답 | A

승인된 변경 요청에는 신규 또는 수정된 원가 산정치, 활동 순서, 일정 날짜, 자원 요구사항 및/또는 리스크 대응 대안 분석이 필요할 수 있다. 이러한 변경으로 인해 프로젝트 관리 계획서 및 기타 프로젝트 문서에 대한 조정이 필요할 수 있다.

05 신제품 개발을 위해 프로젝트 타당성 조사가 수행되었다. 그러나 최근에 기존 요구사항과 모순되는 다른 제품을 개발하기 위해 변경 요청이 승인되었다. 데이터 전문가는 변경 요청이 승인되기 전에 분석을 수행했었다.

프로젝트 관리자가 취해야 할 적절한 조치는 무엇인가?

A. 변경 요청을 수행한다.

B. 변경 요청을 받아들이지 않는다.

C. 데이터 분석에 대한 자세한 보고서를 검토한다.

D. 새 제품의 타당성 조사를 검토한다.

정답 | A

변경 사항이 변경 통제 위원회의 승인을 받은 상황이므로 승인된 변경 요청을 수행해야 한다.

Domain 2 : Process(50%)	
	프로젝트 변경 관리(Manage project changes)
Task 10	• 변화의 필요성을 예측하고 수용 (**예** 변경 관리 실무사례 준수)
	• 변경 사항에 대처하기 위한 전략 결정
	• 방법론에 따라 변경 관리 전략 실행
	• 변경에 대한 대응 방법을 결정하여 프로젝트 진행

- 변경 요구를 예상하고 수용한다.
- 변경 사항에 대처하기 위한 전략을 결정한다.
- 방법론에 따라 변경 관리 전략을 실행한다.
- 변경에 대한 대응 방법을 결정하여 프로젝트를 진행한다.

■ **변경통제 전략**

변경 사항 파악 → 변경 문서 → 변경으로 인한 영향 분석 → 조치 과정 → 관련 계획 업데이트

문제

01 프로젝트 설계가 구현되는 동안 팀원은 제품이 특정 상황에서 요구사항을 충족하지 못할 것이라고 말한다. 문제를 수정하면 범위와 원가가 증가할 뿐만 아니라 프로젝트가 기한을 놓치게 된다. 프로젝트 스폰서는 프로젝트를 지원하기 위한 추가 자금이 없다.

이 정보를 고려할 때 프로젝트 관리자는 무엇을 해야 하는가?

A. 리스크 분석 수행 및 프로젝트 스폰서 업데이트

B. 통합 변경 통제 수행 프로세스를 제정한다.

C. 고객을 만족시키기 위해 문제를 해결한다.

D. 고객과 접촉하여 리스크 수용을 위해 협상한다.

리스크 관리대장은 프로젝트 팀과 이해관계자가 프로젝트의 잠재적인 문제를 이해하기 위해 존재한다. 팀원이 모든 답을 갖고 있지 않을 수 있으므로 프로젝트 스폰서가 결정을 내리기 전에 먼저 전체 리스크 분석을 수행하고 업데이트해야 한다.

02 고객이 상황 회의 중에 프로젝트 관리자에게 새로운 제품 기능을 추가로 요청한다. 프로젝트 관리자가 이 요청을 승인할 권한이 있는 사람을 식별하려면 어떤 문서를 참조해야 하는가?

A. 변경기록부(Change log)

B. 변경관리 계획서(Change management plan)

C. RACI 매트릭스(Responsible, accountable, consult, and inform (RACI) matrix)

D. 변경 요청 문서(Change request document)

변경관리 계획서는 프로젝트에 대한 변경 사항을 제출, 평가 및 구현하는 프로세스를 설명한다.

03 당신은 신규 프로젝트를 시작하고 있다. 당신은 언제 통합 변경 관리 프로세스를 사용해야 하는가?

A. 전체 프로젝트 동안에 걸쳐

B. 프로젝트 종료 시

C. 프로젝트가 완전히 자금을 책정한 후에

D. 프로젝트 범위가 명확하게 정의 된 후에

• 프로젝트에서 언제든지 변경이 발생할 수 있다. 통합 변경 관리 수행 프로세스는 이러한 변경 사항을 관리하고 추적하는 데 중요하다.

• 통합 변경통제 수행은 모든 변경 요청을 검토한 후, 변경 사항을 승인하고 인도물과 조직 프로세스 자산, 프로젝트 문서 및 프로젝트 관리 계획서의 변경을 관리하며, 결정사항에 대해 의사소통하는 프로세스이다.

04 프로젝트 관리자는 20개월의 프로젝트 라이프사이클에 대해 합의된 내용을 바탕으로 프로젝트 관리 계획 및 일정을 수립한다. 이후 변화하는 비즈니스 요구사항으로 인해 프로젝트 스폰서는 14개월 이 내에 완료를 요청한다.

프로젝트 관리자는 제안된 변화에 어떻게 대응해야 하는가?

A. 변경 요청에 대한 영향 평가를 수행하고 범위 변경을 평가한다.

B. 주요 이해관계자 및 프로젝트 팀원과 협력하여 비즈니스 요구사항에 대해 논의한다.

C. 수정된 마감일에 맞춰 원래 프로젝트 일정을 수정한다.

D. 프로젝트 팀원들과 개별적으로 만나 프로젝트의 어떤 측면을 적용 범위에서 제외할 수 있는지 논 의한다.

프로젝트를 보다 신속하게 수행하기 위해 프로젝트 팀은 이해관계자들과 범위를 줄일 수 있는지 논의하고 가능하면 더 짧은 시간 내에 개인 차원에서 활동을 완료할 수 있는 방법을 찾아야 한다.

05 프로젝트 스폰서는 생산 자재가 심각한 문제를 일으킬 수 있기 때문에 프로젝트 관리자에게 생산 자재를 변경하도록 요청한다.

프로젝트 관리자가 취해야 할 적절한 조치는 무엇인가?

A. 통합 변경 통제 프로세스를 수행하고 문제를 철저히 조사한다.

B. 즉시 변경을 수행하고 공식 문서화를 위해 변경 요청을 제출한다.

C. 현재 작업을 종료하고 변경 통제 프로세스를 실행한다.

D. 요청이 범위를 벗어나므로 변경을 거부한다.

변경 통제 위원회에 제출하기 전에 프로젝트 변경의 영향을 분석하고 이해해야 한다. 변경 통제 위원회는 효과적인 의사 결정을 하기 위해 사용 가능한 모든 정보를 프로젝트 관리자에 의존하여 제공받는다.

[변경 관리 프로세스 순서도 예시]

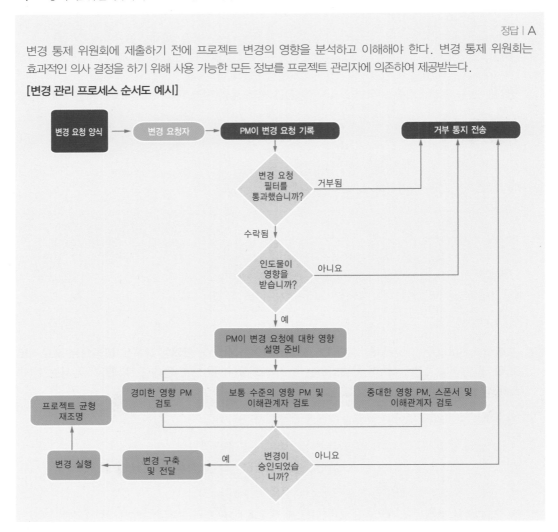

Domain 2 : Process(50%)	
Task 11	**조달 계획 및 관리(Plan and manage procurement)**
	• 자원 요구사항 및 필요성 정의
	• 자원 요구사항 전달
	• 공급업체/계약 관리
	• 조달 전략 계획 및 관리
	• 인도 설루션 개발

- 외부 자원 요구사항 및 필요성을 정의한다.

- 외부 자원 요구사항을 전달한다.

- 공급업체/계약을 관리한다.

- 조달 전략을 계획하고 관리한다.

- 인도 설루션을 개발한다.

■ **계약 유형**

계약 유형	설명
고정가	• 원가 또는 업무량에 관계없이 정해진 범위의 작업에 지불할 수수료를 지정하는 형태의 계약 • 일시불 계약이라고도 한다. • 구매자를 최대한 보호하지만 준비 및 입찰 평가가 오래 걸린다. • 프로젝트 변수들에 대해 높은 수준의 확실성을 가진 경우에 적합하다.
원가 정산	• 판매자의 실제 원가에 대한 지불금에 판매자의 수익에 해당하는 수수료를 가산하는 계약 • 원가, 일정 또는 기술 성과 목표와 같은 특정 목표를 달성하기 위한 인센티브를 포함한다. • 프로젝트 한도가 불확실한 경우에 적합하다.
시간자재(T&M)	• 원가정산 계약과 고정가 계약의 양면이 결합된 혼합형 협정 방식의 계약 • 협상된 시간당 요금 및 자재에 대한 전체 상환을 결합한다. • 무제한 비용 증가를 방지하기 위한 제한 값 및 시간제한을 포함한다. • 정확한 작업기술서를 신속하게 규정할 수 없는 프로젝트에 적합한다.

Contract Type	Description
Capped Time and Materials Contracts (마감 시간 및 자재 계약)	• 기존의 시간 및 재료 계약과 같은 방식으로 작동. 단, 고객 결제 시 상한선이 정해져 있다. • 고객은 상한 비용 한도에 대해 지불 • 공급업체는 조기 변경 시 혜택을 누릴 수 있다.
Target Cost Contracts (목표 비용 계약)	• 공급업체와 고객은 프로젝트 비용 협산 중 최종 가격에 합의 • 주로 계약 가치가 예산보다 낮은 경우 상호 비용 절감을 위해 사용 • 이 계약들은 양측이 예산을 초과할 경우 추가 비용을 부담하게 할 수 있다.
Incremental Delivery (증분 인도 계약)	• 고객은 계약 생애주기 동안 계약 생애주기의 사전에 지정된 지점에서 계약을 검토 • 고객은 이 시점에서 필요한 변경을 하거나 프로젝트를 계속하거나 종료할 수 있다.

문제

01 점점 더 높은 작업 부하가 있는 프로젝트에 자원이 부족하다는 것을 알게 된 경영진은 프로젝트 일정을 유지하기 위해 몇 가지 주요 작업을 아웃소싱한다.

이 시나리오에서 프로젝트 관리자는 무엇을 해야 하는가?

A. 의사소통 관리계획서를 살펴본다.

B. 조달관리 계획서를 개정한다.

C. 프로젝트 스폰서에게 상신한다.

D. 조직도를 준비한다.

정답 | B

조달관리 계획서는 프로젝트 조달 결정을 문서화하고 접근 방식을 지정하며 잠재적인 판매자를 식별하는 프로세스들로 구성된다. 이 프로세스의 주요 이점은 프로젝트 외부에서 상품 및 서비스를 획득할 것인지 여부와 획득할 경우 획득할 대상 및 획득 방법 및 시기를 결정한다는 것이다.

02 프로젝트에서 다음 사항이 필요한 경우 이를 보장하기 위해 프로젝트 관리자는 어떤 조치를 취해야 하는가?

> – 몇몇 자원은 아웃소싱해야 한다.
> – 내부 정책으로 인해 모든 공급자에게 요구사항에 대한 동일한 정보가 제공되어야 한다.

A. 각 공급자와 직접 협상한다.

B. 공급자와 입찰자 회의를 실시한다.

C. 조달 관리 계획이 각 공급자에게 전송되었는지 확인한다.

D. 각 공급자가 이해관계자 관리대장에 추가되도록 한다.

정답 | B

입찰자 회의는 제안서 제출 전 구매자와 잠재적인 판매자 사이의 회의이다. 이는 모든 예비 입찰자가 조달에 대해 명확하고 공통된 이해를 갖고 특정 입찰자가 우대를 받지 않도록 하는 데 사용된다.

03 타사 공급업체 팀원과 프로젝트 팀원 간의 해결되지 않은 갈등으로 인해 업무 중단이 발생하고 있으며 프로젝트 관리자에게 확대된다.

프로젝트 관리자가 가장 먼저 해야 할 일은 무엇인가?

A. 공급업체와 만나 문제를 논의한다.

B. 이 항목을 백로그에 넣는다.

C. 계약서 초안을 작성하여 공급업체에 보낸다.

D. 공급업체에 이메일을 보내 문제를 논의한다.

정답 | A

프로젝트 관리자는 이 문제를 빨리 해결해야 한다. 이러한 갈등을 해결하기 위해서는 직접 대면하는 것이 최선의 선택이다.

04 자원 문제로 인해 건설업자는 작업이 거의 완료되었음에도 불구하고 중요한 프로젝트 결과물을 늦게 제출한다. 다음 프로젝트는 이번 프로젝트의 정시 완료에 달려있기 때문에 반드시 제때에 전달되어야 한다. 비용에 대한 프로젝트 예산에는 여유가 있지만, 일정은 얼마 남지 않았다.

프로젝트 관리자는 이 문제를 어떻게 해결할 수 있는가?

A. 현재 공급업체를 대체할 새 공급업체를 찾는다.

B. 여유자금을 사용하여 결과물 일정을 맞출 수 있는 다른 공급업체를 찾아본다.

C. 이러한 지연에 대해 계약상 영향을 공급업체와 논의를 진행하고 정시 완료를 위해 협상한다.

D. 이 이슈를 프로젝트 스폰서에게 즉시 보고한다.

일정이 얼마 남지 않았고 대부분의 작업이 완료된 상황에서 새로운 공급업체를 고용하는 것은 이상적인 조치가 아니다. 프로젝트 인도물이 주요 초점이기 때문에 프로젝트 관리자는 먼저 계약서 내용을 기반으로 대안을 평가해야 한다.

05 인도물이 합의된 품질 사양을 충족하지 않기 때문에 고객이 거부한다. 팀 구성원은 공급업체에서 제공한 부품에 문제가 있기 때문에 인도물이 기대에 미치지 못한다는 것을 알게 됐지만 업체는 그 문제를 해결하지 않을 것이라고 말한다.

다음 단계를 결정하기 전에 프로젝트 관리자는 무엇을 해야 하는가?

A. 공급업체와 체결한 서비스 수준 계약(SLA)을 확인한다.

B. 내부 품질 보증 보고서를 확인한다.

C. 자원관리 계획서를 검토하고 학습한 내용을 문서화한다.

D. 조달관리 계획서 및 계약 합의서를 검토한다.

계약서는 판매자가 특정 제품, 서비스 또는 결과를 제공하도록 의무화하는 상호 구속력 있는 합의서이며, 이를 근거로 하여 조달관리 계획서에 따라 다음 단계를 진행해야 한다.

프로젝트 결과물(가공품, 아티팩트) 관리 [과제 요소]

	Domain 2 : Process(50%)
	프로젝트 가공품 관리(Manage project artifacts)
Task 12	• 프로젝트 가공품 관리를 위한 요구사항 결정 (무엇을, 언제, 어디서, 누가 등)
	• 프로젝트 정보가 최신 상태(예 버전 관리)이고 모든 이해관계자가 접근할 수 있는지 확인
	• 프로젝트 가공품 관리의 효율성을 지속적으로 평가

- 프로젝트 결과물 관리 요구사항을 결정한다.
- 프로젝트 정보가 최신 상태이고 해당 정보에 접근할 수 있는지 확인한다.
- 프로젝트 결과물 관리의 효율성을 지속적으로 평가한다.

■ **프로젝트 결과물(Project Artifact)**

 아티팩트는 프로젝트 요구사항 및 범위의 변화를 반영하도록 업데이트되는 살아있는 문서이다.

 프로젝트 기록 재구성을 활성화하고 다른 프로젝트에 혜택을 제공한다.

 프로젝트 생애주기 동안 많은 아티팩트를 만들고 유지 관리한다.

01 프로젝트 팀은 프로젝트 관리 계획서를 개발하는 데 도움이 되도록 프로젝트 초기에 민감한 고객 데이터를 수집했다. 팀은 현재 프로젝트의 인도물을 작업 중인데 규정 준수 관리자는 프로젝트 미준수 문제를 제기한다.

프로젝트 관리자가 검토해야 하는 첫 번째 문서는 무엇인가?

A. 작업 기술서(Statement of work(SOW))

B. 이슈 기록부(Issue log)

C. 비즈니스 케이스(Business case)

D. 리스크 관리대장(Risk register)

정답 | B

새로운 문제가 발생한 후 조치를 취하기 전에 이슈 기록부를 검토하고 필요에 따라 업데이트해야 한다.

02 대규모 프로젝트에는 4개국의 기능 그룹이 포함되어 있으며, 현재 거의 완료 단계에 있으므로 프로젝트 관리자는 종료 문서들을 준비해야 한다.

프로젝트 관리자는 프로젝트 인도물 수락에 대한 적절한 승인을 어떻게 얻어야 하는가?

A. 프로젝트 스폰서에게 승인을 요청해야 한다.

B. 운영위원회에 승인을 요청해야 한다.

C. 각 그룹의 기능 관리자에게 승인을 요청해야 한다.

D. 4개국의 4명의 관리자에게 승인을 요청해야 한다.

정답 | A

스폰서가 프로젝트에 대한 자원을 제공했기 때문에 프로젝트 인도물에 공식적으로 서명하는 것은 스폰서의 책임이다.

03 다음 중 프로젝트 문서를 작성, 저장, 검색 및 배포하는 데 사용되는 시스템은 무엇인가?

A. 작업물 관리

B. 형상관리

C. 문서관리

D. 프로젝트 관리

정답 | A

프로젝트 작업물 관리에는 프로젝트 문서를 작성, 저장, 검색 및 배포하는 절차가 포함된다.

04 3번의 애자일 반복이 점점 더 긴 테스트 작업의 추세를 보인 후, 팀은 집중적인 백로그 정제를 수행했다. 이에 문제가 효과적으로 해결되었음을 보여주는 지표는 무엇인가?

A. 스토리당 가치의 증가

B. 장애물 해결 속도

C. 반복당 완료된 스토리

D. 백로그 항목 수의 감소

정답 | C

정제하면 더 작고 덜 복잡한 이야기가 만들어지기 때문에 팀이 더 빨리 이야기를 완성할 수 있다.

05 프로젝트의 사용자 수용 단계에서 두 명의 사용자가 기대에 미치지 못했다고 불평한다. 프로젝트 관리자가 향후 프로젝트에서 이러한 문제를 방지하기 위해 무엇을 사용할 수 있는가?

A. 이해관계자 피드백(Stakeholder feedback)

B. 리스크 평가(Risk assessments)

C. 충돌 관리 기법(Conflict management techniques)

D. 사용자와의 전문적인 관계(A professional relationship with the users)

정답 | A

이해관계자 참여를 관리하면 이해관계자가 프로젝트의 목표, 목적, 이점 및 리스크는 물론 그들의 기여가 프로젝트 성공을 향상시키는 방법을 이해관계자가 명확하게 이해하는 데 도움이 된다. 그들의 피드백을 듣는 것은 이 참여에서 중요한 부분이다.

Domain 2 : Process(50%)	
Task 13	**적절한 프로젝트 방법론/방법 및 실무사례 결정** **(Determine appropriate project methodology/methods and practices)**
	• 프로젝트 요구사항, 복잡성, 규모 평가
	• 프로젝트 실행 전략 권유(**예** 계약, 자금)
	• 프로젝트 방법론/접근 방식 권유 　(**예** 예측, 애자일, 혼합형)
	• 프로젝트 생애주기 전반에서 반복적이고 점증적 실무사례 활용 　(**예** 교훈, 이해관계자 참여, 리스크)

- 프로젝트 요구사항, 복잡성, 규모를 평가한다.
- 프로젝트 실행 전략을 권유한다(**예** 계약, 자금).
- 프로젝트 방법론/접근 방식을 권유한다(**예** 예측, 애자일, 혼합형).
- 프로젝트 생애주기 전반에서 반복적이고 점증적 실무사례를 활용한다.

■ **프로젝트 방법론, 방법 및 실무사례**

애자일

- 팀이 고객과 협력하여 프로젝트 요구사항을 결정하는 현대적 접근 방식
- 고객과 팀이 조율하여 프로젝트를 추진한다.

예측/계획 기반

- 프로젝트의 요구, 요구사항 및 제약 조건을 이해하고 그에 따라 계획을 수립하는 전통적인 접근 방식
- 이 계획으로 프로젝트를 추진한다.

혼합형

- 구체적인 요구사항에 대해 애자일 또는 예측 전략을 사용하는 결합형 접근 방식
- 필요성, 변화하는 작업 요구사항 또는 주변 상황에 따라 접근 방식을 전환할 수 있다.

01 프로젝트 관리자는 4개월 이내에 고객 만족도를 높이는 목표를 달성하기 위해 모범 사례를 식별해야 한다. 프로젝트 관리자는 이를 수행하기 위해 다음 중 어느 방법을 활용할 수 있는가?

A. 벤치마킹(Benchmarking)

B. 인터뷰(Interviews)

C. 촉진(Facilitation)

D. 친화도(Affinity diagram)

정답 | B

인터뷰는 실제 고객으로부터 피드백을 수집하는 데 사용해야 한다. 이것은 모든 결정이 가정이 아닌 실제 데이터를 기반으로 이루어지도록 한다.

02 프로젝트 관리자는 프로젝트 헌장을 받은 후 프로젝트 관리 계획서를 준비하기 시작하지만 현재 프로젝트에 대한 선례정보가 PMO(Project Management Office)에 없다.

이러한 상황에서 프로젝트 관리자가 취해야 하는 다음 단계는 무엇인가?

A. 유사산정을 활용한다.

B. 초기 착수 회의를 구성한다.

C. 프로젝트 스폰서에게 의견을 제공하도록 요청한다.

D. 현장 전문가의 조언을 구한다.

정답 | D

사용 가능한 선례정보가 없는 경우 해당 분야 전문가와 상의하는 것이 프로젝트 관리자가 프로젝트 계획을 준비하기 위해 할 수 있는 차선책이다.

03 프로젝트 스폰서가 애자일 접근 방식을 지원한다. 조직의 직원들은 예측형이 익숙하고 애자일에 대해 다소 거부반응이 있다. 초기에 애자일 프로젝트를 맡은 PM이 조직에 애자일 방법론을 전파하고 프로젝트를 잘 이끌기 위해서 어떻게 해야 하는가?

A. 조직 거버넌스로 지식관리 등 애자일 방법론을 전격적으로 도입한다.

B. 파일럿 프로젝트를 애자일로 진행하고 관심 있는 사람들에게 애자일 교육을 실시한다.

C. 전통형 프로젝트 방법론을 애자일로 수행한다.

D. 경영층의 지시를 통해 애자일 방법론을 각 부문에서 의무적으로 실시하도록 한다.

정답 | B

전파하기 전에 애자일에 대한 이해를 돕기 위해 교육을 실시하는 것이 우선이다. 애자일은 문화적인 측면이 강하기 때문에 전반적인 애자일 이해 없이 도입하면 실패의 가능성이 높기 때문이다.

04 프로젝트 팀은 제품이 제공할 수 있는 가치를 더 잘 이해하게 되면 제품을 현실로 만드는 과정에 흥미를 갖게 된다. 필요한 기능과 작업의 양이 크기 때문에 프로젝트 팀은 점증적으로 납품하기로 결정한다.

이 전략의 이점은 무엇인가? (3가지 선택)

A. 설루션의 일부를 제공하는 데 위기감을 조성한다.

B. 진척을 실현할 수 있다.

C. 고위 경영진이 업무를 홍보하도록 한다.

D. 팀이 어려운 작업을 폐기하거나 무시할 수 있도록 한다.

E. 최종 사용자가 피드백을 제공할 수 있다.

정답 | A, B, E

점증적 생애주기는 일련의 반복을 통해 제공물이 생성되어 미리 결정된 시간 내에 기능을 연속적으로 추가하는 적응형 프로젝트 수명 주기이다. 동적인 요구사항에 대응하고 빈번한 작은 인도를 통해 가치를 인도한다. 즉 설루션의 일부를 작업하여 데모를 수행하며 반복적으로 피드백을 받아 개선할 수 있으며 전체적인 진척이 실현될 수 있다.

05 세 가지 인도물이 있는 프로젝트에서 인도물 2에는 일정 변경 없이 엄격하게 계획된 마일스톤이 있으며, 인도물 1과 3은 개발 중에 빠르게 변화하는 요구사항을 보게 될 것으로 예상된다.

프로젝트의 요구사항을 충족하려면 어떤 수명 주기 모델을 사용해야 하는가?

A. 공통 사용자 스토리와 3주 스프린트가 포함된 완전한 애자일 프로젝트 모델을 선택한다.

B. 확고한 마일스톤과 변경 통제 절차가 포함된 인도물에 대해 폭포수 프로젝트 모델을 선택한다.

C. 인도물 2가 단일 애자일 스프린트로 포지셔닝되고 전체의 폭포수 모델 프로젝트에 포함된 하이브리드 프로젝트 모델을 선택한다.

D. 인도물 2가 전체 애자일 프로젝트에 포함된 단일 폭포수 단계로 포지셔닝된 하이브리드 프로젝트 모델을 선택한다.

정답 | D

혼합형(하이브리드) 방법론은 예측형(폭포수)과 적응형(애자일) 방법론의 일부 요소를 결합한 것으로서 이 프로젝트에서는 두 개의 인도물에 알 수 없는 기간이 있거나 애자일에 적합한 요구사항 집합들이 변경되고 있다. 인도물 2에는 엄격한 일정 관리와 폭포수에 적합한 외부 종속성이 필요하다.

프로젝트 거버넌스 구조 확립 [과제 요소]

Domain 2 : Process(50%)	
Task 14	**프로젝트 거버넌스 구조 확립(Establish project structure)**
	• 프로젝트를 위한 적절한 거버넌스 결정 (예 조직 거버넌스 복제)
	• 에스컬레이션 경로 및 한계선 정의

- 프로젝트에 적절한 거버넌스를 결정한다.
- 에스컬레이션 경로 및 한계선을 정의한다.

■ 프로젝트 거버넌스

프로젝트 거버넌스란 조직의 전략적, 운영상 목표를 달성하기 위해 고유한 제품, 서비스 또는 결과를 산출할 수 있도록 프로젝트 관리 활동을 안내하는 기본 구조와 기능, 프로세스를 말한다.

문제

01 다음 중 거버넌스의 정의를 가장 잘 나타내는 것은 무엇인가?

A. 프로젝트의 성공을 보장하는 데 도움이 되는 일련의 실무사례

B. 프로젝트 내에서 단계 간 관계

C. 프로젝트 관리에 대한 프로젝트 관리 오피스의 지시

D. 프로젝트 관리에 대한 스폰서의 지시

정답 | A

프로젝트 거버넌스는 조직의 전략적, 운영상 목표를 달성하기 위해 고유한 제품, 서비스 또는 결과를 산출할 수 있도록 프로젝트 관리 활동을 안내하는 기본 구조와 기능, 프로세스이다.

02 단계에 대한 가정을 언제 확인해야 하는가?

A. 단계 시작 시점
B. 다음 단계 시작 시점
C. 프로젝트 종료 시점
D. 프로젝트 내내 지속

정답 | B

한 단계의 산출물은 일반적으로 다음 단계의 투입물이 될 수 있으며, 한 단계를 시작할 때 프로젝트에 이루어진 이전의 가정을 확인 및 검증하고, 리스크를 분석하고, 해당 단계의 인도물에 대한 자세한 설명을 제공해야 한다.

03 한 단계에서 다른 단계로 이동하기로 결정한 것은 다음 중 어느 것으로 알려져 있는가? (3개 선택)

A. 킬 포인트

B. 이동/이동 불가

C. 단계 심사

D. 단계 끝점

E. 연속성 한계선

F. 거버넌스 게이트

> 정답 | A, C, F
>
> 단계 심사는 한 단계의 종료 시점에서 다음 단계로 진행할지, 수정 작업을 계속할지 또는 프로젝트나 프로그램을 종료할지에 대한 결정을 내리기 위한 검토로, 동의어에는 거버넌스 심사, 톨게이트 및 킬 포인트가 있다.
>
>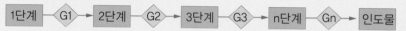
>
> Gn : 단계심사(Govermance gate, tollgate, Kill point)

04 다음 중 다단계 프로젝트에서 가장 일반적인 단계 간 관계를 설명하는 것은 무엇인가?

A. 종료–시작관계(FS)

B. 순차적

C. 규칙적

D. 역행적

> 정답 | B
>
> 순차적 관계에는 이전 단계가 완료된 경우에만 시작하는 연속 단계가 포함된다. 이러한 관계를 통해 불확실성을 줄여 프로젝트 일정 단축 옵션을 제거할 수 있다. 종료–시작관계(FS)는 활동의 가장 일반적인 논리적 관계이다. 여기서는 단계를 이야기하는 것이므로 순차적 관계가 정답이다.

05 효과적인 변경 관리 시스템의 장점은 다음 중 어느 것인가? (3개 선택)

A. 팀에게 변경 요구사항에 대한 인지도 향상

B. 프로젝트 비용 및 일정 절감

C. 변경에 대한 최대 추적성

D. 변경 요구사항에 대한 팀 지원

E. 프로젝트 관리자와 스폰서 간의 의사소통 개선

> 정답 | A, C, D
>
> 변경 관리 시스템의 장점은 변경 관리의 중요성 인식 및 체계적인 프로세스 관리를 통한 변경의 추적성 확보이다. 이와 관련 변경통제 시스템 및 관련 문서들을 통해 팀원들이 변경 관리를 잘 수행하도록 지원한다.

프로젝트 이슈 관리 [과제 요소]

Domain 2 : Process(50%)	
Task 15	**프로젝트 이슈 관리(Manage project issues)**
	리스크가 이슈로 변하는 시점 인식
	프로젝트 성공을 달성하기 위한 최적의 조치를 취하여 이슈 공략
	이슈를 해결하기 위한 접근 방식에 관해 관련 이해관계자와 협업

- 리스크가 이슈로 변하는 시점을 인식한다.
- 프로젝트 성공을 달성하기 위한 최적의 조치를 취하여 이슈를 공략한다.
- 이슈를 해결하기 위한 접근 방식에 관해 관련 이해관계자와 협업한다.

■ 리스크 및 이슈

리스크	이슈
미래에 집중한다.	현재에 집중한다.
긍정적이거나 부정적일 수 있다.	항상 부정적이다.
리스크 관리대장에 문서화된다.	이슈 기록부에 문서화된다.
대응을 "리스크 대응"이라고 한다.	대응을 "임시방편"이라고 한다.

01 프로젝트가 다음과 같은 상황인 경우 프로젝트 관리자는 핵심 이해관계자의 부재를 알게 된 후 무엇을 먼저 해야 할지 결정해야 한다. 취해야 할 올바른 조치는 무엇인가?

> – 기획 단계는 마무리 프로세스에 있다.
> – 프로젝트 기간 중 3주 동안 주요 이해관계자가 참여할 수 없다.

A. 이슈 기록부가 업데이트되었는지 확인하고 다른 이해관계자에게 알린다.

B. 재무 부서에 이해관계자 부재 시 교체할 수 있도록 요청한다.

C. 상황을 평가하고 대안을 식별하기 위해 스폰서와 회의를 한다.

D. 계획을 계속 진행하고 변경 사항이 프로젝트 일정에 미칠 수 있는 영향을 인정한다.

정답 | A

PM이 가장 먼저 해야 할 일은 이것을 문제로 포착하고 이를 다른 이해관계자에게 전달하는 것이다. 그때까지는 어떤 조치도 취할 수 없고 취해서도 안 된다.

02 이전에 식별된 기술 문제가 해결되었으며 프로젝트가 진행 중이다. 프로젝트 관리자는 향후 유사한 프로젝트에서 동일한 문제가 발생할 수 있다는 경고를 받았다.

이 경고에 대한 대응으로 가장 먼저 해야 할 일은 무엇인가?

A. 이슈 기록부가 업데이트되었는지 확인하고 학습한 내용을 업데이트한다.

B. 리스크 보고서를 작성하고 보고서를 최신 상태로 유지한다.

C. 프로젝트 스폰서에게 경고에 대해 알린다.

D. 교훈관리대장이 업데이트되었는지 확인한다.

정답 | A

문제가 해결되었음을 알리는 이슈 기록부를 업데이트하고 향후 프로젝트의 잠재적 리스크에 대해 학습한 내용을 업데이트해야 한다.

03 프로젝트 팀이 주간 상태 회의를 개최한다. 지난 주 회의에서 작성한 메모를 프로젝트 작업물로 간주해야 하는가?

A. 이 결정은 프로젝트 관리자에게 달려 있다.

B. 예, 중요한 프로젝트 이슈가 논의된 경우 가능하다.

C. 예, 일상적인 주제만 다뤘던 회의도 가능하다.

D. 아니요, 회의 메모는 작업물이 아니다.

작성한 메모는 비공식적인 것 같지만, 만일 내용에 중요한 이슈가 있다면 작업물로 간주될 수 있다.

04 프로젝트 실행 중 문제가 발생했으며 큰 문제는 아니지만 일부 이해관계자를 성가시게 한다. 프로젝트 관리자가 이것을 이슈 기록부에 추가하도록 요청하는데, 그 이유는 무엇인가?

A. 이슈 기록부는 발생한 문제를 문서화하고 해결 방법을 추적하는 데 사용된다.

B. 다음 회의 시 리스크 팀이 이슈 기록부를 검토하여 우발사태계획서를 작성한다.

C. 변경 승인을 위해 이슈 기록부가 변경통제위원회(CCB)에 제출된다.

D. 이슈 기록부는 식별되지 않은 리스크를 문서화하는 데 사용된다.

이슈 기록부는 이슈에 관한 정보를 기록하고 감시하는 데 사용되는 문서로, 프로젝트 진행 기간 동안 발생하는 문제, 불일치 또는 갈등을 추적하고 해결책을 찾기 위한 조사를 요구하는 데 사용한다.

05 프로젝트 팀은 프로젝트 초기 단계에서 민감한 고객 데이터를 수집하여 프로젝트 관리 계획을 수립하는 데 도움이 되었다. 현재 팀은 프로젝트의 결과물을 작업하고 있으며, 컴플라이언스 관리자가 데이터 위반을 발견하고 컴플라이언스 문제를 팀에게 알린다.

프로젝트 관리자가 어떤 서류를 먼저 검토해야 하는가?

A. 작업 기술서

B. 이슈 로그

C. 비즈니스 케이스

D. 리스크 관리대장

새로운 규정 준수 문제가 제기된 후에는 조치를 취하기 전에 필요에 따라 이슈 로그를 검토하고 업데이트해야 한다.

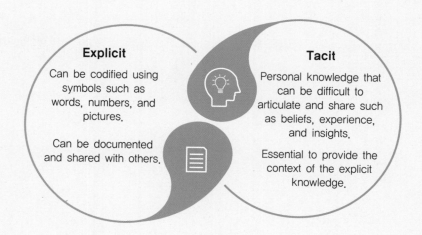

프로젝트 연속성을 위한 지식 전달 보장 [과제 요소]

Domain 2 : Process(50%)	
Task 16	**프로젝트 연속성을 위한 지식 전달 보장** **(Ensure knowledge transfer for project continuity)**
	• 팀 내에서 프로젝트 책임 논의
	• 업무 환경에 대한 기대 사항 요약
	• 지식 전달을 위한 접근 방식 확인

- 팀 및 지식 전달을 관리한다.

- 팀 내에서 프로젝트 책임을 논의한다.

- 업무 환경에 대한 기대 사항을 요약한다.

- 지식 전달을 위한 접근 방식을 확인한다.

■ **지식 유형**

- 명시적 지식 : 단어, 숫자, 그림 등의 기호를 사용하여 문서화할 수 있는 지식으로, 이러한 유형의 지식은 문서화되어 다른 사람과 공유할 수 있다.

- 암묵적 지식 : 신념, 경험, 통찰력과 같이 명확히 표현하거나 공유하기 힘든 개인적 지식으로, 이러한 지식 유형은 명시적 지식의 맥락을 전달하기 위해 반드시 필요하다.

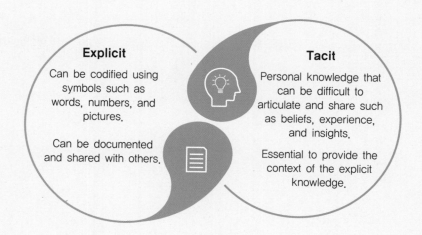

Explicit

Can be codified using symbols such as words, numbers, and pictures.

Can be documented and shared with others.

Tacit

Personal knowledge that can be difficult to articulate and share such as beliefs, experience, and insights.

Essential to provide the context of the explicit knowledge.

01 팀원이 빌딩코드 세트를 어디에서 찾을 수 있는지 문의한다. 이것은 어떤 유형의 지식인가?

    A. 암시적　　　　　　　　　　　　　　B. 명시적

    C. 암묵적　　　　　　　　　　　　　　D. 일반적

정답 | B

- 명시적 지식(Explicit Knowledge)은 단어, 숫자, 그림 등의 기호를 사용하여 문서화할 수 있는 지식이다.
- 암묵적 지식(Tacit Knowledge)은 신념, 경험, 통찰력과 같이 명확히 표현하거나 공유하기 힘든 개인적 지식이다.

02 교훈관리대장과 교훈 저장소의 차이점은 무엇인가?

    A. 두 가지 용어의 의미는 동일하다.

    B. 관리대장은 단일 프로젝트에 적용되며, 저장소는 여러 프로젝트에 적용된다.

    C. 저장소는 단일 프로젝트에 적용되며, 관리대장은 여러 프로젝트에 적용된다.

    D. 이 관리대장에는 향후 프로젝트를 개선할 필요가 있는 분야만 포함되어 있으며, 저장소에는 개선 분야와 긍정적인 결과가 포함되어 있다.

정답 | B

교훈관리대장은 현재 프로젝트에서 활용하고 교훈 저장소에도 추가할 수 있도록 프로젝트 수행 과정에서 습득한 지식을 기록하는 문서이고, 교훈 저장소는 프로젝트에서 습득한 교훈에 관한 선례정보의 저장소이다.

03 다음 중 암묵적 지식의 특징은 무엇인가? (2개 선택)

    A. 정량적 데이터

    B. 개인적 신념

    C. 컨텍스트를 제공하는 경험

    D. 단어와 숫자

정답 | B, C

암묵적 지식은 신념, 경험, 통찰력과 같이 명확히 표현하거나 공유하기 힘든 개인적 지식이다.

04 애자일 프로젝트에는 때때로 특정 프로젝트 팀원들만 알고 있는 문서화가 되지 않은 지식이나 정보가 있으며, 대개 자신에게 유지된다. 이 유형의 지식 이름은 무엇인가?

A. 상식(Common Knowledge)

B. 공유 지식(Shared Knowledge)

C. 암묵적 지식(Tacit Knowledge)

D. 부족 지식(Tribal Knowledge)

정답 | C

사람들이 다른 팀과 공유하지 않고 애자일 프로젝트 팀에 보관하는 문서화가 되지 않은 지식 또는 정보를 암묵적 지식(Tacit Knowledge)이라고 한다.

05 프로젝트 중의 교훈에 대해 옳은 설명은 무엇인가?

A. 종결 보고서만 문서화한다.

B. 프로젝트 데이터만 구성한다.

C. 프로젝트 전반에 걸쳐 문서화한다.

D. 프로젝트 실행 중에 잘 진행된 것으로만 구성한다.

정답 | C

- 프로젝트 중에 얻은 지식은 프로젝트의 후속 단계 및 다른 프로젝트에 도움이 될 수 있다.
- 프로젝트 생애주기 전반에 걸쳐 발생하는 긍정적 경험과 부정적 경험이 포함된다.
- 알고 있는 일을 처음부터 다시 시작하는 것은 시간과 비용을 낭비하는 일이다.
- 시간과 노력을 들여 교훈을 문서화하면 미래에 큰 이익으로 돌아올 수 있다.

프로젝트/단계 종료 또는 이동 계획 및 관리 [과제 요소]

	Domain 2 : Process(50%)	
Task 17	프로젝트/단계 종료 또는 이관(전환) 계획 및 관리 (Plan and manage project/phase closure or transitions)	
	• 프로젝트 또는 단계를 성공적으로 종료하기 위한 기준 결정	
	• 이관(전환) 할 준비가 되었는지 여부 확인 (예 운영 팀 또는 다음 단계로 이동)	
	• 프로젝트 또는 단계를 마무리하기 위한 활동 종결 (예 마지막으로 얻은 교훈, 회고, 조달, 자금, 자원)	

- 프로젝트 또는 단계를 성공적으로 종료하기 위한 기준을 결정한다.
- 가공품 전환 계획을 개발한다.
- 전환할 준비가 되었는지 여부를 확인한다(예 운영 팀 또는 다음 단계로 전환).
- 프로젝트 또는 단계를 마무리하기 위한 활동을 종결한다.

■ 작업물 전환 계획

- 제품 및 기타 인도물 인도 및 전환 방법에 대한 조율 및 전략이 필요하다.
- 가장 적합한 방식으로 인도물을 공개하고 배포하면 최종 사용자가 그러한 부분을 인식하고 그에 따라 적절한 사용 및 산출물 채택이 증가한다.
- 작업물 준비에는 다음이 포함된다.

  - 교육   - 문서화
  - 의사소통   - 지원

■ 프로젝트 또는 단계 종료 지침

- 프로젝트 관리 계획서를 검토한다.
- 해당하는 경우 프로젝트 종료 점검목록을 사용한다.
- 성과 측정 문서, 제품 문서 및 기타 관련 프로젝트 기록을 수집하고 구성한다.
- 프로젝트 제품이 규정 준수 요구사항을 충족하는지 확인한다.
- 기록을 업데이트하여 최종 사양서를 반영하도록 한다.
- 자원 풀 데이터베이스를 업데이트하여 새로운 기술 및 향상된 숙련도를 반영한다.
- 프로젝트 성공과 효과를 분석하고 교훈을 문서화한다.
- 교훈 보고서 및 최종 프로젝트 보고서를 준비한다.
- 프로젝트 승인 및 프로젝트 공식 인수 허가를 얻는다.
- 프로젝트 기록 전체에 색인을 만들어 보관한다.

01 프로젝트 관리자는 다음 단계를 완료했다. 프로젝트 관리자가 취해야 할 다음 단계는 무엇인가?

> – 주요 IT 배포 프로젝트를 마쳤다.
> – 릴리스 관리자에게 모든 시스템이 작동하는지 확인했다.
> – 품질보증 팀에서 기능성 검증 완료를 확인한다.
> – 고객에게 알렸다.

A. 조직 지식 저장소에 교훈 내용을 추가한다.

B. 리스크 관리 대장, 이해관계자들과 구성원들을 업데이트한다.

C. 조달 계획이 완료되었음을 확실히 한다.

D. 릴리스 문서를 리뷰, 확인 그리고 완료한다.

정답 | A

프로젝트가 종료되는 동안 프로젝트 전체에서 얻은 교훈과 지식은 향후 프로젝트에서 사용할 수 있도록 교훈 저장소로 이전된다.

02 다음 단계들 중 적절한 세 번째 단계는 무엇인가?

> 1. 프로젝트가 성공적으로 전달되었다.
> 2. 프로젝트 관리자가 공식 종료를 실행하고 있다.
> 3. _____.

A. 프로젝트 관리자는 입찰 문서를 업데이트해야 한다.

B. 프로젝트 관리자는 프로젝트 팀을 재할당해야 한다.

C. 프로젝트 관리자는 사용하지 않은 자금을 재할당해야 한다.

D. 프로젝트 관리자는 이해관계자의 승인을 받아야 한다.

정답 | D

범위 검증에서 고객이나 스폰서가 공식적으로 승인한 인도물은 프로젝트 또는 단계 종료 프로세스로 전달된다. 그런 다음 고객 또는 스폰서가 프로젝트 인도물의 최종 승인을 확인하는 공식 문서에 서명한다.

03 프로젝트 관리자가 아래의 내용을 검토한다. 프로젝트 관리자가 가장 먼저 취해야 할 조치는 무엇인가?

> – 프로젝트가 시작 단계에 있다.
> – 자금 부족으로 프로젝트가 종료된다.
> – 프로젝트 관리자가 프로젝트를 종료하여야 한다.

A. 의사소통 관리계획에 의거하여 모든 이해관계자에게 적절히 알린다.

B. 조직의 프로젝트 종료 지침을 검토한다.

C. 리스크 분석을 수행하여 프로젝트 종료 시 발생할 수 있는 영향을 파악한다.

D. 모든 프로젝트 조달 프로세스를 종료한다.

정답 | B

프로젝트 종료 지침 또는 요구사항에는 조직이 따라야 할 절차가 포함되며 최종 프로젝트 감사, 프로젝트 평가, 제공 가능 등의 내용이 있다.

04 프로젝트 종료 시 Lesson Learned가 필요한 이유는 무엇인가?

A. 회사의 중요한 자산이면서 다음 프로젝트 수행 시 중요 내용을 활용하게 된다.

B. 프로젝트의 표준 및 절차가 들어 있어서 표준 template를 사용하기 때문이다.

C. 프로젝트 정보시스템과 연결되어 저장되며, 보안상 해당 이해관계자들은 볼 수 없다.

D. 프로젝트를 지연 또는 취소할 시 중요한 근거자료가 된다.

정답 | A

• 프로젝트를 수행하면서 실패한 내용/성공한 사례 등을 잘 요약하여 만들어 놓은 문서가 Lessons learned이며 조직 프로세스 자산인 Database에 저장한다. 그 이유는 다음 프로젝트에서 선례정보를 이용하여 원가정보/일정정보 및 중요한 프로젝트 정보를 참조하여 현재 수행 중인 프로젝트 또는 차기 프로젝트의 성공 확률을 높이기 위한 것이다.
• Lessons learned에는 편익관리, 비즈니스 케이스의 정확성, 프로젝트 및 개발 생애주기, 리스크 및 이슈 관리, 이해관계자 참여 및 기타 프로젝트 관리 프로세스에 대한 정보가 포함된다.

05 교훈사항 수집 활동은 일반적으로 프로젝트 관리 기간에서 언제 수행하는가?

A. 프로젝트 종료 시점

B. 단계 종료 시점

C. 프로젝트 전반에 걸쳐 예측, 반복 및 애자일 생애주기 모두에서

D. 프로젝트 전반에 걸쳐 반복적 생애주기에만

정답 | C

• 교훈사항 수집 활동은 프로젝트 진행 중에 주기적으로 이루어진다.
• 일반적으로 매월, 격월, 분기별로 이루어질 수 있다.
• 프로젝트 종료 시점에 하는 것은 교훈사항 수집의 마지막 단계를 정리하는 것이지 종료 시점 때만 이루어지는 것은 아니다.

3 영역(Domain) III : 비즈니스 환경(Business Environment)

영역 III	비즈니스 환경–8%
과제 1	**프로젝트 규정 준수 계획 및 관리** • 프로젝트 규정 준수 요구사항 확인(**예** 보안, 건강 및 안전, 규정 준수) • 규정 준수 범주 분류 • 규정 준수에 대한 잠재적 위협 결정 • 규정 준수 차원 방법 활용 • 규정 위반의 결과 분석 • 규정 준수 요구사항을 충족하기 위해 필요한 접근 방식 및 조치 결정(**예** 리스크, 법무)
과제 2	**프로젝트 이점과 가치 평가 및 제공** • 이점이 파악되었는지 조사 • 지속적인 이점 실현을 위해 소유권에 대한 동의 문서화 • 이점 추적을 위해 측정 시스템이 실행 중인지 검증 • 가치 증명을 위한 제공 옵션 평가 • 가치 획득 프로세스의 이해관계자 평가
과제 3	**범위에 미치는 영향에 대한 외부 비즈니스 및 환경의 변화를 평가 및 대응** • 외부 비즈니스 환경에 대한 변경 사항 조사(**예** 규정, 기술, 지정학적 요인, 시장) • 외부 비즈니스 환경의 변화를 기반으로 프로젝트 범위/백로그에 대한 영향 평가 및 우선순위 지정 • 범위/백로그 변경 사항에 대한 옵션 권유(**예** 일정, 비용 변경) • 프로젝트 범위/백로그에 대한 영향을 주는 외부 비즈니스 환경을 지속적으로 검토
과제 4	**조직의 변화 지원** • 조직의 문화 평가 • 조직의 변화가 프로젝트에 주는 영향을 평가하고 필요한 조치를 결정 • 프로젝트가 조직에 주는 영향을 평가하고 필요한 조치를 결정

Domain 3 : Business Environment(8%)	
Task 1	**프로젝트 규정준수 계획 및 관리** **(Plan and manage project compliance)**
	• 프로젝트 규정 준수 요구사항 확인 (예 보안, 건강 및 안전, 규정 준수)
	• 규정 준수 범주 분류
	• 규정 준수에 대한 잠재적 위협 결정
	• 규정 준수 지원 방법 활용
	• 규정 위반의 결과 분석
	• 규정 준수 요구사항을 충족하기 위해 필요한 접근 방식 및 조치 결정 (예 리스크, 법무)
	• 프로젝트가 어느 정도 규정을 준수하고 있는지 측정

- 프로젝트 규정 준수 요구사항을 확인한다.

- 규정 준수 범주를 분류한다.

- 규정 준수에 대한 잠재적 위협을 결정한다.

- 규정 준수 지원 방법을 활용한다.

- 규정 위반의 결과를 분석한다.

- 규정 준수 요구사항을 충족하기 위해 필요한 조치를 결정한다.

- 프로젝트가 어느 정도 규정을 준수하고 있는지 측정한다.

■ 규정 준수 범주 분류

- 규정 준수 범주의 유형은 산업 및 설루션 범위에 따라 달라진다.

- 각 프로젝트마다 고유한 법적 및 규제 노출에 따라 적절한 범주가 달라진다.

01 프로젝트에는 다음과 같은 특성이 있는 경우, 프로젝트 관리자가 취해야 할 올바른 조치는 무엇인가?

> – 실행 단계에 있다.
> – 최근에 즉각적인 준수를 의무화하는 규제법이 승인되었다.
> – 이 법은 프로젝트의 범위, 일정 및 원가에 영향을 미친다.

A. 리스크 완화를 시작한다.

B. 프로젝트 관리 계획서가 업데이트되도록 한다.

C. 이슈를 상위 관리자에게 상신한다.

D. 변경 요청 프로세스를 시작한다.

정답 | D

규정 준수는 필수이며 범위, 일정 및 원가에 영향을 미치므로 변경 요청을 제출해야 한다.

02 새로운 규정에서는 라벨에 소비자 경고를 의무화하지만, 회사의 제품 포장이 너무 작아서 추가 정보를 담을 수 없다. 규제 사양에 대한 해결책을 고민하다가 애자일 팀은 덮개 부분에 정보를 표시하여 문제를 해결하기로 결정한다. 새 라벨의 양산 시작은 20일 후에 시작될 예정이다.

애자일 팀은 다음에 무엇을 해야 하는가?

A. 추가 제품 라벨 요구사항을 반영하도록 스프린트 백로그를 업데이트한다.

B. 규제준수 팀에 문의하여 선택한 형식의 유효성을 확인한다.

C. 변경을 진행하기 위해 운영위원회에 승인을 요청한다.

D. 시제품을 개발하여 승인을 받기 위해 라벨 제조업체에 보낸다.

정답 | B

• 솔루션을 개발하기 전에 규정 준수를 검증하지 않으면 팀은 기껏해야 노력을 낭비하게 되고, 최악의 경우 조직이 규정 준수를 이행하지 못할 위험에 처하게 된다.
• 운영위원회의 승인을 구하지 않는 것은 관리 계층을 통하지 않고 부서 간에 직접 통신하는 애자일 관행에 부합한다.

03 정부 표준, 자치법 또는 내부 프로세스를 제대로 따르지 않을 경우 프로젝트에서 발생할 수 있는 문제를 설명하는 하위 계획을 작성하고 있다. 어떤 계획을 다루고 있는가?

A. 규정준수 관리 계획서

B. 형상관리 계획서

C. 의사소통 관리 계획서

D. 품질관리 계획서

- 규정준수 관리 계획서의 또 다른 중요한 측면은 규정 준수 목표와 요구사항이다. 준수 사항으로는 해당하는 정부 규정, 기업 정책, 제품 및 프로젝트 품질, 프로젝트 리스크 등이다.
- 프로젝트 규정 준수 계획서는 프로젝트 관리 계획서의 하위 계획서이다.

04 규제가 심한 프로젝트를 진행하는 동안 프로젝트 스폰서와 고위 경영진이 법적 요구사항을 무시하는 것처럼 보이는 변경 사항을 요청했다.

프로젝트 관리자의 적절한 대응의 첫 번째 단계는 무엇이어야 하는가?

A. 상황을 검토하기 위해 이해관계자와 즉시 회의를 예약한다.

B. 변경 통제 위원회(CCB)에 변경 요청을 보낸다.

C. 조직의 관련 법률 전문가에게 지침을 확인한다.

D. 선례와 방향에 대해 조직의 교훈 데이터베이스를 통해 검토한다.

A. 아니오 – 상황을 완전히 이해하지 못할 수 있으므로 최선의 대응이 아니다.
B. 아니오 – 이것이 필요하지만 첫 번째 단계는 아니다.
C. 예 – 이것은 규제가 심한 산업이기 때문에 CCB에 가기 전에 가장 좋은 첫 번째 단계이다.
D. 아니오 – 이것이 지침을 제공할 수 있지만 궁극적으로 결정하는 것은 아니다.

05 현재 제품이 75% 완료된 시점에서 법무 팀은 제품 책임자에게 다른 회사가 애자일 팀의 제품에 사용된 혁신에 대한 특허를 소유하고 있다고 알려왔다.

제품 책임자는 앞으로의 적절한 방법을 결정하기 위해 무엇을 해야 하는가?

A. 특허가 등록되지 않은 시장을 찾기 위해 법무 부서와 협력한다.

B. 한계 경제 분석을 수행하고 출시 가능한 최소 기능을 식별한다.

C. 추가 매몰 비용을 방지하기 위해 프로젝트를 즉시 종료한다.

D. 특허받은 부품을 제거한 후 제품 작업을 계속한다.

- 제품 출시에 대한 기본 가정은 이제 쇼 스토퍼(예정된 스케줄을 연기시킬 필요가 있을 정도로 심각한 경우)이다.
- 한계 경제 분석은 앞으로 실행 가능한 방법이 있는지 여부를 결정한다.
- 최소한의 해제 가능한 기능을 식별하면 경제적 손실을 완화할 수 있다.

다른 선택지들은 비현실적(특허 없는 시장, 구성 요소 제거)이거나 정보가 없는(프로젝트 종료) 경우이다.

Domain 3 : Business Environment(8%)	
Task 2	**프로젝트 편익과 가치 평가 및 제공** **(Evaluate and deliver project benefits and value)**
	• 편익이 파악되었는지 조사
	• 지속적인 편익 실현을 위해 소유권에 대한 동의 문서화
	• 편익 추적을 위해 측정 시스템이 실행 중인지 검증
	• 가치 증명을 위한 인도 옵션 평가
	• 가치 획득 프로세스의 이해관계자 칭찬

- 프로젝트 및 가치에 대한 공감대를 형성한다.
- 편익이 파악되었는지 조사한다.
- 지속적인 편익 실현을 위해 소유권에 대한 동의를 문서화한다.
- 편익 추적을 위해 측정 시스템이 실행 중인지 검증한다.
- 편익을 얻기 위한 인도 옵션을 평가한다.
- 이해관계자에게 전달되는 가치를 알린다.
- 조직에 주는 영향을 평가하고 필요한 조치를 결정한다.

■ **편익 관리 계획서**

구성 요소	설명
목표 편익	프로젝트에서 실현 가능한 유형 및 무형의 예상 비즈니스 가치
전략적 연계	편익을 조직의 비즈니스 전략과 일치시키는 방법
기간	편익(단기 및 장기)이 실현되는 경우, 일반적으로 그 프로젝트 단계
편익 소유자	편익을 감시, 기록 및 보고하는 개인 또는 그룹
매트릭스	실제로 발생한 편익의 직접적이고 간접적인 측정값
리스크	목표로 한 편익 달성과 관련된 리스크

01 프로젝트 관리자가 퇴사하고 교체되었으며, 새 프로젝트 관리자는 팀을 프로젝트 성공으로 안내하기 위해 일을 시작하려고 한다.

새 프로젝트 관리자가 먼저 해야 할 일은 무엇인가?

A. 목표와 결과물을 식별하기 위해 프로젝트 헌장을 살펴본다.

B. 프로젝트 일기를 검토하고 이전 프로젝트 관리자가 작성한 메모를 찾아본다.

C. 지식 이전 프로세스와 관련된 새로운 활동을 추가하여 프로젝트 일정을 수정한다.

D. 추가 시간이 필요한지 결정하기 위해 프로젝트 예산을 다시 논의한다.

정답 | A

프로젝트 헌장은 가장 중요한 프로젝트 문서 중 하나이다. 여기엔 새로운 프로젝트 관리자가 프로젝트 전략에 대한 이해와 전술적 실행에 중요한 프로젝트의 많은 측면이 정의되어 있다. 공식 프로젝트 헌장을 읽기 전에 다른 모든 조치는 편견을 가지고 이루어질 수 있다.

02 모든 현금 유출량의 현재 가치에서 모든 현금 유입량의 현재 가치를 뺀 값을 계산하는 재무 도구는 다음 중 어느 것인가?

A. 내부수익률

B. 순 현재 가치

C. 편익 비용 가치

D. 투자수익률

정답 | B

- 순 현재 가치(NPV; Net Present Value)는 모든 현금 유출량의 현재 가치에서 모든 현금 유입량의 현재 가치를 뺀 값이다.
- NPV는 자본 예산에 사용되는 재무 도구이다. NPV는 인플레이션 및 할인율을 고려한 후 당일 화폐 가치와 미래의 동일한 화폐 가치를 비교한다.

편익 비용 분석 (Benefit Cost Analysis)	대안들의 강점과 약점을 추정하는 체계적 접근 방식으로, 절약은 유지하면서 편익 달성을 위한 최선의 접근 방식
현재 가치 (Present Value)	특정 수익률이 주어진 미래 화폐 또는 현금 흐름의 현재 가치
순 현재 가치 (Net Present Value)	모든 현금 유출의 현재 가치에서 모든 현금 유입의 현재 가치를 뺀 값
내부수익률 (Internal Rate of Return)	모든 현금 흐름의 순 현재 가치를 0으로 만드는 이자율
투자수익률 (Return on Investment)	투자금액 대비 손익을 측정하는 재무적 수익성 지표로서 일반적으로 백분율로 표시

03 프로젝트 관리자는 새 프로젝트에 대해 다음 정보를 받은 후 먼저 무엇을 해야 하는가?

– 가정	– 제한	– 예비 범위

A. 비즈니스 사례 및 프로젝트 목표를 검토하고 이해한다.

B. 프로젝트 팀을 구성하고 프로젝트 작업을 할당한다.

C. 프로젝트 일정을 수립하고 주 경로를 결정한다.

D. 스폰서로부터 프로젝트 헌장 승인을 받았는지 확인한다.

정답 | A

헌장을 작성하기 전에 먼저 비즈니스 사례와 프로젝트 목표를 이해해야 한다. 팀을 구성하고 일정을 수립하는 것은 나중에 진행된다.

04 프로젝트 시작 1주일 전에 프로젝트 관리자는 중요 프로젝트 자원을 만나 프로젝트 인도물이 얼마나 복잡한지 더 깊이 이해하게 되었으며 자원은 결과물에 대한 우려와 걱정을 나타낸다.

프로젝트 관리자는 인도물이 현실적임을 확인하기 위해 무엇을 해야 하는가?

A. 타당성 조사를 수행한 다음 결과를 평가한다.

B. 스폰서와 자원의 문제를 논의하고 프로젝트 헌장을 수정한다.

C. 나중에 검토할 수 있도록 이슈 기록부의 문제를 기록해 둔다.

D. 리스크 평가를 수행하여 위협 및 예방 조치를 식별한다.

정답 | A

결과물이 현실적이도록 하려면 프로젝트 관리자가 타당성 조사를 수행한 다음 결과를 평가해야 한다. 다른 어떤 선택도 이를 보장하지 않는다.

05 작년에 귀사는 관리했던 프로젝트를 기반으로 새로운 서비스를 출시했다. 회사는 새로운 서비스가 고객 만족도를 높였는지 여부를 판단하고 싶다. 귀하의 서비스를 사용하지 못하게 하는 사람들을 상대로 귀하의 서비스를 사용하도록 장려하는 사람들의 의지에 근거하여 새로운 서비스 사용자의 행복을 측정할 수 있는 도구는 무엇인가?

A. 순수 추천고객 점수

B. 순 가치

C. AB 테스트

D. 계획 가치

정답 | A

- 순수 추천고객 점수(NPS)는 고객이 −100부터 100까지 척도로 제공업체의 제품 또는 서비스를 다른 업체에 추천하고자 하는 정도를 측정한다. NPS = 추천고객 비율(%) − 비추천고객 비율(%)
- 점수가 높을수록 고객의 만족도와 솔루션 추천 의사가 높음을 나타낸다. 고객이 스스로 보고한 만족도를 0~10의 점수에서 정한다(비추천(0~6), 부동(7~8), 추천(9~10)).

Domain 3 : Business Environment(8%)	
Task 3	**범위에 미치는 영향에 대한 외부 비즈니스 및 환경의 변화를 평가 및 대응** **(Evaluate and address external business environment changes for impact on scope)**
	• 외부 비즈니스 환경에 대한 변경 사항 조사 (**예** 규정, 기술, 지정학적 요인, 시장)
	• 외부 비즈니스 환경의 변화를 기반으로 프로젝트 범위/백로그에 대한 영향 평가 및 우선순위 지정
	• 범위/백로그 변경 사항에 대한 옵션 권유 (**예** 일정, 비용 변경)
	• 프로젝트 범위/백로그에 대한 영향을 주는 외부 비즈니스 환경을 지속적으로 검토

- 내부 및 외부 비즈니스 환경 변화 설문 조사
- 비즈니스 환경의 변화를 기반으로 범위/백로그에 대한 영향 평가
- 변경 사항에 대한 옵션 권유(**예** 일정, 비용 변경)
- 작업/조치 우선순위 변경
- 범위/백로그에 영향을 주는 비즈니스 환경 검토

■ **백로그 우선순위 변경**
- 제품 책임자(PO)는 스토리 또는 요구사항 변경에 따라 백로그의 우선순위를 재조정한다.
- 비즈니스 가치에 따라 변경 우선순위가 결정된다.

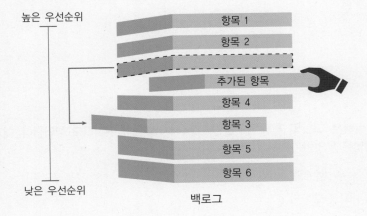

01 분기별 결과에 따르면 경쟁업체가 가격을 낮추고 있으며, 또한 회사는 시장 점유율을 잃고 있으며, 제품 개발 프로젝트의 중간에 투자한 만큼 수익을 얻지 못할 것으로 보인다.

프로젝트 관리자는 이러한 새로운 조건에 맞추어 어떻게 프로젝트를 조정해야 하는가? (2개 선택)

A. 현지 직원을 30분 이내로 근무할 수 있는 외부 전문 직원으로 점진적으로 교체한다.

B. 경쟁업체의 가격과 일치하도록 동일한 기능을 제공하기 위해 프로젝트 범위를 다시 지정한다.

C. 배송 비용 및 속도를 최적화하기 위해 인도물의 비용/편익 분석을 실시한다.

D. 프로젝트의 나머지 부분에서 동시 작업을 통해 간접비를 줄이고 의도한 범위를 제공한다.

E. 고정된 예산 내에서 점진적으로 가치를 극대화하기 위해 애자일 트랙을 분할한다.

> 정답 | C, E
>
> 비용/편익 분석 및 고정 예산 증분 개발 방식은 비즈니스 중단 없이 수익성 손실을 해결하기 때문에 정답이다.

02 회사는 새로운 비즈니스 모델을 내세우는 경쟁자에게 시장 점유율을 잃고 있다. 시장 점유율을 회복하는 방법을 추천하기 위해 다기능 애자일 팀이 구성되었다.

팀이 성공적인 추천을 만들기 위한 가능성을 어떻게 하면 높일 수 있는가?

A. 고객이 회사 제품에 실망한 이유를 깊이 이해한다.

B. 독특하고 고품질의 혁신적인 제품을 수익성 있게 제공하는 데 중점을 둔다.

C. 경쟁업체의 비즈니스 모델이 어떻게 더 낮은 비용으로 더 많은 소비자에게 도달할 수 있는지에 대한 방법을 이해한다.

D. 소비자가 추구하는 가치와 경쟁자가 제공하는 가치를 이해하는 데 집중한다.

> 정답 | D
>
> • 애자일 Manifesto의 첫 번째 원칙은 가치에 중점을 두고 있다.
> • 시장은 소비자가 제품에 부여하는 가치에 따라 움직이다.
> • 손실된 비즈니스(실망한 고객), 시장 도달 범위(경쟁사) 또는 정보 없는 혁신 및 수익성 등에 초점을 맞춘 분석은 불완전하기 때문에 다른 선택지들은 잘못된 것이다.

03 제품 책임자의 일정이 매우 바빠서 그는 몇 가지 업무를 숙련된 애자일 팀에 위임하고 싶어한다. 애자일 팀에 위임하는 데 적합한 작업은 무엇인가?

A. 크기에 따라 백로그에 항목 우선순위를 지정한다.

B. 백로그 조정 세션을 시작하고 실행한다.

C. 스프린트 백로그에 대해 우선순위가 지정된 항목을 선택한다.

D. 우선순위를 정하기 전에 백로그에 항목을 추가한다.

- 일반적으로 제품 책임자는 비즈니스 요구에 따라 밀린 작업 우선순위를 정하고 계획할 수 있는 유일한 권한을 가진다.
- 개선에는 우선순위 지정도 필요하다.
- 항목 추가는 위임할 수 있으며, 제품 책임자는 나중에 우선순위를 정한다.

04 애자일 프로젝트가 끝나면 모든 이야기가 예정대로 완료되고 모든 테스트가 통과되지만, 고객은 제품이 성공적이라고 생각하지 않는다. 향후 프로젝트에서 이러한 결과를 방지할 수 있는 가장 효과적인 방법은 무엇인가?

A. 백로그를 개발하기 전에 고객이 제품 비전을 승인했는지 확인한다.

B. 완료의 정의에 포함될 성공 기준에 대해 고객과 합의한다.

C. 증분 릴리스 데모 및 사용자 테스트에 대한 고객 의견을 수집한다.

D. 테스트 계획이 비기능적 요구사항을 백로그에 포함시키는지 확인한다.

지속적이고 점진적인 고객/사용자 피드백은 개발 과정에서 확인된 요구사항과 식별되지 않은 요구사항을 제품이 해결하도록 보장하는 가장 좋은 방법이다.

05 회사가 새로운 비즈니스 모델을 가진 경쟁자에게 시장 점유율을 잃고 있다. 애자일 팀은 기능의 수를 제한하면서 더 빨리 시장에 출시해야 한다.

이 요청이 계획에 어떤 영향을 미치는가?

A. 백로그는 작은 증분으로 기본 기능을 제공하기 위해 우선순위가 지정된다.

B. 사용자 주도 릴리스 로드맵을 반영하도록 제품 비전이 업데이트된다.

C. 스프린트 백로그의 우선순위를 재지정하여 가장 작고 단순한 스토리를 먼저 작업한다.

D. 더 빠른 제품 출시를 위해 증분을 줄인다.

- 애자일 Manifesto의 첫 번째 원칙은 가치에 중점을 두고 있다.
- 시장은 소비자가 제품에 부여하는 가치에 따라 움직이다.
- 손실된 비즈니스(실망한 고객), 시장 도달 범위(경쟁사) 또는 혁신 및 수익성에 대한 정보가 없는 추진 자체에만 초점을 맞추면 분석이 불완전한 것이기 때문에 다른 선택지들은 잘못된 것이다.

Domain 3 : Business Environment(8%)	
Task 4	**조직의 변화 지원(Support organizational change)**
	• 조직의 문화 평가
	• 조직의 변화가 프로젝트에 주는 영향을 평가하고 필요한 조치를 결정
	• 프로젝트가 조직에 미치는 영향을 평가하고 필요한 조치를 결정

- 조직의 문화를 평가한다.
- 조직의 변화가 주는 영향을 평가하고 필요한 조치를 결정한다.
- 프로젝트가 조직에 주는 영향을 평가하고 필요한 조치를 결정한다.
- 변경 사항을 권장, 계획 및 촉진한다.

■ **조직구조의 상대적 권한**

관계	기능 조직	매트릭스 조직	프로젝트 조직
팀원이 충실히 임하는 대상	기능 부서	충실성 상충	프로젝트
팀원의 보고 대상	기능조직 관리자	기능조직 관리자 및 프로젝트 관리자 모두	프로젝트 관리자
프로젝트 관리자의 역할	단시간 근무	전일 근무	전일 근무
팀원의 역할	단시간 근무	단시간 근무	전일 근무
팀원에 대한 프로젝트 관리자의 통제 수준	낮음	중간	높음

문제

01 조직 변경 프로그램의 일환으로 경험 많은 애자일 프로젝트 관리자가 예측 문화가 강한 회사에 고용된다. 회사가 애자일 방법론을 채택하도록 돕기 위해 프로젝트 관리자는 무엇을 해야 하는가?

(2개 선택)

A. 모든 프로젝트 요구사항을 작성하는 데 MoSCoW 방법이 사용되었는지 확인한다.

B. 계획된 모든 프로젝트를 분석하여 적절한 애자일 모델을 선택한다.

C. 애자일이 품질을 높이고 위험을 줄이는 방법을 이해관계자에게 보여준다.

D. 프로젝트 팀이 더 자립하고 교차 기능하도록 교육한다.

E. 점진적인 비즈니스 가치 제공을 위한 기회들을 식별한다.

정답 | C, E

애자일 채택은 그 이점에 대해 소통하고 시연함으로써 가능하다. 다른 선택지들은 불완전하거나(MoSCoW) 시기상조인 (모든 프로젝트 및 자립적인 팀을 다시 계획) 접근 방식을 설명한다.

02 귀사는 진행 중인 모든 프로젝트를 감독할 수 있는 프로젝트 관리 담당 관리자가 있다. 프로젝트 관리자 중 한 사람으로서 프로젝트 관리 부서에 직접 보고하지만 다른 부서와 직원을 공유한다.

이것은 어떤 유형의 조직 구조를 설명하는가?

A. 기능 조직　　　　　　B. 프로젝트 조직

C. 매트릭스 조직　　　　D. 복합 조직

정답 | C

직원 공유는 매트릭스 조직의 형태이다.

03 프로젝트 관리자의 권한이 가장 높은 조직 구조는 다음 중 어느 것인가?

A. 기능 조직　　　　　　B. 프로젝트 조직

C. 매트릭스 조직　　　　D. 복합 조직

정답 | B

프로젝트 관리자의 권한이 가장 높은 조직 구조는 당연히 프로젝트 조직 구조이다.

04 다른 모든 유형의 조직이 결합된 조직 구조는 무엇인가?

    A. 기능 조직   B. 프로젝트 조직

    C. 매트릭스 조직   D. 복합 조직

정답 | D

모든 유형의 조직이 결합된 조직 구조는 복합 조직으로 한 개 이상의 프로젝트를 진행할 때 많이 사용된다.

05 프로젝트 관리자의 권한이 부서 관리자에 비해 낮은 조직 구조는 무엇인가?

    A. 기능 조직(Functional)

    B. 프로젝트 조직(Projectized)

    C. 매트릭스 조직(Matrix)

    D. 복합 조직(Composite)

정답 | A

프로젝트 관리자의 권한이 가장 높은 조직 구조는 프로젝트 조직 구조이며, 정 반대로 기능 조직에서는 프로젝트 권한이 가장 낮다.

참고 1

PMI ATP(Authorized Training Partner) 공인교재(2nd Edition)

● ATP 공인교재는 ATP인 PCCA 에서 구매 가능($69)

Lesson	ATP 공식 교재	비고
1	Creating a High–Performing Team [높은 성과를 올리는 팀 만들기]	A~G(7 Topic)
2	Starting the Project [프로젝트 시작하기]	A~I(9 Topic)
3	Doing the Work [수행하기]	A~H(8 Topic)
4	Keep the Team on Track [팀 궤도에 유지하기]	A~G(7 Topic)
5	Keeping the business Environment in Mind [비즈니스 환경 고려하기]	A~E(5 Topic)

● Total 36 Topic

구분	ATP 공식 교재
1	Creating a High-Performing Team[높은 성과를 올리는 팀 만들기]
1.A	Build a Team [팀 구성]
1.B	Define Team Ground Rules [팀의 기본규칙 정의하기]
1.C	Negotiate Project Agreements [프로젝트 협약 협상]
1.D	Empower Team Members and Stakeholders [팀원 및 이해관계자 권한 부여]
1.E	Train Team Members and Stakeholders [팀원 및 이해관계자 교육]
1.F	Engage and Support Virtual Teams [가상팀 참여 및 지원]
1.G	Build a Shared Understanding about a Project [프로젝트에 대한 공감대 형성]

구분	ATP 공식 교재
2	Starting the Project [프로젝트 시작하기]
2.A	Determine Appropriate Project Methodology/Methods and Practice [적절한 프로젝트 방법론/방법 및 실무사례 결정]
2.B	Plan and Manage Scope [범위 계획 및 관리]
2.C	Plan and Manage Schedule [일정 계획 및 관리]
2.D	Plan and Manage Budget and Resource [예산과 자원 계획 및 관리]
2.E	Plan and Manage Quality of Products and Deliverables [제품/인도물의 품질 계획 및 관리]
2.F	Integrate Project Planning Activities [프로젝트 계획 활동 통합]
2.G	Plan and Manage Procurement [조달 계획 및 관리]
2.H	Establish Project Governance Structure [프로젝트 거버넌스 구조 확립]
2.I	Plan and Manage Project/Phase Closure [프로젝트/단계 종료 및 관리]

구분	ATP 공식 교재
3	Doing the Work[수행하기]
3.A	Assess and Manage Risks [리스크 평가 및 관리]
3.B	Execute Project to Deliver Business Value [비즈니스 가치를 제공하는 프로젝트 실행]
3.C	Manage Communications [의사소통 관리]
3.D	Engage Stakeholders [이해관계자 참여]
3.E	Create Project Artifacts [프로젝트 결과물 생성]
3.F	Manage Project Changes [프로젝트 변경 관리]
3.G	Manage Project Issues [프로젝트 이슈 관리]
3.H	Ensure Knowledge Transfer to Project Continuity [프로젝트 연속성을 위한 지식 전달 보장]

구분	ATP 공식 교재
4	Keeping the Team on Track [팀 궤도에 유지하기]
4.A	Lead a Team [팀 선도]
4.B	Support Team Performance [팀 성과 지원]
4.C	Address and Remove Impediments, Obstacle and Blockers [장애, 방해물, 블로커 해결 및 제거]
4.D	Manage Conflict [갈등관리]
4.E	Collaborate with Stakeholders [이해관계자와 협업]
4.F	Mentor Relevant Stakeholders [관련된 이해관계자 멘토]
4.G	Apply Emotional Intelligence to Promote Team Performance [감성지능을 적용한 팀 성과 촉진]

구분	ATP 공식 교재
5	Keeping the business Environment in mind [비즈니스 환경 고려하기]
5.A	Manage Compliance Requirements [규정 준수 요구사항 관리]
5.B	Evaluate and Deliver Project Benefits and Value [프로젝트 편익과 가치 평가 및 제공]
5.C	Evaluate and Address Internal and External Business Environment Changes [내부 및 외부 비즈니스 환경 변경 평가 및 해결]
5.D	Support Organizational Change [조직 변화 지원]
5.E	Employ Continuous Process Improvement [지속적 프로세스 개선 작업]

참고 2

PMI ATP(Authorized Training Partner) 공인교재(3rd Edition)

Lesson 1 Business Environment

1A Foundation

- Foundational project management concepts
- Project management principles
- The Agile mindset
- Tailoring – hybrid approaches, processes and practices in project management

1B Strategic Alignment

- Define strategic alignment and business acumen
- Follow guidelines for effective business decision-making
- Explore organizational influences on projects
- Explain how projects align with broader organizational strategy and global trends

1C Project Benefits and Value

3.2. Evaluate and deliver project benefits and value

- Investigate that benefits are identified (3.2.1)
- Evaluate delivery options to deliver value (3.2.4)

2.1 Execute project with the urgency required to deliver business value

- Assess opportunities to deliver value incrementally (2.1.1)

1D Organizational Culture and Change Management

3.4 Support organizational change

- Assess organizational culture (3.4.1)
- Evaluate impact of organization change to project, and determine required

actions (3.4.2)

- Evaluate impact of the project to the organization and determine required actions (3.4.3)

1E Project Governance

2.14 Establish project governance structure

- Determine appropriate governance for a project (e.g., replicate organization governance) (2.14.1)
- Define escalation paths and thresholds (2.14.2)

1F Project Compliance

3.1 Plan and manage project compliance

- Confirm project compliance requirements (e.g., security, health and safety, regulatory compliance (3.1.1)
- Classify compliance categories (3.1.2)
- Analyze the consequences of non-compliance (3.1.5)

Lesson 2 Start the Project

2A Identify and Engage Stakeholders

1.9 Collaborate with stakeholders

- Evaluate engagement needs for stakeholders (1.9.1)

2.4 Engage stakeholders

- Analyze stakeholders (power interest grid, influence, impact) (2.4.1)
- Categorize stakeholders (2.4.2)
- Develop, execute, and validate a strategy for stakeholder engagement (2.4.4)

2.2 Manage communications

- Analyze communication needs of all stakeholders (2.2.1)
- Determine communication methods, channels, frequency, and level of detail for all stakeholders (2.2.2)

2B Team Formation

1.4 Empower team members and stakeholders
- Organize around team strengths (1.4.1)

2.16 Ensure knowledge transfer for project continuity
- Discuss project responsibilities within team (2.16.1)
- Outline expectations for working environment (2.16.2)

1.11 Engage and support virtual teams
- Examine virtual team member needs (e.g., environment, geography, culture, global, etc.) (1.11.1)
- Investigate alternatives (e.g., communication tools, colocation) for virtual team member engagement (1.11.2)

2C Build Shared Understanding

1.2 Lead a team
- Set a clear vision and mission (1.2.1)

1.8 Negotiate project agreements
- Analyze the bounds of the negotiation for agreement (1.8.1)
- Assess priorities and determine ultimate objective(s) (1.8.2)
- Determine a negotiation strategy (1.8.5)
- Participate in agreement negotiations (1.8.4)

1.10 Build shared understanding
- Survey all necessary parties to reach consensus (1.10.2)
- Support outcome of parties' agreement (1.10.3)

1.12 Define team ground rules
- Communicate organizational principles with team and external stakeholders (1.12.1)
- Establish an environment that fosters adherence to ground rules (1.12.2)

2D Decide Project Approach/Methodology

2.13 Determine appropriate project methodology/methods and practices
- Assess project needs, complexity, and magnitude (2.13.1)
- Recommend project execution strategy (e.g., contracting, financing) (2.13.2)
- Recommend a project methodology/approach (i.e., predictive, agile, hybrid) (2.13.3)

Lesson 3 | Plan the Project

3A Planning Projects

- Differentiation of Planning for Predictive vs Adaptive Approaches

3B Scope

2.1 Execute project with the urgency required to deliver business value
- Support the team to subdivide Project tasks as necessary to find the minimum viable product (2.1.3)

2.8 Plan and manage scope
- Predictive vs Adaptive approach for scope
- Determine and prioritize requirements (2.8.1)
- Break down scope (e.g., WBS, backlog) (2.8.2)

2.17 Plan and manage project/phase closure or transitions
- Determine criteria to successfully close the project or phase (2.17.1)

3C Schedule

2.6 Plan and manage schedule
- Predictive vs Adaptive approach for schedule
- Estimate project tasks (milestones, dependencies, story points) (2.6.1)
- Utilize benchmarks and historical data (2.6.2)
- Prepare schedule based on methodology (2.6.3)

3D Resources

1.6 Build a team
- Deduce project resource requirements (1.6.2)

2.11 Plan and manage procurement (resources)
- Define resource requirements and needs (2.11.1)
- Communicate resource requirements (2.11.2)
- Manage suppliers/contracts (2.11.3)
- Plan and manage procurement strategy (2.11.4)
- Develop a delivery solution (2.11.5)

3E Budget

2.5 Plan and manage budget and resources

- Estimate budgetary needs based on the scope of the project and lessons learned from past projects (2.5.1)
- Anticipate future budget challenges (2.5.2) Plan and manage resources (2.5.4)

3F Risks

2.3 Assess and manage risks

- Determine risk management options (2.3.1)
- Iteratively assess and prioritize risks (2.3.2)

3.1 Plan and manage project compliance

- Determine necessary approach and action to address compliance needs (risk, legal) 3.1.6)
- Determine potential threats to compliance (3.1.3)

3G Quality

2.7 Plan and manage quality of products/deliverables

- Determine quality standard required for project deliverables (2.7.1)

3.1 Plan and manage project compliance

- Use methods to support compliance (3.1.4)
- Measure the extent to which the project is in compliance (3.1.7)

3H Integrate Plans

2.9 Integrate project planning activities

- Consolidate the project/phase plans (2.9.1)
- Assess consolidated project plans for dependencies, gaps, and continued business value (2.9.2)
- Analyze the data collected (2.9.3)
- Collect and analyze data to make informed project decisions (2.9.4)
- Determine critical information requirements (2.9.5)

2.10 Manage project changes

- Determine strategy to handle change (2.10.2)

Lesson 4   Lead the Project Team

4A Craft Your Leadership Style

1.2   Lead a team
- Value servant leadership (e.g., relate the tenets of servant leadership to the team) (1.2.3)
- Determine an appropriate leadership style (e.g., directive, collaborative) (1.2.4)
- Distinguish various options to lead various team members and stakeholders (1.2.7)

1.11   Engage and support virtual teams
- Implement options for virtual team member engagement (1.11.3)

4B Create a Collaborative Project Team Environment

2.12   Manage project artifacts
- Determine the requirements (what, when, where, who) for managing the project artifacts (2.12.1)
- Validate that the project information is kept up to date (i.e., version control) and accessible to all stakeholders (2.12.2)

4C Empower the Team

1.2   Lead a team
- Support diversity and inclusion (e.g., behavior types, thought process) (1.2.2)
- Inspire, motivate, and influence team members/stakeholders (e.g., team contract, social contract, reward system) (1.2.5)

1.4   Empower team members and stakeholders
- Determine and bestow level(s) of decision-making authority (1.4.4)

4D Support Team Member Performance

1.3   Support team performance
- Appraise team member performance against key performance indicators (KPIs) (1.3.1)
- Support and recognize team member growth and development (1.3.2)

- Determine appropriate feedback approach (1.3.3)
- Verify performance improvements (1.3.4)

1.14 Promote team performance through the application of emotional intelligence
- Assess behavior through the use of personality indicators (1.14.1)
- Analyze personality indicators and adjust to the emotional needs of key project stakeholders (1.14.2)

4E Communicate and Collaborate with Stakeholders

2.2 Manage communications
- Communicate project information and updates effectively (2.2.3)
- Confirm communication is understood and feedback is received (2.2.4)

1.2 Lead a team
- Analyze team members and stakeholders influence (1.2.6)

2.4 Engage stakeholders
- Engage stakeholders by category (2.4.3)

1.9 Collaborate with stakeholders
- Optimize alignment between stakeholder needs, expectations, and project objectives (1.9.2)
- Build trust and influence to accomplish project objectives (1.9.3)

3.2 Evaluate and deliver project benefits and value
- Apprise stakeholders of value gained by the project (3.2.5)

4F Train Team Members and Stakeholders

1.6 Build a team
- Appraise stakeholder skills (1.6.1)

1.5 Ensure team members/stakeholders are adequately trained
- Determine required competencies and elements of training (1.5.1)
- Determine training options on training needs (1.5.2)
- Allocate resources for training (1.5.3)
- Measure training outcomes (1.5.4)

1.13 Mentor relevant stakeholders
- Allocate the time for coaching mentoring (stakeholders) (1.13.1)
- Recognize and act on coaching mentoring opportunities (1.13.2)

4G Manage Conflict

1.1 Manage conflict
- Interpret the source and stage of the conflict (1.1.1)
- Analyze the context for the conflict (1.1.2)
- Evaluate/recommend/reconcile the appropriate conflict resolution solution (1.1.3)

1.12 Define team ground rules
- Discuss and rectify ground rule violations (1.12.3)

1.10 Build shared understanding
- Investigate potential misunderstandings (1.10.4)
- Break down situations to identify the root cause of a misunderstanding (1.10.1)

Lesson 5 Support Project Team Performance

5A Implement Ongoing Improvements

Continuous Improvement
- Plan Continuous Improvement Methods, Procedures, and Tools
- Assess CI framework
- Plan CI methods, procedures, tools
- Recommend/Execute CI steps

5B Support Performance

2.2 Manage communications
- Communicate project information and updates effectively (2.2.3)
- Confirm communication is understood and feedback is received (2.2.4)

1.4 Empower team members and stakeholders
- Support team task accountability (1.4.2)
- Evaluate demonstration of task accountability (1.4.3)

1.6 Build a team
- Continuously assess and refresh team skills to meet project needs (1.6.3)
- Maintain team and knowledge transfer (1.6.4)

1.11 Engage and support virtual teams

- Continually evaluate effectiveness of virtual team member engagement (1.11.4)

2.11 Manage project artifacts

- Continually assess the effectiveness of the management of the project artifacts (2.12.3)

2.13 Determine appropriate project methodology/methods and practices

- Use iterative, incremental practices throughout the project life cycle (e.g., lessons learned, key stakeholder engagement, risk) (2.13.4)

5C Evaluate Project Progress

2.8 Plan and manage scope

- Monitor and validate scope (2.8.3)

2.6 Plan and manage schedule

- Measure ongoing progress based on methodology (2.6.4)
- Modify schedule, as needed, based on methodology (2.6.5)
- Coordinate with other projects and other operations (2.6.6)

2.5 Plan and manage budget and resources

- Monitor budget variations and work with governance process to adjust as necessary (2.5.3)

2.1 Execute project with the urgency required to deliver business value

- Examine the business value throughout the project (2.1.2)

2.7 Plan and manage quality of products/deliverables

- Recommend options for improvement based on quality gaps (2.7.2)
- Continually survey project deliverable quality (2.7.3)

5D Manage Issues and Impediments

2.15 Manage project issues

- Recognize when a risk becomes an issue (2.15.1)
- Attack the issue with the optimal actions to achieve project success (2.15.2)
- Collaborate with relevant stakeholders on the approach to resolve the issues (2.15.3)

1.7 Address and remove impediments, obstacles, and blockers for the team

- Determine critical impediments, obstacles, and blockers for the team (1.7.1)

- Prioritize critical impediments, obstacles, and blockers for the team (1.7.2)
- Use network to implement solutions to remove impediments, obstacles, and blockers for the team (1.7.3)
- Re-assess continually to ensure impediments, obstacles and blockers for the team are being addressed (1.7.4)

5E Manage Changes

3.3 Evaluate and address external business environment changes for impact on scope
- Survey changes to external business environment (e.g., regulations, technology, geopolitical, market) (3.3.1)
- Assess and prioritize impact on project scope/backlog based on changes in external business environment (3.3.2)
- Recommend options for scope/backlog options (e.g., schedule, cost changes) (3.3.3)
- Continually review external business environment for impacts on project scope/backlog (3.3.4)

2.10 Manage project changes
- Anticipate and embrace the need for change (e.g., follow change management practices (2.10.1)
- Execute change management strategy according to the methodology (2.10.3)
- Determine a change response to move the project forward (2.10.4)

Lesson 6 | Close the Project/Phase

6A Project/Phase Closure

1.8 Negotiate project agreements
- Verify objective(s) of the project agreement is met (1.8.3)

2.17 Plan and manage project/phase closure or transitions
- Validate readiness for transition (e.g., operations team or next phase) (2.17.2)

- Conclude activities to close out project or phase (e.g., final lessons learned, retrospectives, procurement, financial, resources) (2.17.3)

6B Benefits Realization

3.2 Evaluate and deliver project benefits and value
- Document agreement on ownership for ongoing benefit realization (3.2.2)
- Verify measurement system is in place to track benefits (3.2.3)

6C Knowledge Transfer

2.16 Ensure knowledge transfer for project continuity
- Confirm approach for knowledge transfers (2.16.3)

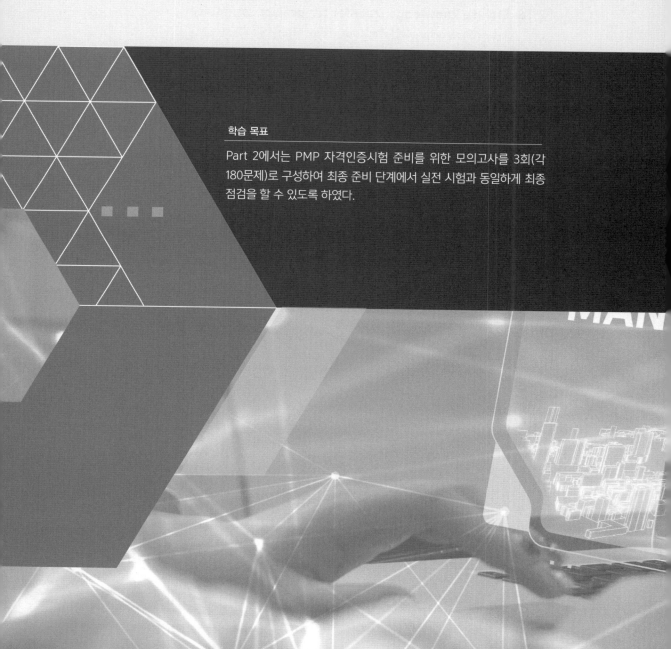

PART

2

최종 점검 모의고사

학습 목표

Part 2에서는 PMP 자격인증시험 준비를 위한 모의고사를 3회(각 180문제)로 구성하여 최종 준비 단계에서 실전 시험과 동일하게 최종 점검을 할 수 있도록 하였다.

PMP® Certification ECO

Project Management Institute / Project Management Professional

1회 • 최종 점검 모의고사

2회 • 최종 점검 모의고사

3회 • 최종 점검 모의고사

1회 최종 점검 모의고사

01 조직은 프로젝트에서 애자일 방법론을 사용하기 시작했으며, 기존 프로젝트 관리 조직의 프로젝트 관리자가 현재 진행 중인 프로젝트에 할당되었다. 프로젝트 관리자는 일부 팀 구성원이 전문 지식이 부족하고 팀 내 협업이 충분하지 않다고 느낀다는 소식을 들었다.

프로젝트 관리자는 이러한 우려 사항에 어떻게 대응해야 하는가?

A. 지식 격차를 해소하기 위해 타사 전문가를 고용한다.

B. 다기능 내부 자원을 추가한다.

C. 추가 자원들을 스폰서에게 요청하여 추가한다.

D. 가능한 경우 간트차트를 칸반보드로 수정한다.

해설

애자일 방법론에는 "T"자 모양의 팀 구성원이 필요하다. 그것은 교차 기능을 수행하고 기능 영역 전반에 걸친 협업의 중요성과 부가 가치를 이해하는 개인을 말한다.

02 프로젝트 진행 중에 선호하는 프로젝트 구성원이 다른 프로젝트에 재배정되었으며 팀은 이러한 상황에 불만을 표명했다.

팀의 불만을 완화하는 데 어떠한 조치가 필요한가?

A. 팀의 반감에 대해 프로젝트 스폰서에게 알리고 응답을 위해 브레인스토밍한다.

B. 팀이 계속 작업하도록 영감을 주는 리더십과 감성지능 도구 및 기법을 사용한다.

C. 핵심 팀원을 대체할 동일한 기술을 가진 자원을 추가한다.

D. 변경통제위원회(CCB)에 알리고 문제를 해결할 수 있는 방법을 논의한다.

해설

PM은 주요 인사 변경 사항을 처리하고 팀에 동기를 부여하고 생산성을 유지하는 방법을 알아야 한다.

03 타사 공급업체 팀원과 프로젝트 팀원 간의 해결되지 않은 갈등으로 인해 업무 중단이 발생하고 있다. 그 문제는 프로젝트 관리자에게로 확대된다.

프로젝트 관리자가 가장 먼저 해야 할 일은 무엇인가?

A. 공급업체와 만나 문제를 논의한다.

B. 이 항목을 백로그에 넣는다.

C. 계약서 초안을 작성하여 공급업체에 보낸다.

D. 공급업체에 이메일을 보내 문제를 논의한다.

해설

프로젝트 관리자는 이 문제를 빨리 해결해야 한다. 이러한 갈등을 해결하기 위해서는 직접 대면하는 것이 최선의 선택이며, 다른 의사소통은 충분히 직접적이지 않다.

01 B   02 B   03 A   **정답**

04 프로젝트 관리자는 구성 요소에 대한 작업 패키지가 정의되었고, 각 구성 요소에 대한 제약 조건이 식별되었는지 확인했다.

프로젝트 관리자는 프로젝트의 정확한 원가 산정치를 얻기 위해 어떤 산정 기술을 사용해야 하는가?

A. 유사산정

B. 삼점산정

C. 상향식 산정

D. 모수산정

해설

상향식 산정법은 작업분류체계의 하위 구성 요소에 대한 추정치를 합산하여 프로젝트 기간 또는 원가를 추정하는 방법이다.

05 프로젝트 관리자는 프로젝트 기간에 대해 확신이 없어 여러 그룹의 SME(주제 전문가)와 상의한다. 첫 번째 그룹은 개발이 40일 안에 완료될 수 있다고 조언한다. 두 번째 그룹은 기간을 최대 60일로 만들 수 있는 몇 가지 리스크를 식별하였다. 세 번째 그룹은 시간을 20일로 단축할 수 있는 새로운 개발 방법을 제안한다.

예상 개발 기간은 얼마인가?

A. 20일   B. 40일

C. 60일   D. 30일

해설

3점 추정법 사용

- 삼각 추정 기법=(낙관치+최빈치+비관치)/3=(20+40+60)/3=120/3=40일
- 베타 추정 기법=(낙관치+(4×최빈치)+비관치)/6=(20+(4×40)+60)/6=240/6=40일

06 회의 중에 프로젝트 관리자는 원래 계획이 20주였지만 비즈니스 결과를 5주 안에 제공해야 한다는 것을 알게 된다. 또한 팀에 합류할 수 있는 사용 가능한 기술적인 자원이 없다는 소식을 듣는다. 프로젝트 관리자는 이전 프로젝트에서 함께 작업한 경험이 있기 때문에 해당 기술의 기술 자원 관리자를 알고 있다.

프로젝트 관리자가 가장 먼저 해야 할 일은 무엇인가?

A. 기술 자원의 부족에 대해 프로젝트 스폰서에게 알린다.

B. 즉시 조직의 의사 결정권자에게 문제를 에스컬레이션한다.

C. 기술 자원 관리자에게 문의하여 사용 가능한 기술 자원이 있는지 확인한다.

D. 시간이 짧기 때문에 기술 자원의 필요성을 충족하기 위해 외부 업체를 고용한다.

해설

프로젝트 관리자는 먼저 기술 자원 관리자에게 가용 자원이 있는지 확인해야 한다.

07 프로젝트 팀 구성원이 지난 주 동안 직장에 없었기 때문에 여러 후속 활동이 일정보다 늦어졌으며, 이는 주 공정에 영향을 준다.

프로젝트 관리자는 이 문제에 어떻게 대응해야 하는가?

A. 필요한 작업을 완료하기 위해 새로운 자원을 확보하여 주 공정에 미치는 영향을 줄인다.

B. 팀원과 상황을 논의하고 실질적인 해결책을 찾기 위해 함께 작업한다.

C. 팀 구성원에게 합의된 시간 내에 작업 패키지를 완료해야 함을 상기시킨다.

D. 부재중인 팀원과 의사소통하는 데 도움이 필요한 경우 기능 관리자에게 문의한다.

- A. 아니오 – 이것은 시기상조이며 상황을 정리하는 것보다 시간이 더 오래 걸릴 것이다.
- B. 예 – 프로젝트 관리자도 코치가 될 수 있다. 서번트 리더십은 경청과 봉사를 장려하므로 팀원과 타협할 수 있다.
- C. 아니오 – 이것은 상황을 다루지 않으며 프로젝트 관리자의 코칭 역할과 직접적으로 모순된다.
- D. 아니오 – 이것은 상황을 직접적으로 다루지 않으며 제3자를 통해 책임을 상쇄하는 것이다.

08 최근에 인프라 회사의 예측 프로세스에 애자일 방식이 추가되었다. 팀이 계획된 스토리 포인트를 완성하지 못하고 수동적으로 변하고 있다. 프로젝트 관리자가 걱정하고 있으며 생산성을 향상시키기를 원한다.

프로젝트 관리자가 취해야 할 두 가지 행동은 무엇인가? (2개 선택)

A. 팀이 스토리 포인트를 더 잘 계산할 수 있도록 팀 교육을 실시한다.

B. 밀린 작업량을 줄여 프로젝트의 속도를 높인다.

C. 프로젝트에 반복 작업을 추가하여 스토리 포인트를 완료하는 데 필요한 시간을 확보한다.

D. 번 다운 및 번 아웃 차트를 사용하여 팀 성과를 평가하고 스토리 포인트 완료도를 표시한다.

- 훈련은 팀원들이 자신의 기술을 발전시킬 수 있는 좋은 방법이 될 수 있다. 이것은 또한 스토리 포인트 추정 기법의 일관성을 만들 것이다.
- 번 다운 차트는 남은 스토리 포인트를 나타내고, 번 업 차트는 스토리 포인트 완성도를 표시한다.

09 프로젝트의 특성은 다음과 같다. 프로젝트 관리자가 이 팀의 성과를 향상시킬 수 있는 두 가지 방법은 무엇인가? (2개 선택)

- 프로젝트 자원의 전문 지식 수준이 낮기 때문에 일정 성과 이슈가 발생한다.
- 하급 인력은 적시에 작업을 완료하지 못하고 있다.
- 경험이 풍부한 자원들은 후배들이 불필요한 업무를 수행하고 있다고 보고한다.

A. 팀 리더와 만나 상황을 논의하고 프로젝트 스폰서로 상향이 필요한지 결정한다.

B. 효율적인 작업 완료에 대처하기 위한 전체 팀 교육 프로그램을 시행한다.

C. 팀과 협력하여 프로젝트 목표에 맞는 교육 및 작업 완료 체크리스트를 설계한다.

D. 모든 팀원을 위한 체크리스트를 디자인한다.

E. 경험이 풍부한 인력이 후배 자원을 코칭하고 협업할 수 있도록 팀 내에서 멘토링 세션을 설정한다.

- 프로젝트 관리자는 계획을 변경하거나 이슈를 확대하기 전에 사용 가능한 도구와 기법을 사용하여 문제를 해결해야 한다.
- 교육이 필요한 사람들에게 교육을 제공하면 팀 성과는 향상되고, 체크리스트는 각 팀원이 점검해야 할 사항만 확인할 수 있다.

10 전략적인 애자일 프로젝트를 시작한 지 6개월 만에, 회사 임원들은 프로젝트의 진행 상황을 면밀히 감시하고 있다. CEO는 마지막 주간 번 다운 차트가 예상 완료 날짜를 여러 번 앞뒤로 크게 이동시키는 것에 대해 불만을 표현한다.

프로젝트 관리자는 어떻게 하면 더 정확하고 확실하게 완공 날짜를 예측할 수 있는가?

A. 팀과 함께 다가오는 백로그 항목을 좀 더 상세하게 한다.

B. 애자일 계획의 유연한 본성에 대해 실행 위원회를 교육한다.

C. 스토리 복잡성과 부하에 따라 가변 크기 반복을 계획한다.

D. 고위 관계자에게 보내는 진행 상황 보고 서의 빈도를 줄인다.

해설

- 불규칙한 진행 곡선 차이는 일반적으로 일관되지 않거나 정보가 없는 스토리 포인트 추정치이다.
- 백로그를 정제하면 지나치게 복잡한 이야기가 세분화되고 과거 진행 상황의 새로운 이야기 추정치를 알 수 있다.

11 하이브리드 가상 현실 프로젝트는 애자일 소프트웨어 트랙과 예측 가능한 전자 제품 트랙을 운영하고 있다. 프로젝트의 중간 단계에서는 두 트랙 사이의 잘못된 제공 가능 릴리스로 인해 지연이 누적되고 있다.

프로젝트 관리자가 공통 네트워크 다이어그램을 작성하기 위해 결합해야 할 두 가지 요소는 무엇인가? (2개 선택)

A. 의존성 마일스톤으로 준비의 정의

B. 작업 분류체계로 에픽 분할

C. 주 경로 작업 흐름으로 제품 백로그

D. 종료 기준으로 완료의 정의

E. 작업분류체계로 준비 정의

해설

- 잘못된 정렬은 트랙 간의 의존성이 누락되어 발생한다.
- 네트워크 다이어그램의 목적은 의존성을 기준으로 활동 순서를 정하는 것이다.
- 작업 시작 종속성에 해당하는 Scrum은 준비의 정의이고, 작업 종료 기준과 동등한 Scrum은 완료의 정의이다.

12 일일 스탠드업 미팅에서 팀원들은 선행 작업이 너무 많아 재작업을 해야 한다고 말한다.

프로젝트 관리자는 이 문제에 어떻게 대응해야 하는가?

A. 리뷰를 위해 칸반(Kanban) 보드를 사용한다.

B. 팀 구성원에게 타임 박스 또는 스파이크를 명시적으로 구현하도록 요청한다.

C. 프로젝트 책임자에게 제품 가치를 극대화하도록 요청한다.

D. 제품 백로그 감소를 관리하는 프로세스에 참여한다.

해설

- 재작업은 종종 너무 짧은 시간에 너무 많은 일을 하려고 하여 발생할 수 있다.
- 타임박싱 또는 스파이크는 단일 초점에 전념하는 적절한 시간 창을 선택하는 훌륭한 기법이다.

13 프로젝트 관리자와 모든 이해관계자들이 프로젝트의 20개월 수명 주기에 동의하였지만, 작업이 시작된 후 프로젝트 관리자는 이해관계자들이 16개월 이내에 프로젝트를 완료하기를 원한다는 것을 알게 된다.

프로젝트 관리자의 조치에서 첫 번째 단계는 무엇이어야 하는가?

A. 주요 이해관계자를 만나 일부 프로젝트 요구사항을 줄이는 방법을 논의한다.

B. 이해관계자 요구사항을 충족하기 위해 팀 구성원을 추가하여 이번 한 번만 더 빠르게 작업한다.

C. 범위 끼어들기가 권장되지 않아야 함을 설명하면서 타임 라인 수정을 거부한다.

D. 원래 프로젝트에서 합의된 작업을 식별하고 더 짧은 새 일정을 충족하기 위해 필요에 따라 추가 작업을 할당한다.

스폰서 및 주요 이해관계자와 함께 프로젝트에 대한 요구사항을 줄일 수 있는 경우는 공정압축법, 공정중첩법, 변경 통제 및 리스크를 증가시키고 기간을 단축하여 문제를 일으킬 가능성이 있는 기타 방법보다 더 선호된다.

14 새로운 프로젝트 관리자가 프로젝트의 일일 스탠드업 회의에 합류했지만, 프로젝트 팀이 프로젝트의 장애물을 처리하는 방법을 논의하는 데 너무 많은 시간을 할애한다는 사실을 알게 되었다. 이러한 토론 때문에 스탠드업은 종종 2시간 이상 지속된다.

이 문제를 처리하려면 어떤 프로세스를 사용해야 하는가?

A. 팀 구성원에게 해결책을 더 빨리 찾을 수 있도록 관리자를 스탠드업 세션에 초대하도록 요청한다.

B. 팀 구성원에게 긴 토론은 프로젝트에 대한 실제 작업에서 멀어진다고 설명한다.

C. 장애물을 관리하고 가능한 해결책을 논의하기 위해 추가 회의를 예약할 새 팀원을 투입한다.

D. 팀원들에게 스탠드업 미팅을 단축하고 해결책을 찾는 데 개선이 필요하다고 말한다.

- PM은 스탠드업 회의가 짧고 요점 위주로 설계되었음을 팀에 설명해야 한다.
- 10~15분 정도 시간에 각 팀원은 세 가지 질문에 답한다.
  1) 마지막 스탠드업 이후에 무엇을 했는가?
  2) 오늘 무엇을 할 것인가?
  3) 귀하의 장애 또는 장애물은 무엇인가?
- 문제 해결 토론은 일일 스탠드업 미팅 외부에서 참석해야 하는 사람들과만 진행한다.
- 팀 구성원은 회의를 짧게 유지하는 책임을 공유하고 있다.

15 프로젝트의 팀은 소규모이고 팀원들은 오랫동안 서로를 알고 지내 왔지만, 최근에 한 팀원이 새로운 프로젝트 관리자에게 다른 팀원이 프로젝트 관리 방식에 대해 불평하고 있다고 말했다.

이 새로운 프로젝트 관리자는 어떻게 대응해야 하는가?

A. 어려움을 해결하는 방법에 대한 현재 이해관계자 참여 계획서를 검토한다.

B. 팀 헌장 또는 기본 규칙의 생성 또는 업데이트를 이끌어갈 팀 회의를 잡는다.

C. 팀 구성원에게 새로운 팀 계약에 대한 익명의 권장 사항을 제출해야 함을 알린다.

D. 불만 처리에 대한 제안을 요청하는 설문조사를 팀원들에게 보낸다.

- A. 아니오 – 이것은 상황을 해결하는 데 도움이 될 수는 있지만, 상황의 결과로 팀에 가해진 기존 악영향을 고치는 데 도움이 되지 않는다.
- B. 예 – 이것이 최상의 해결책이다. 모든 팀원에게 참여하도록 권장하고 팀에 대한 명확한 지침을 제공한다.
- C. 아니오 – 이것은 최선의 답변이 아니다. 이렇게 하면 일련의 지침이 만들어지지만 팀에 가장 적합한 지침은 아닐 수 있다.
- D. 아니오 – 이것은 팀 결속과 셀프 리더십을 장려하지 않기 때문에 최선의 솔루션이 아니다.

16 프로젝트에 일정 성과 이슈가 있다. 이슈를 평가한 후 프로젝트 관리자는 프로젝트 자원의 전문성 수준이 낮다고 판단한다. 특히 일부 고위급 인력이 관련 없는 작업을 수행하고 일부 미숙한 자원은 작업을 완료하는 데 시간이 너무 많이 걸린다.

프로젝트 관리자는 팀 성과를 향상시키려면 어떤 조치를 취해야 하는가?

A. 필요한 경우 교육을 실시하고 모든 팀원이 업무 요구사항을 더 잘 알 수 있도록 한다.

B. 상급 인력을 경험이 없는 사람에게 코치 및 멘토로 재배치한다.

C. 후배 팀원들이 더 빨리 일할 수 있도록 인센티브를 주고, 상급 담당자에게 이메일을 보낸다.

D. 다음 팀 미팅에서 팀에게 프로젝트 목표, 일정, 역할 및 일정을 상기시킨다.

해설

프로젝트 관리자는 후배들이 적절한 교육을 받고 모든 팀원들이 해야 할 일을 하고 있는지 확인해야 한다. 교육을 시행하고 모든 사람의 작업을 가시적으로 유지하는 것은 두 가지 목표를 모두 달성하기 위한 가장 포괄적인 옵션이다.

17 주주 회의에서 이해관계자는 이터레이션의 인도물을 거부할 것임을 나타낸다.

프로젝트 관리자는 무엇을 해야 하는가?

A. 프로젝트 스폰서에게 요청을 보내 프로젝트 헌장을 업데이트한 다음 책임과 권한을 재할당하도록 요청한다.

B. 이해관계자와 협력하여 염려하는 문제를 해결할 공유 접근 방식을 만든다.

C. 프로젝트 팀과 만나 거부된 특성을 대체할 새롭고 향상된 특성을 추가한다.

D. 기준선에 예산을 추가하기 위해 변경통제위원회(CCB)에 변경 요청을 제출한다.

해설

• 프로젝트 관리자와 팀은 고객과 협력하여 인도물을 거부하는 이유를 식별해야 한다.

• 반복 또는 스프린트 리뷰는 팀이 해당 반복/스프린트에서 무엇을 생산했는지 고객에게 보여주기 위해 설계된 것이다. 이것은 고객이 우려 사항을 제기하고 질문하고 변경 사항을 요청할 수 있는 완벽한 기회이다.

18 다음 중 조직 프로세스 자산은 어느 것인가? **(3개 선택)**

A. 모든 엔지니어링 계산을 감독자가 점검해야 하는 조직 표준

B. 모든 엔지니어링 계산을 감독자가 점검해야 하는 산업 표준

C. 프로젝트 이해관계자의 리스크 허용오차 수준

D. 범위, 일정 및 원가산정치와 같은 프로젝트 파일

E. 조직 의사소통 요구사항

해설

• 조직 프로세스 자산과 기업환경 요인과는 차이가 있다.

• 이해관계자의 리스크 허용오차 수준과 산업표준은 기업환경 요인이다.

19 한 팀이 프로젝트의 초기 단계에서 문서화된 한 제품의 기능을 잘못 이해했다. 현재의 이터레이션 동안 해당 기능은 아직 개발되지 않았지만 비즈니스 담당자가 결함을 언급했다.

프로젝트 관리자는 어떻게 진행해야 하는가?

A. 기능이 공식적으로 승인되었으므로 변경 관리 프로세스를 시작한다.

B. 프로젝트 팀 및 비즈니스 담당자와 기능에 대해 논의하고 브레인스토밍하기 위해 회의를 예약한다.

C. 담당자와 논의해야 하는 프로젝트 스폰서에게 문제를 에스컬레이션하여 문제가 해결되었는지 확인한다.

D. 테스트 단계에서 문제가 식별될 것임을 인식하고 현재의 스프린트를 계속한다.

해설

기능이 구축되지 않았기 때문에 프로젝트 관리자는 공통된 이해를 구축하고 팀이 가능한 변경의 영향을 평가할 수 있도록 권한을 부여하는 것으로 재작업을 피할 수 있다.

20 진행 중인 프로젝트에 여러 새 구성원이 추가된다. 기존 팀원 모두가 해당 프로젝트가 지원하는 사업 운영의 세부사항에 대한 기본 교육을 받았지만, 새로운 구성원의 기본 이해도가 동일한 것은 아니다. 이러한 이해 부족은 생산성 저하로 이어진다.

프로젝트 관리자는 이 문제에 어떻게 대응해야 하는가?

A. 원래 팀원에게 지원과 교육을 요청하고 새 팀원을 위한 두 번째 킥오프 미팅을 예약한다.

B. 신입 팀원 모두에게 장기 요원과 프로젝트 관리자에게 도움을 요청하는 것이 좋을 것이라고 확신시킨다.

C. 새로운 자원이 다른 프로젝트로 이동하도록 팀을 수정하고 관련 경험이 있는 자원이 추가되도록 한 다음 얻은 교훈을 기록한다.

D. 이러한 현상은 팀이 변화를 겪을 때 흔히 발생하는 현상임을 인식하고 생산성이 약간 저하될 수 있도록 일정을 수정한다.

> **해설**
>
> 새로운 구성원들이 적절한 교육을 받았는지 확인하는 것은 프로젝트 관리자의 책임이다. 이 접근 방식은 그러한 교육을 제공한다.

21 철저히 통제되는 프로젝트에서 프로젝트 스폰서와 고위 경영층이 법적 요구사항을 무시하는 것처럼 보이는 변경을 요구해왔다.

프로젝트 관리자는 제일 먼저 어떻게 대응해야 하는가?

A. 이해관계자들과 이 상황을 검토할 회의 일정을 즉시 수립한다.

B. 변경통제위원회(CCB)에 변경 요청을 보낸다.

C. 조직의 관련 법률 전문가에게 자문을 구한다.

D. 선례와 지침을 위해 조직의 교훈 데이터베이스를 검토한다.

> **해설**
>
> • 이것은 법적 규제와 관련된 부분이기 때문에 CCB에 가기 전에 가장 좋은 단계는 법률 자문이다.
>
> • 포트폴리오와 프로그램, 프로젝트의 거버넌스에 다음과 같은 방식으로 영향을 미칠 수 있다.
>   – 법률, 규제, 표준 및 규제준수 요구사항 시행
>   – 윤리적, 사회적, 환경적 책임사항 정의
>   – 운영상, 법적 및 리스크 정책 규정

22 허쯔버그(Herzberg)의 동기–위생이론에 의하면 목표 달성에 따른 표창, 승격 또는 승진이 제공되지 않을 경우 직원들은 어떻게 반응하나?

A. 급여가 오르지 않았을 때만 불만족하게 된다.

B. 조직과 괴리되어 이직한다.

C. 동기부여가 결여되어 있지만 자신의 일에 불만족하지는 않는다.

D. 동기부여가 결여되어 자신들의 일에 불만족하게 된다.

> **해설**
>
> • 허쯔버그의 이론은 동기를 유발하는 요인과 없을 경우 불만족을 유발하는 위생 요인은 다르므로 각각의 특성에 맞는 적절한 관리를 강조하고 있다.
>
> • 표창, 승진 등과 같은 동기 요인이 결여되면 불만족이 야기되며, 반대로 이러한 동기 요인이 제시된다면 동기 부여되어 작업 성과가 개선된다.
>
> • 동기 요인(Motivating Agent)은 성취감, 안정감, 책임감, 도전감, 성장, 발전 및 보람 있는 직무 내용 등과 같이 개인으로 하여금 보다 열심히 일하게 성과를 높여주는 요인이다.

23 당신은 프로젝트 관리자이다. 새로 편성된 프로젝트 팀을 관리하고 있다. 그런데 프로젝트 팀원들이 자신이 어떤 일을 해야 하는지 잘 알지 못하고 있다.

이 단계는 프로젝트 팀 발전의 어느 단계인가?

A. Forming   B. Storming

C. Norming   D. Performing

해설

Forming 시에는 팀이 새롭게 만들어졌으므로 프로젝트 팀원들이 자신이 어떤 일을 해야 하는지 잘 알지 못한다. 이런 경우에 프로젝트 관리자는 지시적 리더십으로 팀원들에게 일에 대한 지시를 적절히 해주어야 한다.

24 프로젝트가 조기에 종료된 경우, 프로젝트 관리자가 팀이 프로젝트 또는 단계 종료 프로세스를 수행하도록 요구하는 이유는 무엇인가?

A. 프로젝트가 조기에 종료된 이유와 완료 및 미완성 인도물을 다른 사람에게 전달하는 방법을 문서화하기 위해

B. 프로젝트 관리자는 어느 누구도 프로젝트 또는 프로젝트 산출물을 더 이상 원하지 않기 때문에 팀원들의 시간 낭비라고 주장해야 한다.

C. 프로젝트 종료의 원인이 팀원 또는 팀의 잘못이라는 것을 모든 사람들이 알 수 있도록 하기 위해

D. 교훈을 문서화하여 향후 프로젝트에서 실수가 반복되지 않도록 하기 위해

해설

프로젝트가 조기 종료된 경우에도 행정적인 종료 준비를 해야 한다. 여기에는 종료 관련 문서와 종료 근거와 완료된 작업에 대한 정산 문제들이 존재할 수 있어 이에 대한 문서 정리가 필요하다.

25 리스크 관리를 위해 승인된 변경이 적용되었다. 3개월 후 프로젝트 관리자는 변경이 원하던 결과를 도출하지 못하였음을 알게 된다. 사실, 해당 변경은 부정적인 결과로 이어졌다.

프로젝트 관리자는 향후 이러한 문제를 예방하기 위해 어떻게 해야 하는가?

A. 새로운 리스크들을 평가하고 발생 가능성과 영향 매트릭스를 갱신한다.

B. 실행된 리스크 대응이 효과적이었는지를 확인한다.

C. 현재의 가정사항을 재논의하거나 변경하기 위해 가정사항 기록부를 검토한다.

D. 교훈관리대장에 리스크 정보를 갱신한다.

해설

프로젝트 작업은 리스크 감시에서 신규, 변경된 개별 프로젝트 리스크와 전체 프로젝트 리스크 수준의 변화에 대해 지속적으로 감시해야 한다. 리스크 감시에서 프로젝트 실행 중에 생성된 성과 정보를 사용하여 리스크 대응 전략이 효과적이었는지 먼저 분석해야 한다.

26 다음 중 배송 가능한 제품 증분(Potentially Shippable Product Increment)을 개발하는 데 필요한 시작 완료 시간(Start-to-finish Time)을 나타내는 것은 무엇인가?

A. 실제 시간(Actual Time)

B. 사이클 타임(Cycle Time)

C. 이상적인 시간(Ideal Time)

D. 실시간(Real Time)

해설

- Cycle Time은 선적 가능한 제품 증분 생성을 완료하는 데 걸리는 시간(처음부터 끝까지)을 나타낸다.

- 실제시간과 실시간은 동의어로 사용되며, 팀 구성원이 사용 가능하고, 특정 애자일 프로젝트 작업을 생산적으로 수행하는 매일의 실제 시간을 나타낸다.

27 프로젝트 관리자는 카페테리아에서 대화를 엿듣게 되는데, 다음 2주 안에 노조의 단체행동이 있을 수 있다고 한다. 프로젝트 관리자는 단체행동이 프로젝트 팀에 영향을 미칠 것이고, 프로젝트의 현 단계에서 프로젝트의 지연은 예산과 일정 모두에 심각한 영향을 초래할 것이라는 사실을 알고 있다. 전에 단체행동의 발생 가능성은 최소한으로 간주되었기에 현 상황은 예상치 못한 일이다.

프로젝트 관리자는 어떻게 해야 하는가?

A. 이해관계자들에게 단체행동의 가능성에 대해 추가적인 정보를 요청하고, 그에 따라 행동한다.

B. 관련 내용을 연관된 이해관계자들에게 알리고 리스크 관리대장에 신규 리스크로 등재한다.

C. 프로젝트 팀에게 정보를 전달하는 자리를 마련하여 단체행동에 참여한 인원들에 대한 징계 제재 가능성에 대해 인식시킨다.

D. 조합원과 노조위원장을 만나 해당 갈등을 해소한다.

> **해설**
>
> 프로젝트 관리자는 이에 능동적으로 접근할 필요가 있다. 리스크 관리대장을 업데이트하고 이 내용을 적절한 이해관계자에게 전달해야 한다.

28 다음 중 주 공정에 대한 올바른 정의는 무엇인가?

A. 주 공정은 프로젝트가 완료될 수 있는 가장 긴 시간을 나타내는 네트워크 다이어그램을 통과하는 가장 빠른 경로이다.

B. 주 공정은 프로젝트가 완료될 수 있는 가장 긴 시간을 나타내는 네트워크 다이어그램을 통과하는 가장 짧은 경로이다.

C. 주 공정은 프로젝트가 완료될 수 있는 가장 최신 시간을 나타내는 네트워크 다이어그램을 통과하는 가장 이른 경로이다.

D. 주 공정은 프로젝트가 완료될 수 있는 가장 짧은 시간을 나타내는 네트워크 다이어그램을 통과하는 가장 긴 경로이다.

> **해설**
>
> 주 공정은 프로젝트를 통해 가장 긴 경로를 나타내는 일련의 활동순서로, 가능한 최단기간을 결정하는 방법이다.

29 반복하는 동안 B 국가에서 작업하는 프로젝트 팀은 B 작업의 완료가 지연될 수 있는 문제에 직면한다. A 국가의 팀들은 일정에 맞추기 위해 B 작업이 제시간에 완료되어야 한다. 이 팀들은 가상으로 함께 일한다.

프로젝트 관리자가 이 문제를 해결하기 위해 무엇을 할 수 있는가?

A. 다른 팀의 작업이 지연되지 않도록 B 국가에 있는 팀에게 제시간에 완료할 수 있도록 더 열심히 노력하라고 요청한다.

B. 잠재적인 지연을 방지할 수 있는 해결책을 찾기 위해 각 팀에게 가상으로 협력할 것을 요청한다.

C. 팀이 적절한 마감일을 맞출 수 있도록 반복 기간을 늘리고 자원을 추가한다.

D. 팀원들에게 반복하는 동안 자신의 역량을 최대한 발휘하고 반복이 완료된 후 회고전에 참여하도록 요청한다.

> **해설**
>
> • 지연에 대해서는 설루션을 찾아야 한다.
> • 성공 확률을 높이기 위해서는 팀이 협업해서 해결책을 찾아야 한다.
> • 그들은 그들의 일을 가장 잘 알고 있고 가상으로 일을 하더라도 해결책을 찾을 수 있어야 한다.

30 새로운 프로젝트 관리자는 중대한 애자일 프로젝트를 제공해야 한다. 그 팀과 함께 일하는 벤더는 다른 나라에 있다. 이 공급업체는 과거에 우수한 품질의 작업을 제때 납품했지만, 현재 예정보다 늦어지고 있다. 팀은 프로젝트 관리자에게 벤더를 예정대로 되돌리려는 시도가 실패했다고 설명한다. 그들이 이메일을 보내고 전화를 걸었지만, 공급업체는 애매모호하고 애매한 답변만 한다. 프로젝트 스폰서는 이 벤더가 프로젝트의 성공과 비즈니스의 중요한 파트너에 필수적이라고 주장한다.

프로젝트 관리자는 어떤 조치를 취해야 하는가?

A. 공급업체에 연락하여 공급업체의 조치 및 지연의 결과에 대해 직접 설명하도록 한다.

B. 모든 사람이 자신의 업무를 인식하고 책임지며 마감일을 알 수 있도록 팀을 위한 가상 업무 공간을 프로젝트 스폰서를 포함하여 만든다.

C. 조달 부서와 협력하여 구체적인 작업 조건과 함께 공급업체의 서비스 계약을 수정한다.

D. 프로젝트 스폰서에게 개인적인 영향력을 행사하여 공급업체가 일정에 복귀할 수 있도록 요청한다.

해설

- 가상 팀에서의 커뮤니케이션은 어려울 수 있다. 직접적으로 말하는 것은 좋은 첫인상을 남기지 않을 수 있으며, 서비스 계약을 수정하는 것은 공급업체에게 적대적인 것으로 인식될 수 있다.
- 이 공급업체는 프로젝트의 성공과 비즈니스에 매우 중요한 공급업체이며, 공급업체를 관리하려는 시도가 실패하여 팀의 사기가 저하될 수 있다.

31 프로젝트 관리자에게 다음과 같은 상황이 발생했으며 향후 이러한 시나리오를 방지하려 한다. 이러한 문제를 논의하기 적절한 시기는 언제인가?

- 방금 반복이 끝났습니다.
- 팀원이 프로젝트 관리자에게 4일 전에 발생한 문제가 해결되지 않아 계획된 작업이 완료되지 않았다고 말한다.

A. 회고 중

B. 데모에서

C. 다음 반복 계획 회의에서

D. 다음 일일 스탠드업 미팅에서

해설

회고를 통해 실행 접근 방식의 문제를 개선 아이디어와 함께 시기 적절하게 식별하고 논의할 수 있다.

32 민첩한 팀은 고도로 숙련된 제품 설계 엔지니어들로 구성되어 있다. 품질과 속도에 대한 그들의 평판은 그들에게 신제품에 대한 개념 개발에서 새로운 임무를 부여했지만, 이 새로운 역할에서의 팀 생산성은 그들의 디자인 작업에 비해 상대적으로 현저히 떨어졌다.

이 경우 팀 생산성을 향상시키기 위해 가장 효과적인 방법은 무엇인가? (2개 선택)

A. 다음 반복에서 창의성 스파이크를 계획한다.

B. 팀의 멘토가 될 창의적 사고력을 가진 이를 구한다.

C. 새로운 작업들에 적응하기 위해 반복을 연장한다.

D. 팀에 더 많은 T자형 프로필들을 고용한다.

E. 팀 빌딩 이벤트로 팀에게 동기부여한다.

해설

- 팀의 핵심 문제는 그들이 안전지대에서 쫓겨난 전문가라는 것이다. 팀이 더 상호 교차 기능하도록 멘토링하고 다양화하는 것이 가장 효율적인 방법이다.
- 팀의 기존 기술 세트(스파이크)에 의존하여 동기 부여를 높이거나 반복을 연장하는 것들은 전문화의 근본 문제를 해결하지 못한다.

33 6번의 이터레이션 후에 프로젝트 범위와 일정에 상당한 변동이 발생했는데, 이는 정기적으로 검토되는 고객의 기술 규정 및 보안 정책 때문이다. 프로젝트 관리자는 발생 가능한 지연을 피하기 위해 다음 이터레이션에 대한 새로운 접근 방식을 제안하려고 한다.

프로젝트 관리자가 먼저 해야 할 일은 무엇인가?

A. 다음 단계를 위한 신기술의 사용을 통하여 실현될 수 있는 이익을 예측하는 데 도움이 될 수 있는 비용-편익 분석에 참여한다.

B. 각 개선 항목의 중요도를 평가한 다음 마지막 회고에서 식별된 조치를 구현한다.

C. 유사한 프로젝트에서 성공한 새로운 기술 동향 및 관리 도구를 연구한다.

D. 백로그 개선 회의를 사용하고 고객의 변경 요청을 토론에 포함한다.

34 프로젝트 팀원들은 평소보다 바쁘게 작업하고 있으며, 그들은 다른 프로젝트를 책임져야 하기 때문에 교훈을 업데이트할 시간이 없다고 한다.

프로젝트 관리자는 이 문제에 어떻게 대응해야 하는가?

A. 고객이 각 프로젝트 인도물을 수락한 후 교훈 문서를 제출하도록 요구한다.

B. 학습한 교훈이 수집되는 빈도를 변경하려면 프로젝트 관리 사무소(PMO)에 변경 요청을 제출한다.

C. 프로젝트 팀의 부담을 줄이는 데 도움이 되는 교훈을 수집하는 데 지원해 줄 컨설턴트를 데려온다.

D. 모든 프로젝트 회의의 일부로 프로젝트 활동에서 얻은 교훈을 논의하기 위한 의제 항목이 있는지 확인한다.

35 점증적 인도(Incremental Delivery)는 다음 중 무엇을 의미하는가?

A. 우리는 반복 회고(Iteration Retrospectives)에서 비기능적 증분(Non-functional Increments)을 제공한다.

B. 우리는 각 증분마다 시험이 끝나야만 작동하는 소프트웨어(Working Software)를 출시한다.

C. 우리는 제공되는 각 증분으로 애자일 프로세스(Agile Process)를 개선하고 구체화한다.

D. 우리는 프로젝트의 과정에서 기능적 증분(Functional Increments)을 배포한다.

36 큰 조직은 일반적으로 소규모 프로젝트부터 장기 약정이 필요한 대규모 착수에 이르기까지 광범위한 프로젝트를 관리한다. 이러한 프로젝트를 판단하는 데 다음 중 어떤 요소를 사용하여야 하는가?

A. 팀 경험, 지리적 분포, 규제 준수, 조직의 복잡성 및 자금 가용성

B. 팀 규모, 자원 역량, 규제 준수, 조직의 복잡성 및 자금 가용성

C. 팀 규모, 지리적 분포 및 기술의 차별성 및 조직 구조

D. 팀 규모, 지리적 분포, 규제 준수, 조직의 복잡성과 기술적 복잡성

해설

- 대규모 조직에서는 팀 규모, 지리적 분포, 규제 준수, 조직 복잡성 등의 확장 요소를 사용하여 이러한 프로그램을 관리하는 데 장기적인 약속이 필요한 소규모 프로젝트와 대규모 이니셔티브가 혼합되어 있을 수 있다.
- 기술적 복잡성, 자금 가용성은 모든 프로젝트에 적용되는 제약이다.

37 당신은 프로젝트 관리자로 쇼핑 네트워크 구성 프로젝트를 수행하고 있다. 내부적인 변경의 발생으로 현재 SPI(Schedule Performance Index)는 0.6이며, CPI(Cost Performance Index)는 0.7이다. 이에 당신은 팀원들과 Teamwork을 강화하여 높은 성과 개선을 취하여 SPI가 1.1, CPI는 0.9로 변경하였다.

현재 프로젝트 상태를 설명한 것은 다음 중 어느 것인가?

A. 프로젝트 비용은 초과이고, 일정은 지연되어 있다.

B. 프로젝트 비용은 초과이고, 일정은 단축되었다.

C. 프로젝트가 일정대로 진행되고 있고, 비용은 초과되었다.

D. 프로젝트 비용 초과, 일정 지연 상태이다.

해설

원가성과지수가 1 이하이면 프로젝트 예산을 초과하고, 일정성과지수가 1을 넘으면 프로젝트 일정이 예정보다 앞서고 있음을 나타낸다. 만일 일정성과지수가 1보다 커지면 프로젝트는 일정이 단축되어 예정보다 앞당겨질 것이다.

38 최근에 구성된 애자일 팀은 스프린트 약속을 이행하기 위해 하루 12시간을 일한 후 지쳤다. 이 상황에서 자신의 의무를 제대로 수행하지 않은 사람은 누구인가?

A. 프로젝트 관리자

B. 팀 구성원들

C. 제품 책임자

D. 스크럼 마스터

해설

Scrum 마스터는 작업량을 포함한 팀의 작업 조건이 적절하고 지속 가능한지를 확인하는 역할을 한다.

39 프로젝트 관리자가 프로젝트 팀을 구성했다. 프로젝트 관리자는 초기 미팅에서 팀원들이 서로에 대해 알아가고 프로젝트에 대해 흥분하고 긍정적으로 생각하고 프로젝트의 구체적인 내용을 말하진 않은 것을 관찰했다.

그 팀은 어떤 발전 단계에 있는가?

A. 혼돈기   B. 규범기

C. 형성기   D. 성과기

해설

형성기는 팀원들이 만나서 프로젝트와 공식적인 역할과 책임에 대해 배우는 단계이다. 이 단계에서는 팀원들이 혼자 있고 독립적인 경향이 있다.

40 애자일 팀은 기술적인 문제를 해결하는 데 탁월하지만, 제품 책임자가 창의적인 아이디어나 비즈니스 관련 아이디어를 요청하면 팀은 침묵에 빠진다. 이게 문제인가?

A. 예, 전문가 팀은 오류율이 더 높다.

B. 아니요, 일반 팀보다 전문 팀이 더 효과적이다.

C. 네, 다양성의 부족은 팀의 적응력을 제한할 것이다.

D. 아니요, 팀은 방해만 없다면 더 잘 해낸다.

해설

T자형의 기술은 애자일 팀에서 바람직하다. 다양한 기술을 갖춘 팀 구성원은 팀이 더 독립적으로 일할 수 있고 변화하는 요구에 적응할 수 있는 능력을 갖출 수 있다.

정답 37 B   38 D   39 C   40 C

41 새로운 프로젝트 팀이 초기에 우선순위를 정하고 있으며, 가능한 한 신속하게 가치를 제공하여 고객의 신뢰를 얻을 계획이다. 팀원 C는 다른 프로젝트에서도 프로젝트 스폰서와 함께 일한 적이 있다고 한다.

프로젝트 관리자는 어떻게 이 두 가지 사실을 연결하고 프로젝트 팀을 위해 이점을 창출해야 하는가?

A. 팀원 C는 스폰서를 알고 있으니 프로젝트 리더로 임명한다.

B. 팀 구성원 C에게 스폰서에 대해 알고 있는 모든 것을 말해 팀이 더 잘할 수 있도록 요청한다.

C. 팀 구성원 C가 후원자와 개인적인 영향력을 행사하여 프로젝트의 혜택 실현 가능성을 높이는 방법을 살펴본다.

D. 팀 구성원 C가 윤리 기준을 유지하기 위해 이해 상충이 있는지 논의한다.

해설

개인적 영향력은 프로젝트 팀과 개인이 기존의 관계를 사용하여 프로젝트 활동과 목표를 발전시킬 수 있도록 하는 리더십 기술이다. 이 경우 C 팀원은 기존 관계를 가지고 있어 프로젝트 팀이 프로젝트 스폰서의 요구를 더 빨리 이해할 수 있다.

42 프로젝트 관리자는 애자일 팀의 진행 상황을 모니터링하면서 한 전문가 그룹의 결과물이 다른 팀 그룹에 비해 훨씬 낮다는 것을 알게 된다. 가장 복잡한 일을 열심히 하고 항상 결점이 없는 결과를 만들어 내는 전문가 그룹인데 의외이다. 이에 전문가 그룹 개발자의 결과물이 저조한 것에 대한 가장 가능성 있는 설명은 무엇인가?

A. 전문가 그룹이 다른 그룹보다 더 빨리 일하고 더 적은 시간을 보고한다.

B. 일반적으로 비전문가 그룹 팀원들이 보통 더 생산적이다.

C. 전문가 그룹 작업에 대한 스토리 포인트 산정치가 지속적으로 너무 낮다.

D. 전문가 그룹에서는 테스트를 더 많이 수행하므로 스토리를 더 적게 완성한다.

해설

스토리 포인트 산정치는 애자일 프로젝트에서 진행 상황을 측정하는 데 사용되며, 조정하지 않는 한 실제 작업 시간은 명확하지 않다. 하지만, 중요한 점은 애자일 팀은 자기 조직적이고 개인의 노력이 아닌 팀 산출에 중점을 둔다.

43 프로젝트에서 영향도가 큰 세 가지 중요한 리스크가 식별되었으며, 프로젝트 관리자는 이러한 리스크를 즉시 해결할 수 있는 해결책을 찾아야 한다. 해당 리스크를 해결하려면 특정 인원이 필요하지만, 그들은 이미 중요한 결과물이 있는 다른 프로젝트에 전념하고 있다.

프로젝트 관리자는 어떤 조치를 취해야 하는가?

A. 1. 외부 자원을 고용한다.
   2. 작업을 처리할 자원을 할당한다.

B. 1. 리스크를 감수한다.
   2. 잠재적 영향을 줄이기 위해 이러한 리스크를 자주 통제한다.

C. 1. 잠재적인 일정 지연을 해결하기 위해 우발사태 예비비를 만든다.
   2. 가능한 영향을 완화한다.

D. 1. 자원 가용성에 대해 기능 관리자에게 확인한다.
   2. 기능 관리자와 작업 충돌 또는 일정 조정을 협상한다.

해설

기능 관리자는 자원의 일정을 조정, 재할당 또는 교체할 수 있는 사람이다.

44 주요 이해관계자는 계획 단계에서 가용 자원들이 프로젝트의 목표를 충족하기에 충분한지에 대해 우려를 표명하였으며, 프로젝트 관리자는 이해관계자의 의견이 옳다고 생각한다.

프로젝트 관리자는 이러한 우려 사항을 어떻게 처리해야 하는가?

A. 합의를 위한 협상의 범위를 검토한다.

B. 프로젝트 우선순위를 신중하게 평가한 후 프로젝트의 궁극적인 목표를 결정한다.

C. 더 나은 자원을 위한 협상에 참여한다.

D. 필요한 자원들을 사용할 수 없는 경우의 영향이 완전히 문서화되었는지 확인한다.

해설

프로젝트 관리자는 프로젝트 요구사항을 충족하기 위해 자원 및 조달 관리 계획에 따라 프로젝트에 적합한 자원을 획득하기 위해 협상 기술을 사용해야 한다.

45 언제 지식을 전달해야 하는가?

A. 프로젝트 종료 시점

B. 프로젝트의 각 단계 종료 시

C. 교훈관리대장이 보관되었을 때

D. 프로젝트 전체

해설

지식은 프로젝트 생애주기에서 언제든지 공유 가능하다.

46 프로젝트 규모의 증가로 인해 프로젝트의 단일 스폰서가 운영위원회로 대체되었다.

프로젝트 관리자는 이 변경 사항에 어떻게 접근해야 하는가?

A. 이해관계자 구조에 변화가 있음을 인식하여 새로운 운영위원회와의 의사소통을 조정한다.

B. 이해관계자 그룹에 이제 운영위원회 구성원이 포함된다는 점을 인식하고 초기 프로젝트 계획을 따른다.

C. 초기 프로젝트 계획을 계속 따르면서 새로운 운영위원회 및 팀과 간단한 소개 회의를 예약한다.

D. 새로운 운영위원회 구성원이 프로젝트의 현재 상태 보고서를 받도록 한다.

해설

프로젝트 관리자는 이러한 변화에 능동적으로 대응해야 한다. 단일 스폰서를 위해 계획된 것과 동일한 의사소통이 이 운영위원회에서 반드시 작동하는 것은 아니다.

47 프로젝트 매니저는 일부 예정된 작업의 지연에 대응하여 문제를 해결하기 위해 여러 후속 작업의 우선순위를 다시 설정했다. 우선순위를 다시 설정해도 프로젝트가 정상 궤도에 오르지 못했으며, 이제 프로젝트 관리자는 문제를 프로젝트 이해관계자에게 에스컬레이션해야 한다.

문제를 에스컬레이션 하려면 프로젝트 관리자가 먼저 무엇을 해야 하는가?

A. 변경관리 계획서를 참조한다.

B. 이해관계자 참여 계획서를 검토한다.

C. 의사소통 관리 계획서를 참조한다.

D. 리스크 관리 계획서를 검토한다.

해설

의사소통 관리 계획서는 의사소통 전략에 정의된 다양한 형식과 수단으로 적절한 메시지가 이해관계자에게 전달되도록 개발되었다.

48 리스크는 어떻게 이슈가 되는가?

A. 프로젝트 관리자가 리스크를 이슈로 규정할 정도로 리스크가 심각하다고 판단한다.

B. 리스크는 가까운 시일 내에 발생할 가능성이 높다.

C. 리스크가 발생하였다.

D. 리스크 소유자가 리스크를 이슈로 에스컬레이션 한다.

해설

리스크는 불확실성으로, 만일 대응을 적절하게 못한다면 발생되어 이슈가 된다.

49 최근 자연재해로 인해 프로젝트 D가 가상으로 작동하고 있다. 프로젝트 팀원이 지난 한 주 동안 일을 하지 않아 여러 활동이 지연되고 있다. 이것은 중요한 경로에 영향을 미친다.

프로젝트 관리자는 이 문제에 어떻게 대응해야 하는가?

A. 필요한 작업을 완료할 신규 자원을 확보하고 팀원과 직접 대화한다.

B. 팀원의 기능 관리자들과 상황을 논의하고 그들이 팀원을 관리할 수 있도록 한다.

C. 팀원들에게 책임감과 책무감에 대해 상기시킨다.

D. 사람을 잘 아는 팀원에게 실종된 팀원을 찾아 보고하도록 요청한다.

해설

그 팀원은 천재지변으로 자리를 비웠다. 게다가 팀이 가상으로 작업하고 있기 때문에 커뮤니케이션은 이미 모든 사람이 하던 때와 다르다. 결석 사유는 여러 가지가 있을 수 있고, 팀원의 책임도 있지만 프로젝트 완성이 우선이다.

50 핵심 이해관계자는 계획 단계에서 가용 자원이 프로젝트의 목표를 달성하기에 적합한지 여부에 대해 우려를 표명한다. 프로젝트 관리자는 요구사항과 확인된 자원 수에 대해 더 많은 논의를 거친 후 원래 계획에 대해 망설인다.

프로젝트 관리자가 다음으로 취해야 할 두 단계는 무엇인가? (2개 선택)

A. 이해관계자 합의를 위한 협상의 범위를 검토한다.

B. 프로젝트 우선순위를 신중하게 평가한 후 프로젝트의 최종 목표를 결정한다.

C. 더 많은 자원을 얻기 위한 협상에 참여한다.

D. 필요한 자원 부족의 영향이 완전히 문서화되었는지 확인한다.

E. 프로젝트 목표를 재평가하고, 계획된 활동을 검토하고, 자원요구를 재계산한다.

해설

이 경우 어떠한 조치가 취해지기에 앞서 이해관계자의 관심사를 조사해야 한다. 프로젝트 관리자가 프로젝트에 필요한 자원의 올바른 수와 유형을 결정했으면 협상기술을 사용하여 프로젝트 작업과 결과에 대한 적절한 지원을 받아야 한다.

51 프로젝트는 의존도가 높은 세 부분으로 구성되며, 각 부분은 자체 프로젝트 팀에 의해 완료된다. 세 팀의 산출물이 합쳐지면 갈등이 생길 것을 우려한 팀장은 조언을 구한다.

프로젝트 관리자는 어떤 조언을 해야 하는가?

A. 잠재적인 갈등을 식별한 다음 세 팀의 구성원과 매주 합동 회의를 열어 서로의 작업을 검토한다.

B. 어느 팀의 작업에 우선순위를 둘지 결정한 후 다른 두 팀의 작업을 지연시켜 갈등이 없도록 한다.

C. 갈등이 발생할 때 이를 문서화하고 발생한 문제를 해결하기 위한 조치를 취한다.

D. 테스트 단계에서 갈등을 해결할 수 있다는 점을 인식하면서 세 팀이 동시에 작업할 수 있도록 계속한다.

해설

이슈 발생 확률을 낮추고 기존 리스크를 성공적으로 해결하기 위해서는 일관된 의사소통이 중요하다.

52 프로젝트 관계자인 R&D 임원이 애자일 팀의 업무 영역을 찾아 긴급한 기능 작업에 대한 지시를 내리는 경우가 종종 있다. 팀이 작업을 시작한다. 스프린트 리뷰 중에 제품 책임자는 팀이 요청한 기능을 작업한 것에 대해 화가 난다.

프로젝트 관리자는 이 문제를 어떻게 해결해야 하는가?

A. 경영진이 팀에 더 이상 간섭하지 않도록 에스컬레이션 한다.

B. 경영진 및 제품 책임자와 만나 작업 흐름에 합의한다.

C. 경영진에게 새로운 항목에 대한 변경 요청을 발행하도록 요구한다.

D. 새 항목을 백로그에 추가할 수 있는 권한을 임원에게 부여한다.

해설

연구개발(R&D) 임원이 제품 책임자를 우회해 차질을 빚고 있다. 질서를 회복하기 위해서는 경영진과 제품 책임자 간의 업무 합의가 필요하다.

53 프로젝트의 품질 관리 계획서에 의하면 프로젝트 인도물이 마감일로부터 최소한 영업일 기준 5일 전에 품질을 검토해야 한다고 되어 있다. 현재 4개의 결과물이 이 품질 요구사항을 충족하지 못하고 있다.

프로젝트 관리자는 무엇을 해야 하는가?

A. 분석을 위한 인과관계 다이어그램을 만든다.

B. 품질 관리 계획서의 관련 부분을 다시 작성한다.

C. 프로젝트 내부 감사의 타당성에 대해 문의한다.

D. 프로젝트 스폰서에게 연락하여 조언을 요청한다.

해설

인과 관계 다이어그램은 문제의 원인을 개별 분기별로 분류하여 주요 또는 근본 원인을 식별하는 데 도움이 된다.

54 스프린트 기획 검토에 긴장된 분위기가 감돌고 있다. 애자일 팀원들은 눈에 띄게 불만족하고 있다. 그들 중 한 명은 제품 책임자에게 소리친다. 그건 말이 안 된다고 불만을 표출한다.

이런 상황에서 프로젝트 관리자가 취해야 할 두 가지 행동은 무엇인가? (2개 선택)

A. 팀에게 제품 책임자의 책임과 권한을 상기시킨다.

B. 모두에게 그들의 감정 지능을 호소하고 모든 참석자들을 진정시킨다.

C. 개입하여 각 참석자가 자신의 의견을 이야기할 수 있게 1분씩 시간을 준다.

D. 의자를 발로 찬 팀원을 경고로 질책한다.

E. 팀에게 분쟁 해결을 위한 방법을 제안하도록 요청하여 촉진한다.

해설

• 프로젝트 관리자는 협업/문제 접근 방식을 통해 갈등을 해결하고, 먼저 모든 관점이 표현되었는지 확인한 다음, 분쟁 해결 방법에 대한 제안을 받는다.
• 팀에게 한 사람의 권위를 상기시키거나 항의하는 구성원을 질책하는 것은 강압적 접근 방식을 사용하는 것이다.

55 애자일 혁신 팀은 왜 법무 부서의 필수 승인이 그들의 진행을 지연시키는지 이해하지 못한다. 결국 그 팀은 제품 책임자와 뜨거운 논쟁을 벌인다. 제품 책임자는 승인은 기존 특허를 확인하기 위해 필요하고, 문제가 되면 시장 출시를 막을 수 있다고 답변한다.

프로젝트 관리자는 이러한 갈등을 어떻게 방지해야 하는가?

A. 지원 부서 이해관계자들이 매일 회의에 참석하여 진행 상황을 보고하도록 요구한다.

B. 제품 책임자가 팀의 질문과 우려에 대응하기 위해 쉽게 접근하도록 확고하게 한다.

C. 팀에게 진행에 대한 우려가 있는 경우 칸반 블록으로 스토리를 옮기도록 요구한다.

D. 제품 책임자가 팀에게 개선 작업 흐름의 내용에 대한 근거를 제시하도록 한다.

해설

갈등은 소통의 부족과 지연을 막기 위한 무반응 때문이다. 가장 포괄적인 대응은 팀과 제품 책임자 간의 지속적인 의사소통을 보장하는 것이다.

56 프로젝트에서 일정 성과 문제가 발생하고 있다. 프로젝트 관리자는 문제를 평가한 후 원인이 프로젝트 자원의 전문성 수준이라고 결정한다. 특히 일부 고위급 자원은 관련 없는 세부사항을 확인하고 일부 경험이 없는 자원은 작업을 완료하는 데 너무 많은 시간이 걸린다.

프로젝트 관리자는 팀 성과를 향상시키기 위해 어떤 조치를 취해야 하는가?

A. 고위급 자원이 경험이 없는 자원을 돕도록 요청한다.

B. 고위급 자원에 조언하고 하급 자원을 교체한다.

C. 하급 직원을 위한 교육을 설계하고 실시한다.

D. 필요한 경우 교육을 구현하고 모든 팀 구성원을 위한 체크리스트를 만든다.

해설

PM은 반드시 후배들을 교육하고 체크리스트를 제공하여 모든 팀원이 확인해야 할 사항만 확인할 수 있도록 해야 한다.

57 팀은 애자일 접근 방식이 프로젝트의 다음 단계의 요구사항에 적합하다고 결정하였지만, 팀원 중 애자일 교육을 받지 못한 팀원들이 있다.

프로젝트 관리자는 이러한 상황에 어떻게 대응해야 하는가?

A. 변경 요청 없이 이러한 팀 구성원들에 대한 애자일 교육을 포함시킨다.

B. 프로젝트의 우발사태 예비비가 모든 팀 구성원을 위한 애자일 교육을 포함할 수 있는지 확인한다.

C. 주요 애자일 주제를 다루는 중요 팀 구성원을 위한 가상 교육 세션을 만든다.

D. 팀 구성원을 위한 가장 비용 효율적인 애자일 교육을 식별하고 구현한다.

해설

• 프로젝트 팀 구성원을 위한 교육을 통해 향후 단계 또는 프로젝트에 유용할 수 있는 추가 기술을 얻을 수 있다.

• 프로젝트 관리자는 팀 구성원을 위한 Agile 교육을 식별하고 구현해야 한다.

• 교육 과정 및 관련 비용을 평가하고 자원관리 계획서, 원가 및 일정 기준선에 이를 포함시켜야 한다.

58 프로젝트 팀 구성원이 주요 작업 패키지에서 진전을 이루지 못하고 있으며, 이러한 진전 부족은 주 공정에 영향을 미치고 있다. 해당 구성원은 프로젝트 팀 내에서 자신이 올바른 역할에 있지 않다고 생각한다.

이러한 상황에서 프로젝트 관리자는 무엇을 해야 하는가?

A. 그들이 선택한 이유가 있음을 상기시켜 팀원들에게 자신의 능력에 대해 안심시킨다.

B. 팀원을 만나서 강점을 기반으로 기여할 수 있는 부분에 대해 논의한다.

C. 팀 구성원을 특정 교육에 등록시켜 할당된 역할에 필요한 기술을 습득하도록 한다.

D. 팀 구성원과 매주 접점을 가져 업무에 영향을 미칠 수 있는 장벽에 대해 논의한다.

해설

- A. 아니오 – 이것은 긍정적인 강화이긴 하지만 부적절할 수도 있다.
- B. 예 – 이것이 최선의 응답이다. 개인이 정말 옳을 수도 있다. 서번트 리더로서 당신은 그들이 올바른 역할을 찾도록 도울 수 있다.
- C. 아니오 – 이것은 도움이 되지만 우려에 대한 핵심을 다루지는 않는다.
- D. 아니오 – 이것은 그들의 관심사에 대한 핵심을 다루지 않으며 잘못된 추진 동력을 만드는 것이다.

59 고객은 현재 개발 중인 제품에 대한 기술적 접근 방식의 변경을 요청하고 있으며, 프로젝트 관리자는 반복적인 프로젝트 검토 중에 이 요청에 대해 알게 된다.

프로젝트 관리자는 고객의 요청에 대해 어떻게 대응해야 하는가?

A. 팀 구성원과 협력하여 새로운 접근 방식을 즉시 구현한다.

B. 제안된 접근 방식의 장단점을 이해관계자와 논의한 다음 팀에 가장 적합한 접근 방식을 선택하고 팀원에게 알린다.

C. 스폰서의 승인을 얻기 위해 팀이 접근 방식을 벤치마킹하게 한다.

D. 팀이 적절한 접근 방식을 결정하도록 하여 이해관계자와의 대화를 통해 결정을 실행하고 검증할 수 있는 권한을 부여한다.

해설

이것은 기술적인 문제로서 프로젝트 관리자는 팀과 고객의 요청을 논의하고, 팀이 고객의 요청을 해결하기 위한 최상의 옵션을 평가 및 선택하도록 하여 이를 전달하도록 권한을 부여해야 한다.

60 CPI(Cost Performance Index)가 1.0 이상이면 어떤 의미를 가지게 되는가?

A. 프로젝트는 예산 초과 상태이다.

B. 프로젝트는 예산 준수 상태이다.

C. 프로젝트는 예산 절감 상태이다.

D. 프로젝트는 일정 단축 상태이다.

해설

- CPI는 획득가치를 실제비용(원가)으로 나눈 값으로, 지수가 1보다 크면 이 시점까지 예상한 것보다 적게 지출했음을 나타낸다.
- 원가성과지수(CPI)는 실제원가(AC) 대비 획득가치(EV)의 비율로 산출한다. (방정식: $CPI = EV/AC$)

61 Contingency Reserves는 프로젝트 관리자가 어떤 경우에 사용될 수 있는 산정된 원가인가?

A. Scope Creep

B. 예상이 되었지만 확실하지 않은 사건

C. 전혀 예상하지 못한 사건

D. 예상이 되었고 확실한 사건

해설

우발사태예비비는 예상되지만 특정 사건이 아닌 사건을 처리하기 위해 프로젝트 관리자의 재량에 따라 사용되는 추정 비용이다. 이러한 이벤트를 "알려지지 않은 것(Unknown)"이라고도 한다. 우발사태 예비는 원가 기준선 내에서 식별된 리스크에 할당되는 예산이다.

62 마지막 세 번의 애자일 반복은 점점 더 길어지는 테스트 작업의 추세를 보여주었다. 프로젝트 관리자는 근본 원인을 해결하기 위해 어떤 활동을 계획해야 하는가?

A. 테스트 자동화 도구를 채택한다.

B. 테스트의 반복만을 계획한다.

C. 쌍으로 구성된 테스트 정책을 실행한다.

D. 더 많은 백로그 정제를 계획한다.

> **해설**
> • 지나치게 복잡한 이야기는 장시간 테스트를 유발할 수 있다.
> • 백로그 정제는 복잡한 스토리를 더 작은 패키지로 분할하는 데 사용된다.

63 제품 책임자의 일정이 매우 바빠서 그는 몇 가지 그의 업무를 숙련된 애자일 팀에 위임하고 싶어 한다.

애자일 팀에 위임하는 데 적합한 작업은 무엇인가?

A. 크기에 따라 백로그에 항목 우선순위를 지정한다.

B. 백로그 조정 세션을 시작하고 실행한다.

C. 스프린트 백로그에 대해 우선순위가 지정된 항목을 선택한다.

D. 우선순위를 정하기 전에 백로그에 항목을 추가한다.

> **해설**
> • 일반적으로 제품 책임자는 비즈니스 요구에 따라 밀린 작업 우선순위를 정하고 계획할 수 있는 유일한 권한을 가진다.
> • 개선에는 우선순위 지정도 필요하다.
> • 항목 추가는 위임할 수 있으며, 제품 책임자는 나중에 우선순위를 정한다.

64 프로젝트 관리자의 팀은 일정과 범위가 고정된 환경에서 예상 결과를 효율적으로 제공하고 있었지만 시장 변화로 인해 새로운 기술에 대한 수요가 증가하고 있다.

프로젝트 관리자는 이 새로운 수요를 충족하기 위해 무엇을 할 수 있는가?

A. 필요한 기술을 가진 자원을 제공할 수 있는 타사 공급업체를 고용한다.

B. 필요한 기술을 가진 임시 자원의 배치를 변경한다.

C. 필요한 기술을 가진 새로운 자원을 추가하여 수요를 충족한다.

D. 기존 팀원의 기술을 업그레이드하여 새로운 수요를 충족한다.

> **해설**
> 팀 개발은 매우 중요하지만 시간이 제한된 상황에서 가장 효율적인 옵션은 숙련된 자원들을 포함하도록 팀을 확장하는 것이다.

65 프로젝트 팀은 규모가 작고, 팀원들은 오래전부터 서로 알고 지냈다. 그 팀의 프로젝트는 실행 단계에 있다. 최근 한 팀원이 새로운 프로젝트 관리자에게 다른 팀원이 프로젝트가 어떻게 관리되고 있는지에 대해 불평하고 있다고 말했다.

이 새로운 프로젝트 관리자는 어떻게 대응해야 하는가?

A. 현재의 이해관계자 참여 계획을 검토하여 이 어려움을 해결하는 방법을 확인한다.

B. 특히 의사소통 및 팀워크 기대와 관련하여 현재의 팀 헌장과 기본 규칙을 논의하기 위해 팀 회의를 예약한다.

C. 팀 문화 향상을 위해 팀의 사기 진작 행사를 개최한다.

D. 팀원들과 개별적으로 이야기하고 이 상황에 어떻게 대처하고 싶은지 물어본다.

해설

팀 미팅은 모든 팀 구성원의 참여를 장려하고 팀에 대한 명확한 지침을 제공하기 때문에 최고의 설루션이다.

66 프로젝트의 일일 스탠드업 미팅은 길고 종종 2시간 이상 지속된다. 프로젝트 팀은 스탠드업 미팅을 사용하여 프로젝트 장애물에 대한 해결책에 대해 광범위한 논의를 진행한다.

프로젝트 관리자가 매일 하는 스탠드업 미팅을 개선하려면 어떻게 해야 하는가?

A. 회의 일정과 회의록을 사용하여 회의를 길게 유지하되 시간이 생산적인지 확인한다.

B. 스탠드업 미팅에서 스톱워치를 사용하여 각 발표자의 타임박스를 설정한다.

C. 장애물을 관리하고 가능한 해결책을 논의하기 위한 회의 일정을 잡을 팀 구성원을 지명한다.

D. 팀 구성원을 코칭하여 스탠드업 미팅을 10~15분으로 단축하고 설루션을 파악하는 방법을 개선한다.

해설

프로젝트 관리자는 일일 스탠드업 미팅의 운영 방식과 논의 내용에 대해 팀을 코칭해야 한다. 팀들은 그들 자신의 스탠드업을 운영하고, 잘 될 때, 그들은 매우 유용할 수 있다.

67 기업에서 애자일 관리 프로젝트의 방향과 기능이 예상되는 시점이 명확하지 않다. 목표, 마일스톤, 잠재적 인도물, 릴리스 또는 기타 작업 산출물을 알리는 데 도움이 되는 프로젝트 작업물은 무엇인가?

A. 제품 로드맵
B. 프로젝트 범위 기술서
C. 요구사항 추적문서
D. 변경관리 계획서

해설

• 제품 로드맵은 프로젝트의 제품 또는 제품에 대한 높은 수준의 요약을 시각적으로 표현할 때 사용하며, 로드맵은 표현 방식에 따라 다를 수 있다.
• 목표는 제작 중인 제품의 전략과 방향 및 인도할 가치를 표시하는 것이다.
• 로드맵은 제품에서 가장 중요한 비전으로 시작한다.
• 시간이 지나면서 더 많은 정보가 추가되고, 완료된 작업 또는 완료되지 않은 작업이 발생하고, 비전이 세밀화 되면서 로드맵이 점진적으로 구체화된다.
• 제품 로드맵은 제품에 대한 단기 및 장기적인 정보를 시각적으로 나타낸다.

68 기업은 전체 제품이 완성되기 전에 최종 사용자의 피드백과 반응을 얻기 위해 프로젝트 창작물의 일부를 시장에 출시하려고 한다. 프로젝트 팀은 최종 사용자에게 릴리스하기 위해 무엇을 설정해야 하는가?

A. 최소의 성공 가능한 제품
B. 스프린트 주기
C. 속도
D. 전환 계획

해설

인도물은 반복적 접근 방식을 선택하고 추가 특성과 기능을 개발하기 전에 피드백을 얻기 위해 시장에 최소 기능 제품(MVP; Minimum Viable Product)을 출시할 수 있다.

69 기술 개발 프로젝트에는 다음과 같은 특성이 있다. 프로젝트 관리자는 어떻게 해야 하는가?

> - 로컬에서 사용할 수 없는 고도로 숙련된 자원이 필요하다.
> - 프로젝트 관리자가 작업을 수행할 수 있는 자원을 파악했지만, 해당 자원은 다른 국가에 거주하며 취업 비자가 필요하다.
> - 취업 비자 절차가 예상보다 오래 걸리고 있다.

   A. 기존 팀에 초과 근무를 배정한다.

   B. 프로젝트 범위를 줄인다.

   C. 프로젝트를 동등한 기간만큼 지연시킨다.

   D. 자원이 가상으로 작동하도록 요청한다.

해설

- 가상 팀은 프로젝트 팀원을 획득할 때 새로운 가능성을 창출한다.
- 가상 팀은 서로 만나는 데 거의 또는 전혀 시간을 들이지 않고 역할을 수행하는 공유 목표를 가진 사람들로 구성된 그룹이라고 정의할 수 있다.

70 프로젝트 팀에서 서로 같은 장소에서 일하지 않고, 서로 떨어져서도 한 팀으로서 프로젝트를 수행할 수 있게 하는 것을 의미하는 것은?

   A. Co-room

   B. Virtual Teams

   C. Matrix Organization

   D. Teaming Agreement

해설

- 가상 팀(Virtual Teams)은 서로 같은 장소에서 일하지 않고 서로 떨어져서도 한 팀으로서 프로젝트를 수행할 수 있게 하는 것을 의미한다.
- 가상 팀을 구성하여 프로젝트를 진행하며 서로 떨어져 있기 때문에 프로젝트 관리자는 의사소통을 매우 중요하게 계획하여야 한다.

71 프로젝트가 실행된 지 7개월이 지났으며 원가 성과 지수(CPI)는 0.80, 추세 분석에 따르면 CPI는 하향 추세이다.

프로젝트 관리자가 취해야 할 다음 단계는 무엇인가?

   A. 추가 자원을 요청한다.

   B. 프로젝트 일정을 압축한다.

   C. 관리예비비를 활용한다.

   D. 원가 재조정을 위한 변경 요청을 발행한다.

해설

프로젝트가 예산을 초과하고 추세 분석에서 이것이 계속될 것임을 보여주기 때문에 최선의 조치는 프로젝트 원가를 다시 설정하고 이를 관리하는 것이다.

72 프로젝트의 현재 상태에 대한 설명으로 옳은 것은 무엇인가?

> - 300만 달러 예산
> - 계획 가치 US$630,000
> - 실제 원가 US$650,000
> - US$540,000의 획득 가치

   A. 프로젝트가 일정보다 앞당겨지고 예산이 절감되었다.

   B. 프로젝트가 일정보다 지연되고 예산이 초과되었다.

   C. 프로젝트가 일정보다 앞당겨지고 예산이 초과되었다.

   D. 프로젝트가 일정보다 지연되고 예산이 절감되었다.

해설

- CV=EV-AC: 540-650=-110
- SV=EV-PV: 540-630=-90
- 음수의 원가 차이는 프로젝트가 예산을 초과 했음을 의미한다.

- 일정 차이가 음수이면 프로젝트가 일정보다 늦어지고 있음을 의미한다.

73 예측 방법에 경험이 있는 프로젝트 관리자가 처음으로 애자일 프로젝트를 수행한다. 성공적인 전환을 위해 프로젝트 관리자는 서번트 리더로서 부적절한 행동으로 인해 발생할 수 있는 상황의 목록을 작성한다.

이 리스트에는 어떤 세 가지 상황이 있는가? (3개 선택)

A. 팀원들은 어려운 일을 맡지 않는다.

B. 팀원들은 다른 부서와의 직접적인 의사소통을 피한다.

C. 팀원들은 제거할 수 없는 장애물을 제기한다.

D. 팀 내에서 성과가 높은 사람들은 더 높은 고위직으로 승진한다.

E. 프로젝트 이해관계자들이 애자일 방법에 대한 회의감을 표현한다.

해설

서번트 리더는 도전을 통해 전문 개발을 증진하고, 팀원이 외부 단체와 관계를 구축하는 데 도움을 준다. 또한 그들은 애자일 방법론의 비즈니스 가치에 대해 이해관계자를 교육한다.

74 고객이 개발 중인 제품에 대한 기술적 접근 방식의 변경을 요청하고 있다. 프로젝트 관리자는 반복적인 프로젝트 검토 중에 이 요청에 대해 알게 된다.

프로젝트 관리자는 어떻게 대응해야 하는가?

A. 팀원과 협력하여 새로운 접근 방식을 즉시 구현한다.

B. 팀이 이해관계자와의 대화에서 결정하고 검증할 수 있는 권한을 부여하면서 적절한 접근 방식을 결정하도록 한다.

C. 이해관계자들과 제안된 접근 방식의 장단점을 논의한 후, 팀에 가장 적합한 접근 방식을 선택하고 팀원들에게 알린다.

D. 스폰서 참여를 얻기 위해 팀이 접근 방식을 벤치마킹하도록 한다.

해설

이는 기술적인 문제이므로 프로젝트 관리자는 팀과 요청에 대해 논의하고, 고객이 고객의 요청을 해결할 수 있는 최적의 옵션을 평가 및 선택하고 고객과 소통할 수 있는 권한을 부여해야 한다.

75 팀원 중 한 명이 회고(적 검토) 회의에서 발생한 팀 태도 문제에 대해 우려를 표하고 있다. 그 팀원은 2명의 팀원이 각 반복 단계마다 많은 양의 요구사항이 있음에 대해 끊임없이 지적하여 팀 사기에 영향을 미치고 있다고 말한다.

이 문제에 대한 프로젝트 관리자의 가능한 해결 방법을 아래의 갈등 관리 기법 중에서 고르시오.

A. 철회/회피: 가능한 빠르게 한 명 또는 이들 두 명의 팀원을 다른 프로젝트 또는 기획으로 배치한다.

B. 원활/수용: 높은 수준의 요구사항에 대한 팀원들의 감정을 인식한다.

C. 타협/화해: 작업이 균등하게 배분되도록 전체 팀 간의 작업 배치를 재고한다.

D. 강행/지시: 모든 요구사항은 전체 팀에 의해 평가되고 조직되었으므로, 결정은 그들의 몫임을 주지시킨다.

E. 협업/문제 해결: 전체 팀과 만나 요구사항의 할당과 기획 방법론에 대해 논의한다.

해설

- 후퇴/기피 전략은 갈등 상황에서 도피하고 이슈를 연기하는 것이다.
- 원활/수용 전략은 협약 영역을 강조하면서 조화와 관계를 유지하기 위한 입지를 양보하는 것이다.

정답 73 A, B, E   74 B   75 A, B, C, D, E

- 타협/조정 전략은 모두가 어느 정도 만족할 수 있는 설루션을 탐색하고 타협을 통해 일시적 또는 부분적 갈등을 해결하는 것이다.
- 강제/직접 전략은 다른 사람을 희생하여 자신의 관점을 추구하고 승/패 설루션만 제공한다.
- 협업/문제 해결 전략은 여러 관점을 통합하고 협력적 태도와 열린 대화를 통한 합의와 약속을 한다.
- 상기 전략 중 가장 좋은 전략은 협업/문제 해결 전략이다.

76 애자일 갈등 해결 전략에는 총 5가지 수준이 있다. 이 중에서 자신의 그룹을 보호하는 것이 초점인 수준은 무엇인가?

A. 문제 해결　　　　B. 미동의

C. 경쟁　　　　　　D. Crusade

E. World War

해설

갈등은 프로젝트 애자일 작업에서는 불가피한 부분으로 갈등은 레벨 1~5로 구분하여 확대된다.

수준	이름	특징
Level 1	문제 해결	정보 공유 및 협업을 한다.
Level 2	비동의	개인 보호가 충돌 해결보다 우선시한다.
Level 3	경쟁	이기기만 하면 갈등은 해결이 가능하다.
Level 4	Crusade	자신의 그룹을 보호하는 것이 초점이다.
Level 5	World War	다른 것을 파괴한다.

77 회사는 새로운 비즈니스 모델로 파괴적인 경쟁자들에게 시장 점유율을 빼앗기고 있다. 시장 점유율을 회복할 수 있는 방법을 제안하기 위해 교차 기능 부서로 이루어진 애자일 팀이 구성되었다.

어떻게 하면 팀이 성공적인 제안을 만들 수 있는 가능성을 높일 수 있는가?

A. 고객이 회사 제품에 실망하는 이유를 깊이 이해한다.

B. 독특하고 고품질의 혁신적인 제품을 수익성 있게 제공하는 데 집중한다.

C. 경쟁사의 비즈니스 모델이 더 적은 비용으로 더 많은 소비자에게 어떻게 다가갈 수 있는지 이해한다.

D. 소비자가 추구하는 가치와 경쟁사가 제공하는 가치를 이해하는 데 집중한다.

해설

- 애자일 변화를 위한 선언의 첫 번째 원칙은 가치에 초점을 맞춘다. "우리의 최우선 과제는 가치 있는 소프트웨어를 조기에 지속적으로 제공하여 고객을 만족시키는 것이다."
- 시장은 소비자가 제품에 부여하는 가치에 의해 주도된다.
- 성공적인 추천 제품을 만들기 위해 소비자가 추구하는 가치와 경쟁업체가 제공하는 가치를 이해해야 한다

78 지난 4개월 동안 더 이상 지원되지 않는 플랫폼 결함으로 스토리당 개발비가 200% 이상 상승했다. 제품 비전은 플랫폼의 고유한 기능을 제품의 사전 요구사항으로 강조한다.

프로젝트 관리자는 다음 단계를 결정하기 위해 무엇을 해야 하는가?

A. 예산 제한을 초과하였기 때문에 프로젝트를 취소한다.

B. 제품 책임자에게 대체 플랫폼을 선택하도록 요청한다.

C. 제품 비전을 달성할 수 없으므로 프로젝트를 취소한다.

D. 제품 책임자와 함께 비용에 영향을 미치는 시나리오를 실행한다.

해설

제품에 대한 기본적인 가정은 더 이상 경제적으로 지속 가능한 방법으로 충족될 수 없다. 제품 책임자는 프로젝트를 계속할 수 있는지 결정하기 위해 가능한 시나리오에 대한 분석이 필요하다.

79 떠나는 인력(자원)의 빈 자리를 채우기 위해 새로운 인력(자원)이 지정되었다. 신규 인원은 더 큰 프로그램 마일스톤에 중요한 작은 프로젝트에서 일하게 될 것이다. 불행하게도 신규 인원이 기술 부족으로 인해 문제가 될 것이라는 소문이 있다.

프로그램 관리자는 이 소문에 어떻게 대응해야 하는가?

A. 신규 인원의 의사소통 기술을 평가하여 프로젝트 팀의 일원으로 받아들일 수 있는 업무 수행 능력이 있는지 확인한다.

B. 신규 인원을 만나 그들의 기술에 대해 논의한 후 그들이 프로젝트에 어떻게 기여할 수 있는지를 결정한다.

C. 보다 나은 기술을 가진 다른 인력(자원)으로 배정할 수 있도록 프로그램관리오피스(PMO)에 개인적으로 요청한다.

D. 신규 인원을 담당하는 기능 관리자와 만나 소문이 사실인지 논의한다.

> **해설**
>
> 직접 성과를 볼 수 없기에 소문에 사용할 수 있는 증거가 없다. 신규 인원을 만나 그들의 기술에 대해 논의하여야 한다.

80 팀에서 해결하려는 노력에도 불구하고 칸반 보류 열에 몇 가지 항목이 남아 있다. 회고에 따르면 모든 장애 요인들이 프로젝트 관리자가 이전에 교육을 시도했지만 여전히 저항을 보이는 특정 부서장으로 거슬러 올라갈 수 있다.

프로젝트 관리자는 다음에 무엇을 해야 하는가?

A. 협조 미흡으로 인한 지연에 비례한 예산적 보상을 부서장에게 요청한다.

B. 팀 구성원에게 부서장의 장벽을 우회하는 데 도움이 될 수 있는 다른 이해관계자를 찾도록 요청한다.

C. 프로젝트 목표에 대한 적극적인 지원 정도에 따라서 이해관계자의 우선순위를 정보 방열기에 표현한다.

D. 이해관계자 분석을 사용하여 부서장에게 영향을 줄 고위 이해관계자를 식별한다.

> **해설**
>
> - 프로젝트 관리자의 노력에도 불구하고 이해관계자가 계속 저항하는 경우는 에스컬레이션이 필요한 경우일 수 있다.
> - 다른 선택지들은 다음과 같은 이유로 잘못되었다.
>   - 프로젝트 관리자는 일반적으로 설정된 예산 내에서 문제를 해결해야 한다.
>   - 이해관계자를 우회하는 것은 근본 원인을 해결하지 못하며 다시 나타날 가능성이 있다.
>   - 공개적으로 순위별로 "수치심"을 주는 것은 신뢰와 협력을 촉진하지 않는다.

81 제품 인도물이 승인 테스트를 받고 있는 도중 고위 관계자가 해당 부서의 필수 제품 기능이 개발되지 않았다는 우려를 제기한다.

향후 프로젝트에서 이러한 문제를 방지하기 위한 방법은 무엇인가?

A. 이해관계자의 기대치를 적절하게 관리한다.

B. 변경관리 계획서를 준비한다.

C. 반드시 범위 관리 계획서를 승인받도록 한다.

D. 이해관계자와의 제품 시연을 연기한다.

> **해설**
>
> 범위 관리 계획서는 프로젝트 및 제품 범위가 어떻게 정의, 검증 및 통제되는지 문서화한다.

82 프로젝트 관리자는 이해관계자에게 제품의 다음 버전 출시에 대한 완전한 범위 정의를 제시한 후에 제품에 대한 새로운 요구사항에 대한 요청을 반복적으로 제출하는 고객과 협력하고 있다.

프로젝트 관리자가 다음에 취해야 할 단계는 무엇인가?

A. 제품 관리자와 회의를 열어 새로운 요청 수를 줄여달라고 요청한다.

B. 범위 관리 계획서를 분석하여 범위 변경이 처리되는 방법을 확인한다.

C. 스폰서와 즉시 프로젝트 경계를 정의한다.

D. 이해관계자와 회의를 조직하여 기대치를 설정한다.

해설

범위 관리 계획서는 프로젝트 및 제품 범위가 어떻게 정의, 개발, 감시, 통제 및 검증되는지 문서화한다. 이 문서의 주요 이점은 프로젝트 전체에서 범위를 관리하는 방법에 대한 지침과 방향을 제공한다는 것이다.

83 프로젝트가 다음과 같은 상황일 때 프로젝트 관리자가 취해야 할 적절한 조치는 무엇인가?

- 품질 관리 계획이 마련되어 있다.
- 품질 관리 계획에는 프로젝트 인도물이 마감일 1.5주 전에 검토되어야 한다고 명시되어 있다.
- 4개의 결과물이 이 품질 요구사항을 충족하지 못했다.

A. 그들의 의견을 위해 프로젝트 스폰서에게 연락한다.

B. 프로젝트 관행에 맞게 품질 관리 계획서를 수정한다.

C. 프로젝트에 내부 감사를 받도록 요청한다.

D. 근본 원인 분석을 위해 인과 관계도를 사용한다.

해설

문제의 근본 원인을 이해함으로써 프로젝트 관리자는 나중에 이 프로젝트와 다른 프로젝트에서 이러한 유형의 문제를 피할 수 있다.

84 팀원이 부재중이었던 한 주 동안 이메일과 전화로 연락이 되지 않았었다. 팀원은 부재 전에 팀의 어느 누구에게도 부재 사실을 알리지 않았다. 부재로 인해 여러 후속 작업들의 일정이 지연되고 프로젝트의 주 공정에 영향을 미치고 있다.

프로젝트 관리자는 이 상황에 어떻게 대응해야 하는가?

A. 해당 작업 단위를 전문가적인 태도로 완료할 수 있는 신규 인력(자원)을 충원한다.

B. 팀원과 이 상황을 논의하고, 그들과 협력하여 실행 가능한 해결 방안을 모색한다.

C. 팀원들에게 그들이 돌아오면 작업 패키지를 더 빨리 완료하도록 요구한다.

D. 기능 관리자에게 신규 인력(자원) 배치를 포함한 프로젝트 추가 지원을 요청한다.

해설

프로젝트 관리자는 코치가 될 수 있는 능력을 가지고 있다. 팀원과 이 상황을 논의하고, 그들과 협력하여 실행 가능한 해결 방안을 모색한다.

85 유리 제품 제조업체의 IT 부서는 조립 라인 작업자들을 위한 품질 검사 소프트웨어의 애자일 팀의 중간 프로젝트 데모를 적극적으로 승인했다. 하지만 최종 제품은 작업자들의 장갑이 너무 두꺼워 기계의 작은 버튼을 누르기 힘들어서 사용할 수 없는 것으로 여겨졌다.

앞으로 이런 실패를 막기 위해 프로젝트 관리자는 어떻게 해야 하는가?

A. 제품 요구사항을 정의하는 고객 부서와 직접 계약한다.

B. 모든 소프트웨어 릴리스에 조정 가능한 접근성 기능이 포함되어 있는지 확인한다.

C. 소프트웨어를 시험하는 개발자를 위해 최종 사용자 조건에 대한 사실적인 시뮬레이션을 작성한다.

D. 최종 사용자가 생산 환경에서 프로토타입 및 증분 릴리스를 시험할 수 있도록 계획한다.

해설

• 최종 사용자의 요구사항과 피드백은 조직 구조, 시뮬레이션 또는 일반화된 기능 세트(접근성)로 대체될 수 없다.

• 소프트웨어가 대규모 IT 환경에 통합되는 방식과 관련된 전문 지식, 규범 및 자산을 보유하지 못하기 때문에 최종 사용자 부서와의 계약도 적절하지 않다.

• 실패를 경험으로 프로토타입 및 증분 릴리스를 시험할 수 있도록 계획하는 것이 가장 좋다.

86 건설 회사의 프로젝트 관리자가 이해관계자들과 만난다. 모든 이해관계자는 프로젝트의 18개월 라이프사이클에 동의한다. 작업이 시작된 후, 프로젝트 관리자는 이해관계자들이 14개월 이내에 프로젝트를 완료하기를 원한다는 사실을 알게 된다.

프로젝트 관리자가 해서는 안 되는 것은 다음 중 무엇인가?

A. 이해관계자와 협상하여 프로젝트 요구사항을 줄인다.

B. 더 빨리 일할 수 있도록 팀원을 추가한다.

C. 범위를 줄이고 일정을 중단한다.

D. 타임라인을 수정하지 않는 것이 좋다.

해설

• 스폰서 및 주요 이해관계자의 프로젝트 요구사항을 줄일 수 있는 경우, Crashing, fast-tracking, 변경 통제 및 리스크를 증가시키고 짧은 기간 동안 문제를 일으킬 가능성이 높은 기타 방법보다 이 방법을 선호한다.

• 범위를 줄이고 일정을 중단하는 것은 가장 안 좋은 선택이다.

87 다음 반복이 시작되기 전에 프로젝트 B팀은 현재 단계를 지연시킬 수 있는 예상치 못한 도전에 대해 만나게 된다. 이 문제 때문에 다음 반복 작업을 완료할 수 없다. 프로젝트 내의 다른 팀은 작업을 수행하기 위해 과제 1을 적시에 완료하는 것에 의존하고 있다.

프로젝트 관리자는 이 문제를 어떻게 해결해야 하는가?

A. 두 팀과 따로 만나 필요한 마감일을 준수하고 프로젝트를 제시간에 완료할 수 있는 방법을 모색해 달라고 요청한다.

B. 다른 팀이나 의무에 영향이 미치지 않도록 제품 책임자와 만나 반복 작업 잔량의 우선순위를 정한다.

C. 일정대로 작업이 완료될 수 있도록 팀원을 늘리고 반복 시간을 늘린다.

D. 팀원에게 어려운 상황에서 최선을 다하기를 바란다는 것을 알리고, 다음 회고전에서 반복적인 과제를 반드시 기록하도록 한다.

해설

애자일 환경에서 제품 책임자와 팀은 다른 작업에 영향을 미치거나 영향을 미칠 수 있는 작업의 우선순위를 정하고 우선순위를 다시 지정해야 한다. 작업의 우선순위를 지정할 때는 항상 위험 노출을 고려한다.

88 하이브리드 제품 설계 프로젝트에서 팀은 3D 프린터 오작동을 경험하여 티타늄 공급품의 손실을 초래한다. 생산팀이 애자일 프로그래밍 팀에 문제를 알려주면, 데이터 시트가 잘못 번역되어 두 팀 모두에 문제가 발생한 것이 분명하다. 하지만 애자일 팀은 고장이 나기 한 달 전에 문제를 해결했다.

애자일 팀이 현재의 오작동을 막기 위해 무엇을 할 수 있었는가?

A. 데이터 시트 정보의 영향을 받는 스토리를 정리한다.

B. 번역 수정이 보류 중인 프로젝트를 중단하도록 프로젝트 스폰서에게 요청한다.

C. 정보 방열판에 요약된 회고 결론을 만든다.

D. 프로젝트에 대한 장비 공급업체의 변경을 공식적으로 요청한다.

해설

• 근본적인 문제는 오작동을 막기 위해 애자일 팀에서 중요한 정보가 예측 팀에 제때 전달되지 않았다는 것이다.

• 광범위한 그룹에 적시에 도달하는 가장 좋은 방법은 회고적 교훈을 방송하는 것이다.

89 정부 기관은 규제 변경으로 인해 복잡한 프로젝트의 핵심 이해관계자가 된다. 변경 사항에 비추어 프로젝트 관리자는 이 새로운 이해관계자를 이해하고 변경으로 인해 발생할 수 있는 새로운 상위 수준의 리스크를 식별해야 한다.

프로젝트 관리자는 어떤 두 가지 옵션을 사용해야 하는가?

A. 새로운 이해관계자와 회의 일정을 잡는다.

B. 가정 기록부를 업데이트한다.

C. 이해관계자 참여 계획서를 수정한다.

D. 새로운 이해관계자와 편익 관리 계획서를 공유한다.

해설

회의는 프로젝트 이해관계자에 대한 이해를 개발하는 데 사용된다. 프로젝트에 새로운 이해관계자가 있으므로 이해관계자 참여 계획서를 검토하고 이를 포함하도록 수정해야 한다.

90 프로젝트의 주 경로에 대한 결과물이 예정보다 늦어지고 있다. 원가성과지수(CPI)는 1.3이다. 프로젝트 관리자는 프로젝트를 예정대로 할 수 있다.

이번 프로젝트에서 어떤 3가지 결과가 나올 것 같은가? (3개 선택)

A. 활동은 병렬로 수행될 것이다.

B. 프로젝트 범위가 수정될 것이다.

C. 관련 리스크가 증가한다.

D. 비용이 증가한다.

E. 팀은 재작업을 예상해야 한다.

해설

• CPI(Cost Performance Index)는 1을 초과하므로 프로젝트는 계획보다 낮은 비율로 비용을 지출하고 있다.

• 프로젝트가 예정보다 늦어져서 일정 성과 지수(SPI)가 1 미만이다.

• SPI를 1로 높이기 위해 아마도 CPI를 1로 낮추는 중요한 경로에서의 충돌로 인한 비용 증가가 있을 것이다. 이는 더 짧은 시간 내에 더 많은 작업을 수행하려고 할 때 프로젝트와 관련된 리스크를 증가시킬 가능성이 높다.

91 애자일 팀은 지난 세 번의 반복에서 계획된 스토리 수를 초과했다. 프로젝트 관리자는 수행된 모든 작업이 실제로 완료되었는지 어떻게 확신할 수 있는가?

A. 결과가 만족스러운지 제품 책임자에게 문의한다.

B. 완료의 정의에 대한 결과를 확인한다.

C. 팀원들에게 다른 멤버들의 작업을 교차 확인하도록 요청한다.

D. 수행된 모든 테스트의 결과를 확인한다.

해설

완료의 정의에는 완료된 태스크/스토리를 고려하기 위해 충족해야 하는 모든 기준이 나열된다.

92 프로젝트 관리자는 한 팀 구성원이 프로젝트 외부의 중요한 작업을 완료해야 하므로 프로젝트 일정에 리스크가 있다는 것을 알게 된다.

프로젝트 관리자는 이 리스크를 어떻게 제거할 수 있는가?

A. 팀원의 관리자와 만나 다른 작업을 완료하기 위한 대체 시간에 대해 협상한다.

B. 팀원에게 중요한 작업에 집중하도록 요청하고 다른 부서에서 추가 자원을 얻는다.

C. 프로젝트 스폰서에게 보고서를 보내 구성원의 관리자가 규정을 준수하지 않음을 문서화한다.

D. 예정된 프로젝트 활동이 완료될 때까지 팀원의 관리자에게 팀원을 외부 활동에 참여시키지 않도록 이야기한다.

해설

자원관리 계획서는 합의된 리스크 대응에 할당된 자원이 다른 프로젝트 자원과 조정되는 방법을 결정하는 데 사용된다. 이것은 프로젝트 관리자가 자원 관리자와 협상할 수 있는 방법에 대한 지침을 제공한다.

93 한 건축업체는 건물 설계와 청사진을 만들기 위해 많은 시간과 노력을 기울였다. 이들은 자재를 구매하고 컨설턴트를 고용해야 했으며 6개월 동안 이 프로젝트를 진행해 왔다. 이들은 작업에 사용한 돈에 대한 모든 송장은 물론, $5,000의 수수료에 대한 송장도 제출했다.

이것은 어떤 종류의 계약인가?

A. 시간과 자재   B. CPIF

C. FPEPA   D. 원가정산

해설

원가정산 계약은 판매자의 실제원가에 대한 지불금에 판매자의 수익에 해당하는 수수료를 가산하는 계약이다. 원가, 일정 또는 기술 성과 목표와 같은 특정 목표를 달성하기 위한 인센티브를 포함한다.

94 계약 종료는 언제 발생할 수 있는가?

A. 프로젝트 종료 시점에만

B. 계약 완료 및 수락될 때마다

C. 프로젝트가 조기에 종료되지 않는 한 프로젝트 종료 시점에만 적용

D. 판매자를 선택할 때마다

해설

조달 종료는 프로젝트 기간 중 언제든지 조달 작업을 종결할 수 있으며, 반드시 종료 시점일 필요는 없다.

95 혁신적인 제품은 품질 통제 및 마케팅 캠페인에 대한 상당한 투자에도 불구하고 목표 소비자를 만족시키지 못한다. 향후 이러한 유형의 장애를 가장 잘 예방할 수 있는 애자일 방법은 무엇인가?

A. 제품 릴리스에 대해 지속적인 소비자 사용적합성 테스트를 실행한다.

B. 제품 책임자와 마케팅 사이의 목표를 조정한다.

C. 대상 소비자의 페르소나 유형 정의를 넓힌다.

D. 최소 실행 가능 제품(MVP)에 기능과 테스트를 추가한다.

해설

지속적인 사용자 테스트 및 피드백은 사용자 요구에 맞게 요구사항을 조정하고 점진적으로 제품 릴리스에 통합하는 가장 효과적인 방법이다.

96 IT 통합 팀은 하이브리드 프로젝트에서 큰 차질을 빚고 있다. 테스트 결과 하드웨어가 대상 운영 체제를 지원하지 않는 것으로 확인되었다. 이제 애자일 팀의 소프트웨어 릴리스가 최신 운영 체제 버전에서 실행되어야 한다.

프로젝트 관리자는 다음에 무엇을 해야 하는가?

A. 스크럼 마스터를 만나 제품 비전이 여전히 유효한지 확인한다.

B. 스프린트 중에 제품 책임자 및 팀과 만나 제품 백로그를 업데이트한다.

C. 애자일 팀과 협력하여 문제가 왜 진작에 표면화되지 않았는지 근본원인 분석을 실행한다.

D. 매일 회의에서 팀에게 알리고 완료 정의와 준비 정의를 업데이트한다.

해설

• 실행 중 프레임 가정의 변경은 가능한 한 신속하게 영향 분석이 필요하다.

• 제품 백로그의 업데이트로 반영되는 주요 범위 변경(재작업 포함)의 경우 제품 책임자의 입력이 필요하다.

97 프로젝트 후원자는 리스크를 회피하는 성향이며 프로젝트에 대한 부정적인 영향을 우려한다. 이러한 우려를 돕기 위해 프로젝트 팀은 4가지 프로젝트 리스크를 식별한 다음 발생 확률과 위험 발생 시 영향을 모두 평가한다. 팀은 1–5 척도를 사용하며 1이 가장 낮고 5가 가장 높다.

표를 기반으로 프로젝트 관리자는 리스크 관리 목적으로 이러한 리스크의 순위를 어떻게 지정해야 하는가?

Risk	Probability	Impact
A	1	5
B	4	4
C	2	5
D	2	2

A. B, A, D, C

B. B, C, A, D

C. B, A, C, D

D. C, D, A, B

E. C, A, D, B

해설

리스크 심각도는 확률과 영향을 곱하여 계산된다. 예를 들어, 리스크 A의 확률은 1이고 영향은 1×5=5이다. 값이 높을수록 리스크 등급이 높아진다.

98 월별 프로젝트 상태 보고서를 준비하기 전에 프로젝트 관리자는 세 가지 새로운 리스크를 식별했다. 이러한 모든 리스크는 중요한 주요 마일스톤에 영향을 줄 수 있다. 프로젝트 관리자는 이 새로운 리스크 정보를 제공하기 전에 추가 정보를 참조하려고 한다.

프로젝트 관리자는 어떤 출처 문서를 참조해야 하는가?

A. 리스크 관리대장 및 리스크 보고서

B. 리스크 관리대장 및 조직 프로세스 자산

C. 리스크 관리 계획서 및 리스크 보고서

D. 교훈 저장소 및 리스크 보고서

해설

프로젝트 관리자는 리스크 관리대장 및 리스크 보고서를 확인하여 이것이 실제로 새로운 위험인지 확인하고, 이에 대해 이미 계획된 조치가 있는지 확인해야 한다.

99 아래 3가지 단계를 완료한 후 다음에 수행해야 하는 중요한 업무는 다음 중 어느 것인가?

- 프로젝트가 인도물을 고객에게 성공적으로 전달되었다.
- 고객과의 행정적 종료를 마무리하였다.
- 프로젝트 관리자가 공식적인 종료를 실행하고 있다.

A. 프로젝트 관리자는 입찰 서류를 업데이트해야 한다.

B. 프로젝트 관리자는 스폰서의 종료 승인을 얻어야 한다.

C. 프로젝트 관리자는 프로젝트 팀을 재배치해야 한다.

D. 프로젝트 관리자는 사용되지 않은 자금을 재할당해야 한다.

해설

범위 확인을 통해 고객 또는 스폰서가 공식적으로 승인한 결과물은 프로젝트 종료 또는 단계 프로세스로 전달된다. 그런 다음 고객 또는 스폰서가 공식 종료 문서에 서명하여 프로젝트가 최종 종료 되었음을 공식적으로 수행하여야 한다. 그런 다음에 팀원에 대해 재배치하여야 한다.

100 프로젝트가 종료 단계에서도 프로젝트 관리자와 팀원은 여전히 다음 작업을 수행해야 한다. 프로젝트 관리자는 개발된 제품 또는 서비스가 이제 운영 지원을 받기를 원한다.

프로젝트 관리자는 어떻게 해야 하는가?

- 새로운 요구사항을 평가한다.
- 사소한 수정 작업을 수행한다.
- 기술적 문제를 해결한다.

A. 프로젝트의 이관을 완료한다.

B. 인수기준을 검토하고 인수한다.

C. 공식적으로 프로젝트 팀을 해산하고 새로운 프로젝트를 찾는다.

D. 제품이 아직 개발 중이므로 요청 변경사항을 계속 이행한다.

해설

프로젝트 종료 및 운영으로 이관을 통해 운영에 대한 인도물의 공식 인계 및 프로젝트 지식의 공식 이전 완료를 진행하여야 한다. 프로젝트 종료 시 최종 제품, 서비스 또는 결과를 생산 지원 팀 또는 운영 팀으로 전환할 수 있다.

101 직원들이 각각 다른 제품 라인을 전담하는 두세 개의 애자일 팀에서 일하게 되었다. 모든 팀에서 산출물의 결과가 떨어지며 불량률이 증가하고 있다.

프로젝트 관리자는 애자일 팀의 작업 개선을 어떻게 도울 수 있는가? (2개 선택)

A. 다음 회고에서 근본 원인 분석을 수행한다.

B. 제품 책임자가 포트폴리오 크기를 적절하게 조정하도록 영향을 준다.

C. 애자일 팀의 부담을 덜어줄 전담 테스트 팀을 지정한다.

D. 시간을 개선하고 관리에 집중할 수 있도록 애자일 팀을 교육한다.

E. 배경 전환을 줄이기 위해 전담 팀을 구성한다.

해설

- 시나리오는 100% 헌신하는 전담 팀에 의해 해결되어야 하는 것이 여러 팀에서 작업할 때 높은 배경 수준의 변환이 주요 문제라는 결론으로 이어진다.
- 근본 원인 분석은 이 문제와 해결해야 할 다른 문제를 정확히 찾아낸다. 다른 선택지들은 좋은 비즈니스 관행(적절한 규모의 포트폴리오)에 반하거나 애자일(전담 테스트 팀)에 반하거나 근본 원인을 다루지 않는다(시간/초점 관리).

102 프로젝트가 다음과 같은 특성이 있는 경우, 새로운 이해관계자를 참여시키기 위해 프로젝트 관리자는 무엇을 해야 하는가?

> - 기능 관리자는 프로젝트 이해관계자이기도 하다.
> - 기능 관리자는 시간 제약이 있으며 기능 팀의 다른 사람에게 프로젝트 책임을 위임한다.
> - 새로운 이해관계자는 회의에 참석하지 않는다.

A. 새로운 이해관계자와 함께 프로젝트 헌장을 검토하고 참여 수준을 평가한다.

B. 프로젝트 일정과 새 이해관계자에게 할당된 특정 작업을 제시한다.

C. 기능 관리자에게 이 새로운 이해관계자에 대해 브리핑하고 모든 관련 회의에 보내도록 요청한다.

D. 새로운 이해관계자에게 경험이 많은 이해관계자와 짝을 지어 책임을 배우도록 요청한다.

해설

이해관계자 참여 계획의 첫 번째 버전은 초기 이해관계자 커뮤니티가 이해관계자 식별 프로세스를 통해 식별된 후 개발된다. 이해관계자 참여 계획은 이해관계자 커뮤니티의 변경 사항을 반영하기 위해 정기적으로 업데이트된다.

103 세 가지 주요 이해관계자는 프로젝트와 목표에 대해 서로 다른 비전을 가지고 있으며 각자 자신의 의견이 매우 강한다. 이러한 상황에 프로젝트 관리자는 프로젝트 헌장의 승인을 받아야 한다.

프로젝트 관리자는 무엇을 해야 하는가?

A. 이해관계자 분석을 실행한다.

B. 촉진 및 갈등 관리를 사용하여 새 이해관계자가 동의하는지 확인한다.

C. 프로젝트 스폰서에게 갈등관리 해결을 요청한다.

D. 프로젝트 착수 회의를 통해 프로젝트 목표를 설정한다.

해설

시기적절하고 생산적인 토론과 의사 결정을 용이하게 하기 위해 프로젝트 관리자는 이해관계자가 프로젝트 목표의 공유된 비전에 동의하도록 돕기 위해 촉진 기술과 갈등 관리 기술을 사용해야 한다.

104 제품은 범위에 정의된 기능 요구사항의 96%를 통과했지만 100% 통과하지 못하여 고객이 수락을 거부한다. 프로젝트 관리자는 이를 피하기 위해 다르게 수행할 수 있었던 작업들을 평가하고 있다.

프로젝트 관리자는 무엇을 했어야 하는가?

A. 테스트 관리 계획을 측정하고 평가했다.

B. 작업분류체계를 만들었다.

C. 품질지표가 제대로 정의되었는지 확실히 했다.

D. 요구사항 문서를 평가했다.

해설

품질 지표는 프로젝트 또는 제품 속성과 이를 측정하는 방법에 대한 설명이다.

105 사용자 테스트 중에 고객은 최종 제품에 동의했지만 며칠 후 동의한 것을 재고하고 있다.

프로젝트 관리자는 무엇을 해야 하는가?

A. 프로젝트의 품질 관리 계획서를 참조한다.

B. 요구사항 문서를 검토한다.

C. 프로젝트의 수용 기준을 검토한다.

D. 프로젝트의 프로젝트 헌장을 참조한다.

해설

모든 수용 기준을 충족한다는 것은 이해관계자의 요구사항이 충족되었음을 의미한다.

106 인도물이 협의된 품질 시방을 만족시키지 못하여 고객에게 거절당하였다. 이에 대한 조사 후, 프로젝트 팀은 외부 업체로부터 공급받은 자재에 결함이 있고, 이 결함이 해당 이슈를 야기하게 되었음을 알았다. 업체는 이 상황을 수정할 수 없다고 말한다.

다음 단계를 결정하기 전에 어떤 것이 검토되어야 하는가?

A. 업체와 체결한 서비스 수준 계약(SLA)

B. 조달관리 계획서와 계약 조항

C. 내부 품질보증 보고서

D. 자원관리 계획서

해설

계약은 판매자가 지정된 제품, 서비스 또는 결과를 제공해야 하고, 구매자가 판매자에게 보상해야 하며, 법정에서 구제받을 수 있는 법적 관계를 나타내는 상호 구속력 있는 계약이다.

107 이해관계자(Stakeholder)에 관한 설명으로 맞는 것은?

A. 프로젝트 팀원만을 의미한다.

B. 프로젝트에 영향을 주거나 받는 개인 및 조직을 말한다.

C. 프로젝트 관리자가 관리하는 핵심적인 사람 또는 조직을 의미한다.

D. 프로젝트에 자금을 공급하는 개인 또는 조직을 의미한다.

해설

프로젝트에 영향을 주거나 받는 개인 및 조직을 이해관계자라고 한다. 물론 회사 외부에도 존재한다(예 고객, 외부기관 등). 프로젝트의 이해관계자는 프로젝트에 적극적으로 참여하거나 프로젝트의 결과에 긍정적 또는 부정적 영향을 미치는 개인 또는 조직이다.

108 이해관계자 분석의 일반적인 순서로 아래 사항 중 가장 먼저인 것은?

A. 이해관계자 강점 및 약점 결정

B. 이해관계자 식별

C. 이해관계자 분류

D. 이해관계자 정보 수집

해설

• 이해관계자 식별이 가장 먼저이다. 이해관계자 분석은 일반적으로 다음 순서로 진행된다.

• 이해관계자 식별→이해관계자 정보 수집→이해관계자 분류→이해관계자 강점 및 약점 분석→이해관계자 대응 전략 개발→이해관계자 대응전략의 실행→대응결과 평가 및 전략 수정

109 정부 기관이 규제 변경으로 인해 복잡한 프로젝트의 핵심 이해관계자가 되었다. 변경 사항에 비추어볼 때, 프로젝트 관리자는 이 새로운 이해관계자에 대한 이해를 구축하고 변경으로부터 초래될 수 있는 어떠한 새로운 상위 수준의 리스크도 식별할 필요가 있다.

프로젝트 관리자는 무엇을 해야 하는가?

A. 새로운 이해관계자와 만남을 계획한다.

B. 가정사항 기록부를 갱신한다.

C. 이해관계자 참여 계획서를 수정한다.

D. 편익관리 계획서를 새로운 이해관계자와 공유한다.

해설

새로운 이해관계자와 만남을 계획해서 회의를 하며, 회의는 중요한 프로젝트 이해관계자에 대한 이해를 개발하는 데 사용된다. 그들은 촉진 워크숍, 소규모 그룹 가이드 토론 및 전자적 또는 소셜 미디어 기술을 사용하여 가상 그룹의 형태를 취하여 아이디어를 공유하고 데이터를 분석할 수 있다.

110 국제기구가 6개 회사가 참여한 프로젝트를 후원하고 있다. 프로젝트가 부분적으로 완료되었을 때, 프로젝트 관리자는 이해관계자 중 한 명의 건강이 좋지 않아 그들의 참여 수준을 줄일 필요가 있음을 알게 되었다.

프로젝트 관리자는 어떻게 해야 하는가?

A. 프로젝트 헌장을 개정한다.

B. 이해관계자 참여 계획서를 갱신한다.

C. 이해관계자 관리대장을 갱신한다.

D. 프로젝트 관리 계획서를 개정한다.

해설

이해관계자 참여 계획은 프로젝트 의사 결정 및 실행에 대한 이해관계자의 참여에 영향을 미치는 모든 프로세스, 절차, 도구 또는 기술을 반영하도록 업데이트된다.

111 이해관계자 간 기본적인 의사소통 방법에 속하지 않는 것은 다음 중 어느 것인가?

A. Pull communication

B. Interactive communication

C. Push communication

D. Virtual communication

해설

Pull/Push/Interactive communication이 기본 의사소통 방법이다. 가상 의사소통은 실시간으로 이루어지기 때문에 Interactive communication의 한 부분으로 간주될 수 있다.

112 당신은 프로젝트 관리자이다. 의사소통 관리 계획에 따르면 공식적인 중요 내용은 Written Document로 처리하도록 되어 있다. 그러나 팀원들은 문서 작성에 어려움이 있어 쉽게 E-메일이나 간단한 메모로 대처하려고 한다.

이에 당신은 팀원들과 어떤 방법으로 이 문제를 해결하면 좋겠는가?

A. 회피(Avoiding)

B. 대결(Confrontation)

C. 완화(Smoothing)

D. 문제 해결(Problem Solving)

해설

갈등해결 기법에는 크게 5가지가 있다. 회피(Avoiding/Withdrawing), 타협(Compromise), 강요(Forcing), 완화(Smoothing), 문제 해결(Problem Solving) 및 대결(Confrontation)이다. 이 중에서 가장 안 좋은 방법은 강요(Forcing)이며, 타협은 서로 양보하기 때문에 Lose-lose 전략이라고 하며, 문제 해결(Problem Solving) 방법은 갈등해결의 방법 중에서 시간이 많이 소요되지만 가장 좋은 방법으로 서로 이기는 Win-Win 전략이라 한다.

113 팀의 프로젝트 마지막 단계에는 애자일 접근이 필요하다. 팀이 단계에 대해 논의하면서 일부 팀원은 애자일로 일해 본 적이 없다고 밝혔다. 마감일이 곧 다가오고 있다.

프로젝트 관리자는 어떻게 대응해야 하는가?

A. 구성원이 부족한 애자일 교육을 다루는 변경 요청을 제출한다.

B. 이 이슈는 전사적인 문제이고 이 프로젝트의 차단 요인이므로 프로젝트 스폰서에게 이슈로 제기한다.

C. 애자일로 작업한 팀원들에게 다른 사람들을 멘토링하도록 요청한다.

D. 팀원을 위한 가장 비용 효율적인 애자일 교육을 식별하고 제공한다.

해설

• 프로젝트 팀원에게 교육을 제공하면 향후 단계나 프로젝트에 유용한 스킬이 추가될 수 있다.

• 교육 수업 및 관련 비용은 자원 관리 및 비용 관리 계획에 포함되도록 평가할 수 있다.

114 현재 특정 기술 보유인력이 1명인데, 중반 이후에는 최소한 3명 이상 필요하다. 이에 어떻게 하겠는가? (2개 선택)

A. 전 팀원에게 교육을 실시한다.

B. 2인 1조로 지식을 전달한다.

C. 외부인력을 소싱한다.

D. 필요교육을 파악하고 교육을 실시한다.

해설

특정 기술 같은 경우는 일단 내부 역량 향상 교육과 더불어 외부 소싱을 같이 진행하여야 한다.

115 다음 중 서비스 수준 계약에 대해 고려해야 할 사항은 무엇인가? (2개 선택)

A. 보안 요구사항

B. 보고 형식

C. 서비스 책무

D. 절차 검토

해설

SLA(Service Level Agreements: 서비스 수준 계약)는 서비스 제공자(내부 또는 외부)와 서비스 제공자가 기대하는 서비스 수준을 설명하는 최종 사용자 간의 계약이다. 계약서는 서비스 범위 및 기술서, 서비스 가용성, 신뢰성, 서비스 성과, 변경 관리 절차, 서비스 클레임, 서비스 면책조항 등을 포함한다.

116 세 개의 프로젝트 팀이 단일 프로젝트의 일부를 작업하고 있으며, 각 파트는 서로에 대한 의존도가 높다. 팀 리더는 세 팀의 산출물이 결합되었을 때 충돌이 발생할 수 있음을 이야기하며, 프로젝트 관리자는 팀 리더에게 지침을 제공해야 한다.

어떤 지침을 제공해야 하는가?

A. 팀장은 잠재적인 충돌을 식별하고 세 팀의 구성원과 매주 공동 회의를 주선하여 서로의 작업을 모니터링한다.

B. 팀장은 어떤 팀의 작업에 우선순위를 지정해야 하는지 결정한 다음 충돌이 없는지 확인하기 위해 다른 두 팀의 작업을 연기해야 한다.

C. 팀장은 갈등이 발생할 때 이를 문서화하고 발생하는 문제를 해결하기 위한 조치를 취해야 한다.

D. 팀장은 시험 단계에서 충돌을 해결할 수 있음을 인식함으로써 세 팀 모두에게 동시에 계속 작업하도록 지시해야 한다.

해설

행동을 결정하기 전에 프로젝트 관리자는 잠재적인 충돌을 확인하고 진행 상황을 감시해야 한다.

117 프로젝트 관리자가 리스크 관리를 위해 승인된 변경 사항을 구현했다. 변경 사항을 구현하고 3개월 후 프로젝트 관리자는 변경 사항으로 인해 원하는 결과가 나오지 않고 부정적인 결과가 발생한다는 사실을 알게 된다.

프로젝트 관리자는 향후 프로젝트에서 이러한 문제를 방지하기 위해 무엇을 할 수 있는가?

A. 새로운 리스크를 평가한 후 확률 및 영향 매트릭스를 업데이트한다.

B. 가정 기록부를 검토한 후 기존 가정 사항을 다시 살펴보거나 변경한다.

C. 교훈관리대장을 리스크 정보와 함께 업데이트한다.

D. 리스크 대응이 예상대로 수행되고 있는지 확인하기 위해 후속 조치를 취한다.

해설

리스크 감시 프로세스를 적용하여 신규, 변경 및 오래된 개별 프로젝트 리스크와 전체 프로젝트 리스크 수준의 변화에 대해 프로젝트 작업을 지속적으로 모니터링해야 한다. 리스크 감시 프로세스는 프로젝트 실행 중에 생성된 성과 정보를 사용하여 대응이 효과적인지 판단한다.

118 프로젝트 관리자는 앞으로 2주 이내에 노조 활동이 있을 수 있다는 예상치 못한 소식을 듣는다. 프로젝트 관리자는 프로젝트 지연이 예산과 일정 모두에 상당한 피해를 줄 수 있으며, 모든 조합의 조치가 프로젝트 팀에 영향을 미칠 수 있음을 알고 있다. 이전에는 노조 행동의 가능성이 최소로 간주되었다.

프로젝트 관리자는 이 문제에 어떻게 대응해야 하는가?

A. 비공식 토론을 통해 더 많은 정보를 얻고 발견된 정보를 사용하여 다음 단계를 결정한다.

B. 이 새로운 정보로 리스크 관리대장의 리스크를 업데이트하고 관련 이해관계자에게 알린다.

C. 참여하지 않는 사람들에게 보상을 계획하고 참여하는 사람들에 대해 가능한 징계 조치를 식별한다.

D. 미해결 갈등을 해결하기 위해 노동 조합 지도자와 회의 일정을 잡는다.

> **해설**
> 프로젝트 관리자는 이러한 일에 능동적으로 접근해야 한다. 이 리스크는 이전에 리스크 관리대장에 추가되었으며 낮은 수준의 리스크로 간주되었다. 리스크 관리대장을 업데이트하고 이러한 개발 내용을 적절한 이해관계자에게 전달함으로써 적절한 리스크 대응책을 고안할 수 있다.

119 프로젝트가 종료된 후에도 프로젝트 관리자와 프로젝트 팀 구성원은 여전히 다음을 수행해야 한다. 프로젝트에서 개발한 제품 또는 서비스가 이제 운영 지원을 받을 수 있도록 하려면 프로젝트 관리자는 무엇을 해야 하는가?

- 새로운 요구사항 평가
- 사소한 수정
- 기술적인 문제 해결

A. 프로젝트 인계를 완료한다.

B. 승인 기준을 검토하고 승인을 받는다.

C. 공식적으로 프로젝트 팀을 해체하고 새 프로젝트를 찾는다.

D. 제품이 아직 개발 중이므로 계속해서 요청을 이행한다.

> **해설**
> 프로젝트 종료 및 전달을 통해 생산 및 운영에 대한 지식 이전이 보장된다.

120 한 국제 은행이 주요 프로그램 변경의 일환으로 합병을 수행하고 있으며, 합병 과정에서 자문 역할을 수행할 컨설팅 회사를 고용했다. 컨설턴트는 성공 가능성을 최대한 높이기 위해 Agile을 사용할 것을 권장한다.

컨설턴트가 권장하는 내용의 의미는 무엇인가?

A. 그들은 빨리 일할 필요가 있다.

B. 재무 합병을 완료하기 위해 민첩한 방법을 사용하는 것이 가장 좋은 방법이다.

C. 민첩한 사고방식을 채택하면 조직이 복잡성을 극복하는 데 도움이 된다.

D. 합병은 점진적으로 완료되어야 한다.

> **해설**
> Agile Practice는 점진적이고 빠른 발전에 도움이 되며, Agile 방법에서 접근하고 행동하는 방법에 대한 4가지 가치와 12가지 원칙으로 구성된 민첩한 사고방식에 의해 알려진다. 프로젝트 전문가들이 "Being Agile"을 언급할 때, 그들은 같은 이름의 라이프 사이클의 특징을 가지고 있는 사고방식을 언급하고 있다.

121 타사 공급업체 팀 구성원과 프로젝트 팀 구성원 간에 해결되지 않은 충돌이 있으며, 이 문제는 프로젝트 관리자에게 에스컬레이션 되었다.

프로젝트 관리자가 가장 먼저 해야 할 일은 무엇인가?

A. 공급업체와 직접 만나 문제를 논의한다.

B. 문제를 논의하기 위해 공급업체에 전화한다.

C. 계약서의 초안을 작성하여 공급업체에 보낸다.

D. 공급업체에 이메일을 보내 문제를 논의한다.

> **해설**
>
> 프로젝트 관리자는 이 문제를 빨리 해결하기를 원한다. 이 갈등을 해결하기 위한 최선의 선택은 직접 만나보는 것이며, 다른 모든 의사소통 선택에는 해결을 방해할 수 있는 노이즈가 포함될 수 있다.

122 애자일 원칙에서 가장 우선순위는 무엇인가?

A. 사용자에게 소프트웨어를 제공한다.

B. 고객에게 빠르고 지속적인 인도로 만족하게 한다.

C. 모든 고객 요구를 수입한다.

D. 정시에 소프트웨어를 제공하여 이해관계자 요구를 충족한다.

> **해설**
>
> 고객에게 조기에 지속적으로 작동하는 소프트웨어를 제공하는 것이 가장 중요하다.

123 프로젝트 관리자가 프로젝트 팀을 구성했다. 초기 회의 동안 프로젝트 관리자는 팀 구성원들이 서로를 알아가고 프로젝트에 대해 흥분되고 긍정적인 느낌을 받았으며, 프로젝트의 구체적인 세부 사항에 대해 말하지 않은 것을 관찰한다.

팀은 어떤 개발 단계에 있는가?

A. 폭풍기(Storming)

B. 규범기(Norming)

C. 형성기(Forming)

D. 성취기(Performing)

> **해설**
>
> 형성 단계는 팀 구성원들이 만나 프로젝트와 그들의 공식적인 역할 및 책임에 대해 배우는 단계이다. 팀 구성원들은 이 단계에서 독립적이며 서로에게 개방적이지 않은 경향이 있다.

124 고객이 개발 중인 제품에 기능을 추가하고 싶다는 의사를 표시하고 있다. 이 요청은 프로젝트 실행 단계에서 이루어지지만, 프로젝트 관리자는 추가 비용이 적다고 판단한다. 만약 추가 기능이 성공한다면 이윤을 창출할 수 있는 기회가 늘어날 것이다.

프로젝트 관리자는 다음에 무엇을 해야 하는가?

A. 이 기능이 좋은 기회를 제공하지만, 제안된 추가 사항은 범위를 벗어났다고 판단해야 한다.

B. 변경 요청서를 제출한 후 프로젝트에 미치는 영향을 평가한다.

C. 프로젝트의 관리 예비비를 사용하여 요청된 기능을 추가하여 진행한다.

D. 새로운 기능과 결합할 수 있는 이미 개발된 기능을 식별하고 조합하여 고객의 요청을 충족시킨다.

> **해설**
>
> 고객이 작은 영향이나 작은 영향과 상관없이 프로젝트 관리자에게 변경을 요청할 경우, 변경 사항은 통합 변경 통제 수행을 거쳐야 한다. 첫 번째 단계는 변경 요청을 제출한 후 영향을 분석하는 것이다.

125 애자일 팀이 포장 디자인으로 차단 문제를 해결하기 위해 노력하고 있다. 결국 그들은 해결책을 찾지만, 그것은 다른 제품 형식을 요구한다. 설루션을 더 개발하기 전에 팀이 해야 할 일은 무엇인가?

A. 프로토타입을 제작하여 최종 고객에게 시연한다.

B. 제품 책임자에게 변경 승인을 요청한다.

C. 비용/편익 분석을 실행하여 가치를 결정한다.

D. 변경 사항이 제품 비전과 일치하는지 확인한다.

해설

이는 기본적인 제품 특성이 변화에 영향을 받아 제품 비전에 반영되지 않을 수 있는 경우이다. 제품 책임자는 이해관계자들과 협력하여 제품을 형성할 책임이 있다.

126 고객 측 직원이 현황 회의 도중 프로젝트 관리자에게 추가적인 새로운 제품 기능을 요청하고 있다. 해당 요청을 승인할 권한이 있는 사람을 찾기 위해 프로젝트 관리자는 어떤 문서를 가장 먼저 참조해야 하는가?

A. 변경사항 기록부

B. 변경관리 계획서

C. 수행담당(R), 총괄책임(A), 자문담당(C), 정보통지(I) – RACI 매트릭스

D. 변경 요청 문서

해설

변경 관리 계획은 프로젝트 변경 내용을 제출, 평가 및 구현하는 프로세스에 대해 설명한다.

127 어떠한 제품을 제작할 것인지 결정하기 위해 프로젝트 타당성 연구가 수행되었다. 그러나 최근에 기존 요구사항과 상반되는 또다른 제품을 개발하라는 변경 요청이 승인되었다. 변경 요청이 승인되기 전에 데이터 전문가가 분석을 수행했다.

프로젝트 관리자가 취해야 할 적절한 조치는 무엇인가?

A. 변경 요청을 실행한다.

B. 변경 요청을 수락하지 않는다.

C. 데이터 분석 세부 보고서를 검토한다.

D. 신제품에 대한 타당성 연구 결과를 검토한다.

해설

변경 요청이 승인된 후에는 변경 요청을 실행해야 한다. 새로운 요구사항이 원래의 요구사항과 모순되지 않는다면 애초에 변경 요구가 필요하지 않을 것이다.

128 애자일 프로젝트의 종료 시점에 모든 스토리가 예정대로 완료되고 모든 테스트가 통과되었지만, 고객은 제품이 성공적이라 생각하지 않는다.

향후 프로젝트에서 이러한 상황을 방지하는 가장 효과적인 방법은 무엇인가?

A. 백로그를 개발하기 전에 제품 비전이 고객의 승인을 받았는지 확인한다.

B. 완료의 정의에 통합될 성공의 판단 기준에 대해 고객과 동의한다.

C. 증분 릴리스 데모 및 사용자 테스트에 대한 고객 피드백을 수집한다.

D. 테스트 계획이 백로그에 비기능적 요구사항을 포함하는지 확인한다.

해설

지속적이고 점진적인 고객/사용자 피드백은 제품이 개발 전반에 걸쳐 식별된 요구사항과 확인되지 않은 요구사항을 해결하도록 보장하는 가장 좋은 방법이다. 제품 비전과 성공 기준은 표현되지 않은 요구사항을 포착하지 못하고 비기능적 요구사항은 항상 포함되어야 하기 때문에 다른 선택지들은 잘못된 것이다.

129 사용자 테스트 결과가 프로토타입 릴리스로 돌아왔다. 테스트 사용자는 그들이 원하는 다양한 의견을 설명한다.

사용자의 의견에서 어떤 결론을 이끌어낼 수 있는가?

A. 테스트는 관련이 없다. 프로토타입 디자인이 완료되지 않았다.

B. 테스트는 실패했다. 대부분의 기능을 다시 설계해야 한다.

C. 테스트 결과를 사용할 수 없다. 사용자가 목표를 이해하지 못한다.

D. 테스트는 성공적이었다. 의견을 통해 보다 정확한 백로그를 확인할 수 있다.

해설

사용자 테스트의 목적은 사용자 요구에 맞게 제품을 조정하기 위해 가능한 한 빨리 의견을 제공하는 것이다. 따라서 많은 양의 부정적인 의견이 더 빨리, 더 많은 양의 개선을 가능하게 하기 때문에 성공이다.

130 거의 완료 단계에 있는 프로젝트가 다음과 같은 상황인 경우 프로젝트 관리자는 프로젝트 인도물의 승인을 얻기 위해서 무엇을 해야 하는가?

- 매우 크다.
- 서로 다른 5개국의 기능 그룹들이 포함되어 있다.
- 종료 문서들을 준비 중이다.

A. 프로젝트 스폰서의 승인을 구한다.

B. 승인을 위해 운영위원회에 문의한다.

C. 프로젝트 관리자의 사업부 책임자에게 승인을 요청한다.

D. 승인을 위해 프로젝트에 관련된 5개국의 관리자에게 연락한다.

해설

프로젝트 헌장은 누가 프로젝트를 승인하는 사람인지를 결정한다. 주어진 보기 중 스폰서는 그들의 역할로 인해 가장 좋은 답변이 된다.

131 애자일 프로젝트 관리를 구현할 때 반복 계획 및 검토활동과 같은 애자일 모범 사례를 따르면 발생하는 리스크 관리를 무엇이라고 부르는가?

A. 고유한 리스크 관리(Inherent Rrisk Management)

B. 유기적 리스크 관리(Organic Risk Management)

C. 명백한 리스크 관리(Overt Risk Management)

D. 본질적 리스크 관리(Intrinsic Risk Management)

해설

- Agile 프로젝트에서 사용되는 리스크 관리 개념은 Organic 또는 Overt로 분류할 수 있다.
- 유기적(Organic) 리스크 관리는 반복 계획 및 검토 활동과 같은 Agile 모범 사례를 따르면 간단히 발생하는 리스크 관리이다.
- 명백한(Overt) 리스크 관리는 특정 애자일 리스크 관리 도구 및 기법을 사용하여 애자일 프로젝트의 리스크를 식별, 평가 및 완화하기 위해 특정 전략을 구현하는 것을 말한다.
- 명백한 리스크 관리 개념의 예로는 리스크 기반 스파이크, 리스크 조정 백로그 및 리스크 번 다운 차트 사용이 있다.

※ 참조: 2011년 소프트웨어 프로젝트 관리자의 민첩성 연결, Michele Sliger 및 Stacia Broderick

132 다음 문장 중에서 리스크로 맞게 표현한 문장은 어느 것인가?

A. 우리의 일정이 요구되는 마감일을 충족하지 못할 것으로 판단했다.

B. 부분별 판매가 가능하다고 생각하며 처음에 생각했던 것보다 비용을 덜 지출할 수 있다.

C. 작업을 제때 완료할 수 있는 자원이 부족하다.

D. 우대 금리의 변경으로 인해 자금원이 향후 프로젝트 단계에서 필요한 자금을 제공할 수 없다.

해설

- 리스크는 불확실성을 내포한 내용이 포함되어야 한다.
- 원인과 영향의 관계로 기록되어야 한다.
- C 및 D는 이슈이다.
- B가 가정 적절하게 원인과 영향의 관계로 표현되어 있다.

133 여러 팀 구성원이 다른 프로젝트로 이동되었기 때문에 프로젝트 관리자는 새 공급업체를 통한 추가 자원 지원이 필요하다. 프로젝트 관리자는 프로젝트의 이 단계에서 새 공급자를 사용하는 데 따른 원가 리스크에 대해 우려하고 있다. 이제 프로젝트 관리자는 조달 팀과 협력하여 사용할 계약의 사양과 유형을 설정해야 한다.

어떠한 계약 유형이 권장되는가?

A. 시간 및 자재(TM) 계약을 권장한다.

B. 성과급 가산 고정가(FPIF) 계약을 권장한다.

C. 성과급 가산 원가(CPIF) 계약을 권장한다.

D. 확정 고정가 계약(FFP)을 권장한다.

해설

FPIF(Fixed Price Incentive Fee Contract)는 구매자가 판매자에게 정해진 금액(계약에 정의됨)을 지불하고 판매자가 정의된 성과 기준을 충족하는 경우 판매자가 추가 금액을 받을 수 있는 계약 유형이다.

134 애자일 팀은 노년층에 적합한 스마트폰 쇼핑 애플리케이션 버전을 구축하고 있다. 마케팅 부서에서는 프로필에 맞는 자원봉사 테스트 사용자를 찾을 수 없다.

최상의 제품 가치를 제공하기 위해 어떤 옵션이 가장 효과적인가?

A. 유사한 경쟁사 제품의 평가를 검토한다.

B. 노년에 있는 사람들에게 그들이 원하는 가격대를 물어본다.

C. 사용자 인터페이스를 테스트할 때 안경을 벗는다.

D. 노년에 있는 사람들에게 테스트를 진행하도록 제품 책임자에게 요청한다.

해설

애자일은 공식적인 데이터 수집 프로세스 또는 경쟁업체 분석에 비해 직접적이고 실용적인/실제적인 사용자 피드백 획득을 선호한다.

135 진행 중인 사용자 스토리가 생각보다 복잡하고 오래 걸리는 작업이다.

어떻게 대응하겠는가?

A. 제품 백로그로 이동한다.

B. 교차기능 팀원들로 작업을 수행한다.

C. 단일 팀으로 작업을 수행한다.

D. 전부 외부 작업으로 전환한다.

해설

교차기능 팀원들로 이루어진 팀은 역량이 높아서 복잡한 작업을 잘 수행할 수 있다.

136 프로젝트가 진행 중이며 50%가 완료된 현황에 필수 프로젝트 팀원이 개인적인 문제로 1.5개월의 휴가를 요청한다.

프로젝트 관리자가 먼저 해야 할 일은 무엇인가?

A. 이 팀원에게 휴가를 연기할 수 있는지 확인한다.

B. 기능 관리자와 문제를 논의하고 교체를 요청한다.

C. 휴가가 프로젝트에 어떤 영향을 미칠지 평가한다.

D. 자원관리 계획서를 참조한다.

해설

프로젝트 관리자가 가장 먼저 해야 할 일은 이 부재가 프로젝트에 어떤 영향을 미치는지 이해하는 것이다.

137 프로젝트 관리 계획의 실행 단계에 있을 때 세 가지 필요한 변경 사항이 주목받았다. 팀 구성원은 모두 변경 사항을 구현하는 방법에 대해 서로 다른 의견을 가지고 있다.

프로젝트 관리자는 무엇을 해야 하는가?

A. 이사회 및 프로젝트 스폰서와 회의를 열어 문제를 해결한다.

B. 모든 팀 구성원과 이해관계자가 변경관리 계획서를 이해하고 준수하는지 확인한다.

C. 팀 구성원과 회의를 조직하여 문제를 검토하고 필요한 경우 변경을 요청한다.

D. 요청된 모든 변경 사항이 프로젝트에 적용되었는지 확인하고 모든 팀 구성원과 직접 의사소통한다.

해설

팀과 프로젝트 관리자는 문서화되고 합의된 변경 관리 프로세스를 따라야 한다.

138 프로젝트 관리자는 새 프로젝트에 대해 다음 정보를 받는다. 이 정보를 받은 후 프로젝트 관리자는 무엇을 먼저 해야 하는가?

- 가정사항
- 제약사항
- 예비 범위

A. 비즈니스 케이스 및 프로젝트 목표를 검토하고 이해한다.

B. 프로젝트 팀을 구성하고 프로젝트 과제를 할당한다.

C. 프로젝트 일정을 작성하고 중요한 경로를 결정한다.

D. 스폰서로부터 프로젝트 헌장 승인을 받도록 한다.

해설

헌장을 작성하기 전에 먼저 비즈니스 사례와 프로젝트 목표를 이해해야 한다. 팀을 구성하고 일정을 짜는 것은 그 과정의 후반부에 일어난다.

139 효과적인 리더십의 일환으로, 프로젝트 관리자는 팀원의 성장을 돕고 각 프로젝트를 통해 지속적으로 동기를 부여해 주어야 한다. 이러한 효과적인 리더십을 뒷받침하는 한 단계는 무엇인가?

A. 팀의 신념을 옹호하고 단호하게 행동한다.

B. 프로젝트 작업을 위임함으로써 팀의 의욕을 북돋아준다.

C. 일일 토의 세션을 활용하여 팀의 관심사에 대해 요청하고 응답한다.

D. 성공적으로 완료된 각 작업에 대해 팀 보상을 제공한다.

해설

프로젝트 팀과 관련하여 프로젝트 관리자의 주요 목표는 팀이 작업을 수행할 시간과 자원을 확보하고 발생할 수 있는 장벽을 제거하는 것이다. 프로젝트 관리자는 팀의 신념을 옹호함으로써 팀에 대한 지지를 보여주고 있다.

140 금융 소프트웨어 회사가 전 세계 주식 시장에 서비스를 제공한다. 실험적인 품질 보증 프로젝트에는 시애틀, 도쿄, 런던의 세 곳의 회사 사무실에서 일하는 애자일 팀이 있다. 팀은 각 위치의 시간대에서 2교대로 작업한다.

문제 해결을 보장하는 협업 방법은 무엇인가?

> • 교대 1: 오전 8시~오후 4시
> • 교대 2: 오후 4시부터 자정까지

A. 다음 순서로 매일 스크럼-오브-스크럼 회의를 진행한다.

   (1) 도쿄 교대 2와 런던 교대 1 (2) 런던 교대 2 및 시애틀 교대 1 (3) 시애틀 시프트 2와 도쿄 시프트 1

B. 오버랩 교대 중에 어항 창을 실행한다.

   – 런던 교대 1과 도쿄 교대 2 – 시애틀 교대 1과 런던 교대 2 – 도쿄 교대 1과 시애틀 교대 2

C. 다음 순서로 매일 스크럼-오브-스크럼 회의를 진행한다.

   (1) 런던 교대 1과 시애틀 교대 2 (2) 런던 교대 2 – 도쿄 교대 1 (3) 도쿄 교대 2 – 시애틀 교대 1

D. 오버랩 교대 중에 어항 창을 실행한다.

   – 도쿄 교대 2와 시애틀 교대 1 – 런던 교대 1과 시애틀 교대 2 – 도쿄 교대 1과 런던 교대 2

해설

어항 설루션을 사용하면 팀이 실시간으로 상호 작용할 수 있으므로 문제를 더 빠르게 조정하고 처리할 수 있다.
- 근무 교대는 다음 순서로 겹친다: 도쿄 2-런던 1, 런던 2-시애틀 1, 시애틀 2-도쿄 1
- 시애틀 – (UTC–08:00)
- 런던 – (UTC)
- 도쿄 – (UTC+09:00)

141 애자일 팀 리더는 다년간의 경험을 보유하고 있으며 팀이 만드는 제품의 주제 전문가이다. 팀 리더는 문제를 해결하는 데 있어 어떻게 팀을 가장 잘 참여시킬 수 있는가?

A. 팀장이 아는 것이 최선의 선택이 되도록 팀을 조종한다.

B. 모든 결정에 있어 팀과 상의한다.

C. 팀이 다른 잠재적 해결책을 실험하도록 장려한다.

D. 팀이 다른 해결책의 장단점을 문서화하는 데 참여시킨다.

해설

문제를 해결하기 위해 팀을 참여시키려면 팀장이 개방적이고 안전한 환경을 조성해야 한다. 이 환경에서 팀원은 이 실험 중 발생할 수 있는 실수에 대해 처벌받을 염려없이 다양한 옵션을 실험할 수 있다. 이런 부분을 팀원들에게 장려한다.

142 애자일 팀(Agile team)은 사용자 스토리(User Story)를 추정하기 위해 Planning Poker를 사용한다. 모든 팀원이 사용자 스토리(User Story)를 읽은 후, 촉진자(Facilitator)는 모든 사용자에게 사용자 스토리(User Story)를 완료하기 위해 이상적인 날짜 수를 가진 카드를 선택하고, 카드를 공개하도록 요청한다. 산정치가 크게 다른 경우, 촉진자는 모든 추정치가 수렴될 때까지 즉시 재추정을 요청한다.

촉진자는 무엇을 잘못했는가?

A. 참가자들은 산정의 단위로 이상적인 날을 사용했다.

B. 참가자는 모두가 자신의 카드를 공개한 직후에 즉시 재추정했다.

C. 프로세스가 익명이어야 했을 때 카드가 공개되었다.

D. 촉진자는 아무 잘못도 하지 않았으며 규칙에 따라 행동했다.

해설

포커계획(Planning poker)의 가치 중 일부는 산정을 논의하는 것이다. 팀은 즉시 재추정함으로써 견적을 논의할 때의 이점과 해당 견적을 선택한 이유를 놓친다. 따라서 팀원들의 가장 높고 낮은 수 제시에 대해 서로 토론하여 그 배경을 이해하고 재투표를 해야 한다.

143 애자일 팀은 고도로 숙련된 제품 설계 엔지니어로 구성되어 있다. 품질과 속도에 대한 명성 덕분에 신제품에 대한 콘셉트 개발에서 새로운 임무를 부여받았지만, 이 새로운 역할의 팀 생산량은 설계 작업에 비해 급격히 떨어졌다.

이 경우 팀 생산성을 높이기 위해 가장 효과적인 두 가지 방법은 무엇인가? (2개 선택)

A. 다음 반복 시 창의력 스파이크를 계획한다.

B. 팀을 지도할 창의적인 사고자를 찾는다.

C. 반복 시간을 연장하여 새로운 작업을 조절한다.

D. 팀에 T자 프로필 소유자를 더 많이 채용한다.

E. 팀 구성 이벤트로 동기를 높인다.

해설

• 팀의 핵심 문제는 전문가들이 그들의 안전지대를 벗어났다는 것이다.

• 팀을 좀 더 교차 기능할 수 있도록 멘토링하고 다양화하는 것이 가장 효율적인 방법이다.

• 팀의 기존 스킬에 의존하여 스파이크를 수행하거나 동기부여를 높이거나 반복을 연장하는 것은 문제를 해결하지 못한다.

144 신규 인력의 성과가 떨어지거나 애자일 경험이 부족한 인력들은 어떻게 해야 되나?

A. 해당 인력에게 필요한 것이 무엇인지 파악하고 코칭한다.

B. 필수교육을 전부 받게 한다.

C. 기술문서를 전달하고 쉬운 일부터 시킨다.

D. 페어(Pair)로 일을 시킨다.

해설

• 무엇이 문제인지 현상 파악을 하고 대응조치를 하여야 한다.

• 자원 부분에서는 무엇이 필요한지를 분석하고 코칭을 실시한다.

145 스프린트(Sprint) 종료 시 고객이 수락하지 않은 사용자 스토리(User story)는 어떻게 되나?

A. 그것들은 다음 스프린트 백로그(Sprint Backlog)에 자동으로 배치된다.

B. 그것들은 제품 백로그(Product Backlog)에서 삭제되고 프로젝트에서 삭제된다.

C. 그것들은 우선순위를 정하기 위해 제품 백로그(Product Backlog)에 배치된다.

D. 그것들은 그들이 받아들여지지 않은 이유를 설명하기 위해 다시 쓰여진다.

해설

스프린트 종료 시 고객이 승인하지 않은 사용자 스토리는 제품 백로그에 배치되어 고객 및 제품 책임자가 우선순위를 정한다.

146 핵심 팀원은 기술 프로젝트 도중에 다른 프로젝트로 이동하라는 요청을 받는다. 팀은 이것이 현명하지 못한 조치라고 믿고 우려를 표한다.

이 이슈를 해결하는 데 도움이 되는 행동은 다음 중 무엇인가?

A. 프로젝트 스폰서와 갈등에 대해 논의하고 대응책을 수립한다.

B. 프로젝트 팀에 동기부여하기 위해 코칭 도구와 기법을 사용한다.

C. 주요 팀원을 동일한 기술을 가진 새로운 인력으로 교체한다.

D. 팀의 우려를 인정하고 프로젝트에 미치는 영향을 분석한다.

해설

프로젝트 관리자는 주요 인사이동을 처리하고 팀의 의욕과 생산성을 유지하는 방법을 알아야 한다.

정답 143 B, D   144 A   145 C   146 D

147 향후 3~4개월 이내에 비즈니스의 제품 유형에 영향을 미칠 새로운 법률이 제정될 예정이다. 다음 제품의 출시가 시작되었으며 2개월 이내에 완료되어야 하지만, 새 제품은 제안된 법률의 요구사항을 충족하지 못한다.

프로젝트 관리자는 이 잠재적인 문제에 어떻게 대응해야 하는가?

A. 1. 스폰서 및 주요 이해관계자와 회의를 예약하여 리스크에 대해 논의한다.
2. 회의 결과를 사용하여 가정 기록부 및 프로젝트 헌장을 수정한다.

B. 1. 리스크관리 계획서를 수정한다.
2. 프로젝트 계획대로 진행한다.

C. 1. 프로젝트 계획대로 진행한다.
2. 제품이 규정 변경의 영향을 받지 않도록 정시 완료를 보장한다.

D. 1. 법률에 대해 경고하기 위해 후원자 및 주요 이해관계자와 회의를 예약한다.
2. 입법이 완료될 때까지 프로젝트를 취소하도록 조언한다.

해설

이 새로운 법률은 프로젝트에 중대한 영향을 미칠 수 있다. 그것은 확실히 새로운 잠재적 리스크, 새로운 가정 및 가능한 헌장 변경으로 이어질 것이다.

148 프로젝트 관리자는 개발 프로젝트의 실행 단계에서 모든 데이터 보안 요구사항들이 충족되는지 확인해야 하며, 서로 다른 프로젝트 단계에서 생성된 각 데이터베이스에는 정부 데이터 보안 법률을 준수하기 위한 특정 데이터 보안 정책이 있다.

프로젝트 관리자는 이러한 요구사항을 충족하기 위해 어떻게 계획해야 하는가?

A. 데이터베이스 개발 사양을 계획한 다음 개발자가 사양과 일치하며 일하는지 정기적으로 확인한다.

B. 분기별로 데이터 보안 상태를 검토하고 위반 사항이 발견될 경우 개선 조치를 권장한다.

C. 데이터베이스 개발자에게 데이터 보안 항목에 대한 문서와 사양을 충족하지 않는 항목을 수정하기 위해 취하는 단계에 대한 문서를 제출하도록 지시한다.

D. 프로젝트의 데이터 보안 품질 모니터링을 담당할 프로젝트 팀에 품질 보증 전문가 자원을 추가한다.

해설

주요 요구사항이 어떻게 충족되었는지 명확하게 문서화하는 것은 품질을 보장하고 해결해야 할 격차를 식별하는 좋은 방법이다.

149 프로젝트의 일부 작업이 예정된 날짜를 맞추지 못했기 때문에 프로젝트 관리자는 여러 후속 작업의 우선순위를 재지정했다. 하지만 문제가 해결되지 않아서 프로젝트 관리자는 문제를 프로젝트 이해관계자에게 에스컬레이션하려 한다.

이해관계자에게 에스컬레이션 하기 위해 프로젝트 관리자는 어떤 계획을 참조해야 하는가?

A. 의사소통 관리 계획서
B. 이해관계자 참여 계획서
C. 변경관리 계획서
D. 범위 기준선

해설

의사소통 관리 계획서는 의사소통 전략에 정의된 다양한 형식과 수단으로 적절한 메시지가 이해관계자에게 전달되도록 개발되었다.

150 주요 프로젝트 자원이 착수 회의 1.5주 전에 프로젝트 관리자와 프로젝트 결과물의 복잡성에 대해 논의했으며, 이 자원은 인도물에 대한 긴장과 우려를 나타낸다. 프로젝트 관리자는 결과물이 사실인지 확인하기를 원한다.

취해야 할 적절한 조치는 무엇인가?

A. 타당성 조사를 실시한 후 결과를 평가하고 검토한다.

B. 자원의 우려 사항을 논의하고 프로젝트 헌장을 수정하기 위해 프로젝트 스폰서와 회의를 한다.

C. 문제를 나중에 검토할 수 있도록 이슈 기록부에 문서화되어 있는지 확인한다.

D. 리스크 평가를 수행하여 위협 및 예방 조치 식별을 시작한다.

해설

타당성 조사는 새로운 프로젝트를 시작하기 위한 비즈니스 사례를 지원하는 것이다.

151 신규 자원이 작업 프로젝트 팀에 합류하고 더 큰 프로그램 마일스톤에 중요한 작은 프로젝트에 할당된다. 불행하게도 새로운 자원은 기술이 부족하고 매우 긴장한다. 팀 역학이 곤란해졌고 작은 프로젝트도 업무가 지연되었다.

프로젝트 관리자가 이 상황을 처리할 수 있는 두 가지 방법은 무엇인가? (2개 선택)

A. 신규 자원의 의사소통 기술을 평가하여 프로젝트 팀의 일원으로서 수용할 수 있는 수행 능력을 평가한다.

B. 신규 자원의 스킬에 대해 이야기한 다음 프로젝트에 어떻게 기여할 수 있는지 결정한다.

C. PMO에 더 나은 기술을 가진 다른 자원을 할당해 달라고 개인적으로 요청한다.

D. 신규 자원의 기능 관리자를 만나 그 배경을 더 잘 이해한다.

E. 새로운 팀원을 통합하고 코칭할 것을 팀에 요청한다.

해설

공연을 직접 보지 않고는 소문에 대한 사용 가능한 증거가 없다. 따라서 새로운 자원과 만나 업무에 대한 그들의 자질에 대해 알아보고 다른 새로운 자원과 마찬가지로 팀에 그들을 소개한다.

152 프로젝트 관리자가 프로젝트 계약서를 준비하고 있다. 이 프로젝트는 회사 제품 테스트의 30%를 자동화하는 것을 목표로 한다. 프로젝트 스폰서는 프로젝트 관리자에게 자동화 테스트를 식별하기 위해 선임 테스트 엔지니어를 배치하라고 조언한다. 그러나 테스트 부서장은 이 프로젝트가 부서 규모 축소로 이어질 것이라고 생각하기 때문에 협조적이지 않다.

시나리오에서 적합한 두 가지 동작은 무엇인가? (2개 선택)

A. 테스트 부서 책임자와 미팅을 가져 상호 기대치에 대해 논의한다.

B. 테스트 자동화에 대한 근거를 프로젝트 스폰서에게 요청한다.

C. 시험 자동화에 대한 데이터 기반 비용 편익 근거를 시험 부서 관리자에게 제시한다.

D. 고위 테스트 엔지니어가 테스트에 참여할 수 없는 리스크를 제기한다.

E. 프로젝트 스폰서와 협력하여 테스트 부서 관리자가 위협적이라고 인식하지 않는 프로젝트 헌장을 작성한다.

해설

프로젝트 관리자의 첫 번째 행동은 이해관계자가 프로젝트에 협조하도록 하는 것이다. 이를 위한 한 가지 방법은 비즈니스 결정을 뒷받침하는 데이터를 제시하는 것이다.

153 애자일 팀에서는 다양한 조직 부서의 직원이 번갈아 들어오거나 나가면서 팀을 강화한다. 프로젝트 관리자는 어떻게 상근 팀원들을 방해로부터 보호할 수 있는가?

A. 상근 팀원에게 순환 팀원의 업무를 할당할 수 있는 권한을 부여한다.

B. 프로젝트를 떠나는 직원에게 인정받을 만한 팀원을 뽑아 달라고 요청한다.

C. 어떤 작업을 수행할지 선택할 수 있도록 더 높은 우선순위를 부여한다.

D. 프로젝트를 떠나는 직원에게 지식 공유 워크숍을 운영하도록 요구한다.

해설

기술 상실은 팀에 가장 큰 지장을 주는 요인이다. 지식 공유 워크숍은 이러한 문제를 완화하고 팀이 서로 다른 업무를 수행할 수 있도록 발전시키는 데 도움이 될 것이다.

154 ABC사의 영업 및 마케팅 이사는 SW 버전 7.0의 매출이 40% 감소하고, 반납이 크게 증가했다고 보고했다. 고객들은 고객 서비스에 직접 불만을 제기하고 있으며, 소셜 미디어 팀들은 부정적인 피드백을 높은 비율로 보고하고 있다. 프로젝트 팀은 이미 소규모 업그레이드 및 버그 수정 세트인 SW 버전 7.1을 작업하고 있다. ABC 이사는 팀과 연락하여 버전 7.0 및 7.1 요구사항에 대한 전체 공개를 요청한다.

프로젝트 관리자는 이해관계자와 어떻게 상호작용해야 하는가?

A. 7.0 및 7.1 버전에 대해 합의된 제품 요구사항에 대해 상담 받았음을 상기시키고, 또한 책임 있는 이해관계자가 버전 7.0을 릴리스 전에 승인했음을 상기시킨다.

B. 7.0 프로젝트의 비즈니스 사례를 뒷받침한 고객과 시장조사(질적 및 양적)를 검토한다. 연구에서 이해 당사자의 역할에 대해 논의하는 것부터 시작한다.

C. 당신도 실망했지만 이러한 리스크는 문서화되어 주요 버전 릴리스에서 발생할 수 있는 고객/시장 반응으로 나열되었다.

D. 팀에게 7.0 버전의 최종 데모를 다시 한 번 수행하도록 요청하여 감독의 정보를 얻는다.

해설

• 고객 시장에서 버전 7.0의 부정적인 실적을 볼 때 이사가 우려하는 것은 당연하다.

• 장애, 실제 장애인지 여부, 예상 또는 가능성 여부, 일시적 또는 예상치 못한 이벤트인지 여부에 대한 공동의 책임감을 바탕으로 상호작용을 수행한다.

155 프로젝트 스폰서가 제품 성분 중 하나가 고객의 건강에 약간의 문제를 일으킬 수 있다고 알려왔다. 따라서 스폰서는 제품 원료를 변경할 것을 요청한다.

프로젝트 관리자가 취해야 할 조치는 무엇인가?

A. 해당 이슈를 자세히 조사하기 위해 통합 변경통제 수행 프로세스를 참조한다.

B. 즉시 변경을 실행하고 변경 요청을 공식 문서로 제출한다.

C. 현재 생산을 중단하고 통합 변경통제 수행 프로세스를 시작한다.

D. 범위 추가(Scope Creep)로 이어질 것이기 때문에 해당 요청을 이행하지 않는다.

해설

이슈에 대한 조치를 취하기 전에 항상 먼저 문제를 조사한다.

156 단일 프로젝트의 세 부분이 세 개의 프로젝트 팀에 의해 완료되고 있는 중이다. 세 부분은 서로 매우 의존적이다. 팀장은 이러한 상황이 세 팀에서 나온 산출물이 합쳐지게 될 때 갈등을 야기할 수도 있다고 우려하면서 조언을 요청하고 있다.

프로젝트 관리자가는 어떠한 조언을 제공해야 하는가?

A. 잠재적인 갈등 요인을 식별한 후, 주 단위의 합동 회의를 마련하여 세 팀의 팀원이 모두 모여 각자 서로의 작업을 모니터링할 수 있도록 한다.

B. 어느 팀의 작업이 우선적으로 수행되어야 하는지 결정한 후 다른 두 팀의 작업을 지연시킴으로써 갈등을 해소한다.

C. 갈등이 발생하면 문서화하고 야기되는 모든 문제에 대해 조치를 취한다.

D. 갈등은 시험 단계에서 해결될 수 있다고 인식하면서 세 팀 모두 계속 동시에 작업하도록 한다.

해설

조치를 결정하기 전에 프로젝트 관리자는 잠재적인 갈등을 확인하고 진행 상황을 모니터링해야 한다.

157 리스크 대응을 위한 SWOT 분석을 수행하는 동안 팀원이 어떻게 수행하는지 보여 달라고 요청한다.

이것은 어떤 유형의 멘토링인가?

A. 비공식   B. 공식

C. 일정   D. 타임박스

해설

업무 중에 그냥 보여 달라고 요청하는 것은 의사소통에서 비공식 요청에 해당한다.

158 가능한 설루션을 체계적으로 테스트하고 결과를 평가하며 해당 작업을 구현하는 데 사용되는 방법은 다음 중 하나로 알려져 있다. 어느 것인가?

A. 개선(Kaizen)

B. 지속적인 개선

C. 계획 실행 연구 조치(PDSA)

D. 회고

해설

애자일 프로젝트 관리에는 특성별로 제품을 개발하고 각 특성에 대한 고객 피드백을 받는 데 사용되는 소규모 개발 주기가 포함된다. Plan–Do–Study–Action이다.

159 멕시코의 한 신생 기업이 EU와 남아메리카에서 곧 신제품이 출시될 것이라고 언론에 발표했다. 이에 신생 기업의 EU 규정 준수 팀은 새로운 EU 규정과 관련된 실체적인 불이익을 피하기 위해 런칭을 5개월 연기할 것을 권장한다. 프로젝트 관리자가 규정 준수 조치를 준비하면서 프로젝트 런칭을 진전시키기 위해 어떤 접근 방식을 취할 수 있는가?

A. SWOT 분석을 실행하여 규정 준수와 소비자 요구 사이의 우선순위를 평가하고, 그 결과가 소비자에게 유리한 경우 프로젝트를 재개한다.

B. 프로젝트에 미치는 불이익의 영향을 추산하고, 그에 따라 예비비를 늘린 후 계획대로 프로젝트를 재개한다.

C. 예측 프로젝트를 대규모 스크럼 수명 주기로 다시 구성하고, 스토리 포인트를 사용하여 승인 마일스톤을 추정한다.

D. 규정의 영향을 받는 작업을 애자일 트랙으로 분할하고, 영향을 받지 않은 작업을 예측 일정에 따라 다시 계획한다.

프로젝트 런칭에는 시간에 일정과 민감한 마일스톤이 포함되므로 워터폴이 정확하다. 그러나 규정준수 작업은 런칭을 지원하기 위해 더 많은 정보를 수집하는 동시에 실행해야 한다.

160 지속적인 개선 운동의 아버지라고 여겨지는 사람은 누구인가?

A. Crosby   B. Deming

C. Juran   D. Smith

Deming의 철학은 품질을 개선하면 비용을 절감하고 생산성을 향상하며 시장 점유율을 높일 수 있다는 것이다.
W. Edwards Deming의 4가지 개념은 다음과 같다.

- 서비스 개선을 위한 제품 설계 개선
- 높은 수준의 균일한 제품 품질
- 작업장 및 연구 센터에서의 제품 테스트 개선
- 글로벌 시장을 통한 매출 증가

161 향후 7개월 이내에 새로운 법률이 제정되어 기업의 제품군에 영향을 미칠 것으로 예상된다. 다음 제품이 출시될 예정이며 4개월 이내에 완료될 것이다. 유감스럽게도 신제품은 제안된 법률의 요건을 충족하지 못할 것이다.

프로젝트 관리자는 이 잠재적인 문제에 어떻게 대응해야 하는가?

A. 스폰서 및 주요 이해관계자들과의 미팅 일정을 잡는다. 그런 다음 회의 결과를 이용하여 가정사항 로그와 프로젝트 헌장을 수정한다.

B. 리스크 관리 계획을 수정한다. 그런 다음 프로젝트 계획을 진행한다.

C. 계획에 따라 프로젝트를 진행한다. 그런 다음 제품이 가능한 규칙 변경의 영향을 받지 않도록 정시 완료해야 한다.

D. 법에 대해 경고를 하기 위해 스폰서 및 주요 이해관계자와 회의를 잡는다. 그런 다음 입법이 마무리될 때까지 프로젝트를 취소하라고 조언한다.

이 새로운 법은 그 프로젝트에 지대한 영향을 미칠 수 있다. 새로운 잠재적 리스크, 새로운 가정 및 현장 변경으로 이어질 것이 분명하다.

162 예전에 식별된 기술적 이슈가 해결되었음에도 불구하고 프로젝트 관리자는 동일한 이슈가 향후 유사한 프로젝트에서도 발생될 것 같다는 경고를 받았다. 이러한 경고에 대응하기 위한 첫 번째 단계에 포함되는 문서는 무엇인가?

A. 이슈 기록부

B. 리스크 보고서

C. 프로젝트 스폰서에 대한 의사소통

D. 교훈관리대장

과거의 프로젝트 교훈을 거울삼아 향후 프로젝트에 유용하게 사용할 수 있다.

163 온라인 일정도구에서 회의를 예약하는 데 10분, 회의 의제를 작성하고 참가자에게 전자메일로 보내는 데 20분이 걸린 경우, 3시간 회의의 프로세스 주기 효율성(Process Cycle Efficiency)은 약 얼마인가?

A. 81%   B. 86%

C. 91%   D. 100%

프로세스 주기 효율성을 찾는 공식은 다음과 같다.

- 총 부가가치 시간/총 주기 시간
- 이 질문에서 부가가치 시간은 3시간이며, 총 주기 시간은 10분+20분+180분=210분이다. 정답은 180/210=85.7%이다.

164 지난 5개월 동안 더 이상 지원되지 않는 잘못된 플랫폼으로 인해 스토리당 개발 비용이 300% 이상 증가했다. 제품 비전은 플랫폼의 고유한 기능이 제품의 전제 조건임을 강조한다.

프로젝트 관리자는 다음 단계를 결정하기 위해 무엇을 해야 하는가?

A. 예산 제약을 초과하였으므로 프로젝트를 취소한다.

B. 제품 책임자에게 대체 플랫폼을 선택하도록 요청한다.

C. 제품 비전을 달성할 수 없으므로 프로젝트를 취소한다.

D. 제품 책임자와 함께 원가 영향에 대한 가정 시나리오를 실행한다.

해설

- 제품에 대한 기본 가정은 더 이상 경제적으로 지속 가능한 방식으로 충족될 수 없다.
- 제품 책임자는 프로젝트를 계속할 수 있는지 여부를 결정하기 위해 가능한 시나리오를 분석해야 한다.
- 다른 선택지들은 정보가 없거나(즉시 취소) 제품 비전과 일치하지 않는다(대체 플랫폼).

165 애자일 팀은 고객의 웹사이트를 유지 관리하기 위해 다른 공급업체로부터 인수한 후 팀은 최근 브라우저 변경으로 인해 웹사이트의 기존 콘텐츠 대부분에 대해 이제 사용자가 플러그인을 설치해야 한다는 것을 알았다.

애자일 팀은 어떻게 나아가야 하는가?

A. 고객에게 알리고 영향 분석을 제안한다.

B. 플러그인 종속성을 제거하기 위해 모든 기존 코드를 업데이트한다.

C. 고객에게 이전 공급자의 과실에 대해 알린다.

D. 계약에 정의된 대로 코드 업데이트를 제공한다.

해설

- 이 경우 고객은 최근 플러그인 문제가 비즈니스 및 비용에 미치는 영향을 알고 있어야 한다.
- 다른 선택지들은 불완전한 방식으로(새 코드가 이전 코드와 일치하지 않음) 고객 인식 없이(기존 코드 다시 작성) 문제를 해결하려 한다.
- 과실을 지적해도 문제가 해결되지 않는다.

166 팀은 자체 운영 절차를 개발하고 프로젝트 중에 공식화된 표준 보고 구조를 벗어나 운영할 수 있다. 이것은 어떤 조직 구조를 나타내는가?

A. 기능 조직

B. 복합 조직

C. 프로젝트 조직

D. 매트릭스 조직

해설

오늘날 대부분의 조직은 다양한 수준에서 복합 구조를 포함한다. 복합 조직은 모든 유형의 조직이 조합된 조직이다.

167 산정 진행 중에 팀은 백로그 항목에 대해 논의하고 있다. 항목이 다양한 방식으로 수행될 수 있다는 것은 분명하지만, 가장 좋은 방법은 분명하지 않다.

이 아이템을 진행하려면 팀이 어떻게 해야 하는가?

A. 백로그에 순위 대안을 추가한다.

B. 제작할 가장 저렴한 대안을 선택한다.

C. 백로그에 새 스파이크 항목을 추가한다.

D. 가장 빠른 제작 방식을 선택한다.

해설

항목이 충분히 조사되어야 비즈니스 가치와 충분히 상세하고 테스트 가능한 사례를 제공하는 최상의 방법을 결정할 수 있기 때문에 백로그에 대한 리스크 스파이크 항목 추가는 좋은 접근이다.

168 두 회사의 합병은 애자일 소프트웨어 프로젝트와 예측 가능한 전자 제품을 하나의 하이브리드 프로젝트로 결합하는 결과를 낳는다. 2달 후 두 트랙 모두에서 요구사항이 변경되었지만, 둘 다 요구사항의 상태나 중요성에 대한 전체 그림을 가지고 있지 않다.

프로젝트 관리자가 문제를 가장 잘 해결할 수 있는 방법은 무엇인가?

A. 제품 백로그를 요구사항 사양에 통합하고 소프트웨어 팀에 새 문서 작업에 대해 교육한다.

B. 제품 백로그를 요구사항 사양과 결합하여 요구사항 추적 매트릭스를 작성하고 두 문서를 모두 입력으로 정의한다.

C. 요구사항 사양을 제품 백로그에 통합하고 전자 팀에게 새 문서로 작업하는 방법을 교육한다.

D. 진행률 추적을 위해 수정된 작업 패키지 및 업데이트된 제품 백로그 항목을 WBS에 통합한다.

> **해설**
>
> 요구사항 추적 매트릭스는 단순하고 유연하지만 완전한 요구사항 상태 보기를 제공한다. 각 트랙에서 원활한 연속성을 보장하기 위해 제품 백로그와 요구사항 사양이 모두 필요하다.

169 스프린트 회고 회의(Sprint Retrospective Meeting)에서 애자일 팀원은 피쉬본 다이어그램(Fishbone Diagram)을 그리고, 물고기(Fish)의 머리에 문제를 썼으며, 물고기 뼈에 범주를 표시했다.

팀은 다음에 무엇을 해야 하나?

A. 카테고리에 대해 하여야 할 것을 우선순위 결정한다.

B. 각 범주(Category) 내 문제 발생 요소들을 찾기 위한 브레인스토밍을 한다.

C. 하나 이상의 범주에 나타나는 항목 샘플을 찾는다.

D. 해결(설루션)의 범주로 물고기 꼬리에 레이블을 붙이고 코드를 붙인다.

> **해설**
>
> 다음 단계는 각 범주 내에서 문제를 일으키는 문제를 찾기 위한 것이다.

170 린 제조(Lean Manufacturing)에 따르면 다음 중 비즈니스 가치(Business Value)를 창출하지 않는 미완성된 작업 집합을 나타내는 용어는 무엇인가?

A. 전환 작업(Work in Transition)

B. 작업 중(Work in Process)

C. 침체 작업(Work in Stagnation)

D. 진행 중인 작업(Work in Progress)

> **해설**
>
> • Work in Process는 완제품(Lean Manufacturing) 용어로 완제품에서 완전히 완성될 때까지 비즈니스 가치를 창출하지 않는 백로그에서 개발 또는 대기 중인 미완성 품목을 말한다.
>
> • 진행 중인 작업은 린(Lean) 제조에만 국한되지 않는 일반적인 용어이며, 특정 시점에서 작업을 적극적으로 수행하는 작업을 나타낸다.

171 애자일 팀의 맞춤형 소프트웨어 개발이 포함된 하이브리드 프로젝트를 실행하고 있다. 팀의 진척은 좋지만 고객의 승인이 느려지면 불필요한 지연이 발생한다. 고객은 대상 환경에서 모든 테스트 사례를 반복해야 승인을 받을 수 있다고 주장한다.

승인을 가속화하는 동시에 고객의 신뢰를 구축할 수 있는 방법은 무엇인가?

A. 테스트를 사전 승인하기 위해 팀의 테스트를 참관할 담당자를 보내도록 고객을 초대한다.

B. 팀 구성원이 고객 테스터와 별도로 작업하여 그들의 환경에서 테스트를 실행할 수 있는 새로운 조건을 제안한다.

C. 고객과 협의하여 최대한 많은 테스트를 최종 릴리스로 미룬다.

D. 고객이 이전 빌드를 계속 테스트하고 승인하는 동안 팀이 자신의 속도로 진행할 수 있게 한다.

해설

Agile은 공급자와 고객 간의 투명성을 극대화하고 불필요한 작업을 제거하도록 추구하는 것이다. 작업 중복을 제거하기 위해 팀을 결합하는 것이 가장 좋은 방법이다. 다른 선택지들은 다음과 같은 이유로 잘못되었다.

• 참관한다고 해도 중복된 작업은 제거되지 않는다.
• 테스트를 연기하는 것은 가능한 한 빨리 결함을 감지할 수 없기 때문에 항상 좋지 않은 관행이다.
• 팀 간의 동기화되지 않은 진행으로 인한 결함이 발견될 경우 잠재적으로 재작업이 발생할 수 있다.

172 조직 변경 프로그램이 사전에 식별된 리스크인 내부 저항에 직면했는데, 물류 관리자는 예측 실행의 애자일 계획에 의해 주도되는 팀 규모와 변화율의 감소로 인해 특별히 영향을 받는다. 관리 감독자는 물류 팀을 위해 변경 프로그램 실행의 연기를 공식적으로 요청한다.

프로젝트 관리자는 이 요청에 대해 무엇을 해야 하는가?

A. 프로그램 백로그 시퀀스의 우선순위를 다시 지정하기 위해 프로그램 스폰서와 협력한다.

B. 스폰서에게 전략적 문제를 실행 위원회로 에스컬레이션하도록 요청한다.

C. 경영자의 저항을 유발하는 주요 요인에 대한 근본 원인 분석을 수행한다.

D. 리스크 관리대장을 검토하여 해당 사례에 대한 관련 리스크 대응을 구현한다.

해설

• 이해관계자의 저항이 예상되었고 여러 리스크 대응이 존재할 가능성이 있으므로 D가 올바른 대응이다.
• 애자일 계획을 통한 빈번한 회고를 통해 리스크 대응을 개선할 수 있으며, 이는 완전 예측 대응보다 더 유연할 수 있다.
• 다른 선택지들은 계획된 리스크 대응을 무시해서는 안 되기 때문에 잘못된 것이다(잠재적으로 계획된 대응의 일부일 수는 있음).

173 전략적인 애자일 프로젝트를 시작한 지 6개월이 지난 지금, 회사 경영진은 진행 상황을 면밀히 모니터링하고 있다. COO는 지난 주간 번다운 차트에 예상 완료 날짜가 여러 번 크게 앞뒤로 움직이는 것을 보여주고 있다는 것을 인지했다.

프로젝트 관리자는 어떻게 완료 날짜를 더 정확하고 안정적으로 예측할 수 있는가?

A. 애자일 계획의 유연한 특성에 대해 집행 위원회를 대상으로 교육한다.

B. 팀과 함께 향후 백로그 항목들에 대해 더욱 자세히 구체적으로 확인한다.

C. 스토리 복잡성과 부하에 따라 다양한 크기의 반복을 계획한다.

D. 고위 이해관계자에게 보내는 상황 보고서의 빈도를 줄인다.

해설

• 불규칙한 진행 곡선 변동은 일관되지 않거나 정보가 없는 스토리 포인트 추정의 전형적인 예이다.
• 백로그 상세화는 지나치게 복잡한 스토리들을 분류하고 과거의 진행 상황을 통해 새로운 스토리 추정치를 알려주도록 할 수 있다.
• 다른 선택지들은 이해관계자의 요구를 무시하거나 애자일 타임박스 원칙(가변 크기 반복)을 위반하기 때문에 거짓이다.

174 프로젝트 관리자가 소프트웨어 공급업체의 사무실을 방문하고 있는 중 워크스테이션당 두 명, 카드 한 벌에 기초한 추정치, 테스트 실패를 강요하는 개발자들, 그리고 "traffic_cop"과 "ringleader"와 같은 이름의 루틴 등의 모습을 확인했다.

이러한 관행을 설명할 수 있는 것은 무엇인가?

A. 서번트 리더가 팀에 너무 많은 자유를 부여했다.

B. 공급업체는 eXtreme 프로그래밍 방법을 채택했다.

C. 공급업체가 게임화된 교육 세션을 수행하는 것으로 보인다.

D. 프로젝트 관리자가 팀 빌딩 연습 중 우연히 방문했다.

해설

eXtreme 프로그래밍 사례에는 페어 프로그래밍(워크스테이션당 2개), 포커 계획, 테스트 우선 프로그래밍 및 프로세스의 은유 명명 등이 포함된다.

175 6개의 다른 회사가 프로젝트에 포함되었으며 프로젝트 스폰서는 글로벌 조직을 가지고 있다. 프로젝트 중간에 프로젝트 관리자는 한 이해관계자가 어려움을 겪고 있으며 이전 수준의 참여를 제공할 수 없다는 정보를 받았다.

프로젝트 관리자는 어떤 작업을 수행해야 하는가?

A. 이해관계자 참여 계획서를 업데이트한다.

B. 프로젝트 헌장을 수정한다.

C. 이해관계자 관리대장을 업데이트한다.

D. 프로젝트 관리 계획서를 수정한다.

해설

이해관계자 참여 계획서는 프로젝트 결정 및 실행에서 이해관계자의 참여에 영향을 미치는 모든 프로세스, 절차, 도구 또는 기법들을 반영하도록 업데이트된다.

176 프로젝트 팀 구성원이 마감일을 계속 놓쳐 나머지 팀원들에게 병목 현상이 발생한다.

팀 구성원을 지원하기 위해 팀은 어떤 조치를 취해야 하는가?

A. 지원(Supporting)

B. 통제(Controlling)

C. 지시(Directive)

D. 가치 조달 오피스(Value Delivery Office)

해설

• PMO를 제어하는 것은 다양한 방법을 통해 지원을 제공하고 준수를 요구한다.

• 컴플라이언스에는 프로젝트 관리 프레임워크 또는 방법론 채택, 특정 템플릿, 양식 및 도구 사용 또는 거버넌스 준수가 포함될 수 있다.

• 지원 PMO는 템플릿, 모범 사례, 교육, 정보에 대한 액세스 및 다른 프로젝트에서 배운 교훈을 제공함으로써 프로젝트에 컨설팅 역할을 제공한다.

• 지시 PMO는 프로젝트 관리자를 포함하여 프로젝트 또는 공유 리소스를 직접 관리하여 프로젝트를 제어한다. 상대적으로 적은 수의 PMO가 이 범주에 포함된다.

• 변화하는 고객 요구사항에 신속하게 대응해야 하는 더욱 분산된 구조를 채택하는 조직 내에서 신속한 변화를 위한 ACoE(Center of Excellence) 또는 VDO(Value Delivery Office)가 등장하고 있다. 그들의 역할은 경영적인 것이 아니라 코칭과 멘토링 노력을 맡는 것과 다르다.

177 프로젝트 팀 구성원이 마감일을 계속 놓쳐 나머지 팀원들에게 병목 현상이 발생한다.

팀 구성원을 지원하기 위해 팀은 어떤 조치를 취해야 하는가?

A. 팀 구성원을 시간 관리 교육에 등록

B. 팀 구성원에게 스탠드업 시 먼저 발언하도록 요청

C. 팀 구성원 해체

D. 팀 구성원을 팀의 경험이 풍부한 구성원과 짝짓기(Pairing)

해설

이러한 모든 솔루션이 효과를 발휘하여 팀과 팀원들에게 더 나은 결과를 제공할 수 있다. 이 시나리오에서 가장 좋은 대답은 짝짓기를 시도하는 것이다. 짝짓기는 역량 요구사항, 특히 과제를 보다 시기적절하게 수행하는 방법을 밝혀 팀 구성원을 지원할 수 있는 코칭 상황이다.

178 한 프로젝트 관리자가 실행 단계에서 혼합 프로젝트에 대한 리스크를 평가하고 있다. 각 반복이 끝날 때마다 팀은 장비 오작동과 같은 정상적인 문제만 보고했다. 그러나 팀은 최근 제품에 대한 규정 위반을 알리는 개발 중인 문제에 대해 프로젝트 관리자에게 경고했다.

프로젝트 관리자가 검토하고 업데이트해야 하는 아티팩트(Artifact)는 무엇인가?

A. 리스크 등록부(Risk Register)

B. 확률/영향 매트릭스(Probability/ Impact Matrix)

C. 리스크 관리계획서(Risk Management Plan)

D. 제품기술문서(Product Technical Documentation)

해설

- 비준수로 알려진 리스크 영역이므로 프로젝트 관리자는 리스크 등록 부서. 이 리스크 관리와 관련된 정보를 찾을 수 있다.
- 확률/영향 매트릭스(Probability/Impact Matrix)는 리스크의 결과에 대한 세부 정보를 제공하므로 리스크를 평가한 후에 유용한 자료이다.
- 리스크 관리 계획과 기술 문서에는 유용한 정보가 포함되지만, 프로젝트 관리자가 개발 중인 문제가 확대되어 문제가 될 리스크가 있는지를 파악하기만 하면 되는 현 단계에서는 포함되지 않는다.

179 두 프로젝트 관리자가 회의에 참석하기 위해 공항 라운지에서 이야기를 나누고 있다. 그들은 서로 다른 회사에서 만나 일해 본 적이 없다. 프로젝트 관리자 A는 팀에 아티팩트 업데이트에 대한 엄격한 기한이 주어지고, 리스크 등록부 및 이슈 로그가 일주일에 한 번 이상 업데이트되도록 감사를 받은 지난 프로젝트에 대한 이야기를 들려준다. 프로젝트 관리자 B는 프로젝트 관리자 A의 이야기에 충격을 받았다. 왜냐하면 그들의 프로젝트 팀은 보고를 거의 필요로 하지 않고 독립적으로 일할 수 있기 때문이다.

다음 중 맞는 말은 무엇인가?

A. 프로젝트 매니저 B의 PMO는 프로젝트 거버넌스가 없다.

B. B 프로젝트 매니저의 회사에는 PMO가 없다.

C. 프로젝트 매니저 B의 회사는 프로젝트가 준수하고 PMO가 준수를 보장하는 적응형 개발 접근 방식을 사용한다.

D. B 프로젝트 매니저의 회사는 주변적인 역할만 제공하는 지원 PMO를 가지고 있다.

해설

확실한 건, 이 두 프로젝트 관리자는 서로 다른 맥락에서 작업한다. 프로젝트 관리자 B의 회사는 규정 준수를 보장하지만, 그렇지 않으면 프로젝트 팀이 자체적으로 구성하고 적응형 프로젝트를 실행할 수 있는 PMO를 보유하고 있다.

180 글로벌 가구 체인의 CEO가 최대 4,800만 달러의 비용으로 2년 내에 회사 공장의 35%를 신기술로 개조하는 프로젝트를 승인했다. 이 시장은 경쟁이 치열하고 CEO는 3년 이내에 투자 수익을 내야 한다.

이 프로젝트는 어떤 개발 접근 방식을 취해야 하며, 그 이유는 무엇인가?

A. 범위, 예산 및 일정이 설정되어 있으므로 예측 개발 접근 방식이다.

B. 예측 스케줄링 프로세스와 공장의 증분 개발을 사용하여 예산 및 리소스의 가치 기반 지출을 보장하는 하이브리드 개발 접근 방식이다.

C. 2년 동안 예산을 추가로 지출하여 시간에 따라 일정을 조정하고 반복적으로 일정을 조정하는 하이브리드 개발 접근 방식이다. 이를 통해 프로젝트의 비용이 고갈되지 않도록 보장한다.

D. 변경 사항이 있을 경우를 대비하여 유연한 범위를 가진 하이브리드 개발 접근 방식으로 회사가 중심을 잡을 수 있다.

해설

예측 스케줄링 프로세스와 작업의 점진적인 개발이 포함된 하이브리드 접근 방식은 프로젝트가 어떻게 가치를 입증하고 있는지를 CEO에게 보여주면서 예산과 일정을 통제한다.

180 B **정답**

2회 최종 점검 모의고사

01 불만스러워 하는 애자일 팀원은 프로젝트 관리자에게 다가가 선배 팀원이 흥미로운 백로그를 맡고, 지루한 백로그는 다른 사람에게 맡긴다고 불평한다.

프로젝트 관리자는 불만 사항을 어떻게 해결해야 하는가?

A. 불평하는 팀원이 자기주장성 교육을 받도록 한다.

B. 선배 팀원과 공정성의 중요성에 대해 논의한다.

C. 팀원이 돌아가면서 항목을 선택할 수 있도록 새 규칙을 정의한다.

D. 팀에게 작업 분배를 위한 새로운 기본 규칙을 정의하도록 요청한다.

> **해설**
>
> 오해나 근거 없는 가정에 근거한 갈등은 팀 그라운드 규칙이 불완전하다는 증거이다. 애자일 팀은 자체적으로 조직하고 협업하여 자신만의 작업 방식을 결정해야 하므로 이러한 상황이 자주 발생하지 않아야 한다.

02 다음 중 팀이 기본 규칙을 정하는 데 있어 해당되지 않은 영역은 무엇인가?

A. 공유되는 가치(Shared Values)

B. 회의(Meetings)

C. 프로젝트 헌장(Project Charter)

D. 갈등관리(Conflict Management)

> **해설**
>
> 팀 헌장은 공유된 가치, 회의 규칙, 갈등관리 지침을 포함한다.

03 전 세계에 분산되어 있는 팀원을 관리해 본 경험이 적은 프로젝트 관리자가 다른 국가에서 온 팀원들과 함께 프로젝트에 임명된다. 이 프로젝트를 성공적으로 관리하기 위해서는 프로젝트 관리자가 문화적 감수성을 갖추어야 한다.

다음 중 프로젝트 관리자가 해서는 안 되는 조치는 무엇인가?

A. 리더십의 문화적 민감성에 관한 책을 읽는다.

B. 더 성공적인 지도자가 되는 방법을 배우기 위해 전문 코치를 고용한다.

C. 언어 장벽이 장애물인 것을 문제로 이슈화 하고 다른 과제를 요청한다.

D. 이 나라에 대해 배우기 위해 언어와 문화 수업에 등록한다.

> **해설**
>
> 위대한 리더는 성장 마인드를 가지고 있다. 문화적 차이를 활용하고, 프로젝트 수명 주기 동안 프로젝트 팀을 개발하고 유지하는 데 초점을 맞추고, 상호 신뢰의 환경에서 상호 의존적으로 협력하는 것을 항상 목표로 한다.

정답 01 D 02 C 03 C

04 애자일 팀원은 6개의 표준 시간대로 구분된다. 매일 회의하는 시간이 너무 길고, 노트북 카메라가 말하는 멤버들 사이를 전환하면 문제가 더 심각해진다.

프로젝트 관리자가 더 짧고 효율적인 일상 회의를 위해 취해야 할 두 가지 조치는 무엇인가? (2개 선택)

A. 반복 리뷰를 사용하여 칸반 보드에 대해 논의한다.

B. 전체 회의 동안 모든 팀원이 서 있어야 한다.

C. 단일 웹캠을 칸반 보드 및 팀을 향하도록 배치한다.

D. 팀원들에게 각자 시간을 정하여 반드시 정해진 시간에만 이야기하도록 한다.

E. 회의 동안에는 진행 중인 팀원으로만 말하는 것으로 제한한다.

해설

- 그룹당 하나의 웹캠으로 제한된 스탠딩 미팅은 효율성 저하 없이 미팅 시간을 단축하는 것으로 나타났다.
- 서서 회의를 하면 회의를 빨리 마칠 수 있다.

05 한 중견기업이 새로운 시장으로 확장되고 있다. 그러나 그 회사는 그 시장에서 이전 경험이 없다. 프로젝트 관리자는 요구사항을 수집해야 한다.

프로젝트 관리자가 사용해야 할 두 가지 도구 또는 기법은 무엇인가? (2개 선택)

A. 프로토타입

B. 전문가 판단

C. 제품 분석

D. 요구사항 추적 매트릭스

해설

- 전문가는 경험과 지식의 원천이다. 새롭고 잠재적으로 복잡한 시장의 위험 증가를 고려할 때 전문가의 판단을 사용하는 것이 좋다.

- 프로토타입은 제품을 더 잘 이해하고 요구사항을 수집할 수 있는 훌륭한 방법이다.

06 고객은 프로젝트 실행 단계에서 프로젝트 관리자와 만나서 협의한 후, 프로젝트 관리자는 비용 분석을 하면서 프로젝트 범위를 검토하고 작업분류체계(WBS)에서 일부 결과물이 누락되었음을 확인한다.

프로젝트 관리자가 다음에는 어떤 단계를 밟아야 하는가?

A. 이러한 누락된 결과물을 추가해야 하는지 이해관계자와 확인한다.

B. 프로젝트 관리 사무소에 이 작업에 필요한 추가 자금을 승인해달라고 요청한다.

C. 100% 규칙에 따라 WBS에 작업을 포함하여 총 프로젝트 비용을 재계산한다.

D. 현장 전문가와 함께 이러한 결과물이 필요한지 여부를 확인한다.

해설

100% 규칙은 WBS의 모든 작업 패키지가 해당 작업 패키지에 대한 모든 작업의 100%로 구성되어야 한다고 명시한다. WBS는 작업 패키지 자체이고, 범위에 있는 작업 패키지만 포함해야 하므로 누락된 작업 패키지를 WBS에 추가하고 다시 계산해야 한다.

07 이슈 기록부를 검토하는 도중 프로젝트 관리자는 두 명의 팀원에게 할당된 작업 일정이 상당히 뒤처져 있음을 알게 되었다. 어떻게 해야 하는가?

A. 해당 팀원들과 지연된 작업을 검토하고 해결 방안에 대한 전략을 결정한다.

B. 해당 이슈를 문서화하고 프로젝트 스폰서에게 제기하여 어떻게 해결하는 것이 좋을지 의견을 구한다.

C. 일정이 뒤처진 팀원들에게 왜 작업이 지연되었고 어떻게 원래 일정으로 되돌릴 것인지 설명하도록 지시한다.

D. 해당 팀원들에게 추가적인 프로젝트 리스크가 발생하지 않도록 이미 늦어진 작업들을 신속하게 마무리할 필요성에 대해 알린다.

해설

프로젝트 관리자는 팀과의 활동을 사전 예방적으로 검토하고 해결 전략을 파악할 필요가 있다. 해당 팀원들과 지연된 작업을 검토하고 해결 방안에 대한 전략을 결정해야 한다.

08 제품 책임자(PO)는 제품 기능에 대한 결정을 내릴 수 없다. 이것은 무엇으로 간주되는가?

A. 작업 요청   B. 장애
C. 백로그 상세화   D. 우선순위

해설

결정을 못 내리는 것은 장애의 부분이다.

09 프로젝트 팀이 업무나 계획을 방해하거나 지연할 수 있는 요소를 공유하기 위해 모든 사람을 일정한 간격으로 모으는 데 사용하는 기법은 무엇인가?

A. 데일리 스탠드업(Daily Stand-up) 회의
B. 반복평가(Iteration Review) 회의
C. 회고(Retrospective) 회의
D. 스프린트 기획(Sprint Planning) 회의

해설

데일리 스탠드업(Daily Stand-up) 회의는 하루에 한 번 15분 동안 팀원이 모두 모여 프로젝트 상황을 공유하는 회의이다.

10 전략적인 애자일 프로젝트를 시작한 지 6개월 만에 회사 임원들은 프로젝트의 진행 상황을 면밀히 감시하고 있다. CEO는 마지막 주간 번 다운 차트가 예상 완료 날짜를 여러 번 앞뒤로 크게 이동시키는 것에 대해 불만을 표현한다.

프로젝트 관리자는 어떻게 하면 더 정확하고 확실하게 완공 날짜를 예측할 수 있는가?

A. 팀과 함께 다가오는 백로그 항목을 좀 더 상세하게 한다.
B. 애자일 계획의 유연한 본성에 대해 실행 위원회를 교육한다.
C. 스토리 복잡성과 부하에 따라 가변 크기 반복을 계획한다.
D. 고위 관계자에게 보내는 진행 상황 보고서의 빈도를 줄인다.

해설

불규칙한 진행 곡선 차이는 일반적으로 일관되지 않거나 정보가 없는 스토리 포인트 추정치이다. 백로그를 정제하면 지나치게 복잡한 이야기가 세분화되고 과거의 진행 상황이 새로운 이야기 추정치를 알 수 있다.

11 한 컨설턴트가 IT 책임자에게 이주 프로젝트에 개발 및 운영(DevOps) 접근 방식을 사용할 것을 조언했다. IT 책임자는 필요한 속도를 안전하게 달성할 수 있는 방법을 알고 싶어 한다. DevOps를 통해 사고를 줄이면서 동시에 구축 속도를 높일 수 있는 2가지 예는 무엇인가? (2개 선택)

A. 모든 시스템 및 소프트웨어 컨테이너를 가상화
B. 운영과 개발 간의 초기 협업
C. 머신 러닝 기반 개발 및 전개
D. 운영 전에 구축 현장에서 개발 테스트를 실시
E. 운영 및 개발을 자동화

해설

- 개발 및 운영 협업(초기 및 지속적인)과 두 도메인의 자동화는 DevOps의 핵심이다.
- 가상화와 머신 러닝은 효율성의 원동력이지만, DevOps 방법은 아니다.
- 배포 사이트에 대한 개발 테스트는 비현실적이고 비효율적이다.

12 이터레이션 기간 동안 프로젝트 팀은 작업 완료를 지연시킬 수 있는 문제에 직면한다. 같은 프로젝트 내의 다른 팀은 일정을 맞추기 위해 작업을 제시간에 완료해야 한다.

프로젝트 관리자는 이 문제를 해결하기 위해 무엇을 할 수 있는가?

A. 다른 팀의 작업이 지연되는 것을 방지하기 위해 프로젝트 팀이 제시간에 완료하기 위해 조금 더 열심히 일해야 한다고 주장한다.

B. 다른 팀의 작업이 지연되지 않도록 제품 책임자와 협력하여 반복 백로그의 우선순위를 다시 지정한다.

C. 반복 기간을 늘리고 프로젝트 팀에 자원을 추가하여 적절한 마감일을 맞출 수 있도록 한다.

D. 팀원들에게 반복하는 동안 자신의 능력을 최대한 발휘하도록 요청하고 반복이 완료된 후 회고에 참여시킨다.

> **해설**
>
> • 지연이 발생할 수 있다고 해서 실제로 작업 완료가 지연되는 것은 아니다.
> • 성공 확률을 높이기 위해 백로그의 우선순위를 변경하면 다른 옵션보다 성공 확률이 더 높아질 수 있다.

13 프로젝트 관리자는 촉박한 일정에 따라 업데이트된 일정에 직면해 있다. 프로젝트의 기술 자원 관리자는 이전 프로젝트에서 프로젝트 관리자와 협력했다. 그러나 팀원은 일정을 맞추기 위해 프로젝트에 추가할 수 있는 새로운 기술 자원이 회사에 없다고 말한다.

프로젝트 관리자의 다음 단계는 무엇인가?

A. 프로젝트 스폰서에게 기술 자원 문제로 인해 프로젝트가 리스크에 처할 수 있음을 알린다.

B. 고위 경영진이 프로젝트를 리스크에 빠뜨릴 수 있는 필요한 자원의 부족을 인식하도록 한다.

C. 기술 자원의 가용성에 대해 기술 자원 관리자에게 문의한다.

D. 필요한 자원을 신속하게 확보하려면 타사 공급업체와 협력한다.

> **해설**
>
> Agile Manifesto에 따르면 프로세스와 도구보다 개인과 상호 작용을 중요시한다. 따라서 스폰서에게 먼저 알리기보다 자원 관리자와 만나 실제 상황을 파악하는 것이 가장 좋다.

14 여러 번의 규제 변경으로 인해 정부 기관이 복잡한 프로젝트의 핵심 이해관계자로 추가되었다. 프로젝트 관리자는 이 새로운 이해관계자에 대한 이해를 높이고 해당 변경으로부터 초래될 수 있는 새로운 상위 수준 리스크가 있다면 전부 식별하고자 한다.

프로젝트 관리자는 어떻게 해야 하는가?

A. 새로운 이해관계자와 만난다.

B. 가정기록부에 요구되는 변경 사항을 식별한다.

C. 이해관계자 참여 계획서를 검토한다.

D. 편익관리 보고서에 대해 프로젝트 스폰서와 확인한다.

> **해설**
>
> • 먼저 이해관계자와 만나는 게 좋다. 만나서 관련 내용을 파악하는 것이 중요하다.
> • 회의는 중요한 프로젝트 이해관계자에 대한 이해를 증진시키기 위해 사용된다. 직접 만남이 어려우면 소셜미디어 기술을 이용하여 가상 회의를 하거나, 직접 만남이 가능하면 워크숍, 소규모 그룹 토론 등의 형태를 취하여 아이디어를 공유하고 데이터를 분석할 수 있다.

15 프로젝트 스폰서는 리스크를 몹시 싫어한다. 따라서 프로젝트에 미칠 부정적인 영향에 대해서도 걱정하고 있다. 이러한 우려를 불식시키기 위해 프로젝트 팀은 네 가지의 프로젝트 리스크를 식별한 후 발생 가능성과 발생 시 리스크의 영향에 대해 모두 평가하였다. 팀은 1부터 5까지의 척도를 사용하였고, 1은 가장 낮음, 5는 가장 높음이다.

이 표에 의거하여 프로젝트 관리자는 관리 목적으로 이들 리스크의 우선순위를 매겨야 하는가?

리스크	A	B	C	D
발생 가능성	2	2	3	4
영향	3	5	4	4

A. B, A, D, C   B. D, C, B, A

C. B, C, A, D   D. C, D, A, B

해설

- A=2*3=6, B=2*5=10, C=3*4=12, D=4*4=16
- Risk Score를 보면 D−C−B−A 순으로 점수가 순서대로 나온다.

16 스크럼 혁신 팀은 6개 시장 사업의 다양한 수준에서 자금을 지원받았다. 4개의 틈새시장 사업부에서 팀이 주류 사업의 목표를 우선시하기 때문에 자신들을 소홀히 한다고 불평한다. CMO는 팀 노력의 40%를 4개의 틈새시장에 균형 잡힌 방식으로 일정하게 할애할 것을 요청한다.

제품 책임자는 이 요청을 어떻게 지원할 수 있는가?

A. 사업별로 스토리를 그룹화하고, 각 스프린트에서 작업할 틈새 사업 스토리의 40%를 선택한다.

B. 스토리를 주류 또는 틈새 그룹으로 나누고 각 스프린트에서 틈새 스토리 포인트의 40%를 계획한다.

C. 사업별로 스토리 그룹화, 각 스프린트에서 틈새 사업당 스토리 포인트의 10%를 계획한다.

D. 스토리를 주류 또는 틈새 사업으로 나누고 각 스프린트에서 주류 스토리의 10%를 계획한다.

해설

요구사항은 모든 반복에서 4개의 틈새 사업 각각에 40%의 노력(스토리 포인트)을 투자하는 것이다.

- 사업별 그룹화 : 틈새 4개+주류 6개
- 40% 스토리 포인트/4 유닛=10%

17 R&D 고위 관리자는 애자일 팀에 방문하여 긴급한 기능 작업에 대한 지침을 제공한다. 스프린트 리뷰 중에 제품 책임자는 팀이 요청한 기능을 작업한 것에 대해 화를 낸다.

프로젝트 관리자는 이러한 문제를 어떻게 해결해야 하는가?

A. 경영진이 더 이상 팀을 방해하지 않도록 에스컬레이션 한다.

B. 경영진 및 제품 책임자를 만나 작업 절차에 동의한다.

C. 경영진이 새 항목에 대한 변경 요청을 발행하도록 요구한다.

D. 백로그에 새 항목을 추가할 수 있는 접근 권한을 경영진에게 부여한다.

해설

- 이 경우 경영진의 이해관계자는 제품 책임자를 우회하여 혼란을 야기한다.
- 질서를 회복하려면 경영진과 제품 책임자 간의 작업 계약이 필요하다.
- 다른 선택지들은 애자일(에스컬레이션 및 변경 요청)에 반대하거나 제품 책임자 역할(직접 백로그에 대한 접근)을 약화시킨다.

18 애자일 팀은 기술적인 문제를 해결하는 데 탁월하지만, 제품 책임자가 창의적이거나 비즈니스 관련 아이디어를 요청하면 팀은 침묵한다.

이러한 상황을 문제라고 할 수 있는가?

A. 예, 다양성이 부족하면 팀의 적응력이 제한된다.

B. 예, 전문 팀은 오류율이 더 높은 경향이 있다.

C. 아니요, 전문가 팀이 일반 전문가보다 더 효과적이다.

D. 아니요, 팀은 쓸데없는 방해 없이 더 잘 수행한다.

해설

T자형 기술은 애자일 팀에서 요구되는 광범위한 기술 집합을 통해 팀이 보다 독립적으로 작업하고 변화하는 요구사항에 더 잘 적응할 수 있도록 한다.

19 애자일 팀은 스크럼의 스크럼(SoS)에서 그들을 대표할 사람을 결정해야 한다.

가장 적합한 팀원을 선택하기 위해 어떤 기준을 사용해야 하는가?

A. 구성원이 다른 팀의 작업을 얼마나 잘 알고 있는지

B. 구성원이 자신의 전문성을 얼마나 잘 적용하는지

C. 구성원이 대중 연설자로서 얼마나 설득력이 있는지

D. 그들이 애자일 방법으로 작업한 기간

해설

Scrum of Scrum에서 팀 간의 효과적인 협업을 위한 가장 중요한 요소는 대표 팀뿐만 아니라 팀 전체의 작업을 이해하는 것이다. 이러한 지식은 종속성과 장애를 식별하고 해결하기 위한 효과적인 조정을 촉진한다. 다른 자질들은 주로 팀 내에서 중요하다(전문성과 영향력).

20 한 계약자가 여러 계약자와 함께 장기적인 실행 단계를 진행 중인 프로젝트에서 마지막 할부금의 긴급 지불을 요청하며 이메일을 보내왔다.

프로젝트 관리자는 이 계약자의 요청에 어떻게 응답해야 하는가?

A. 조달 및 계약자와의 회의를 통해 지불 조건을 협상한다.

B. 조달관리 계획서 및 서명된 협약서/계약서에서 합의된 약속에 따라 행동한다.

C. 미지급금을 통지하고 결제가 이루어졌는지 확인하는 후속 조치를 통해 결제를 승인한다.

D. 실제 상태가 이것을 허용하는지 확인하기 위해 예상 지출과 실제 지출을 검토한 후에만 지불을 승인한다.

해설

• 경험이 없는 프로젝트 관리자라도 계약자가 실제로 프로젝트 작업을 수행하기 전에 계약 조건에 동의해야 한다는 점을 이해해야 한다.

• 조달 계획서 및 협약서/계약서 등은 계약서와 관련된 모든 데이터를 포함하며 지불 활동에 지침을 주는 기본이 된다.

21 프로젝트 관리자가 다음과 같은 사항을 식별하였으며 즉시 해결할 수 있는 해결책을 찾아야 한다.

프로젝트 관리자는 어떤 조치를 취해야 하는가?

• 영향력이 큰 4가지 중요한 리스크

• 리스크를 처리하는 데 필요한 4가지 특정 자원들

• 자원들이 중요한 인도물이 있는 다른 프로젝트에 투입됨

A. 1. 리스크가 발생하기로 예정된 시간에 자원을 사용할 수 있는지 확인한다.

2. 기능 관리자와 협력하여 리스크가 발생할 경우 리스크를 처리할 수 있는 다른 자원이 있는지 확인한다.

B. 1. 타사 공급업체와 계약한다.

  2. 이러한 작업들에 이 공급업체를 할당한다.

C. 1. 리스크를 받아들인다.

  2. 잠재적 영향을 줄이기 위해 이러한 리스크를 자주 모니터링한다.

D. 1. 잠재적인 일정 지연을 해결하기 위해 예비 일정을 만든다.

  2. 발생 가능한 영향을 완화한다.

해설

프로젝트 관리자는 먼저 자원을 리스크 발생 기간 동안 실제로 사용할 수 없는지 확인해야 한다. 그렇다면 PM은 기능 관리자와 협력하여 리스크가 발생할 경우 리스크를 해결할 수 있는 다른 자원들이 있는지 확인해야 한다.

22 신제품 개발 프로젝트를 진행하는 중에 프로젝트 관리자는 두 명의 고객에게 반복적으로 새로운 기능의 요청을 제출받고 있다. 제품의 다음 버전 릴리스에 대한 완성된 범위 정의는 이미 이해관계자에게 제공되었다.

프로젝트 관리자는 다음에 무엇을 해야 하는가?

A. 제품 관리자와의 만남을 요청하고 새로운 요청의 수를 줄이는 것에 대해 논의한다.

B. 프로젝트의 경계를 논의하기 위해 즉시 스폰서와 만난다.

C. 이해관계자와 직접 만나 기대치를 설정한다.

D. 범위 관리 계획서를 평가하여 범위 변경이 관리되는 방법을 확인한다.

해설

범위 관리 계획서는 프로젝트 및 제품 범위가 정의, 검증 및 통제되는 방법에 대한 세부 정보를 제공한다. 지금은 프로젝트 범위를 통제하는 데 도움이 필요하다.

23 팀의 문제 해결 노력에도 불구하고 칸반 보류 열에 몇 가지 항목이 남아 있다. 회고를 통해 모든 장애가 대기 시간을 초래하는 필수 기업 비즈니스 프로세스와 관련 있는 것으로 나타났다.

프로젝트 관리자는 다음에 무엇을 해야 하는가?

A. 팀이 팀 빌딩 이벤트에 참석하는 동안 보류 중인 비즈니스 프로세스 문제를 해결하기 위해 서번트 리더의 역할을 한다.

B. 보다 자율적으로 작업할 수 있도록 비즈니스 프로세스에 대한 팀 교육을 다음 반복에 할애한다.

C. 프로세스 책임자와 협력하여 절차를 간소화하고 프로세스에 대한 팀 코칭을 확실하게 한다.

D. 팀과 협력하여 비즈니스 프로세스 지연을 설명하기 위해 백로그의 스토리 포인트 추정치를 늘린다.

해설

서번트 리더는 가능한 한 팀에 영향을 미치는 프로세스를 단순화하기 위해 조직 내에서 일해야 한다. 그러나 대기업은 일반적으로 거의 완전히 제거할 수 없는 내부 프로세스가 필요하다. 다른 선택지들은 다음과 같은 이유로 잘못되었다.

– 팀 구성 이벤트 기간 동안 모든 프로세스가 제거되기를 기대하는 것은 비현실적이다.

– 교육은 설루션의 일부이지만 전체 반복의 대가가 아니며 합리화 노력도 있어야 한다.

– 스토리 포인트는 스토리 자체의 복잡성을 반영해야 하며 비즈니스 프로세스는 시간이 지남에 따라 스토리 포인트 비율의 전반적인 감소를 통해 보다 정확하게 반영되어야 한다.

24 애자일 팀원이 몇 주에 걸쳐 팀을 가로막았던 문제를 해결했으나, 소프트웨어 출시 후 해당 솔루션으로 인해 기능 장애가 발생한 것으로 보인다. 이러한 상황에 품질 이사는 설명을 요구한다.

프로젝트 관리자는 어떻게 대응해야 하는가? (2개 선택)

A. 팀원에게 자신의 근거와 교훈을 제시하도록 요청한다.

B. 위험한 것에 대한 발의를 하지 않는 것에 대해서 팀원에게 경고를 보낸다.

C. 팀과 협력하여 준비된 정의의 격차를 식별한다.

D. 실수는 불가피하지만 시정될 것이라고 이사에게 답변한다.

E. 팀과 협력하여 완료 정의의 격차를 식별한다.

> **해설**
> • 애자일 팀은 작업 결과에 대해 책임을 져야 한다. 이 경우 귀중한 교훈과 오류 배경이 공유된다.
> • 팀은 완료의 정의를 업데이트하여 문제를 방지하는 방법에 대해 협력해야 한다(**예** 외부 조건에 대한 확인 추가).

25 기존 프로젝트 관리를 사용하는 조직의 프로젝트 관리자가 진행 중인 프로젝트에 할당된다. 최근에 조직은 프로젝트에 애자일 방법론을 사용하기 시작했다. 프로젝트 관리자는 일부 팀원들이 주요 주제 전문 지식이 부족하다고 생각하고 있으며, 팀 간의 협업이 충분하지 않다고 생각하는 것을 알게 된다.

프로젝트 관리자는 이러한 팀원들의 우려에 어떻게 대응해야 하는가?

A. 지식 격차를 메우기 위해 타사 전문가를 고용한다.

B. 다음 스탠드업 미팅에서 전체 팀에게 협업이 중요하다는 점을 강조한다.

C. 교차기능 내부 자원을 추가하고 팀에게 가치를 설명한다.

D. 모두에게 업무 공동의존성이 명백해질 수 있도록 간트 차트 대신 칸반 보드를 사용하기 시작한다.

> **해설**
> 애자일 프로젝트에는 "T"자 모양의 팀원이 필요하다. 즉 상호 기능을 수행하고 여러 기능 영역에 걸친 협업이 갖는 중요성과 가치를 이해하는 개인이다. 이 경우 팀은 숙련된 인력과 협업하는 인력을 추가해야 한다.

26 프로젝트 팀은 공용어가 3개인 국가에 기반을 둔 해외 계약자와 협력하고 있으며, 팀의 모든 계약자는 다국어를 구사한다. 팀 미팅은 공통의 언어로 계속 진행되지만, 프로젝트 작업 미팅 중에는 계약자가 서로 다른 언어로 대화한다. 프로젝트 관리자가 다음 팀 미팅에서 이 얘기를 꺼내면 시공사들은 아쉬움을 표하지만, 서로 자유롭게 소통할 수 있어야 일이 잘 풀린다는 설명이다.

프로젝트 관리자가 먼저 어떻게 대응해야 하는가?

A. 작업 속도가 느려지더라도 모든 사람이 항상 같은 언어를 말하도록 요구한다.

B. 이 문제를 인사부에 보고한다.

C. 공식적인 교육 또는 번역 서비스를 받는다.

D. 팀이 언어 요구사항을 논의하고 팀 의사소통을 위한 기본규칙을 만들도록 한다.

> **해설**
> • 도급업자들이 덜 효율적으로 일하도록 강요하는 것은 프로젝트를 위태롭게 할 수 있다.
> • 전체 팀과 협력하여 프로젝트를 위태롭게 하지 않는 최상의 솔루션을 찾는다.
> • 팀은 구성원들의 다양성을 인정하고 포용적인 환경을 조성해야 한다.

27 권한이 부여된 애자일 팀이 처음 4번의 이터레이션에서 인상적인 진전을 보였지만, 지금은 명백한 이유 없이 최근 5번의 이터레이션에서 팀이 낮은 성과를 보였고, 제품 책임자가 알게 되었다.

이 상황의 원인은 무엇인가?

A. 기술적인 부채가 발생했으며 원인이 제거될 때까지 팀의 생산성이 계속 감소한다.

B. 팀은 개발의 스토밍 단계에 있었고 이제 규범기로 이동했다.

C. 특정한 저성과의 팀 구성원이 팀의 속도를 늦추고 있을 가능성이 크다.

D. 팀은 처음 4개 상호작용의 백로그에서 낮은 복잡성의 스토리들을 작업했다.

해설

• 일부 애자일 팀은 더 복잡한 스토리보다 덜 복잡한 스토리를 완료하여 더 빠른 진행을 원한다.

• 백로그의 우선순위는 속도 기반이 아니라 가치 기반이어야 한다.

• 다른 선택지들은 다음과 같은 이유로 잘못되었다.

 − 변화가 급격하다 : 기술적 부채는 천천히 악화된다.

 − 저성과자는 이전 반복에서 분명히 나타났을 것이다.

 − 팀은 자율적이다(규범기 후).

28 프로젝트 시작 후 프로젝트 관리자는 예상했던 정부 보조금을 사용할 수 없게 될 수도 있다는 사실을 알게 되었다. 이러한 상황에서 프로젝트 관리자는 무엇을 해야 하는가?

A. 해당 사항을 리스크로 기록한다.

B. 정보가 이슈 기록부에 추가되었는지 확인한다.

C. 예비비를 사용하여 프로젝트 예산을 보충한다.

D. 변경 요청을 한다.

해설

해당 사항은 아직 발생한 문제가 아니라 발생할 수도 있는 리스크이므로 리스크 기록부에 입력하고 적절하게 관리되어야 한다.

29 회사는 혁신적인 기술과 공정을 활용한 신제품을 활용할 계획이다. 프로젝트 관리자는 구성 요소 작업 패키지가 정의되었고, 각 구성 요소에 대한 제약 조건이 식별되었는지 확인한다.

프로젝트 관리자가 프로젝트에 대한 정확한 비용 견적을 얻기 위해 어떤 추정 기법을 사용해야 하나?

A. 유사산정　　　　B. 3점 추정

C. 상향식 산정　　　D. 모수산정

해설

상향식 추정은 WBS의 하위 수준 구성 요소의 추정치를 집계하여 프로젝트 기간 또는 비용을 추정하는 방법이다.

30 여행 대행 회사가 사용자들을 위한 스마트폰 앱을 만들고 싶어 한다. 경쟁업체들도 경쟁하고 있다. 제품 책임자의 비전은 Basic, Basic Pro, Premium 및 Super Premium의 여러 가지 버전의 앱을 설명한다.

회사의 요구에 가장 적합한 프로젝트 접근 방식은 무엇인가?

A. 워터폴　　　　　B. 증분형

C. 예측형　　　　　D. 반복적

해설

제품 번들은 최소 기능 수(기본 기능)에서 최고 기능 수(프리미엄)까지 다양하다. 증분 방식을 사용하면 Basic 제품을 신속하게 출시하여 경쟁적 시간 부담을 완화하고, 다음 기능 세트를 추가하여 각 번들을 점진적으로 릴리스할 수 있다.

정답 27 D　28 A　29 C　30 B

31 다음 프로젝트 특성을 검토한다. 이번 회의의 최종 결과는 어떻게 되는가?

> • 스폰서는 프로젝트를 승인한다.
> • 프로젝트 관리자는 선별된 팀원, 주요 이해관계자 및 스폰서를 회의에 초대한다.
> • 회의의 주요 목적은 팀이 주요 프로젝트 결과물을 정의하는 데 도움이 되는 문서를 작성하는 것이다.

A. 마일스톤 목록
B. WBS(Work Breakdown Structure) 사전
C. 범위관리 계획
D. 요구사항 관리 계획

해설

범위관리 계획은 범위를 정의, 개발, 감시, 통제 및 검증하는 방법을 설명하는 프로젝트 관리 계획의 구성 요소다.

32 프로젝트 관리자가 기존 소프트웨어 제품에 대해 새 요구사항에 대한 요청을 반복적으로 제출하는 고객과 협력하고 있다. 프로젝트 관리자는 이미 이해관계자에게 제품의 다음 버전 릴리스에 대한 완성된 범위 정의를 제공했다.

프로젝트 관리자가 다음으로 취해야 할 단계는 무엇인가?

A. 제품 관리자와 회의를 열어 신규 요청 수를 줄이도록 요청한다.
B. 스폰서와 함께 프로젝트 경계를 즉시 정의한다.
C. 기대치를 설정하기 위해 이해관계자들과 미팅을 준비한다.
D. 범위관리 계획을 분석하여 범위 변경이 어떻게 처리되는지 확인한다.

해설

범위관리 계획은 프로젝트 및 제품 범위를 정의, 개발, 감시, 통제 및 검증하는 방법을 문서화한다. 이 문서의 주요 이점은 프로젝트 전반에 걸쳐 범위를 관리하는 방법에 대한 지침과 방향을 제공한다는 것이다.

33 프로젝트의 특성은 다음과 같다. 예산 200만 달러, 현재 계획 가치는 62만 달러, 실제 비용은 65만 달러, 54만 달러의 가치를 획득한다.

다음 중 프로젝트의 현재 상태에 대한 설명으로 옳은 것은 무엇인가?

A. 프로젝트 일정은 단축되고 예산은 절감 상태이다.
B. 프로젝트 일정은 지연되고 예산이 초과되었다.
C. 프로젝트 일정은 단축되고 예산이 초과되었다.
D. 프로젝트 일정은 지연되고 예산은 절감 상태이다.

해설

• CV=EV−AC: 540,000−650,000=−110,000(비용 차이)
• SV=EV−PV: 540,000−620,000=−80,000(일정 차이)
• 비용 차이가 음수인 것은 프로젝트가 예산을 초과했음을 의미하고, 일정 차이가 음수인 것은 프로젝트가 예정보다 늦어진다는 것을 의미한다.

34 프로젝트의 스폰서는 회사가 특정 날짜에 특정 기능을 대량 생산할 수 있도록 확실히 해야 하기 때문에 새로운 R&D 프로젝트에 애자일 트랙을 사용해야 한다고 확신하지 않는다. 이에 하이브리드 프로젝트 접근 방식으로 스폰서의 요구를 충족할 수 있는 3가지 애자일 방법은 무엇인가? (3개 선택)

A. 제품 로드맵은 상세한 명세를 제공할 수 있다.
B. 요구사항 우선순위는 각 반복 시 확인된다.
C. 점진적인 개발은 품질 지연의 위험을 줄인다.

31 C 32 D 33 B 34 B, C, D **정답**

D. 영향도를 사용하여 관련 스토리를 그룹화할 수 있다.

E. 스토리는 세분화된 에픽(Epic)으로 분할될 수 있다.

해설

- 애자일의 유효한 방법에는 스프린트마다 백로그 재지정, 기능 레벨 뷰(View)를 위한 영향 매핑, 점진적 개발을 보장하기 위한 증분 테스트가 있다.
- 제품 로드맵과 에픽(Epic)은 상세 뷰(View)가 아닌 개괄적인 뷰(View)이다.

35 다음과 같은 프로젝트에서 무슨 일이 일어나고 있는가?

- 프로젝트 팀에 의해 실행 중이다.
- 500개의 제품은 원래 승인된 청사진을 기반으로 개발되었다.
- 프로젝트 팀은 품질 계획 대비 평가할 50개의 제품을 무작위로 선택했다.

A. 프로젝트 팀이 검사를 수행하고 있다.

B. 프로젝트 팀은 통계적 샘플링을 활용하고 있다.

C. 프로젝트 팀이 감사를 수행하고 있다.

D. 프로젝트 팀은 품질 측정을 관리하고 있다.

해설

통계적 샘플링에는 검사를 위해 관심 모집단의 일부를 선택하는 작업이 포함된다. 샘플을 채취하여 통제치를 측정하고 품질을 확인한다.

36 프로젝트 관리자는 여러 프로젝트를 가지고 있으며, 어느 초기 단계의 프로젝트에 새로운 팀원이 있다. 프로젝트 관리자는 앞으로 몇 주 동안 다른 프로젝트를 실행하느라 매우 바쁠 예정이다.

프로젝트 관리자는 다음 몇 주 동안 새로운 프로젝트 팀을 어떻게 발전시킬 수 있는가?

A. 팀이 팀 결속을 장려할 사회적 계약을 작성하도록 도와준다.

B. 팀원들이 팀을 정상화하기 위해 여러 팀빌딩 이벤트에 참여할 것을 제안한다.

C. 짧은 일일 프로젝트 상황 업데이트를 보내 팀에 계속 정보를 제공한다.

D. 관계를 구축하기 위해 각 팀 구성원과 직접 대면하는 개인 대화에 참여한다.

해설

- A. 예 – 이렇게 하면 팀이 스스로를 정상화하고 당신이 부재 중일 때 일할 수 있도록 한다.
- B. 아니오 – 이것은 생산적일 수 있지만 일회성 활동이며, 당신이 부재 중일 때 스스로 일할 수 있도록 장려하지는 않는다.
- C. 아니오 – 이것은 팀이 서로를 알아가고 자급자족하도록 장려하지는 않는다.
- D. 아니오 – 이것이 더 깊은 관계로 이어질 수 있지만 이를 위한 시간이 충분하지 않으며, 팀이 서로를 알아가도록 장려하지는 않는다.

37 프로젝트 관리자는 한 자원이 다른 프로젝트에서 스폰서와 협력했음을 알게 된다. 자원은 프로젝트의 이익 실현을 높이기 위해 프로젝트 후원자와 협력하여 개인적인 영향력을 사용하는 것으로 보인다.

프로젝트의 어느 단계에서 프로젝트 관리자가 비용 효율성을 최적화하기 위해 이 문제를 해결해야 하는가?

A. 팀의 성과 단계가 시작될 때

B. 첫 번째 이익 실현 직후

C. 다음 회고식을 하는 동안

D. 다음 자원 성과 검토 중

해설

회고를 통해 팀은 프로세스에 대해 배우고 개선하고 적응할 수 있으므로 이 걱정을 해결하는 이벤트가 될 것이다.

38 제약 프로젝트에는 약물 실험 환자의 인체 조직 스캔을 분석하는 애자일 의사 팀이 포함된다. 머신 러닝(ML; Machine Learning) 기술이 스캔 분석에서 의사보다 빠르고 정확하다는 것이 입증되었기 때문에 기업대표는 이를 활용하고자 한다.

기업 대표의 뜻에 따라 제품 책임자는 어떻게 진행해야 하는가?

A. 리스크를 리스크 관리대장에 기록하고 회고 시 대응 방안을 논의할 계획을 세운다.

B. 팀과 협력하여 ML 자원을 사용하는 방법을 계획하고 비즈니스 케이스를 작성한다.

C. 팀의 부정적인 반응을 예상하고 시간과 기술이 다른 곳에서 더 잘 사용될 수 있도록 그들을 설득할 준비를 한다.

D. 팀에게 인간 기반 검증을 지원하는 SWOT 분석을 작성하도록 요청한다.

39 신규 프로젝트의 모든 팀원들은 가능한 빨리 가치를 인도함으로써 고객의 신뢰를 얻기를 바란다. 프로젝트 관리자는 인력 한 명이 다른 프로젝트들에서 스폰서와 함께 일했던 사실을 알고 있다. 그 인력은 프로젝트의 이익 실현을 증가시키기 위해 프로젝트 스폰서와 일하면서 개인적인 영향력을 사용하는 것 같다.

프로젝트 관리자는 비용 효율성을 최적화하기 위해 프로젝트의 어느 단계에서 이러한 우려를 해결해야 하는가?

A. 팀 실행 단계의 시작 시점
B. 최초 수익 실현 직후
C. 다음 회고 기간 동안
D. 다음 자원 성과 검토 기간 동안

40 다음 중 프로젝트 관리자의 섬김형 리더십 스타일을 가장 잘 나타내는 것은 무엇인가?

A. 비즈니스팀을 위해 커피를 만드는 데 도움을 준다.

B. 어려운 질문을 던져 개발 팀이 생각하도록 한다.

C. 디자인팀이 사용할 수 있는 새로운 가능성을 내놓는다.

D. 팀이 집중하고 순조롭게 작업을 진행할 때 관리 보고를 담당한다.

41 프로젝트 관리자가 퇴사하고 교체된다. 새로운 프로젝트 관리자는 프로젝트 성공을 위해 팀을 안내하게 되어 기쁘다.

이에 신규 프로젝트 관리자가 가장 먼저 해야 할 일은 무엇인가?

A. 프로젝트 헌장을 검토하여 목표와 결과물을 확인한다.

38 B 39 C 40 D 41 A **정답**

B. 프로젝트 일지를 검토하고 이전 프로젝트 관리자가 작성한 메모를 찾는다.

C. 지식 이전 프로세스와 관련된 새 활동을 추가하여 프로젝트 일정을 수정한다.

D. 프로젝트 예산과 일정을 다시 검토하여 추가 시간이 필요한지 결정한다.

해설

• 프로젝트 헌장은 가장 중요한 프로젝트 문서 중 하나이다.

• 프로젝트의 전술적 실행뿐만 아니라 관리자가 프로젝트 전략을 이해하는 데 중요한 많은 측면을 정의한다.

• 공식 프로젝트 헌장을 읽기 전에 취한 모든 조치에는 이 중요한 정보가 제공되지 않는다.

42 한 계약자가 자원의 문제로 인해 중요한 프로젝트의 인도가 늦어지고 있으며, 이 프로젝트는 원가 초과를 대비해 예산에 22%의 여유가 있다.

이 문제를 완화하기 위해 프로젝트 관리자가 가장 먼저 해야 할 일은 무엇인가?

A. 이 지연의 법적 의미에 대해 공급업체와 논의한다.

B. 현재의 공급업체를 대신할 새로운 공급업체를 고용한다. 새 공급업체에 계약서를 보내도록 요청한다.

C. 자원 제약에도 불구하고 프로젝트 인도물을 지원할 수 있는 대체 공급업체를 찾는다.

D. 원가 초과를 먼저 수락한 후 프로젝트 일정을 업데이트한다.

해설

• 프로젝트 인도가 주요 초점임을 깨닫고 프로젝트 관리자는 잠재적인 예산 영향에 대한 걱정 없이 대안을 평가해야 한다.

• 실행 가능한 대안이 확인되면 후원자에게 결정을 제안할 수 있다.

43 고객의 자원들이 필수 교육을 완료하지 않았다. 프로젝트 관리자는 프로젝트를 적시에 완료하는 데 따르는 리스크를 고려해야 한다. 고객 자원 교육은 필수 프로젝트 인도물이다.

프로젝트 관리자는 어떤 작업을 수행해야 하는가?

A. 리스크 관리대장을 업데이트하여 우려사항을 문서화한 다음 고객 자원들이 교육을 완료할 수 있도록 계획을 개발한다.

B. 리스크 관리대장 수정 및 차기 프로젝트 현황 회의에서 논의한다.

C. 리스크 완화를 지원하기 위해 추가적으로 구현 후 교육을 전담한다.

D. 교육 지연을 고려하여 프로젝트 일정을 수정한다.

해설

프로젝트 관리자는 리스크를 문서화한 다음 이해관계자와 협력하여 이 리스크를 해결해야 한다.

44 당신은 지금 프로젝트 이해관계자를 식별하기 위해 노력하고 있다. 다음 중 이해관계자 범위에 포함되는 대상으로 가장 적절한 것은?

A. 프로젝트에 대해 알고 있으며 이를 지원해 주는 사람들

B. 프로젝트에 관한 책임이 있는 사람들

C. 고객 및 프로젝트 팀

D. 프로젝트에 긍정적 혹은 부정적으로 영향을 미치거나 받을 수 있는 사람들

해설

프로젝트 이해관계자의 범위에는 해당 프로젝트에 긍정적 혹은 부정적 영향을 미치거나 영향을 받을 수 있는 모든 사람들이 포함된다.

45 프로젝트 목표 달성을 위해 회사 조직의 스폰서에 의해 배정된 사람으로, 프로젝트 관리 계획을 개발하고 팀을 관리하고 갈등을 중재하는 사람을 무엇이라 부르는가?

A. 프로젝트 관리자

B. 스폰서

C. PMO

D. Arbitrator(중재자)

해설

- 스폰서는 프로젝트 관리자를 프로젝트 초기에 선정한다.
- 프로젝트 관리자는 스폰서가 만드는 프로젝트 헌장을 돕고, 프로젝트가 착수되면 프로젝트 계획을 만들고 실행을 위해 프로젝트 팀과 이해관계자들을 관리한다.
- 프로젝트 동안 발생하는 프로젝트 팀 내 갈등관리나 이해 관계자들의 기대사항을 관리하는 것은 프로젝트 관리자 (Project Manager)의 중요한 역할이다.

46 브랜드의 품질 저하에 대해 소셜 네트워크에서 주목받는 여러 불만들이 제기된 후 새로운 애자일 혁신 팀은 다른 모든 고려 사항보다 제품 품질을 우선시한다는 목표를 세웠다.

팀의 목표를 달성하는 데 가장 효과적인 방법은 무엇인가?

A. 더 나은 품질의 재료 사용을 위한 자금 조달을 위해 제품 가격을 인상한다.

B. 경쟁 제품에 대한 기능 벤치마킹 및 결함을 추적한다.

C. 인적 오류를 제거하기 위한 자동화된 테스트 벤치를 만든다.

D. 지속적인 사용자 포커스 그룹의 의견을 기반으로 테스트 주도 개발 방식을 사용한다.

해설

- TDD(Test-Driven Development)는 개발 전에 품질 기준을 보장하지만, 목표를 결정하기 위해서는 지속적인 사용자 의견이 가장 중요하다.

- 다른 선택지들은 품질 격차 인식을 이해하기 위한 수단으로 사용자 의견을 포함하지 않았다.

47 이전에 식별된 기술적인 문제가 해결되었지만, 프로젝트 관리자는 향후 유사한 프로젝트에서 동일한 문제가 발생할 가능성이 있음을 경고했다.

이러한 경고에 대응하는 첫 번째 단계의 일부가 되어야 하는 문서는 무엇인가?

A. 이슈 기록부(The issue log)

B. 리스크 보고서(A risk report)

C. 프로젝트 스폰서를 위한 의사소통 (A communication for the project sponsor)

D. 교훈관리대장(The lessons learned register)

해설

교훈관리대장은 과거 프로젝트의 문제를 피하기 위해 미래 프로젝트에서 사용할 수 있다.

48 프로젝트 팀원들 간의 소통 증진과 사기 진작을 위해 일상적이고 비공식적인 블로그가 개설되었다. 프로젝트 관리자는 해당 블로그에 대해 예전에는 알지 못하였지만 팀원들이 블로그를 부적절하게 사용하고 있음을 발견하였다.

프로젝트 관리자는 어떻게 해야 하는가?

A. 프로젝트 팀에 해당 블로그 사용을 중지하라고 지시하고 의사소통 관리 계획서를 평가한다.

B. 관련된 모든 개인을 문책하고 해당 이슈를 준법 감시실에 보고한다.

C. 의사소통 관리 계획서에 속하지 않은 부분이므로 해당 블로그를 폐쇄한다.

D. 블로그상에서 이루어지는 의사소통을 감시할 수 있는 관리자를 수배한다.

해설

의사소통 관리 계획에서 다루는 것 이외의 의사소통은 추가적인 리스크와 문제로 이어질 수 있다. 단, 팀에서는 블로그를 이용하고 있었으므로 프로젝트 관리자는 의사소통 관리 계획에 공백이 있는지 평가해야 한다.

49 프로젝트 관리자는 프로젝트 인도물을 만들기 위한 작업을 수행하면서 팀과 함께 협업하고 있다. 프로젝트 계획 및 기준선을 일부 조정해야 한다.

프로젝트 관리자가 이러한 변경을 허용하려면 무엇이 필요한가?

A. 변경 요청을 잠시 보류한다.

B. 이해관계자들 요구사항이 원래 계획했던 것에서 조정되었다는 이해관계자들의 의견을 듣는다.

C. 변경 요청을 승인한다.

D. 스폰서가 작업을 완료하기 위해 다른 방법을 취하기로 결정한다.

해설

승인된 변경 요청은 통합 변경통제에 따라 수신 및 승인되어 실행 일정을 계획할 준비가 된 요청이다.

50 애자일 팀이 이전 프로젝트에서 함께 작업을 했었다. 팀의 마지막 프로젝트에서 가장 큰 부정적인 비판은 산정치의 부정확성이었다. 새로운 프로젝트에 대한 산정을 준비할 때, 애자일 실무자는 팀원들이 다르게 행동할 무엇을 권장해야 하는 것인가?

A. 산정치에서 불확실성을 완전히 제거하기 위해 광범위하게 생각한다.

B. 미세조정 방법이지만 산정으로 최대의 편익을 얻기 위해 너무 많은 노력을 기울이면 안 된다.

C. 예산, 일정 및 범위를 고정하여 정확성을 향상시킨다.

D. 한 팀원이 산정을 소유하는 일차적인 책임을 져야 한다.

해설

• 애자일 계획에서는 점진적인 정교함이 사용된다.

• 산정을 너무하면 수익을 감소시킬 수 있는 지점이 있다.

• 산정에 추가 노력을 기울이면 정확도가 최소한으로 향상된다. 따라서 팀은 미세 조정할 수 있지만 추정에 너무 많은 시간이나 노력을 투자해서는 안 된다.

51 현재 프로젝트에서 애자일 접근 방식은 다음 단계 요구사항을 충족한다. 팀이 단계에 대해 논의하면서 일부 팀원이 애자일 모델에 대한 적절한 교육을 받지 못했다는 것이 식별되었다.

프로젝트 관리자는 이 상황에 대해 어떻게 대응해야 하는가?

A. 구성원에게 부족한 애자일 교육이 포함된 변경 요청을 제출한다.

B. 모든 팀 구성원의 교육을 보장하기 위해 비상 예비비의 사용 가능한 자금을 사용한다.

C. 교육 세션을 주최하여 주요 애자일 주제에 대해 팀 구성원을 교육한다.

D. 팀 구성원을 위한 가장 비용 효율적인 애자일 교육을 식별하고 제공한다.

해설

프로젝트 팀 구성원에게 교육을 제공하여 향후 단계 또는 프로젝트에 유용할 수 있는 추가 기술을 얻을 수 있다. 교육 수업 및 관련 비용은 자원 관리 및 원가 관리 계획에 포함되는 것으로 평가될 수 있다.

52 소프트웨어 공급업체가 주요 프로젝트 인도물에 대해 뒤쳐지는 이슈가 있다. 원가 초과를 대비해 예산에 21%의 여유가 있으며 프로젝트 관리자는 이슈를 완화해야 한다.

프로젝트 관리자는 다음에 어떤 조치를 취해야 하는가?

A. 현재 공급업체를 빼고 새 공급업체에 계약서를 보내도록 한다.

B. 자원 제약에도 불구하고 프로젝트 인도물에 도움이 될 수 있는 대체 소프트웨어 공급업체를 평가한다.

C. 지연에 관한 법적 문제를 논의하기 위해 공급업체에게 만나도록 요청한다.

D. 원가 초과를 받아들이고 프로젝트 일정을 업데이트한다.

첫 번째 단계는 대체 옵션의 분석 및 평가이다. 그 후 구체적이고 적절한 조치를 취할 수 있다.

53 지금까지 70%가 완료되었어야 하는 프로젝트가 55%만 완료되었다. 총 프로젝트 예산은 US$210,000이고, 현재까지 실제 지출된 비용은 US$162,000이다.

이 프로젝트의 일정성과지수(SPI)와 원가성과지수(CPI)는 얼마인가?

A. SPI는 0.79이고, CPI는 0.71이다.

B. SPI는 1.27이고, CPI는 0.98이다.

C. SPI는 0.82이고, CPI는 1.05이다.

D. SPI는 0.99이고, CPI는 0.96이다.

- EV=실제%*BAC=0.55*$210,000=$115,500
- PV=계획%*BAC=0.70*$210,000=$147,000
- AC=$162,000 (주어진)
- SPI=EV/PV=$115,500/$147,000=0.785 또는 0.79
- CPI=EV/AC=$115,500/$162,000=0.71

54 조직의 예측 프로세스에 일부 애자일 접근 방식이 추가되었다. 팀은 계획된 스토리 포인트를 완성하지 못하고 있으며 수동적으로 되고 있다. 프로젝트 관리자는 이것에 대해 우려하며 생산성을 향상시키기를 원한다.

프로젝트 관리자는 어떻게 조치해야 하는가?

A. 팀 교육 제공을 통해 팀이 스토리 포인트를 더 잘 추정할 수 있도록 한다.

B. 백로그를 줄여 프로젝트의 속도를 높인다.

C. 프로젝트에 더 많은 반복을 추가하여 스토리 포인트 완료에 필요한 시간을 확보한다.

D. 번다운 차트를 사용하여 팀 성과를 평가한다.

교육은 팀 구성원들이 기술을 성장시킬 수 있는 좋은 방법이 될 수 있다. 이것은 또한 스토리 포인트 추정 기법의 일관성을 만들어준다.

55 계획 워크숍(Planning workshop)에서 제품 책임자(Product owner)는 비즈니스 가치(Business value)에 따라 기능의 우선순위를 정하고, 순위를 매긴 다음에 개발 팀에 주요 기능을 제시했다.

그렇다면 팀의 다음 논리적 단계는 무엇인가?

A. 자세한 내용을 캡처하기 위해 고객 검토 회의를 설정한다.

B. 계획 및 산정을 시작한다.

C. 특징(기능)을 이야기로 분해한다.

D. 회고를 실시하여 스프린트 백로그를 실시한다.

기능을 스토리로 분해하는 것이 최선의 선택이다. 다음 단계는 팀이 기능을 스토리로 분할하여 분석을 계속하는 것이다. 이러한 분할(Decomposition)은 적응 계획의 일부이다.

52 B   53 A   54 A   55 C   **정답**

56 한 프로젝트 관리자가 애자일 팀이 T자형 기술의 좋은 조합을 보유하고 있는지를 확인하려고 한다. 프로젝트 관리자는 이를 결정하기 위해 무엇을 측정할 수 있는가?

A. 검출된 결점이 감소한다.

B. 재할당된 작업이 감소한다.

C. 내부 지식 공유가 줄어든다.

D. 주제 관련 전문가와 협업을 강화한다.

해설

T자형 구성원을 포함하면 팀이 작업을 완료하기 위해 더 잘 협업할 수 있으며, 구성원은 작업을 다른 사람에게 재할당할 필요가 없다.

57 과도하게 증가하는 업무량을 가진 프로젝트에서 자원이 부족함을 알아차린 후에, 경영진은 프로젝트 일정을 지키기 위해 몇몇 주요 작업을 외주 처리했다.

이 시나리오에서 프로젝트 관리자는 무엇을 해야 하는가?

A. 의사소통 관리 계획서를 검토한다.

B. 조달관리 계획서를 개정한다.

C. 프로젝트 스폰서에게 제기한다.

D. 조직도를 준비(작성)한다.

해설

조달 관리 계획은 프로젝트 조달 결정을 문서화하고 접근 방식을 지정하고 잠재적 판매자를 식별하는 것이다.

58 프로젝트 요구사항은 다음과 같다. 이를 보장하기 위해 프로젝트 관리자가 취해야 할 조치는 무엇인가?

• 900시간의 자원은 반드시 외주처리 되어야 한다.
• 내부 정책으로 인해, 모든 공급자들은 요구사항을 이해해야 한다.

A. 각 공급자와 직접 협상을 진행한다.

B. 공급자와 입찰자 회의를 진행한다.

C. 조달관리 계획서가 각 공급자에게 전달되었는지 확인한다.

D. 각 공급자들을 이해관계자 관리대장에 추가한다.

해설

입찰자 컨퍼런스는 제안서를 제출하기 전에 구매자와 잠재 판매자 간의 회의이다. 모든 잠재 입찰자들이 조달에 대한 명확하고 일반적인 이해를 가지고 있으며, 특정 입찰자가 특혜를 받지 않도록 하는 데 사용된다.

59 프로젝트의 중요한 구성 요소를 실행하는 과정에 있고, 이전에 문제가 제기된 적이 없었던 핵심 팀 구성원이 프로젝트 관리 계획서 내에 문서화된 전반적인 접근 방식에 대한 우려를 표명한다.

프로젝트 관리자는 어떤 조치를 취해야 하는가?

A. 리스크 관리대장을 업데이트하여 우려 사항을 문서화한 다음 회의의 예정된 의제 항목을 계속 진행한다.

B. 회의 의제 항목을 계속 진행하기 전에 우려 사항을 충분히 논의하고 해결해야 함을 인식한다.

C. 회의 에티켓에 대한 일반적인 상기로 팀에 연설한 다음, 팀이 회의 중에 제기된 우려 사항을 충분히 논의하는 데 시간을 사용할 것인지 묻는다.

D. 즉시 팀원의 우려를 인정하고 예정된 일정을 계속 진행한 다음 팀원과 개인적으로 만나서 표현된 우려를 완전히 이해한다.

해설

제기되는 우려 사항을 더 잘 이해하려면 먼저 갈등을 개인적으로 해결해야 한다. 회의 후 우려 사항을 탐색한다면 PM이 모든 회의 참석자와의 회의를 방해하지 않고 우려 사항을 확인하고 필요한 다음 단계를 결정할 수 있는 기회를 얻을 수 있다.

60 프로젝트를 실행하는 동안 주요 팀 구성원은 프로젝트 관리 계획서에 문서화된 전반적인 접근 방식에 관심을 표현하지만, 팀 구성원이 주간 상황 회의에서 접근 방식에 대한 부정적인 의견을 표명한다.

프로젝트 관리자는 팀원의 우려 사항을 어떻게 해결해야 하는가?

A. 회의를 계속하고 회의가 끝난 후 우려 사항이 리스크 관리대장에 추가되었는지 확인한다.

B. 팀원들에게 기대하는 회의 예절을 상기시킨 후 예정된 일정 항목을 계속 진행한다. 그런 다음 에티켓 기대치에 대한 피드백을 요청한다.

C. 주요 팀 구성원의 의견이 일치하지 않을 때 프로젝트가 진행되어서는 안 된다는 점을 기억하고 회의를 통해 구성원의 우려 사항을 논의한다.

D. 팀 구성원의 우려 사항을 인정하기 위해 짧은 견해를 밝힌 후 회의를 계속 진행하고 구성원과 개인적으로 만나 우려 사항을 논의한다.

> **해설**
>
> 제기된 우려 사항을 더 잘 이해하려면 갈등을 비공개로 해결해야 한다. 회의 후 우려 사항을 탐색하면 PM이 모든 회의 참석자와의 회의를 방해하지 않고 확인하여 다음 단계를 결정할 수 있다.

61 인도물이 합의된 품질 사양을 충족하지 못하며 고객이 이것을 거부한다. 조사 후 프로젝트 팀은 공급업체에서 제공한 부품에 결함이 있고 이 결함으로 인해 문제가 발생했음을 발견했지만, 판매자는 이 상황을 고칠 수 없다고 말한다.

다음 단계를 결정하기 전에 무엇을 검토해야 하는가?

A. 공급업체와 체결한 SLA(서비스 수준 계약)

B. 조달관리 계획서 및 계약 동의사항

C. 내부 품질 보증 보고서

D. 자원관리 계획서

> **해설**
>
> 계약이란 판매자가 특정 제품, 서비스 또는 결과를 제공하도록 의무화하는 상호 구속력 있는 계약을 말한다. 이를 통해 구매자가 판매자에게 보상할 의무가 있으며, 법원에서 상호 구제받을 수 있는 법적 관계를 계약을 통해 나타낸다.

62 프로젝트 팀원들은 최근에 의뢰된 프로젝트 구성 요소로 유지보수 및 운영 직원을 돕는 데 많은 시간을 할애하고 있다. 프로젝트 관리자는 구성 요소가 종료되고 소유권이 이전되었는지 확인해야 한다.

프로젝트 관리자가 이 결정을 위해 어떤 3가지 문서를 사용해야 하는가?

A. 최종 보고서, 조직 프로세스 자산 업데이트 및 조달 계약

B. 조달 계약, 프로젝트 문서 업데이트 및 조직 프로세스 자산 업데이트

C. 조달 계약, 이해관계자 참여 계획 및 조직 프로세스 자산 업데이트

D. 최종 보고서, 프로젝트 문서 업데이트 및 조직 프로세스 자산 업데이트

> **해설**
>
> 프로젝트를 종료할 때 프로젝트 관리자는 프로젝트 관리 계획을 검토하여 모든 프로젝트 작업이 완료되었고 프로젝트가 목표를 달성했는지 확인한다. 이에 따라 프로젝트 문서가 업데이트 된다. 이 경우 이러한 문서는 최종 보고서, 프로젝트 문서 업데이트 및 조직 프로세스 자산 업데이트이다.

63 애자일 프로젝트가 끝나면 모든 이야기가 예정대로 완료되고 모든 테스트가 통과되지만, 고객은 제품이 성공적이라고 생각하지 않는다. 향후 프로젝트에서 이러한 결과를 방지할 수 있는 가장 효과적인 방법은 무엇인가?

A. 백로그를 개발하기 전에 고객이 제품 비전을 승인했는지 확인한다.

B. 완료의 정의에 포함될 성공 기준에 대해 고객과 합의한다.

C. 증분 릴리스 데모 및 사용자 테스트에 대한 고객 의견을 수집한다.

D. 테스트 계획이 비기능적 요구사항을 백로그에 포함시키는지 확인한다.

해설

지속적이고 점진적인 고객/사용자 피드백은 개발 과정에서 확인된 니즈와 식별되지 않은 니즈를 제품이 해결하도록 보장하는 가장 좋은 방법이다.

64 프로젝트 관리자는 새 프로젝트의 기간에 대해 확신이 없어 여러 그룹의 주제 전문가(SME)와 상의한다. 첫 번째 그룹은 개발이 29일 안에 완료될 수 있다고 조언한다. 두 번째 그룹은 기간을 최대 46일로 만들 수 있는 몇 가지 리스크를 식별한다. 세 번째 그룹은 시간을 18일로 단축할 수 있는 새로운 개발 방법을 제안한다.

삼각 추정 기법을 사용하여 신제품의 예상 개발 기간은 얼마인가?

A. 28일　　　　B. 31일

C. 32일　　　　D. 36일

해설

삼각 추정 기법 사용=(낙관치+최빈치+비관치)/3=(18+29+46)/3=93/3=31일

65 프로젝트 관리자는 개발 프로젝트 기간에 대해 확신이 없어 여러 그룹의 SME(주제 전문가)와 상의한다. 첫 번째 그룹은 개발이 14일 안에 완료될 수 있다고 조언한다. 두 번째 그룹은 기간을 최대 32일로 만들 수 있는 몇 가지 리스크를 식별한다. 세 번째 그룹은 시간을 8일로 단축할 수 있는 새로운 개발 방법을 제안한다.

베타 추정 기법을 사용하는 예상 개발 기간은 얼마인가?

A. 12일　　　　B. 16일

C. 14일　　　　D. 20일

해설

베타 추정 기법 사용=(낙관치+(4*최빈치)+비관치)/6=(8+(4*14)+32)/6=96/6=16일

66 프로젝트 규모가 증가함에 따라 프로젝트의 단일 스폰서가 운영위원회로 대체되었다.

프로젝트 관리자는 이러한 새로운 국면을 수용하기 위해 무엇을 해야 하는가?

A. 이해관계자 구조가 변경되었기 때문에 운영위원회의에 맞게 의사소통 방식을 맞춘다.

B. 새로운 이해관계자들이 현재까지의 프로젝트 진행 상황에 초점을 맞출 것이므로 초기 프로젝트 계획이 계획대로 실행되고 있는지 확실히 한다.

C. 팀에 운영위원회를 소개하고, 프로젝트 마감 일정을 준수하기 위해 초기 프로젝트 계획을 계속 준수한다.

D. 프로젝트 현재 상태 보고서를 발송할 때 새로운 운영위원회 위원들이 포함되어 있는지 확인한다.

해설

프로젝트 관리자는 변화에 능동적으로 대응할 필요가 있다. 단일 스폰서를 위해 계획된 동일한 의사소통이 변경된 운영위원회에 반드시 효과가 없을 수도 있다. 따라서 의사소통 방식을 조정하여야 한다.

67 다음 중 애자일 선언 원칙(Agile Manifesto principle)은 무엇인가?

　A. 개발 초기에 변경에 대한 요구사항을 환영한다. 애자일 프로세스는 고객의 경쟁우위를 위해 변경을 처리한다.

　B. 개발 초기에 변경의 우선순위를 환영한다. 애자일 프로세스는 고객의 경쟁우위를 위해 변경을 활용한다.

　C. 개발 말기에 우선순위 변경을 환영한다. 애자일 프로세스는 고객의 경쟁우위를 위해 변화를 처리한다.

　D. 개발 말기에 변경에 대한 요구사항을 환영한다. 애자일 프로세스는 고객의 경쟁우위를 위해 변경을 활용한다.

해설

이 원칙의 올바른 표현은 "개발이 늦어질지라도 요구사항 변경을 환영한다. 애자일 프로세스는 고객의 경쟁우위를 위해 변경을 활용한다." 애자일 원칙은 변경하는 우선순위나 초기 변경만 환영한다고 말하지 않는다.

68 당신의 팀은 현재 스프린트에서 6개의 스토리를 완성할 계획이다. 그러나 스프린트의 끝에 도달했는데 그중 네 가지만 수행되었다.

이런 경우 당신은 무엇을 하여야 하나?

　A. 재계획(Re-planning)을 위해 남은 스토리를 백로그에 반환한다.

　B. 제품 책임자(Product owner)에게 스프린트(Sprint)를 연장하도록 요청한다.

　C. 당신은 수정할 수 있을 때 나머지 스토리에 대해 작업한다.

　D. 다음 스프린트(Sprint)가 시작될 때 나머지 스토리(Story)를 일정에 반영한다.

해설

• 스프린트(Sprint)는 타임 박스(Time box)이므로 스프린트가 종료되면 작업이 중지되고, 미완료한 작업은 재계획(Re-planning)을 위해 백로그에 반환하여야 한다.

• 다음 계획 회의에서는 고객의 업데이트 된 우선순위와 새로운 정보를 고려해야 한다.

• 이번에 완료하지 못한 작업은 다음 스프린트의 최우선 순위가 될 수도 있고 아닐 수도 있다.

69 다음 중 첫 번째 반복(Iteration)에서 팀의 속도(Velocity)를 가장 잘 나타내는 것은 무엇인가?

　A. 속도는 활동의 분해와 순서를 기반으로 한다.

　B. 속도는 첫 번째 반복에서 변하다가, 증가되다가 결국 안정화 된다.

　C. 속도는 제품 책임자에 의해 결정된다.

　D. 속도는 승인 된 결과물, 마일스톤, 범위 및 자원 관리 계획을 기반으로 한다.

해설

팀의 속도(Velocity)는 팀이 스토리 포인트를 반복주기 내 처리할 수 있는 팀의 역량이다. 팀의 역량이 반복주기를 많이 수행함에 따라 어느 정도 정해진다.

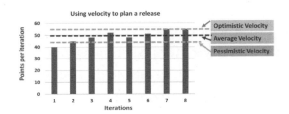

70 애자일 선언문은 "프로세스와 도구에 대한 개인과 상호 작용"이란 무엇을 의미하는가?

　A. 애자일 프로젝트에는 프로세스와 도구가 필요하지 않다.

　B. 프로세스와 도구가 없으면 개인과 상호 작용이 효과적이지 않을 것이다.

　C. 개인과 상호 작용이 프로세스와 도구보다 더 중요하다는 것을 의미한다.

　D. 작동하는 소프트웨어를 제작하는 데 필요하고 함께 작동한다는 의미이다.

67 D　68 A　69 B　70 C　**정답**

해설

애자일 선언문의 4대 가치는 다음과 같다.

- 프로세스나 도구보다는 개인과 상호 작용
- 포괄적인 문서보다는 작동하는 소프트웨어
- 계약에 대한 협상보다는 고객과의 협력
- 계획을 고수하기보다는 변화에 대응
- 애자일에서는 상기와 같은 의미들은 전자도 가치가 있긴 하지만, 후자 쪽에 더 많은 가치를 둔다는 것이다.

71 프로젝트의 일일 스탠드업 회의는 길고, 때때로 두 시간 이상 지속되기도 한다. 프로젝트 팀은 프로젝트 장애물 해소에 대한 광범위한 토론을 위해 스탠드업 회의를 활용한다.

프로젝트 관리자는 일일 스탠드업 회의를 향상시키기 위해 무엇을 해야 하는가?

A. 부서 관리자를 초대하여 팀원들 간 논의에 참가하도록 함으로써 사업적 측면에서 해결 방안을 모색할 수 있도록 한다.

B. 각 회의 도중 논의를 더 짧게 하고 해산하여 업무에 많은 시간을 활용하도록 요청한다.

C. 프로젝트 장애물과 가능한 해결 방안을 논의하는 회의를 관리할 새로운 팀원을 추가한다.

D. 팀원들에게 공지하여 모든 스탠드업 회의를 단축시키고 해결 방안 식별에 대한 방법을 향상시킬 것을 요청한다.

해설

- 대부분의 프로젝트 관리자는 일일 스탠드 업이 있다면 프로젝트를 관리하기 위해 애자일 방법을 적용할 수 있다고 생각하지만, 애자일은 일상적인 스탠드업을 구현하는 방법이다.
- 팀은 자신의 스탠드업을 실행하고 잘 실행될 때, 팀의 작업 특성상 강력한 협업이 필요하다면 스탠드업이 매우 유용할 수 있다.
- 스탠드업에서 차단(방해물) 문제를 식별하지만, 차단 문제와 해결책을 논의하기 위한 별도의 회의를 준비하여야 한다.

72 애자일 매니페스토(Agile Manifesto) 가치 "계약 협상보다는 고객 협업(Customer collaboration over contract negotiation)"은 무엇을 의미하는가?

A. 애자일 접근 방식은 대부분의 공급업체가 조금 다르게 일을 하더라도 계약 협상에 너무 집중하지 않도록 권장한다.

B. 애자일 접근 방식은 계약조건의 세부사항을 논쟁하기보다는 우리가 공급업체와 함께 만들고자 노력하는 것에 초점을 맞춘다.

C. 애자일 접근 방식은 절대적으로 필요한 경우가 아니면 계약을 사용하지 않는 것을 선호한다. 변경 요청에 대한 대응능력을 저해하기 때문이다.

D. 애자일 접근 방식은 애자일 프로세스를 사용하는 공급업체들만 협업하는 것을 추천한다.

해설

계약협상보다는 고객과의 협업가치는 계약의 세부 사항에 대해 논쟁하는 데 시간을 소비하는 것보다 상호 이해와 계약을 추구하는 것을 의미한다.

73 애자일 팀이 사용자 스토리(User stories)를 완성하는 데 필요한 노력의 수준을 산정하고 있다. 그들은 팀원들이 프로젝트 작업을 중단하지 않고 100% 생산적인 시간을 가질 것이라고 가정하기로 결정했다.

다음 중 팀에서 사용하는 것은 무엇인가?

A. 실시간(Real time)

B. 상대 크기(Relative size)

C. 이상적인 크기(Ideal size)

D. 이상적인 시간(Ideal time)

해설

- 이상적인 시간(Ideal time)은 애자일 프로젝트 팀원이 이메일 확인 또는 회의 참석과 같은 업무를 중단하지 않으며,

매일 1시간마다 100%의 생산성을 유지해야 한다는 가정이다.

- 실시간(Real time)은 팀원이 사용 가능하고 특정 애자일 프로젝트 작업을 생산적으로 수행하는 매일의 실제 시간을 말한다.

74 프로젝트 관리자는 다양하고 전 세계에 걸쳐 퍼져 있는 팀원들을 성공적으로 이끌어야 할 필요가 있다. 문화적 민감도를 개발하기 위해 프로젝트 관리자는 무엇을 해야 하는가?

  A. 지역 관습을 알고 팀원과 일할 때 유연성을 갖추며, 문화는 습득되는 것임을 인식한다.

  B. 이 분야에 대한 공식적인 교육(훈련)을 수행할 수 있도록 인사부에 도움을 요청한다.

  C. 각각의 팀원들이 위치하는 곳으로 출장을 가서 그들의 문화에 대한 인식을 얻고, 직접 만난다.

  D. 팀원의 필요에 민감하게 반응할 수 있도록 몇 주 동안 그들의 문화를 심도 있게 살펴본다.

해설

- 프로젝트 관리자는 유연성을 유지하면서 자신이 할 수 있는 것을 적극적으로 배워야 한다.
- 가상 팀의 경우 현지 문화/관습을 익혀야 한다.

75 제품 책임자(Product owner)와 스크럼 팀원들(Scrum team members)이 첫 스프린트 계획회의(Sprint planning meeting)를 진행하고 있다. 팀은 사용자 스토리(User stories)를 확인하고, 팀원은 이러한 사용자 스토리를 완료하기 위한 산정을 제공했다.

스프린트 동안 팀이 사용자 스토리를 개발할 때 제품 책임자는 어떻게 해야 하나?

  A. 팀이 개발할 더 많은 기능을 추가하여 더 많은 가치를 제공할 수 있다.

  B. 팀이 일하고 스프린트 동안 발생할 수 있는 질문에 대답하게 한다.

  C. 방해로부터 팀원들을 보호하기 위한 토론을 촉진한다.

  D. 팀이 제 시간에 작업을 완료할 수 없는 경우 스프린트 길이를 연장한다.

해설

- 스프린트 중에 팀이 작업하고 질문에 대답할 수 있도록 하는 것은 개발자와 제품 책임자의 약속을 반영한다.
- 스프린트 내에서 팀이 완료할 작업을 더 추가하면 개발 팀과 제품 책임자 간의 암시적 계약에 위배된다. 팀을 방해로부터 보호하고 팀 토론을 촉진하는 것은 제품 책임자가 아닌 스크럼 마스터의 책임 중 하나이다.
- 스프린트 길이는 프로젝트 시작 시 설정되며 일반적으로 변경되지 않는다.
- 스프린트 중에 팀이 완료할 수 없는 모든 작업 항목은 제품 백로그(Product backlog)로 반환하고 다가오는 스프린트를 위해 일정을 조정해야 한다.

76 스폰서와 프로젝트 팀은 새 프로젝트에 적절한 예산과 현실적인 일정이 있다고 말하지만, 프로젝트 관리자는 계획되지 않은 이벤트가 프로젝트의 성공을 위협할 수 있다고 우려한다.

프로젝트 관리자가 먼저 해야 할 일은 무엇인가?

  A. 프로젝트 리스크 식별에 참여한 다음 해당 리스크들을 평가한다.

  B. 프로젝트 스폰서에게 프로젝트 계획을 위한 추가 자금을 요청한다.

  C. 계획되지 않은 리스크의 잠재적 영향을 처리하기 위해 기능 관리자와 회의를 예약한다.

  D. 프로젝트의 후반부에 추가 프로젝트 자금을 요청해야 함을 인식하고 계획대로 프로젝트를 실행한다.

해설

프로젝트 관리자는 사전 예방적이어야 하며, 식별된 리스크 및 완화 전략을 숙지해야 한다.

77 특정 에너지 효율적인 프로젝트에 보조금을 제공하는 지자체에서 프로젝트를 수행하면서 태양광 패널을 설치하여 비용을 절감하고자 한다. 하지만 프로젝트 시작 후 프로젝트 관리자는 태양광 패널이 에너지 효율 보조금에 적합하지 않을 수 있음을 알게 된다.

프로젝트 관리자는 이 문제를 어떻게 해결해야 하는가?

A. 이슈 기록부에 이슈를 기록한다.

B. 이슈 기록부가 업데이트 되었음을 확실히 한다.

C. 우발사태 예비비를 사용한다.

D. 변경 요청을 제출한다.

해설

이슈를 먼저 기록한다는 것은 프로젝트 팀과 모든 이해관계자가 문제를 분석하고 이해할 수 있음을 의미한다. 영향 이슈가 완전히 평가되기 전에 다른 조치를 취해서는 안 된다.

78 프로젝트 관리자는 글로벌 프로젝트에서 작업할 여러 지리적 지역의 이해관계자를 포함하는 시작 회의를 위한 의제 및 프레젠테이션 자료를 만들고 있다.

프로젝트 관리자는 이해관계자를 반드시 참여하도록 하기 위해 무엇을 해야 하는가?

A. 이해관계자 참여를 다루기 위해 시작 회의용 슬라이드를 만든다.

B. 서로 다른 시간대의 팀을 수용하기 위해 이해관계자가 선호하는 회의 날짜와 시간을 조사한다.

C. 모든 필수 참가자 또는 대리인이 참석할 수 있는지 확인한다.

D. 전반적인 명확성과 간결성을 위해 시작 회의 의제와 자료를 검토한다.

해설

특정 솔루션을 가정하더라도 팀에 권한이 부여되지는 않는다. 팀을 조사하고 공통된 합의점을 찾는 것은 서번트 리더십의 핵심 부분이다.

79 프로젝트 관리자는 공격적인 시장 출시가 예정된 프로젝트에 대해 애자일 접근 방식으로 전환한다. 프로젝트 관리자는 이해관계자 참여 계획서가 애자일 원칙을 따르도록 수정해야 한다.

프로젝트 관리자는 이 요구사항을 충족하기 위해 무엇을 해야 하는가? (2개 선택)

A. 가상 제출, 기록, 검토 및 문제 에스컬레이션을 허용하는 디지털 의사소통 시스템을 설계한다.

B. 프로젝트 팀과 이해관계자 간의 직접적인 의사소통을 촉진하기 위해 불필요한 관리 계층을 제거한다.

C. 제품 백로그 진행률 및 소진율을 포함하도록 템플릿을 수정하고 스탠드업 사용을 권장한다.

D. 프로젝트 스폰서와 고객을 포함하여 모든 이해관계자에 대한 관련 문제를 다루기 위해 공식 교육 워크숍의 수를 늘린다.

해설

• 서번트 리더십에는 공동 책임이 필요하다.

• 팀 전체의 문서와 프로세스를 애자일 방법론으로 변경하면 모든 팀 구성원이 기대치, 역할 및 책임에 대해 최신 정보를 얻을 수 있다.

• Agile에는 이해관계자와 팀 구성원이 의사소통을 개선하기 위해 서로 직접 접근할 수 있는 기능도 포함된다.

80 다음 중 팀 강점을 식별하는 데 사용되는 도구는 어느 것인가?

A. SWOT 분석(SWOT Analysis)

B. 플래닝 포커(Planning Poker)

C. 제품 백로그(Product Backlog)

D. 서비스 수준 계약(Service Level Agreement)

해설

SWOT 분석은 강점과 약점을 분석하는 데 사용되는 도구이다.

81 프로젝트 팀원들이 신규 인력(자원)이 할당된 작업에 적합하지 않은 듯하다고 우려하고 있다.

프로젝트 관리자는 이 문제에 대해 어떻게 대처해야 하는가?

A. 고위 경영진을 찾아가 신규 인력을 다른 프로젝트로 재할당할 수 있는지에 대해 논의한다.

B. 신규 인력(자원)이 보유한 기술을 평가하고 역량 수준을 이해할 수 있도록 대화 시간을 잡는다

C. 팀원들에게 신규 인력(자원)에게서 파악되는 업무적 부족함을 문서로 작성하게 한다.

D. 프로젝트 스폰서를 만나 이러한 문제점들을 강조하고 적절한 대응 방안을 결정한다.

해설

프로젝트 관리자는 다른 팀원의 피드백을 듣는 것만으로 조치를 취해서는 안 된다. 그는 새 멤버에게 말을 걸어 자신의 강점을 알아보고 나중에 평가를 해야 한다. 프로젝트 관리자는 필요한 새로운 자원 역량을 파악하여야 한다.

82 마지막 세 번의 애자일 이터레이션에서 테스트 작업이 점점 더 길어지는 경향을 보여주었다.

프로젝트 관리자는 근본 원인을 해결하기 위해 어떤 활동을 계획해야 하는가?

A. 더 많은 백로그 정련 계획

B. 테스트 자동화 도구 채택

C. 반복 테스트만 계획

D. 대응 테스트 정책을 실행

해설

• 너무 복잡한 이야기로 인해 테스트가 길어질 수 있다.

• 백로그 구체화는 복잡한 스토리를 더 작은 패키지로 분해하는 데 사용된다.

• 다른 선택지들은 근본 원인을 해결하지 못한다.

83 품질 관리 및 마케팅 캠페인에 대한 상당한 투자에도 불구하고 제품이 대상 소비자들을 만족시키지 못한다.

어떠한 애자일 관행이 이러한 유형의 미래 실패를 가장 잘 방지할 수 있는가?

A. 제품 릴리스에 대한 지속적인 소비자 사용성 테스트를 실행한다.

B. 제품 책임자와 마케팅 간의 목표를 조정한다.

C. 대상 소비자의 페르소나 유형 정의를 확장한다.

D. 최소 실행 기능 제품에 더 많은 기능 및 테스트를 추가한다.

해설

• 지속적인 사용자 테스트 및 피드백은 요구사항을 사용자 요구에 맞추고 제품 릴리스에 점진적으로 통합하는 가장 효과적인 방법이다.

• 마케팅도 사용자 피드백에 의존하고 더 광범위한 페르소나는 초점과 관련성을 희석시키고, MVP(Minimal Viable Product)에는 알 수 없는 기능이 포함되어서는 안 되기 때문에 다른 선택지들은 잘못되었다.

84 일반적인 스프린트 길이에 대한 규칙은 무엇인가?

A. 1주
B. 2주
C. 1~4주
D. 최대 12주

해설

일반적으로 2주가 많이 사용되나 1~4주 정도 안에서 스프린트 기간이 결정된다.

85 전문가 그룹이 IT 이사에게 마이그레이션 프로젝트에 DevOps 접근 방식을 사용하도록 조언했다. IT 이사는 필요한 속도를 안전한 방법으로 달성할 수 있는 방법을 이해하려고 한다.

다음 중 DevOps가 사고를 줄이는 동시에 구축 속도를 높이는 방법을 보여줄 수 있는 예는 무엇인가? (2개 선택)

A. 모든 시스템 및 소프트웨어 컨테이너의 가상화
B. 운영과 개발 간의 조기 협업
C. 머신 러닝 기반 개발 및 배포
D. 운영 이전에 개발자가 배포 사이트에서 테스트
E. 운영 및 개발 자동화

해설

- 개발 및 운영 협업(조기 및 지속적)과 두 도메인의 자동화는 DevOps의 핵심이다.
- 가상화 및 기계 학습은 효율성을 가능하게 하지만 DevOps 방법은 아니다.
- 배포 사이트에서의 개발 테스트는 비현실적이고 비효율적이다.

86 프로젝트 관리자는 프로토타입 개발이 지연되어 프로젝트 스폰서로부터 불평을 들었으며, 해당 원인은 다기능 프로젝트 팀이 필요로 하는 특정 기술에 대한 지식 부족 때문이라고 응답했다.

프로젝트 관리자는 향후 이러한 유형의 상황을 어떻게 방지할 수 있는가?

A. 프로젝트에 필요한 기술을 나열하고, 그 기술을 바탕으로 프로젝트 팀을 구성한다.
B. 프로젝트를 시작할 때 필요한 모든 기술을 배울 수 있도록 교육 세션을 만든다.
C. 특정 기술의 부족이 분명해지면 프로젝트 스폰서와 상의하여 교육을 추가한다.
D. 팀 구성원이 자신이 가지고 있는 기술을 사용하여 기술이 부족할 수 있는 문제를 해결할 수 있도록 권한을 부여한다.

해설

프로젝트 조직 구조를 만들고 자원을 어떻게 할당하고 관리할 것인지에 대한 지침을 제공하기 위해 프로젝트 팀원의 역할과 책임을 정의하여 자원관리 계획서를 수립한다.

87 다음 중 시스템이 비전, 우선순위 및 예상 비전을 제공하기 위해 충족해야 하는 기능적 및 비기능적 요구사항을 정의한 문서는 무엇인가?

A. Prioritized Sprint
B. Vision Box
C. Product Backlog
D. Sprint Review Meet

해설

Product backlog는 초기 요구사항으로 Product owner가 우선순위를 비즈니스 가치 기반으로 정리한 문서이다.

88 다음과 같은 상황에서 프로젝트 관리자는 팀 성과를 향상시키기 위해 무엇을 해야 하는가?

> • 프로젝트 자원의 전문성 수준으로 인해 일정 성과 문제가 발생한다.
> • 경험이 풍부한 자원이 불필요한 세부 사항을 검토하고 있다.
> • 주니어 수준의 자원이 적시에 작업을 완료하지 못한다.

A. 필요한 경우 고급 자원이 경험이 없는 자원을 돕도록 한다.

B. 필요한 경우 교육을 시행하고 모든 팀 구성원을 위한 체크리스트를 설계한다.

C. 필요한 경우 특정 하위 수준 자원을 교체하고 상위 수준 자원에는 조언한다.

D. 필요한 경우 하위 직원에 대한 교육을 실시한다.

해설

• 프로젝트 관리자는 계획을 변경하거나 문제를 에스컬레이션하기 전에 사용 가능한 도구와 기법들을 통해 문제를 해결하려고 시도해야 한다.

• 교육이 필요한 사람들에게 교육을 제공하면 팀 성과가 향상되고, 체크리스트를 구현하면 각 팀 구성원이 확인해야 할 사항만 확인할 수 있다.

89 새로 합류한 팀원의 성과가 부족하다. 이에 어떻게 하겠는가?

A. 필수교육을 이수 시킨다.

B. 팀원을 교체한다.

C. 팀원 소속 상사와 면담을 실시한다.

D. 이번 프로젝트는 그냥 모른 체 진행한다.

해설

우선적으로 수행하는 것은 교육이다. 교육 성과를 분석하여 다음 단계를 진행하는 것이 바람직하다.

90 다음 중 팀원 및 이해관계자의 교육을 계획하는 첫 번째 단계는 무엇인가?

A. 교육 자료를 개발한다.

B. 초대 및 주의사항을 생성한다.

C. 교육 사이트를 예약한다.

D. 필요한 역량을 파악한다.

해설

교육계획의 첫 단계는 자원의 역량 파악이다. 부족한 역량을 보완하는 것이 교육의 중요한 목표이다.

91 프로젝트 관리자는 전략적, 운영상의 가정과 제약을 식별하기 위해 이해관계자의 참여가 필요하다. 유감스럽게도 프로젝트 관리자는 이해관계자들의 참여도가 낮아 일관된 의견을 얻기가 어렵다.

프로젝트 관리자가 이해관계자의 참여와 협업을 장려할 수 있는 두 가지 방법은 무엇인가? (2개 선택)

A. 정치적 인식 기법을 사용한다.

B. 서번트 리더가 된다.

C. 시간상자(타임박스) 미팅

D. 효과적인 촉진 기법을 사용한다.

해설

• 촉진은 그룹 이벤트를 성공적인 결정, 해결책 또는 결론에 효과적으로 안내할 수 있는 능력이다.

• 진행자는 효과적인 참여를 보장하여 참가자들이 상호 이해를 얻고 결과가 의사결정 프로세스에 따라 처리되어 달성된 합의가 이후에 적절하게 처리되도록 한다.

92 다음 중 프로젝트 헌장에 포함되어야 하는 것은 무엇인가? (2가지 선택)

A. 측정 가능한 목표

B. 상세한 인도물 목록

C. 주요 이해관계자 목록

D. 변경 요청 양식

프로젝트 헌장은 프로젝트 게시자 또는 스폰서가 공식적으로 프로젝트의 존재를 승인하고, 프로젝트 관리자에게 프로젝트 활동에 조직 자원을 적용할 권한을 부여하는 문서로 프로젝트 목적, 측정 가능한 프로젝트 목표 및 관련 성공 기준, 개략 수준의 요구사항, 개략 수준의 프로젝트 설명, 경계 및 주요 인도물, 전반적인 프로젝트 리스크, 요약 마일스톤 일정을 포함한다. 또한 재무 자원, 주요 이해관계자 리스트, 프로젝트 승인 요구사항, 프로젝트 종료 기준, 할당된 프로젝트 관리자 및 책임/권한 수준, 프로젝트 후원자의 이름 및 권한이 포함된다.

93 추정작업을 하는 동안 팀은 백로그의 항목에 대해 논의하고 있다. 항목을 여러 가지 방법으로 수행할 수 있지만, 가장 좋은 방법이 명확하지 않다.

이 항목을 진행하려면 팀에서 무엇을 해야 하는가?

A. 백로그에 순위 대안 추가
B. 구축할 가장 저렴한 대안을 선택
C. 백로그에 새 스파이크 항목 추가
D. 구축할 가장 빠른 대안 선택

해설

• 비즈니스 가치를 전달하는 가장 좋은 방법을 결정하고 충분히 상세하고 테스트 가능한 스토리를 구하기 위해 항목이 충분히 조사되어야 하기 때문에 스파이크가 정답이다.
• 다른 선택지들은 방법(순위가 지정된 대안)에 반대되거나 비즈니스 가치 측면을 적절하게 평가하지 않기 때문에 올바르지 않다.

94 예측 프로젝트는 10주 내에 완료되어야 하지만 미해결 항목에 많은 목록들이 남아 있으며, 일부는 불확실한 일정으로 외부 이벤트에 의존한다.

프로젝트 관리자는 미해결 항목을 어떻게 처리해야 하는가?

A. 미결제 항목을 고객과 함께 다음 프로젝트로 이전한다.
B. 조건이 허용되는 즉시 작업들을 완료하기 위해 5번의 애자일 반복을 계획한다.
C. 미해결 작업의 범위를 파악하고 청구서에서 제거한다.
D. 자원을 추가하고 일정 압축을 통해 미해결 작업을 완료한다.

해설

• 5개의 스프린트는 10주 기간을 처리할 수 있으며, 유연성은 임시 방식으로 작업을 완료할 수 있는 가장 좋은 기회를 제공한다.
• 불확실성(다음 프로젝트), 나쁜 상업적 관행(범위 축소) 및 비효율성(충돌) 때문에 다른 선택지들은 잘못되었다.

95 프로젝트 관리자는 한 팀 구성원이 프로젝트 외부의 중요한 작업을 완료해야 하기 때문에 프로젝트 일정이 위험하게 되었다는 것을 알게 된다.

프로젝트 관리자는 이 리스크를 어떻게 제거할 수 있는가?

A. 팀원을 다른 부서의 새 자원으로 교체한다.
B. 다른 작업을 완료하기 위한 추가 시간에 대해 협상하기 위해 팀 구성원의 관리자와 회의 일정을 잡는다.
C. 프로젝트 스폰서에게 알리고 구성원의 관리자로 인해 발생한 갈등을 문서화한다.
D. 팀 구성원의 관리자에게 프로젝트 요구사항을 알리고 프로젝트 활동이 완료될 때까지 구성원을 놓아줄 것을 요구한다.

해설

자원관리 계획서는 합의된 활동에 할당된 자원이 다른 프로젝트 자원과 조정되는 방법을 결정하는 데 사용된다. 이것은 프로젝트 관리자가 자원 관리자와 협상하는 방법에 대한 지침을 제공한다.

96 대기업의 효율적인 애자일 팀이 아이디어를 생성하고 백로그에 혁신적인 기능을 추가했다. 추가 기능을 테스트하고 완료한 후 포트폴리오 책임자가 모든 기능을 거부한다.

이 상황이 발생한 가장 가능성 있는 이유는 무엇인가?

A. 팀은 정상적인 품질 관리 프로세스를 사용하지 않았다.

B. 포트폴리오 책임자가 팀의 계획되지 않은 작업에 대한 비용을 지불하고 싶어하지 않는다.

C. 팀은 기능에 대한 지적 재산권을 가질 자격이 있다.

D. 제품 책임자가 아이디어를 포트폴리오 책임자와 충분히 일치시키지 않았다.

해설

제품 책임자는 제품이 포트폴리오 책임자가 설정할 수 있는 비즈니스 목표를 충족하는지 확인할 책임이 있다. 다른 선택지들은 다음과 같은 이유로 잘못되었다.

- 제품이 원하는 비즈니스 가치를 제공하지 않는 경우 품질 프로세스는 관련이 없다.
- 원치 않는 작업에 대한 지불은 또한 제품 책임자의 조정의 부족함을 나타낸다.
- IPR은 자금 조달 기관이 소유한다.

97 동종 업계의 회사들이 사용자를 위한 스마트폰 애플리케이션을 만들고자 경쟁하고 있다. 제품 책임자의 비전은 Basic, Basic Ad-free, Pro 및 Premium과 같은 앱의 여러 버전으로 설명된다.

회사의 요구사항에 가장 적합한 프로젝트 접근 방식은 무엇인가?

A. 흐름 기반(Flow-based)

B. 증분(Incremental)

C. 예측(Predictive)

D. 반복적(Iterative)

해설

제품 번들링은 최소한의 기능(기본)에서 가장 높은 기능(프리미엄)으로 진행된다. 점진적 접근 방식을 사용하면 Basic 제품을 빠르게 출시하여 경쟁 시간 압박을 완화하고 다음 기능 세트를 추가하여 각 번들을 점진적으로 출시할 수 있다.

다른 선택지들은 기능을 점진적으로 구축 및 출시하도록 구조화되는 접근 방식을 포함하지 않았다.

98 원래 승인된 청사진을 기반으로 1,000개의 제품 개발이 완료된 후 프로젝트 팀은 품질 계획에 대해 평가할 100개의 제품을 무작위로 선택한다.

프로젝트 팀은 무엇을 하고 있는가?

A. 조달 통제   B. 프로세스 감사

C. 품질 보증   D. 통계적 샘플링

해설

- 통계적 샘플링에는 검사를 위해 관심 모집단의 일부를 선택하는 작업이 포함된다(**예** 75개 목록에서 무작위로 10개 엔지니어링 도면 선택).
- 샘플을 채취하여 통제치를 측정하고 품질을 확인한다.
- 샘플 빈도와 크기는 품질 관리 프로세스를 계획하는 중에 결정되어야 한다.

99 이해관계자에게 가장 중요한 요구사항에 찬성하여 투표에 사용할 수 있는 100점을 부여하는 투표 방식으로 100점을 분배하는 방법은 팀 자체가 결정한다. 20점, 10점 또는 100점은 단일 요구사항에 투표하는 이 방법을 무엇이라고 하는가?

A. Monopoly Money

B. 100-Point method

C. Requirements Prioritization Money

D. Agile Prioritization

해설

100점 방법은 원래 Dean Leffingwell과 Don Widrig에 의해 사용 사례를 위해 개발되었으며 우선순위 지정에도 사

용된다. 각 이해관계자에게 가장 중요한 요구사항에 찬성하여 투표에 사용할 수 있는 100점을 부여하는 투표 방식이다.

100 선임 프로젝트 관리자가 프로젝트를 감독하는 도중 새 프로젝트 관리자가 프로젝트에 참여하고 스폰서는 새 프로젝트 관리자에게 품질 관리 계획을 개발하도록 요청한다.

새 프로젝트 관리자는 어떻게 진행해야 하는가?

A. 수립된 계획 및 프로세스를 식별하기 위해 선임 프로젝트 관리자와 만난다. 그런 다음 적절한 표준을 선택하는 데 도움을 요청한다.

B. 요구사항을 수집하고 벤치마킹 샘플을 얻기 위해 고객과의 회의를 예약한다.

C. 스폰서로부터 필요한 벤치마킹 샘플 및 비용–편익 분석을 구한다.

D. 품질 지표와 품질 체크리스트가 생성될 때까지 품질 관리 계획서의 개발을 연기한다.

해설

새로운 프로젝트 관리자는 어떤 관행과 프로세스가 이미 시행되고 있는지 알아보기 위해 선임 프로젝트 관리자와 상의해야 한다.

101 DSDM은 MoSCoW 기술을 사용하여 우선순위가 지정된 요구사항 목록을 만든다. MoS-CoW에서 'M'은 무엇을 나타내는가?

A. Medium

B. Must Have

C. Must Not Have

D. Minimum Marketable Features

해설

DSDM은 MoSCoW 우선순위 지정 체계를 대중화하여 이름은 Must have, Should have, Could have 등으로 구분하고 있다. Must have는 반드시 수행해야 할 요구사항이다.

102 당신은 프로젝트 관리자이다. 팀원과의 의사소통이 중요하다는 것을 누구보다 잘 알고 있다. 당신은 팀원 상호간 의사소통을 보다 향상시키는 방법이 무엇이라고 생각하는가?

A. 면담을 통해 개인별로 칭찬한다.

B. 동일 장소에 팀원들을 위치하게 만든다.

C. 프로젝트 성과 달성에 대한 동기부여

D. 프로젝트 정보시스템을 잘 운영하는 것

해설

• 프로젝트 팀원들의 의사소통을 효과적으로 향상시키는 방법은 같은 공간에서 업무를 하게 하는 Co-location이다.

• 동일 장소 배치는 팀이 함께 모이고 회의하는데 도움이 된다.

103 가상 팀을 고려할 때 프로젝트 수명 전반에 걸쳐 팀원의 상호 작용을 향상 하고 관계를 구축하는 데 좋은 기법은 무엇인가?

A. 프로젝트 킥오프 시의 팀 빌딩 행사

B. 프로젝트 팀이 이용할 수 있는 토론 게시판

C. 이 메일 및 데이터베이스를 사용하여 정보를 수집하고 저장

D. 2주 또는 1주 단위로 고화질 가상 전화 회의

해설

협업 도구에는 다음이 포함될 수 있다.

• 공유 작업 게시판을 통해 가시성을 개선

• 의사소통을 지원하는 메시징 및 채팅 보드

• 공유 문서를 저장하는 지식 저장소

• 화상 회의 도구를 통해 대면 의사소통을 위한 기회 창출

104 애자일 코치(Agile coach)는 다음 중 어떤 행동을 피해야 하나?

A. 개인의 공헌을 조정한다.

B. 비즈니스 가치 전달을 강조한다.

C. 문제를 팀에게 가져간다.

D. 팀의 전반적인 성과에 투자한다.

> **해설**
> - 관리와 코칭에는 차이가 있다. 개인과 팀의 대우에 있어서도 애자일에는 차이가 있다.
> - 애자일 코치는 개별적 공헌(기여)을 조정하지 말고 팀이 잘 협업하도록 코치해야 한다.

105 Simon은 지난 달 팀 리더가 될 수 있는 첫 기회를 얻었다. 잠시 동안 일을 한 후, 그는 이제 자신감을 얻고 독립적인 결정을 내릴 수 있다.

이것은 어떤 기술 습득 단계인가?

A. 유능한(Competent)

B. 코칭(Coaching)

C. 리(Ri)

D. 노밍(Norming)

> **해설**
> - 성인기술 습득(Adult skill acquisition) 단계를 설명하는 모델은 Dreyfus 모델이다.
> - Dreyfus 모델은 이 설명을 바탕으로 "독립적인 결정을 내릴 때"에 대해 구체적으로 언급하지는 않지만, Simon이 고급 초보자 또는 유능한 단계에 있는 것처럼 보인다.
> - 코칭은 리더십 스타일이며, Ri는 최고 수준의 기술 숙달이며, Norming은 팀 개발 단계이다.
> - Dreyfus's model of skill acquisition 5단계는 다음과 같다.
>   - Novice
>   - Advanced beginner
>   - Competent
>   - Proficient
>   - Expert

106 다음 중 블로커(Blocker)의 가장 좋은 예는 무엇인가?

A. 팀이 다음 반복(iteration) 평가를 예약할 시기를 결정할 수 없다.

B. 반복(iteration) 평가를 위한 시연이 준비되지 않았다.

C. 다른 팀으로부터 데모용 콘텐츠를 사용할 수 있는 권한이 현재 반복(iteration) 기간 내에 준비되지 않을 것이다.

D. 반복(iteration) 평가 중에 제품 책임자(PO) 앞에서 시연에 실패한다.

> **해설**
> "다른 팀으로부터 데모용 콘텐츠를 사용할 수 있는 권한이 현재 반복(iteration) 기간 내에 준비되지 않을 것이다"의 내용은 장애(방해) 요인이 기록되어 있고, 기타 문장은 이슈이거나 리스크에 대한 내용이다.

107 마케팅 이사는 애자일 혁신 팀이 비즈니스 가치가 너무 적은 새로운 제품을 너무 많이 생산하는 것에 대해 불쾌해하고 있다.

프로젝트 관리자가 팀의 접근 방식을 수정하기 위해 취해야 할 두 가지 접근 방식은 무엇인가? (2개 선택)

A. 제품 책임자와 협력하여 준비 정의의 가치 기준을 강화한다.

B. 팀에게 직접 대응 마케팅에 대한 교육 과정을 수강하도록 요청한다.

C. 최종 사용자를 조사하여 제품 백로그에 가치 순위가 발생하도록 통합한다.

D. 스토리 크기를 늘려 더 가치 있는 기능을 통합한다.

E. 마케팅 책임자가 각 스토리를 승인할 수 있도록 프로세스를 추가한다.

> **해설**
> 백로그의 준비 상태 및 사용자 가치 순위는 팀이 가치에 집중하지 않는 근본 문제를 해결한다.

108 경미한 장애로 일상적인 진행에 방해를 받거나 지연될 수 있다. 이러한 장애에 대해 정기적으로 주의를 집중시키는 데 사용할 수 있는 도구 또는 방법은 무엇인가?

A. 연례 회의
B. 데일리 스탠드업
C. 칸반(Kanban) 보드
D. 교훈

해설

데일리 스탠드업 회의는 팀에서 전날 진척 상황을 검토하고, 오늘의 목표를 알리며, 발생했거나 예상되는 모든 방해물을 강조하는 간단한 일일 협업 회의이다. 일일 스크럼(Daily Scrum)이라고도 한다.

109 애자일 혁신 팀은 생산성이 매우 높다. 그러나 운영 책임자는 제품 책임자에게 회사가 팀의 작업으로부터 지속 가능한 투자 수익을 얻지 못하고 있다고 알린다.

제품 책임자는 이 문제를 어떻게 해결해야 하는가?

A. 팀과 함께 최소 실행 가능한 제품(MVP; Minimum Viable Product)을 정의하고 관련 백로그의 우선순위를 정한다.
B. 긍정적인 투자 수익을 보장하기 위해 필요에 따라 팀원의 수를 줄인다.
C. 최소 시장 기능(MMF; Minimum Marketable Features)을 식별하고 관련 백로그 항목의 우선순위를 지정한다.
D. 프로젝트 관리자와 협력하여 회고를 실시하고 프로젝트 취소를 수행한다.

해설

• 소규모 증분 제품을 자주 출시하는 것이 투자 수익을 얻을 수 있는 가장 빠른 방법이다.
• MMF는 공개 출시 준비가 되어 있는 반면, MVP는 기능만 하는 릴리스이다.
• 팀을 감축한다고 해서 가치 가속화가 실현되는 것은 아니다.

110 다음 중 일반적으로 팀 헌장에 포함되는 것은 무엇인가? (3가지 선택)

A. 팀 가치
B. 팀 내 합의서
C. 팀 성격 평가
D. 팀 운영 지침
E. 팀의 동기 부여

해설

팀 헌장은 팀 가치, 합의사항 및 운영 지침을 명시하고, 프로젝트 팀원에게 허용되는 행동과 관련하여 명확한 기대사항을 기술한 문서이다. 팀 헌장은 특히 애자일 환경에서 더 중요하게 고려된다.

111 프로젝트 관리자가 반복 심사 일정을 수립하면서 몇몇 핵심 이해관계자가 기능이 어떻게 개발되어야 하는지에 대한 승인을 하지 않고 있음을 알게 되었다.

이 문제를 해소하기 위해 프로젝트 관리자가 가장 먼저 해야 할 일은 무엇인가?

A. 프로젝트 팀원들을 불러 모아 적절한 대응 방안을 식별해낼 수 있도록 브레인스토밍 시간을 마련한다.
B. 왜 이 이해관계자들이 우려하고 있는지를 파악하고 나서 이슈를 해결한다.
C. 상황의 장단점을 나열하여 갈등에 대한 영향을 판정한다.
D. 프로젝트 스폰서로 하여금 만족하지 못한 이해관계자들과 협상할 때 중립적인 제3자 역할을 해줄 것을 요청한다.

해설

프로젝트 관리자의 필수 능력 중 하나는 갈등이 확대되는 시기를 식별하는 것이다. 이 경우 프로젝트 관리자는 직접적이고 협력적인 접근 방식을 사용하여 개인적으로 분쟁을 조기에 해결하고 만족스러운 솔루션을 용이하게 하는 데 도움을 주어야 한다.

112 실패된 스프린트(Failed sprint) 후 회고미팅(Retrospective meeting)에서 팀원들이 실패에 대해 서로를 비난함에 따라 감정이 높아진다. "그는 항상 코드를 체크하는 것을 잊어버린다!" 또는 "내가 하는 말을 듣지 마라!" 등 이런 격렬한 토론을 지배해야 한다.

이러한 상황에서 숙련된 애자일 코치가 가장 먼저 해야 할 일은 무엇인가?

A. 잠시 앉아서 팀원을 관찰한다.

B. 추가 피해를 피하기 위해 즉시 개입한다.

C. 인적자원 담당자에게 연락한다.

D. 팀원들과 코칭 세션을 시작한다.

해설

프로세스는 회고 회의 등의 개선 사항에 대해 항상 분석할 수 있으며 항상 분석해야 한다. 그러나 팀에서 사용하는 일련의 실무가 효과적인 것으로 입증된 경우 (즉, 모범 사례가 된 경우) 다음 프로젝트에서 동일한 모범 사례를 사용하는 것이 주어진 답변 중에서 가장 적합한 옵션이 된다. 여기서는 조용히 관찰을 하여 갈등의 문제점과 원인을 파악하는 것이 중요하다.

113 프로젝트에서 갈등에 대한 올바른 설명은 무엇인가?

A. 너무 많은 갈등은 팀에 대한 좋지 않은 인식을 심어준다.

B. 너무 많은 갈등은 프로젝트 관리자에 대한 좋지 않은 인식을 심어준다.

C. 갈등은 피할 수 없다.

D. 갈등은 프로젝트에 지장을 줄 때만 해결한다.

해설

• 갈등은 모든 프로젝트에서 발생한다.

• 프로젝트는 동적 환경에서 운영되며 예산, 범위, 일정, 품질 등 상호 배타적인 제약 조건이 많아 갈등이 발생할 수 있다.

• 갈등을 피하고 싶은 상황은 흔하지만 모든 갈등이 부정적인 것은 아니다.

• 갈등 처리 방식은 더 많은 갈등을 초래하거나 더 나은 의사결정과 더 강력한 해결책을 이끌어낼 수 있다.

114 진행 중인 애자일 프로젝트의 성공 여부는 다음과 같이 평가된다. 이 수치에서 어떤 두 가지 결론을 도출할 수 있는가? (2개 선택)

2주 스프린트	계획된 스토리 수	완료된 스토리 수	계획 비용	획득 가치
1	15	11	650K	476K
2	20	19	600K	570K
3	20	24	550K	660K
4	22	27	500K	614K

A. 팀은 시간이 지남에 따라 업무 효율이 떨어졌다.

B. 팀은 일정한 효율을 유지했다.

C. 가치 창출 시간에 대해 백로그의 우선순위를 정하지 않았다.

D. 백로그는 가치 창출 시간에 우선순위가 매겨졌다.

E. 팀은 시간이 지남에 따라 더 효율적으로 작업했다.

해설

이 표는 계획된 가치/스토리화 된 계획 값을 나눌 때 시간이 지남에 따라 가치가 증가한다는 것을 나타낸다. 위의 SPI(Story completed/Stories planning)는 팀이 시간이 지남에 따라 더 많은 스토리를 더 빠르게 완료했음을 보여준다.

115 스마트 공장 프로젝트는 예측형과 애자일을 결합했다. 애자일 팀은 출시 후 중대한 소프트웨어 결함을 발견하고 수정 작업을 시작했다. 하지만 결함이 있는 릴리스는 예측형에 의해 전개되었고, 이로 인해 현장 테스트가 실패하였다.

미래에 비슷한 문제를 예방하기 위해 어떤 방법이 가장 효과적인가?

A. 애자일 실험실과 현장에서도 동일한 유닛 테스트(Unit test)를 실행한다.

B. 인스턴트 메시징(Instant messaging)을 통해 프로젝트 전체의 이슈로그(Issue log) 업데이트를 전송한다.

C. 회고전(Retrospective)이 예측형 팀과 공유되도록 한다.

D. 소프트웨어 트랙(Software track)을 예측형 스케줄로 다시 변환한다.

해설

근본적인 문제는 애자일 팀의 중요한 정보가 테스트 실패를 방지할 수 있을 만큼 빠르게 예측 팀에 전달되지 않았다는 것이다. 이슈로그 업데이트의 인스턴트 메시징은 문제가 기록되는 즉시 전체 프로젝트에 도달하여 경고로 작용할 수 있다.

116 프로젝트 관리자가 소프트웨어 공급업체의 사무실을 방문하고 있다. 워크스테이션당 두 사람이 같이 일하고, 기획카드에 기반한 일정 산정, 테스트에 실패하도록 강요하는 개발자들, 그리고 "교통경찰"과 "링 리더"와 같은 이름의 일상 등 몇몇 광경은 놀랍다.

이러한 관행을 어떻게 설명할 수 있는가?

A. 서번트 리더가 팀에게 너무 많은 자유를 주었다.

B. 공급업체는 eXtreme 프로그래밍 방법을 채택했다.

C. 공급업체는 "게이밍" 교육 세션을 실시하고 있는 것으로 보인다.

D. 프로젝트 관리자가 팀 구성 연습 중에 우연히 방문했다.

해설

eXtreme 프로그래밍 방식에는 페어프로그래밍(워크스테이션당 2개), 계획 포커, 테스트 우선 프로그래밍(TDD), 프로세스의 은유 표현 등이 포함된다.

117 지금쯤 90% 정도 완료되었어야 하는 프로젝트는 65% 정도만 완료되었다. 총 프로젝트 예산은 120,000달러이며 현재까지 AC에 사용된 실제 비용은 80,000달러이다.

이 프로젝트의 SPI(일정성과지수)와 CPI(원가성과지수)는 무엇인가?

A. SPI는 0.72, CPI는 0.98

B. SPI는 1.38, CPI는 1.2

C. SPI는 0.94, CPI는 1.04

D. SPI는 0.80, CPI는 0.91

해설

- EV=$120,000=$78,000, AC=$80,000.
- CPI=EV/AC=$78,000/80,000=0.975 또는 0.98
- PV=완료%*예산=90%*$120,000=$108,000
- SPI=EV/PV=$78,000/108,000=0.72

118 프로젝트는 실행 7개월이다. 프로젝트 관리자는 CPI(Cost Performance Index)를 0.8로 파악하였다. 추세 분석에 따르면 CPI는 하락 추세를 보인다.

프로젝트 관리자는 다음에 무엇을 해야 하는가?

A. 변경 요청을 발행하여 원가기준선을 재설정한다.

B. 추가 자원을 요청한다.

C. 프로젝트 일정을 단축(Crashing) 한다.

D. 관리 예비비를 활용한다.

해설

프로젝트가 예산을 초과하고 추세 분석 결과 이러한 현상이 지속될 것으로 예상되므로, 프로젝트의 비용 기준을 다시 설정하고 관리하는 것이 가장 좋은 방법이다.

119 프로젝트에서 이탈하는 자원을 충원하기 위해 새 자원이 할당되었지만, 새로운 자원이 기술 부족으로 인해 문제가 될 수 있다는 소문이 있다.

프로젝트 관리자는 이 소문에 어떻게 대응해야 하는가?

A. 새로운 자원의 의사소통 기술을 평가해 프로젝트 팀의 일원으로서 수용 가능한 수준으로 업무를 수행할 수 있는지 능력을 평가한다.

B. 새로운 자원을 만나 그들의 기술에 대해 논의한 후 프로젝트에 기여할 수 있는 방법을 결정한다.

C. 더 나은 기술을 가진 다른 자원을 할당하도록 프로젝트 관리 오피스(PMO)에 개인적으로 요청한다.

D. 새로운 자원의 기능 관리자를 만나 소문에 대해 논의하고 사실인지 확인한다.

해설

• A. 아니오 – 이것은 최선의 시간 사용방법이 아니며 후보자를 부당하게 추정하는 것이다.

• B. 예 – 이것이 최선의 답변이다. 수행능력을 직접 확인하지 않고는 소문에 대한 증거를 찾을 수 없다.

• C. 아니오 – 이는 소문이 사실이라고 가정하는 것이며 프로젝트 관리자와 기능 관리자 사이에 긴장된 관계를 만들 수 있다.

• D. 아니오 – 이것은 프로젝트 관리자에게 위안을 줄 수 있기는 하지만, 이는 부적절하고 부당한 일이다.

120 프로젝트 관리자는 프로젝트 결과물과 관련하여 스폰서의 기대가 충족되지 않고 있음을 알고 있다. 이 문제를 해결하기 위해 프로젝트 관리자는 어떤 조치를 취해야 하는가?

A. 이해관계자 참여 계획서를 개발한다.

B. 의사소통 관리 계획서를 개발한다.

C. 작업분류체계(WBS)를 생성한다.

D 리스크 관리대장을 업데이트한다.

해설

리스크 관리대장에 스폰서 기대치가 충족되지 않을 가능성에 대한 리스크 항목이 있을 수 있으며, 만일 해당 항목이 없다면 조치 계획과 관련된 새로운 리스크를 식별하여 업데이트할 수 있다.

121 프로젝트 관리자는 애자일 프로젝트가 제대로 진행되고 있지 않다는 진행 상황 보고서를 받는다. 모든 작업은 보다 개략적 목표를 달성하기 위해 의도적으로 선택되고 순서가 매겨졌기 때문에 프로젝트 관리자는 보고서에 놀랐다.

향후 프로젝트 관리자는 이러한 의사소통의 오류를 어떻게 방지할 수 있는가?

A. 프로젝트 팀의 자체 조직을 지원하고 프로젝트에 대한 승인을 제공하도록 지원한다.

B. 이슈를 처리하기 위한 우발사태 예비비를 보증한다.

C. 팀이 애자일 프로세스 보고 시스템을 사용하기 위한 교육을 수행하는 것을 보증한다.

D. 프로젝트 팀에 대해 애자일 접근 방식에 대한 조기 교육 및 지속적인 멘토링을 제공한다.

해설

애자일 프로젝트의 경우 프로젝트 관리자가 상위 단계의 목표를 설명하고, 팀 구성원은 그 목표에 가장 잘 부합하도록 특정 작업을 그룹으로 자체 구성할 수 있다. 이는 팀원이 높은 수준의 참여로 실질적인 계획 수립으로 이어진다.

122 높은 보안 프로토콜을 사용하는 복잡한 프로젝트에는 미국, 인도, 캐나다, 프랑스 및 중국에 주요 이해관계자가 있다. 선임 관리자는 프로젝트 파트너에게 프로젝트 기밀 정보를 공유할 것을 요청한다.

프로젝트 관리자는 다음에 어떤 단계를 밟아야 하는가?

A. 이러한 윤리 위반 사항을 프로젝트 거버넌스 위원회에 보고한다.

B. 요청한 정보를 제공하되, 관리자의 요청에 대한 기록은 보관한다.

C. 프로젝트 정보를 제공하되 민감한 부분은 삭제하도록 한다.

D. 의사소통 관리 계획을 확인하여 요청이 허용 가능한지 확인한다.

해설

의사소통 관리 전략에서 정의한 다양한 형식과 다양한 방법으로 이해관계자에게 적절한 메시지가 전달되도록 의사소통 관리 계획을 수립한다. 보안 프로토콜이 높은 프로젝트에서도 정보를 공유할 수 있는 조항이 마련되어 있을 수 있다.

123 이해관계자와 경영진과의 미팅 전에 세금이 25%로 변경된 것을 인지하였고, 회의가 시작되자마자 CEO는 20% 이상이면 프로젝트를 진행을 할 수 없다고 종료했다.

왜 이런 상황이 발생했나?

A. 이해관계자와의 미팅 전 경영진과 사전에 공유했어야 한다.

B. 기업환경이 변하는 것을 사전에 인지했어야 했다.

C. 의사소통 관리 계획서를 검토했어야 했다.

D. 리스크 관리계획을 제대로 만들어야만 했다.

해설

세금이 변하는 것은 기업환경의 변화이다. 기업환경이 변하는 것을 사전에 인지했어야 했다.

124 A 사는 새로운 친환경 기술을 채택하여 노후화된 인프라를 대체하는 프로젝트를 시작한다. 팀은 프로젝트에 접근하는 방법에 대해 초기 대화를 구성하고 있다.

다음 중 팀에 도움이 되는 세 가지는 무엇인가? (3개 선택)

A. Benefits Management Plan

B. Business Case

C. Initial Risk Assessment

D. Benefit-Cost Analysis

E. Team Charter

해설

리스크가 높은 프로젝트에서 새로 구성된 팀에게 가장 유용한 자산은 Business Case, Initial Risk Assessment 및 Team Charter이다. 이러한 문서는 비즈니스가 프로젝트를 필요로 하거나 원하는 이유를 설명하고 필요한 리소스, 프로젝트를 수행할 때 내재된 리스크 및 협력 조건을 결정하는 데 도움이 된다. Benefit-Cost Analysis는 제안된 편익과 비용을 비교하는 데 도움이 되므로 나중에 유용하다. Benefits Management Plan은 이 단계에서 수립되기 시작해야 하지만, 이는 인프라 업데이트 및 신기술 채택을 통해 기대되는 이점이 무엇인지, 그리고 이를 비즈니스에 제공하고 측정하는 방법을 요약한 것이다.

125 제품은 범위에 정의된 기능 요구사항의 99%를 통과했지만 100% 통과하지 못하여 고객이 수락을 꺼린다. 프로젝트 관리자는 이를 피하기 위해 다르게 수행할 수 있었던 작업들을 평가하고 있다.

프로젝트 관리자는 무엇을 했어야 하는가?

A. 테스트 관리 계획을 적절하게 평가했어야 했다.

B. WBS(Work Breakdown Structure)를 만들었어야 했다.

C. 품질 지표를 정의하고 전달해야 했다.

D. 요구사항 문서를 확인했어야 했다.

품질 지표란 프로젝트 또는 제품의 속성과 이를 측정하는 방법에 대한 설명이다.

126 프로젝트 팀은 커뮤니케이션 강화를 위해 비공식 온라인 의사소통 플랫폼을 구축했다. 프로젝트 관리자는 이 플랫폼이 부적절하게 사용되고 있다는 사실을 알았지만 최근까지 이 플랫폼의 존재를 알지 못했다.

프로젝트 관리자는 어떤 조치를 취해야 하는가?

A. 프로젝트 팀이 플랫폼 사용을 중단하고 의사소통 관리 계획서를 검토하도록 한다.

B. 관련된 개인을 징계한 후 규정 준수 부서에 문제를 보고한다.

C. 의사소통 관리 계획서의 일부가 아니므로 플랫폼을 종료한다.

D. 이 플랫폼에서 의사소통을 감시하도록 관리자를 위임한다.

해설

이 플랫폼은 원래 의사소통 계획의 일부가 아니므로 사용해서는 안 된다. 프로젝트 관리자는 팀 구성원들이 승인된 프로젝트 의사소통 계획서를 다시 참조하게 해야 한다.

127 프로젝트 스폰서는 제품의 자재가 고객에게 건강 문제를 일으킬 수 있다고 보고하며 자재의 수정을 요청한다.

프로젝트 관리자는 어떤 조치를 취해야 하는가?

A. 변경 사항을 즉시 구현하고 공식 문서에 대한 변경 요청을 제출한다.

B. 이슈를 자세히 조사하기 위해 통합 변경 통제 수행 프로세스를 참조한다.

C. 현재 생산을 중단하고 통합 변경 통제 수행 프로세스를 시작한다.

D. 범위 추가로 이어질 수 있으므로 요청을 이행하지 않는다.

해설

- 변경 요청을 제출하면 통합 변경 통제 수행 프로세스가 시작된다.
- 변경 요청이 제출되면 프로젝트 관리자는 변경이 프로젝트에 미치는 영향을 분석하고 제품의 요소가 실제로 고객의 건강 문제로 이어지는지 여부도 확인한다.
- 조치를 취하기 전에 문제 또는 우려 사항을 먼저 조사해야 한다.

128 다음 중 PESTLE의 요소가 아닌 것은 무엇인가?

A. 법률(L)   B. 효율(E)
C. 사회(S)   D. 정치(P)

해설

PESTLE는 프로젝트의 가치와 원하는 결과에 영향을 줄 수 있는 외부 비즈니스 환경요소를 파악하는 데 쓰이는 약어이다. 정치(P) 경제(E) 사회(S) 기술(T) 법률(L) 환경(E)

129 프로젝트에 필요한 변경을 요청했지만, 팀 구성원은 변경 사항을 구현하는 방법에 대해 동의하지 않다.

프로젝트 관리자는 어떤 조치를 취해야 하는가?

A. 변경관리 계획서를 사용하고 모든 팀 구성원과 이해관계자가 이를 이해하고 따르도록 한다.

B. 이슈를 해결하기 위해 프로젝트 스폰서 및 이사회와 대면 회의 일정을 잡는다.

C. 팀 구성원과 회의를 열어 문제를 평가하고 필요한 경우 변경을 요청한다.

D. 요청된 모든 변경 사항이 프로젝트에 적용되었는지 확인하고 모든 팀 구성원과 대면하여 의사소통한다.

해설

변경관리 계획서는 프로젝트 전체의 변경 요청이 공식적으로 승인되고 통합되는 방법을 설명한다.

130 프로젝트에 변경이 요구되고 있지만 팀원은 변경을 실행하는 방식에 대해 동의하지 않고 있다. 프로젝트 관리자는 해당 이슈를 해결할 필요가 있다.

프로젝트 관리자가 취해야 할 행동은 무엇인가?

A. 변경관리 계획서를 사용하고 모든 팀원과 이해관계자들이 그것을 이해하고 따라야 함을 확실하게 한다.

B. 프로젝트 스폰서 및 경영진과 직접 만나 해당 문제를 해결할 수 있도록 회의 일정을 계획한다.

C. 팀원들과 회의하여 해당 이슈를 평가하고 필요한 곳에 변경을 요청한다.

D. 요청된 변경 전부가 프로젝트에 적용되어 있음을 확인하고 모든 팀원과 대면 의사소통한다.

변경 관리 계획은 프로젝트 전체에 걸친 변경 요청이 공식적으로 승인되고 통합되는 방법을 설명한다.

131 효과적인 변경통제 시스템에 대한 알맞은 설명은 무엇인가?

A. 효과적인 변경통제 시스템에는 요청된 변경을 승인하거나 거부하는 데 필요한 양식, 추적 방법, 프로세스 및 승인 수준이 포함된다.

B. 효과적인 변경통제 시스템에는 프로젝트에서 요청된 변경을 승인하거나 거부하기 위한 문서화된 절차가 포함된다.

C. 효과적인 변경통제 시스템은 프로젝트 범위를 통제, 변경 및 승인되는 방법을 명시한다.

D. 효과적인 변경통제 시스템은 프로젝트의 모든 변경 사항을 통합한다.

변경통제 시스템은 프로젝트 인도물과 문서에 대한 변경사항을 관리하고 통제하는 방법을 기술한 절차 체계로, 요청된 변경을 승인하거나 거부하는 데 필요한 양식, 추적 방법, 프로세스 및 승인 수준이 포함된다.

132 귀사는 가족용 게임을 설계하고 있다. 게임이 어린이가 할 수 있을 만큼 충분히 쉬운지 확인하는 테스트를 하기 위해 팀에서 프로토타입을 만든 다음 테스트 기준을 수립한다. 그리고 30개 지역의 50개 초등학교에서 5~12세 사이의 남학생 100명, 여학생 100명을 대상으로 실험군을 구축한다. 이제 프로토타입이 수정되어 전국에 출시될 것이다.

이것은 무엇과 관련 있는가?

A. 벤치마킹

B. 실험설계

C. 통계적 표본 추출

D. 역장분석

• 통계적 표본추출은 모집단에서 검사 대상 표본을 선택하는 작업이다.

• 대표 표본의 실제 측정값을 기준으로 전체 모집단의 특성을 결정하는 데 사용된다.

• 모든 항목을 검사할 필요가 없는 프로세스를 생성한다.

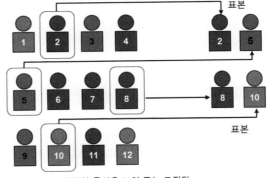

다양한 특성을 보여 주는 모집단

133 프로젝트 관리자는 프로젝트 팀 및 제품 책임자(PO)와 함께 품질 통제도를 검토하고 있다. 반복(iteration)을 거치면서 응답시간이 감소했지만 여전히 상위 통제 한계를 상회한다.

이것은 어떤 의미인가?

A. 프로젝트의 품질이 프로젝트에 설정된 품질 표준을 벗어난다.

B. 프로젝트의 번 다운 비율이 정상보다 높다.

C. 프로젝트의 표준이 너무 높다.

D. 프로젝트의 품질이 기대 이상이다.

해설

품질 통제도 상한/하한치를 벗어나면 품질 문제 이상으로 판단되어야 한다. 아래 그림에서 A부분이 문제 발생을 나타낸다.

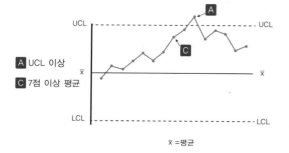

x̄ =평균

134 프로젝트 지식 관리는 세 가지 수준에서 존재한다. 3가지는 무엇인가?

A. 기술, 관리 및 절차

B. 개인, 프로젝트 및 조직

C. 범위, 일정 및 예산

D. 실습, 이론 및 실제

해설

• 개인으로 각 팀원은 각기 배정된 과제의 범위, 일정 및 비용에 따라 작업을 수행하는 방법을 알아야 한다.

• 프로젝트 관리자는 현재 프로젝트에 적용할 수 있는 다른 프로젝트에 관한 지식을 습득한다.

• 조직으로는 프로그램 관리자 또는 포트폴리오 관리자는 이 지식을 구체적인 요구에 맞게 조정하기 위해 다른 프로

그램이나 포트폴리오를 관리하는 동료로부터 관련 정보를 구한다.

135 프로젝트는 인도물이 허용 가능한 품질이 아니어서 지연된다. 변경이 필요하다. 먼저, 프로젝트 관리자는 공식적인 변경 요청을 발행하고 변경 사항을 모든 이해관계자에게 전달한다. 이해관계자들은 이것에 만족하지 않는다. 그들은 지연 내용에 대해 좀 더 자세한 보고서를 원한다.

프로젝트 관리자는 다음에 무엇을 해야 하는가?

A. 의사소통 관리 계획 및 이해관계자 참여 계획을 검토한다.

B. 이해관계자의 기대를 프로젝트 관리 계획에 포함시키기 위해 변경 요청을 한다.

C. 이해관계자의 기대를 더 잘 이해하기 위해 프로젝트 스폰서와 미팅을 구성한다.

D. 의사소통 관리 계획을 검토하고, 이를 따르고, 현황 보고서를 발행한다.

해설

의사소통 감시 및 이해관계자 참여는 의사소통 관리 계획 및/또는 의사소통 관리 프로세스의 반복을 촉발하여 추가 및 가능한 수정된 의사소통 관리 계획 및 활동을 통해 의사소통의 효율성을 개선할 수 있다.

136 애자일 팀은 모든 반복이 끝날 때마다 제품 증분을 보여 주어야 한다. 애자일 실무자는 데모(시연) 준비를 하기에 충분한 시간을 확보하기 위해 팀이 어떤 조치를 취해야 한다고 권고하는가?

A. 데모(시연)를 위한 사용자 스토리를 만든다.

B. 데모(시연)를 처리하기 위해 외부 전문가를 고용한다.

C. 프로젝트 관리 계획으로 작업을 추적한다.

D. 다음 반복으로 데모(시연)를 지연한다.

해설

반복에서 개발 된 제품 증분을 보여주기 위해 사용자 스토리를 작성하면 팀이 데모(시연)를 준비하기 위해 별도의 시간을 할당할 수 있다.

137 프로젝트 관리 계획의 초안이 완성된다. 프로젝트 관리자는 승인을 위해 초안을 이해관계자들에게 보여줄 계획이다. 프로젝트 관리자는 승인을 받기 위한 시간이 제한되어 있고, 프로젝트 관리 계획이 길며, 이해관계자가 전 세계에 있다. 프로젝트 관리자는 계획 검토가 제때 완료되었는지 확인해야 한다.

프로젝트 관리자는 어떤 조치를 취해야 하는가?

A. 이해관계자들이 검토할 수 있도록 계획을 보낸 후, 모든 관계자들과 만나 논의한다.

B. 이해관계자에게 계획을 개별적으로 검토하고 의견을 추가한 후 문서를 업데이트한다.

C. 선택된 이해관계자에게 자신의 전문 분야에 따라 계획의 특정 섹션을 검토하도록 요청한다.

D. 이 기간 동안 참석 가능한 이해관계자들과 개별 미팅을 준비한다.

해설

프로젝트 관리 계획 초안을 미리 전체 이해관계자 팀에 보낸 후 회의를 열어 승인을 받는 것이 가장 좋은 방법이다. 전부는 아니지만 일부 이해관계자의 승인을 얻거나 계획의 일부를 승인을 받는 것은 그다지 이상적이지 않다.

138 애자일 프로젝트에서 새롭고 갱신된 소프트웨어 코드(Software code)를 자주 통합하는 것을 무엇이라고 부르는가?

A. 지속적인 통합(Constant Integration)

B. 연속 통합(Contiguous Integration)

C. 일관된 통합(Consistent Integration)

D. 지속적인 통합(Continuous Integration)

해설

지속적인 통합(Continuous Integration)은 익스트림 프로그래밍(Extreme Programming)에서 사용되는 기술로, 응용 프로그램 소스 코드베이스(Application source code base)에 대한 모든 업데이트는 하루에 한 번 이상 통합 및 테스트된다.

139 프로젝트 출범 후, 프로젝트 관리자는 기대했던 정부 보조금 지급이 불가능해질 수도 있다는 것을 알게 된다.

프로젝트 관리자는 해당 이슈를 어떻게 해결해야 하는가?

A. 변경 요청을 한다.

B. 우발사태 예비비를 사용하여 프로젝트 적자를 보충한다.

C. 이슈 기록부에 해당 정보를 확실히 추가해 둔다.

D. 프로젝트의 리스크 수준을 높인다.

해설

이 문제에 대한 리스크 수준은 예상된 금전적 결과가 달성되지 않을 수 있기 때문에 제기되어야 한다. 리스크 수준을 높인다는 것은 확률과 영향의 값을 높여 High risk로 만들고 집중 관리할 수 있다는 것이다.

140 신임 프로젝트 스폰서가 세 개의 각기 다른 시간대와 지역에서 일하는 자원이 포함된 프로젝트 팀을 요청하고 있다. 프로젝트 스폰서는 이러한 요구사항의 실행은 고려하지 않으며, 해당 요청이 이상적인 프로젝트 팀을 구성하는 데 원가를 절감할 수 있을 거라고 믿는다.

프로젝트 관리자는 프로젝트 헌장 안의 어디에 이러한 요구사항을 문서화해야 하는가?

A. 상위 수준 요구사항
B. 핵심 이해관계자 목록
C. 전반적인 프로젝트 리스크
D. 자원관리 계획서

해설

분산된 프로젝트 팀을 갖는 것은 리스크가 없는 것이 아니다. 이러한 리스크는 프로젝트의 리스크 기록에서 확인할 필요가 있다.

141 데일리 스탠딩 미팅에서 애자일 팀은 개발자라인 관리자가 다른 프로젝트에 이전에 커밋된 작업을 완료하기 위해 개발자 중 한 명을 팀에서 철수하여 방해가 만들어졌다. 결과적으로 팀은 스프린트 목표를 달성할 수 없다.

이 장애를 피하려면 어떻게 다르게 했어야 했는가?

A. 팀은 스프린트(Sprint)를 계획하면서 인적 자원 가용성을 고려해야 한다.
B. 개발자가 철수하기 전에 스프린트(Sprint) 동안에 팀이 더 빨리 작업해야 한다.
C. 팀은 알려지지 않은 리스크(Unknown risks)를 설명하기 위해 각 사용자 스토리(User story)에 버퍼(Buffer)를 추가해야 한다.
D. 라인 관리자(Line manager)는 개발자가 애자일 프로젝트를 처음부터 수행하게 해서는 안 된다.

해설

• 사람에 따른 종속성은 간과되기도 한다.
• 업무의 우선순위는 전적으로 고객 가치에 근거한 것이 아니다.
• 리스크, 사용자 스토리 간의 종속성 및 사람들의 가용성과 같은 고려해야 할 다른 요소가 있다.

142 애자일 팀원은 초과 근무를 하고 결국 지쳐서 마지막 스프린트에서 제공하기로 한 모든 사용자 스토리를 완료할 수 없다고 보고했다.

팀 접근법에 어떤 문제가 있는가?

A. 스프린트 목표(Sprint goal)를 놓치는 것보다 일정하게 일정한 속도를 유지하는 것이 중요하다.
B. 팀 접근(Team approach)이 잘못되었다. 팀은 약속을 이행하고 책임을 져야 한다.
C. 팀과의 좋은 협력 관계를 유지하기 위해 제품 책임자(Product owner)는 팀이 책임을 지지 않도록 한다.
D. 일정하게 일정한 속도(Constant pace)를 유지하는 것은 중요하지 않다. 애자일 팀은 스스로 작업을 결정하므로 완료를 하지 않아도 된다.

해설

애자일 선언(Agile Manifesto)은 스프린트 목표(Sprint goal)를 완수하지 못한 변명으로 사용되어서는 안 된다. 팀은 자신의 작업에 대해 책임을 져야 한다.

143 이슈에 대한 다음 설명 중 옳은 것은 무엇인가?

A. 이해관계자는 이슈 기록부만을 이용하여 이슈와 리스크를 같이 관리한다.
B. 이슈는 한 명에게만 할당되어야 한다.
C. 프로젝트를 마감할 때 미결 이슈가 없어야 한다.

D. 일정보다 늦어지는 이슈일 경우에만 프로젝트 상태 회의 중에 논의해야 한다.

해설

- 이슈가 발생하면 즉시 이슈 기록부에 추가한다.
- 각 이슈에는 임시방편의 진행 상황을 추적하고 프로젝트 관리자에게 다시 보고하는 업무를 담당하는 책임자가 있어야 한다.
- 기한은 현실적이어야 하며, 기한을 맞추기 위해 합당한 모든 시도를 해야 한다.

144 하이브리드 프로젝트는 IT 통합과 소프트웨어 개발 작업을 결합하여 진행한다. 예측 및 애자일 팀은 사일로에서 함께 작업하는 것 같으며 결과적으로 인도물 일정이 잘못 조정되었다.

팀이 인도물들을 더 잘 동기화할 수 있도록 하는 가장 효과적인 방법은 무엇인가? (2개 선택)

A. IT 구축 요구사항에 대한 보다 완전한 통합을 위해 스토리 크기를 늘린다.

B. IT 예측 일정을 사용하여 소프트웨어 팀이 개발하기 시작하는 기능을 제한한다.

C. 두 팀의 인도물들을 대기열에 넣고 진행 상황을 추적할 수 있는 공통 칸반 보드를 만든다.

D. 소프트웨어 릴리스에 맞게 IT 작업 패키지를 보다 세분화된 작업으로 나눈다.

E. 두 팀에서 함께 사용할 공통 마일스톤과 전체 종속성 네트워크를 정의한다.

해설

- 진행 중인 작업에 대한 공통의 가시성을 통해 작업 계획을 보다 잘 조정할 수 있다.
- 두 트랙 간의 공통 마일스톤과 종속성 통합은 동기화된 인도물을 촉진한다.
- 다른 선택지들은 다음과 같은 이유로 잘못되었다.
  - 스토리 크기는 항상 가능한 한 작아야 한다.
  - 예측형 일정과 일치하도록 애자일 진행을 축소해서는

안 된다. 그렇지 않으면 프로젝트가 완전히 예측되어야 한다.
  - 엄격하게 순차적이고 예측 가능한 IT 작업 흐름의 특성은 소프트웨어와 같은 세분성을 제공하지는 않는다.

145 팀 코치(Team coach)로서 팀원의 개인적인 목표(Individual goals)와 개인적 동기(Personal motivations)에 대한 당신의 태도는 무엇인가?

A. 개인적인 이슈들은 프로젝트 목표 달성과 관련 없기 때문에 무시한다.

B. 그들을 키워준다. 개인적인 목표는 사람들이 작업에서 성공하기를 원하는 중요한 이유이다.

C. 그들을 이해하고 프로젝트 목표를 향한 팀의 진행 상황과 개인적 동기를 조정하는 데 맞춘다.

D. 그들을 활용한다. 성과 수준을 높이기 위해 팀원을 설득하는 데 있어 개별 목표를 사용한다.

해설

애자일 리더는 팀원의 개별 목표 및 개인적 동기를 프로젝트 목표에 대한 팀의 진행 상황에 맞추려고 한다. 이를 위해서는 먼저 동기를 이해하는 법을 배워야 한다.

146 프로젝트에서 개발자는 방금 제품 증분(Product increment) 빌드를 마치고 내일 데모를 통해 Thomas에게 제시할 것이다. Thomas는 증분을 승인하거나 변경을 요청할 수 있다. 여기서 Thomas의 역할은 무엇인가?

A. 제품 책임자(Product owner)

B. 스폰서(Sponsor)

C. 스크럼 마스터(ScrumMaster)

D. 프로젝트 관리자(Project manager)

해설

질문은 프로젝트에서 제품 책임자(Product owner)의 역할을 정의하고 있다.

147 프로젝트에는 6개의 다른 회사들이 참여하고 있고 프로젝트 스폰서는 국제기구이다. 프로젝트 중간에 프로젝트 관리자는 한 이해관계자로부터 그들이 어려움을 겪고 있어 예전과 같은 참여 수준을 제공할 수 없다고 전해 들었다.

프로젝트 관리자가 취해야 할 행동은 무엇인가?

A. 이해관계자 참여 계획서를 갱신한다.

B. 프로젝트 헌장을 수정한다.

C. 이해관계자 관리대장을 갱신한다.

D. 프로젝트 관리 계획서를 수정한다.

> **해설**

이해관계자의 참여 계획은 프로젝트 결정 및 실행에 대한 이해관계자의 참여에 영향을 미치는 모든 프로세스, 절차, 도구 또는 기술을 반영하도록 업데이트된다.

148 애자일 소프트웨어 팀을 관리할 때 백로그의 우선순위에 비즈니스를 참여시키는 것은 다음 중 어느 것과 같은 이유인가?

A. 기술적 리스크 감소

B. 이해관계자 가치의 통합

C. 공급 업체 관리

D. 이해관계자 스토리 매핑(Mapping)

> **해설**

이해관계자 가치를 보다 잘 이해하고 통합하기 위해 백로그의 우선순위를 정하는 데 비즈니스를 참여시킨다. 이러한 참여는 기술적 리스크의 감소, 공급업체 관리 또는 이해관계자 스토리 매핑에 영향을 줄 수 있지만, 이것이 비즈니스를 수행하는 주된 이유는 아니다.

149 프로젝트 헌장이 완료되고 프로젝트 스폰서가 서명한 직후에 프로젝트 팀은 프로젝트의 기본 비즈니스 사례에 영향을 미칠 수 있는 국제 기관의 새로운 규정 준수 요구사항이 있음을 알게 되었다.

프로젝트 관리자는 어떻게 진행해야 하는가?

A. 요구사항과 가능한 결과들을 조사한 다음 스폰서에게 권장 사항을 전달한다.

B. 품질 관리 계획서 작성을 통해 요구사항을 해결한다.

C. 새 요구사항은 프로젝트의 문서화된 범위에 포함되지 않으므로 문제 해결을 거부한다.

D. 요구사항이 리스크 관리대장에 문서화되어 있는지 확인한 다음 모든 이해관계자에게 추가 지침을 요청한다.

> **해설**

이 시나리오의 배경에는 프로젝트 관리자가 조직(스폰서)에 영향을 미치고 규정 준수 요구사항 및 결과를 검토하고 이해한 후 다음 단계를 권장해야 한다.

150 한 회사가 전 세계 15개국에 법인 사무소 건물을 건설하고 있다. PMO(Project Management Office) 책임자는 지리적으로 멀리 떨어진 프로젝트에서 프로젝트 관리자들 간에 보다 시기적절한 진행 상황 보고 및 경험 공유가 이루어지길 원한다.

PMO는 이러한 요구를 충족하기 위해 애자일에서 어떤 방법을 사용할 수 있는가? (2개 선택)

A. 검토 완료 통화의 정의(Definition of Done review calls)

B. 전자 칸반 보드(Electronic Kanban board)

C. 백로그 정련 통화(Backlog Refinement calls)

D. 가상 일일 스탠드업 미팅(Virtual daily standup meetings)

E. 2주 기간의 회고 통화(2-week Retrospective calls)

> **해설**

• B 칸반 보드는 적시에 진행 상황 보고를 제공하고, E는 최근 경험과 개선해야 할 교훈을 공유하는 포럼이 될 것이다.

• DoD(Definition of Done)는 완료 기준에만 초점을 맞추기 때문에 잘못된 것이고, BR(Backlog Refinement) 및 SoS(standup meetings)는 모든 PM들이 공통 제품에 대해 작업하는 경우에만 유효하다.

151 회사의 제품이 앞으로 3개월 안에 통과될 수 있는 새로운 법률의 영향을 받게 되었다. 신제품 출시가 시작되고 있으며 이는 2개월 이내에 완료되어야 하지만, 제안된 법률이 통과되면 새 제품은 새로운 요구사항을 충족하지 못한다.

프로젝트 관리자는 이 잠재적인 문제를 어떻게 해결해야 하는가?

A. 1. 리스크 관리 계획서를 업데이트한다.
   2. 프로젝트 계획대로 계속 진행한다.

B. 1. 스폰서 및 주요 이해관계자와 리스크에 대해 논의한다.
   2. 토론 결과를 사용하여 가정 기록부 및 프로젝트 헌장을 업데이트한다.

C. 1. 프로젝트 및 프로젝트 계획을 계속 진행한다.
   2. 법이 변경되기 전에 제품이 완성될 수 있도록 모든 기한을 준수한다.

D. 1. 가능성 있는 법의 함축적인 의미에 대해 스폰서와 주요 이해관계자에게 경고한다.
   2. 법안이 통과될 때까지 프로젝트를 보류하도록 조언한다.

해설

이 새로운 법률은 프로젝트에 중대한 영향을 미칠 수 있다. 그것은 확실히 새로운 잠재적인 리스크, 새로운 가정사항 그리고 헌장 변경의 가능성으로 이어질 것이다.

152 당신은 팀원이 산정 세션을 이끌도록 멘토링을 한다. 어떤 기법을 이용하여 멘토링을 하는 것인가?

A. 섬김형   B. 촉진
C. 감성적   D. 리더십

해설

촉진은 멘토링에서 중요한 기법이다. 촉진을 통해 팀원들의 참여를 끌어내고 참여에 대한 동기부여를 한다.

153 프로젝트 팀 구성원은 프로젝트 구성 요소로 유지 관리 및 운영 직원을 돕는 데 많은 시간을 할애하고 있으며, 프로젝트 관리자는 구성 요소가 승인되고 소유권이 이전되었는지 확인해야 한다.

프로젝트 관리자가 이 결정에 사용할 세 가지 문서는 무엇인가?

A. 최종 보고서, 조직 프로세스 자산 업데이트 및 조달 계약서

B. 조달 계약서, 프로젝트 문서 업데이트 및 조직 프로세스 자산 업데이트

C. 조달 계약서, 이해관계자 참여 계획서 및 조직 프로세스 자산 업데이트

D. 최종 보고서, 프로젝트 문서 업데이트 및 조직 프로세스 자산 업데이트

해설

프로젝트를 종료할 때 프로젝트 관리자는 프로젝트 관리 계획서를 검토하여 모든 프로젝트 작업이 완료되고 프로젝트가 목표를 달성했는지 확인한다. 이에 따라 프로젝트 문서가 업데이트된다.

154 제품 책임자(PO)는 반복(iteration) 평가 세션에 참여하는 방법을 잘 알지 못한다. 프로젝트 관리자는 이에 대해 어떻게 해야 할까?

A. 세션에서 제품 책임자를 물러나게 한다.

B. 제품 책임자에게 침묵을 유지하도록 요청하고 관찰한다.

C. 제품 책임자에게 반복(iteration) 평가에 대한 웹사이트를 안내한다.

D. 세션에 기여하는 방법에 대해 제품 책임자를 지도한다.

해설

방법을 모르면 코칭을 통해 지도하여야 한다.

155 프로젝트 관리자는 모든 팀원이 전체 종료 프로세스의 중요성을 이해하기를 원하고 질문이 더 있는지 묻는다. 한 팀원이 "이 프로세스가 완료되지 않으면 어떻게 됩니까?"라고 묻는다.

프로젝트 관리자는 이 질문에 어떻게 답변해야 하는가?

A. 고객은 프로젝트 원가를 지불할 의무가 없다.

B. 다음 관련 활동, 단계 또는 프로젝트가 시작되지 않을 수 있다.

C. 이해관계자는 향후 프로젝트에 대해 프로젝트 팀을 신뢰하지 않을 것이다.

D. 해당 팀원은 향후 프로젝트에 배정되지 않을 것이다.

해설

전체 종료 프로세스를 통해 행정적 종료와 프로젝트 내부 종료를 수행할 수 있다. 미지급 및 클레임 처리, 보고서 제출 등 행정 종료를 마무리하고 조직 프로세스 자산 저장소에 프로젝트 문서들을 저장하고 팀을 해체한다. 이런 부분을 잘 마무리하여야 고객으로부터 신뢰도 얻고 추후 프로젝트 수주 가능성이 높아진다.

156 여러 명의 팀원들이 다른 프로젝트로 전환된 관계로 프로젝트 관리자는 새로운 공급자로부터 추가적인 자원(인력) 지원을 받을 필요가 있다. 프로젝트 관리자는 프로젝트의 현 단계에서 신규 공급자를 활용하는 것에 대한 비용 리스크에 대해 우려하고 있다. 이제 프로젝트 관리자는 조달 팀과 함께 계약 사양과 형태를 결정할 필요가 있다. 어떻게 해야 하는가?

A. 성과급 가산 고정가(FPIF) 계약을 추천한다.

B. 시간 자재(TM) 계약을 추천한다.

C. 성과급 가산원가(CPIF) 계약을 추천한다.

D. 원가보상 계약을 추천한다.

해설

고정 가격 인센티브 수수료 계약(FPIF)은 구매자가 판매자에게 정해진 금액(계약에 정의된 대로)을 지불하는 계약 유형이며, 판매자가 정의된 성과 기준을 충족하는 경우 판매자가 추가 금액을 지불할 수 있다.

157 한 계약자(도급업체)는 자원과 관련된 문제(도전)로 인해 중요한 프로젝트 인도물이 늦어지고 있다. 예산에는 비용 초과를 대비하여 22%의 여분이 있다.

프로젝트 관리자가 해당 이슈를 해소하기 위해서는 가장 먼저 무엇을 해야 하는가?

A. 자원 제약에도 불구하고 프로젝트 인도물을 지원할 수 있는 대체 공급자를 수배한다.

B. 현재 공급 업체를 대체할 신규 업체를 고용하고 신규 업체에게 계약서를 송부할 것을 요청한다.

C. 이러한 계약 미이행의 법적 영향에 대해 업체와 대화한다.

D. 비용 초과를 우선 수락하고 나서 프로젝트 일정을 수정한다.

해설

프로젝트 제공이 주요 초점이라는 것을 깨달은 프로젝트 관리자는 잠재적인 예산 영향에 대한 우려 없이 대안을 평가해야 한다. 실행 가능한 대안이 확인되면, 그들은 결정을 위해 스폰서에게 자신의 사례를 제시할 수 있다.

158 특정 주요 이해관계자는 프로젝트의 주요 특성이 개발된 방식에 만족하지 않고 있으며, 그들은 반복검토 회의에서 불만을 표명한다.

프로젝트 관리자는 이 문제를 해결하기 위해 먼저 무엇을 해야 하는가?

A. 브레인스토밍 세션을 위해 프로젝트 팀을 모으고 해결책을 찾는다.

B. 특성에 문제가 있는 이유를 식별한 다음 문제를 해결한다.

C. 갈등의 영향을 정의하기 위해 상황의 장단점 목록을 작성한다.

D. 프로젝트 스폰서와 같은 중립적인 당사자를 추가하여 이해관계자와의 협상자 역할을 맡긴다.

해설

특성에 대한 불만의 원인을 파악하기 위해 고객과 협력하는 것이 좋은 첫 번째 단계이다. 이것은 또한 팀과 이해관계자 간의 갈등을 해결하는 데 도움이 된다.

159 화가 난 애자일 팀 구성원은 프로젝트 관리자에게 접근하여 선임 팀 구성원이 모든 "흥미로운" 백로그 항목을 독점하고 있다고 불평한다.

프로젝트 관리자는 불만 사항을 어떻게 처리해야 하는가?

A. 불만을 제기하는 회원이 자기 주장 훈련을 받도록 격려한다.

B. 고위 팀원과 공정성의 중요성에 대해 논의한다.

C. 구성원들이 교대로 항목을 선택할 수 있

도록 새 규칙을 정의한다.

D. 팀에 작업 분배에 대한 새로운 기본 규칙을 정의하도록 요청한다.

해설

오해 또는 명시되지 않은 가정에 근거한 갈등은 팀 기본 규칙이 불완전하다는 신호이다. 애자일 팀은 협업하여 고유한 작업 방식을 결정한다.

160 프로젝트 관리자는 데이터 보관 프로젝트의 실행 단계에서 모든 데이터 보안 요구사항이 적용되도록 해야 한다. 여러 단계에서 작성된 각 데이터베이스는 정부 데이터 보안법을 준수하기 위한 특정 데이터 보안 정책을 가지고 있다.

프로젝트 관리자는 이러한 요구사항을 충족하기 위해 어떻게 계획을 세워야 하는가?

A. 데이터베이스 개발 사양을 계획한 후 작업이 사양과 일치하는지 정기적으로 확인한다.

B. 분기 별로 데이터 보안 상태를 검토하고 규정 비준수가 발견될 경우 개선 단계를 권장한다.

C. 데이터베이스 개발자에게 데이터 보안 항목의 문서와 사양을 충족하지 않는 항목을 수정하기 위해 필요한 단계를 제출하라고 말한다.

D. 프로젝트의 데이터 보안 품질 감시를 담당할 품질 보증 전문가 인력을 프로젝트 팀에 추가한다.

해설

주요 요구사항이 어떻게 충족되었는지 명확하게 문서화하는 것은 품질을 보장하고 해결해야 할 격차를 파악하는 데 매우 좋은 방법이다.

161 프로젝트 Y는 높은 규제 산업의 사업 합병이다. 프로젝트 스폰서와 고위 임원은 법적 요건을 무시하는 듯한 변화를 요청했다.

프로젝트 관리자의 대응 중 첫 번째 단계는 무엇인가?

A. 상황을 검토하기 위해 이해관계자와의 회의를 즉시 예약한다.

B. CCB(변경 통제위원회)에 변경 요청을 보낸다.

C. 조직의 관련 법률가와 함께 지침을 확인한다.

D. 선례와 방향을 위해 조직의 교훈관리대장을 검토한다.

해설

규제가 심한 업종이기 때문에 CCB에 가기 전에 신뢰할 수 있는 법률 담당자에게 확인하는 것이 가장 좋은 첫 단계이다.

162 프로젝트 관리자는 프로젝트 구축 초기에 새로운 프로젝트를 기획하는 데 유용한 과거 데이터를 찾는 데 시간을 보낸다. 프로젝트 관리자는 새 프로젝트의 템플릿으로 사용할 수 있는 완료된 유사 프로젝트에서 프로젝트 문서의 예를 찾고 있다. 또한 프로젝트를 보다 원활하게 실행하는 데 도움이 되는 확립된 프로세스와 절차에 대한 정보를 찾고 있다.

이를 정의하는 데 사용되는 용어는 무엇인가?

A. 조직 프로세스 자산(OPA)

B. 기업환경요인(EEF)

C. 점진적 구체화

D. 조직적 프로젝트 관리

해설

조직 프로세스 자산의 예는 다음과 같다.

• 프로젝트 작업 정렬에 대한 지침 및 기준, 구체적인 조직 표준, 프로젝트 작업을 위한 표준 템플릿, 조직 의사소통

요구사항, 표준화된 지침, 작업 지침서, 제안서 평가 기준 및 성과 측정 기준

• 프로젝트를 공식적으로 종결하는 절차

163 애자일 프로젝트 팀원이 하나의 프로젝트에 100% 헌신하지 않는 경우, 이를 무엇이라고 하는가?

A. 실질적으로 할당(Practically Assigned)

B. 최소 할당(Minimally Assigned)

C. 부분적으로 할당(Partially Assigned)

D. 단편적으로 할당(Fractionally Assigned)

해설

• 여기서는 Agile 프로젝트 팀원의 시간은 하나의 프로젝트에 '완전히' 할당되지 않고 있다.

• 애자일 프로젝트 팀 멤버가 사용할 수 있는 시간이 하나의 프로젝트에 100% 전적으로 헌신되지 않은 경우 팀 멤버는 부분적으로 할당된다.

• 단편적 할당(Fractionally Assigned)은 개인이 하나 이상의 프로젝트에 동시에 할당되는 조직에서 특히 일반적이다.

164 이해관계자 협업이 프로젝트에 중요한 이유는 무엇인가?

A. 더 많은 보고를 만든다.

B. 이해관계자 간 추가 회의가 더 발생한다.

C. 상호간 성과에 대한 기대치를 맞춘다.

D. 팀이 기대치보다 더 많은 성과를 낼 수 있도록 격려한다.

해설

• 효과적인 협업은 모든 당사자 간의 신뢰를 구축한다.

• 열린 대화와 의미 있는 의사소통으로 목표 및 기대사항을 최대한 이해한다.

• 프로젝트 중에 모든 사람의 참여와 참여 수준이 변동될 수 있다.

165 가치흐름 분석(Value stream analysis)이 있는 단계는 다음 중 어떤 것을 포함하는가?

A. 회의 및 커피 브레이크와 같은 지연 및 낭비 된 시간을 문서화하는 가치 흐름 맵을 생성한다.

B. 단계, 대기 열, 지연 및 정보 흐름을 식별하여 현재 프로세스의 가치 흐름 맵을 생성한다.

C. 현재 프로세스의 가치 흐름 맵을 검토하여 그것을 프로젝트 헌장에 명시된 목표와 비교한다.

D. 가치 흐름 헌장을 보다 유연하게 조정하는 방법을 검토한다.

해설

여기서 가치 흐름 분석(Value stream analysis)의 단계에서 유일한 옵션은 "단계, 대기 열, 지연 및 정보 흐름을 식별하여 현재 프로세스의 가치 흐름 맵을 생성한다"이다. 다른 옵션은 가치 흐름 분석 매핑에서 유효한 단계가 아니다.

166 최근 당사의 동남아 지역 회사의 위기로 인해, 린 팀(Lean team)에 대한 비즈니스 담당자(Business representative)가 몇 주 동안 근무하지 못했다. 다행히도 이 팀은 부재 시에도 백로그의 우선순위를 잘 알고 있으며 계속해서 진척할 수 있었다. 그러나 아직 승인되지 않은 2개의 작업 패키지가 있으며 이번 주말에는 세 가지 작업 패키지가 있다. 팀은 한동안 계속 노력할 수 있지만 피드백과 승인을 더 기다리면 프로젝트 방향을 벗어날 가능성이 높아진다.

이것의 예는 무엇인가?

A. 반복 개발(Iterative development)

B. 폐기(Waste)

C. 풀 시스템(Pull system)

D. 작업 전환(Task switching)

해설

린(lean) 접근법에서 대기(검토, 승인 등)는 일종의 낭비로 간주된다. 다른 옵션은 시나리오에 제공된 정보에서 지원되지 않는다.

167 다음 중 지속적인 개선의 주요 속성은 무엇인가? (3가지 선택)

A. 서비스 개선을 위한 더 나은 제품 설계

B. 고객의 기대를 뛰어넘는 것

C. 항상 비용을 낮추고자 노력하는 것

D. 높은 수준의 균일한 제품 품질

E. 글로벌 시장을 통한 매출 증대

F. 프로젝트 변경 최소화

해설

지속적인 개선의 주요 속성은 지속적인 개선과 좋은 품질을 통해 시장에서 성공을 거두는 것이다.

168 스프린트 계획 중에 일부 신규 백로그 항목의 우선순위가 지정되었지만 산정은 되지 않았다. 제품 책임자는 항목의 고유 속성을 확인하기 위해 새로운 테스트 세트를 요구한다.

스프린트 백로그에 추가하기 전에 어떻게 해야 하는가?

A. 유사한 스토리에 대한 유사한 테스트를 기반으로 한 유사산정을 사용한다.

B. 제품 책임자는 다음 스프린트에서 테스트를 허용하는 새로운 에픽(Epic)을 정의한다.

C. 산정하기 전에 준비의 정의 관련 허용 기준을 추가한다.

D. 제품 책임자는 팀이 수정할 초기 산정을 제공해야 한다.

해설

모든 노력이 고려되도록 추정하기 전에 영향을 받는 항목의 준비 정의에서 구체적인 허용 기준을 정의하고 확인해야 한다.

169 직원으로부터 얻은 아이디어와 많은 변경사항에서 얻은 개선 사항을 바탕으로 하는 지속적인 개선 접근 방식은 무엇인가?

A. TQM

B. 카이젠(Kaizen)

C. 계획 시행 점검 조치

D. 데밍 사이클

해설

카이젠(Kaizen)은 현장 중심의 개선 분임조 활동에서 많이 사용을 하고 있으며 지속적인 품질 개선을 목적으로 한다.

170 스토리의 경향은 불완전하며, 이것은 반복의 끝에서 명백해진다. 몇몇 팀원들이 이 스토리들을 작업했고 차단자는 확인되지 않았다.

애자일 팀은 어떻게 그 상황을 해결할 수 있는가?

A. 스토리를 제품 백로그에 다시 넣고 반복이 덜 집중될 때까지 기다린다.

B. 팀 스파이크의 다음·반복을 사용하여 스토리를 완성할 수 있는 가능성을 결정한다.

C. 칸반에 스토리를 넣고 멀티 태스킹(Multi-tasking)을 진행하면서 제품 책임자와 협력하여 장애물을 제거한다.

D. 제품 책임자와 협력하여 백로그를 스토리로 분할하고 준비의 정의를 업데이트한다.

해설

이야기가 한 번의 반복으로 완성될 수 없을 때, 그것은 일반적으로 이야기가 충분히 작은 목표들로 나뉘지 않기 때문이다. 따라서 백로그를 스토리로 분할하고 준비의 정의(Definition of ready)를 업데이트한다.

171 사용자 테스트 중에 고객은 최종 제품에 동의했지만, 하루 후 고객은 최종 제품이 허용되지 않을 수 있음을 나타내었다.

이 문제를 해결하기 위한 프로젝트 관리자의 첫 번째 단계는 무엇인가?

A. 고객과 우려 사항을 논의하고 프로젝트의 수락 기준에 대해 상의한다.

B. 프로젝트의 품질 관리 계획서를 검토한다.

C. 프로젝트의 요구사항 문서를 검토한다.

D. 프로젝트 헌장 및 교훈관리대장을 참조한다.

해설

고객은 최종 제품이 "허용되지 않을 수" 있다고 말하므로 프로젝트 관리자는 고객과 함께 허용 기준을 검토하여 누락된 부분이 있는지 확인하고, 고객이 제품이 허용되지 않을 수 있다고 생각하는 이유를 이해해야 한다. 모든 수락 기준을 충족한다는 것은 이해관계자의 요구가 충족되었음을 의미한다.

172 마케팅 이사는 애자일 혁신 팀이 비즈니스 가치가 너무 적은 제품을 너무 많이 생산하고 있다는 사실에 불만이 있다.

프로젝트 관리자는 팀의 접근 방식을 수정하기 위해 무엇을 해야 하는가? (2개 선택)

A. 제품 책임자와 협력하여 준비됨의 정의에서 가치 기준을 강화한다.

B. 직접 반응 마케팅에 대한 교육 과정을 이수하도록 팀에 요청한다.

C. 더 가치 있는 기능을 통합하기 위해 스토리 크기를 늘린다.

D. 최종 사용자를 대상으로 설문 조사 및 결과 값 순위를 제품 백로그에 통합한다.

E. 마케팅 이사가 각 스토리를 승인할 수 있도록 프로세스를 추가한다.

백로그의 DOR(definition of ready) 및 사용자 가치 순위는 가치에 집중하지 않는 근본적인 문제들을 해결한다. 큰 스토리는 나쁜 관행이며, 마케팅은 가치를 추구하며, 모든 스토리들에 대한 승인은 비효율적이고 민첩하지 않기 때문에 다른 선택지들은 잘못된 것이다.

173 분기별 결과에 따르면 경쟁업체가 가격을 낮추고 있다. 회사는 시장 점유율을 잃고 있으며, 제품 개발 프로젝트의 중간에 있으며, 후원 부서가 투자 수익을 얻지 못할 것으로 보인다.

프로젝트 관리자는 이러한 새로운 조건에 맞게 프로젝트를 어떻게 조정해야 하는가?

(2개 선택)

A. 현지 직원을 30분 이하로 근무할 수 있는 외부 전문 직원으로 점진적으로 교체한다.

B. 경쟁업체와 동일한 가격과 기능을 제공하도록 프로젝트의 범위를 다시 지정한다.

C. 인도물의 원가 및 속도를 최적화하기 위해 인도물의 비용/편익 분석을 실시한다.

D. 프로젝트의 나머지 부분을 동시 작업을 통해 간접비를 줄이고 의도한 범위를 제공한다.

E. 고정된 예산 내에서 점진적으로 가치를 극대화하기 위해 애자일 트랙을 분할한다.

비용/편익 분석 및 고정 예산 증분 개발은 비즈니스의 중단 없이 수익성 손실을 해결하기 때문에 정답이다.

174 다음 중 애자일 프로젝트에 대한 지속적인 프로세스 개선(Continuous process improvement) 행사의 예는 무엇인가?

A. Release Planning Meeting

B. Iteration Retrospective Meeting

C. Product Demonstration Meeting

D. Iteration Planning Meeting

지속적인 프로세스 개선(Continuous Process Improvement)은 항상 모든 애자일 프로젝트 팀 구성원의 마음에 있어야 하지만, 반복 회고 회의(Iteration Retrospective Meeting)는 애자일에서 사용되는 공식행사이다. 이 이벤트는 반복이 진행되는 동안 학습한 교훈을 검토하는 각 반복이 끝날 때 개최되며, 다음 반복 중에 특정 조치 계획이 구현되어 프로젝트에서 이러한 문제가 다시 발생하지 않도록 한다.

175 린 소프트웨어 개발(Lean Software Development)에 사용되는 주요 도구 및 기술 중 하나는 가치 흐름 매핑(Value stream mapping)이다.

가치 흐름 매핑의 주요 목적은 무엇인가?

A. 비즈니스 프로세스를 개선하기 위해(To improve business processes)

B. 낭비를 식별하고 제거하기 위해(To identify and eliminate waste)

C. 제품 품질을 보장하기 위해(To ensure product quality)

D. 고객 가치를 증대하기 위해(To increase customer value)

Value Stream Mapping을 사용하는 가장 중요한 목표는 낭비를 식별하고 제거하는 것이다.

176 프로젝트 시행 도중 연구 개발 부서는 제품의 요구사항이 변경되었음을 프로젝트 관리자에게 알린다. 이러한 변경은 예상되지 않았으며, 잠재적인 판매 수에 상당한 영향을 미칠 수 있으며, 프로젝트 범위에 영향을 미칠 수 있다.

프로젝트 관리자가 취해야 할 적절한 조치는 무엇인가?

A. 적절히 리스크 관리대장을 업데이트하고 리스크 대응을 식별한다.

B. 예측 방법을 사용한다.

C. 우발사태 예비비 사용을 계획하고 리스크 완화 계획을 업데이트한다.

D. 획득 가치 관리(EVM)와 같은 방법을 활용한다.

해설

이러한 새로운 요구사항은 추가 위험을 초래할 수 있다. 이러한 리스크를 문서화하고 적절한 대응을 식별해야 한다.

177 프로젝트 관리자는 상위 수준의 범위를 기반으로 하는 리스크 분석을 수행하도록 요청받았으며, 이 분석의 일부로 프로젝트 관리자는 문서를 준비하기 위해 전문가의 판단을 사용해야 한다.

어떤 문서 작업이 수행되고 있는가?

A. 프로젝트 헌장 작성

B. 범위 기술 문서 준비

C. 프로젝트 관리 계획서 작성

D. 리스크 관리 계획서 문서화

해설

프로젝트 헌장은 공식적으로 프로젝트를 승인하는 문서이다. 여기에는 프로젝트 목적, 목표, 요구사항, 프로젝트 기간 및 원가, 프로젝트에서 발생할 수 있는 전반적인 리스크와 같은 상위 수준 정보가 포함된다. 전문가의 판단은 프로젝트 헌장을 개발하기 위한 도구이자 기법 중 하나이다.

178 제품 조립 라인 작업자를 위한 품질 검사 소프트웨어를 개발하는 애자일 팀의 프로젝트 중간 데모를 적극 승인했다. 그러나 최종 제품은 작업자의 장갑이 너무 두꺼워서 소프트웨어의 작은 버튼을 누를 수 없었기 때문에 사용할 수 없는 것으로 간주되었다.

향후 이러한 문제를 방지하기 위해 프로젝트 관리자는 어떻게 해야 하는가?

A. 제품 요구사항을 정의하는 고객 부서와 직접 계약한다.

B. 모든 소프트웨어 릴리스에 조정 가능한 접근성 기능이 포함되어 있는지 확인한다.

C. 소프트웨어를 테스트하는 개발자를 위한 최종 사용자 조건의 사실적인 시뮬레이션을 생성한다.

D. 최종 사용자가 대상 환경에서 프로토타입 및 증분 릴리스를 테스트하도록 계획한다.

해설

실제 최종 사용자의 요구사항 및 피드백은 조직 구조, 시뮬레이션 또는 일반화된 기능의 세트(접근성)로 대체될 수 없다. 최종 사용자 부서와의 계약도 소프트웨어가 더 큰 IT 환경에 통합되는 방법과 관련된 전문 지식, 규범 및 자산이 없기 때문에 적절하지 않다.

179 애자일 팀은 때때로 제품 담당 임원이 제품 책임자에게 새로운 목표를 알려주는 것을 기다리는 동안 유휴 기간이 있으며 의사결정은 시장 조사 분석에 따라 다르게 된다.

담당 임원과 애자일 팀의 요구사항을 조화시킬 수 있는 조치는 무엇인가?

A. 예상되는 유휴 기간과 일치하도록 팀 교육 이벤트를 계획한다.

B. 백로그를 정리한 후에 시장 조사 스파이크를 실행하여 담당 임원에게 업데이트한다.

C. 산출 곡선을 매끄럽게 만들기 위해 팀 크기를 줄임으로써 여유를 제거한다.

D. 담당 임원에게 제안할 새로운 목표에 대한 팀 브레인스토밍 세션을 실행한다.

해설

시장 조사 스파이크를 실행하면 제품 담당 임원을 지원하고 팀 기술을 구축하고 다양화하는 데 도움이 된다. 유휴 기간은 이벤트를 계획하기에 충분히 예측할 수 없고, 생산량을 줄이는 것은 생산성에 반하며, 팀의 아이디어는 정보에 입각한 제품 개발 결정을 내리는 데 필요한 시장 사실을 제공하지 않기 때문에 다른 선택지들은 잘못되었다.

180 제품 인도물이 인수 시험 중이다. 상급자급의 이해관계자가 그들 부서를 위한 필수 제품 기능이 개발되지 않았다며 우려를 표하고 있다. 프로젝트 관리자는 향후 이러한 이슈를 예방하고자 한다.

이러한 목표를 달성하기 위한 방법 중 한 가지는 무엇인가?

A. 이해관계자의 기대치를 적절히 관리한다.

B. 변경관리 계획서를 준비한다.

C. 범위관리 계획서가 승인받았는지 확인한다.

D. 이해관계자와 제품 시연 자리를 갖는다.

해설

범위 관리 계획은 프로젝트 및 제품 범위 정의, 유효성 검사 및 통제되는 방법을 문서화한다.

3회 최종 점검 모의고사

01 스프린트 기획 평가 회의가 진행되는 도중 애자일 팀원 한 명이 제품 책임자에게 말이 안된다며 의자를 발로 차며 소리를 질렀다.

이 상황에서 프로젝트 관리자는 어떻게 조치해야 하는가? (2개 선택)

A. 제품 책임자의 책임과 권한을 팀에 상기시킨다.

B. 감성지능을 사용하여 참석한 모든 사람들을 진정시킨다.

C. 경고로 의자를 발로 찬 회원을 질책한다.

D. 팀에 분쟁이 되는 사항들을 해결하는 방법을 제안하도록 요청하여 해결을 촉진한다.

E. 직접 개입하여 참석한 모든 사람에게 1분동안 자신의 사례를 방해 받지 않고 진술하도록 한다.

해설

- 프로젝트 관리자는 협업/문제 해결 접근 방식으로 갈등을 해결하고, 먼저 모든 관점들이 표현되었는지 확인한 다음 분쟁을 해결하는 방법에 대한 제안을 요청한다.
- 한 가지 선택지에는 팀에 제품 책임자의 권한을 상기시키고 항의하는 구성원을 질책하는 것이 포함되지만, 이러한 행동은 강요/지시 접근에 해당하며 애자일 원칙과 양립할 수 없으며 어떤 경우에도 해결책이 아니다.
- 감성지능에 대한 요구는 타협/화해 접근 방식에 해당하며, 이것은 구성원을 타협하도록 초대하지 않고서는 완전한 해결책이 될 수 없다.

02 한 애자일 팀은 Scrum of Scrums에서 그들을 대표할 결정을 해야 한다. 프로젝트 관리자가 최적의 팀원들을 선정하는 데 어떤 기준을 사용해야 하는가?

A. 멤버는 얼마나 다른 팀의 작업을 알고 있는가?

B. 멤버는 얼마나 전문서의 깊이를 적용할 수 있는가?

C. 멤버는 얼마나 대중 연설가로 확신하는가?

D. 그들이 얼마나 애자일 방법으로 일했는가?

해설

가장 중요한 요소는 Scrum of Scrums의 모든 팀들 간에 그 일을 이해하는 것이다. 관련 지식은 효과적인 조정과 해결 및 의존성 장애를 확인하는 것을 촉진할 수 있다.

03 프로젝트 팀원들은 신규 자원이 할당된 작업에 적합하지 않은 것 같다고 우려한다. 프로젝트 관리자는 이 문제에 어떻게 대응해야 하는가?

A. 고위 경영진에게 접촉하여 신규 자원을 다른 프로젝트에 재할당할 가능성에 대해 논의한다.

B. 신규 자원의 기술을 재평가하고 강점을 이해하기 위해 대화하는 일정을 예약한다.

C. 팀원들에게 신규 자원에게 나타나는 작업수행의 부족함을 문서화하도록 요청한다.

D. 프로젝트 스폰서와 접촉하여 이러한 우려를 강조하고 적절한 대응을 결정하도록 한다.

해설

프로젝트 관리자는 신규 자원과 대화하여 스킬을 재평가하고 장점을 파악하여 해당 구성원이 프로젝트에 필요한 사항을 충족하는지 확인해야 한다. 다른 팀원들의 의견은 옳다고 하더라도 직접적인 행동 원인은 아니다.

04 다음 중 애자일 프로젝트 팀의 활동을 동기화하여 공통 반복 목표를 달성하기 위해 어떤 애자일 회의를 사용하는가?

A. 일일 스탠드 업 회의(Daily Standup Meeting)

B. 반복 검토 회의(Iteration Review Meeting)

C. 반복 계획 회의(Iteration Planning Meeting)

D. 반복 회고 회의(Iteration Retrospective Meeting)

해설

Agile Daily Standup Meeting에 대해 생각할 때는 '동기화'라는 용어를 기억해야 한다. 이 애자일 회의는 애자일 프로젝트 팀의 활동을 동기화하여 모두 공통 반복 목표를 달성하기 위해 사용된다.

05 다음 중 애자일 회의 중 프로세스 중심의 회의는 무엇인가?

A. 반복 계획(Iteration Planning)

B. 반복 검토(Iteration Review)

C. 반복 데모(Iteration Demonstration)

D. 반복 회고(Iteration Retrospective)

해설

반복 회고(Iteration Retrospective)는 각 반복이 끝날 때마다 진행되는 프로세스 지향 애자일 프로젝트 팀 회의이다. 그 목적은 다음 반복 중에 프로세스를 개선하는 방법을 결정하기 위해 현재 반복 중에 발생한 가장 중요한 이벤트를 명시적으로 반영하는 것이다.

06 이해관계자 관리 및 이해의 부분으로 팀은 고객 페르소나(Persona) 모델링을 수행할 수 있다. 다음 중 페르소나를 대표하지 않는 것은 무엇인가?

A. 스테레오 유형 사용자(Stereotyped users)

B. 실제 사람(Real people)

C. 전형적인 설명(Archetypal description)

D. 요구사항(Requirements)

해설

페르소나는 실제, 스테레오, 복합 및 가상의 인물을 나타낸다. 그것들은 현실에 기초하고, 목표 지향적이고, 구체적이며, 초점을 생성하는 것과 관련된 전형적인(예시적인) 설명이다. 그러나 페르소나는 프로젝트의 요구사항을 대체하지 않는다.

07 프로젝트의 성공을 보장하기 위해 필요한 의존성과 리스크 완화 작업을 고려하여 어떤 순서로 작업을 수행해야 하나?

A. 프로젝트 관리 오피스(PMO)가 지정한 순서

B. 비즈니스 대표자(Business representatives)가 지정한 순서

C. 프로젝트 팀이 지정한 순서

D. 프로젝트 설계자(Project architect)가 지정한 순서

해설

프로젝트에서 기능 요구사항의 우선순위의 윤곽을 정해주는 것은 비즈니스 대표자이다. 그런 우선순위는 우리가 작업을 수행하는 순서의 핵심 요인이다.

08 프로젝트 스폰서는 네 개의 다른 시간대에 거주하고 네 개의 다른 위치에서 작업하는 자원들로 구성된 프로젝트 팀이 필요하다. 프로젝트 스폰서는 이 필요 사항의 의미를 고려하지 않았으며 분산이 비용을 절감할 이상적인 프로젝트 팀을 제공할 것이라고 믿는다.

이것은 프로젝트 헌장에서 어디에 문서화되어야 하는가?

A. 높은 수준의 요구사항의 일부로 문서화한다.

B. 주요 이해관계자 관리대장에서 문서화한다.

C. 전체 프로젝트 리스크로 문서화한다.

D. 자원 관리 계획의 일부로 문서화한다.

해설

분산된 프로젝트 팀을 갖는 것은 리스크가 없지 않다. 이러한 리스크는 헌장에서 프로젝트 전체의 리스크로 식별되어야 한다.

09 인적 자원 정보 시스템(HRIS)의 개발이 필요한 프로젝트 스폰서는 다국적 기업이다. 프로젝트 관리자는 회사의 인적 자원 관행에 대한 과거 데이터를 검토하고 프로젝트의 규제 프레임워크를 고려한다. 그럼에도 불구하고 프로젝트 리스크에 대한 우려가 있다.

프로젝트 관리자는 이러한 문제에 대해 무엇을 해야 하는가?

A. 상위 수준의 프로젝트 리스크를 기록한다.

B. 프로젝트 리스크를 계산하고 수치화한다.

C. 리스크 완화 계획을 수립한다.

D. 정기적인 리스크 검토에 참여한다.

해설

이전 계획들에서 배운 교훈을 기반으로 상위 수준의 프로젝트 리스크를 기록하고 분석하는 것은 프로젝트의 기반을 설정하는 것에 대한 좋은 방법이다.

10 프로젝트 A의 킥오프 단계에서는 프로젝트 관리자가 전체 팀을 대상으로 프로젝트가 지원하는 회사 운영의 세부 사항에 대한 교육을 실시했다. 1년이 지난 지금 프로젝트 후반부에 추가된 팀원의 이해도가 높지 않아 프로젝트 생산성이 저하되고 있다.

프로젝트 관리자는 이 도전에 어떻게 대응해야 하는가?

A. 신입 팀원이 이해할 수 없는 문제에 부딪쳤을 때 장기 팀원에게 도움을 요청하라고 말한다.

B. 현재 팀원들에게 교육과 지원을 요청하고 새 팀원을 위한 두 번째 킥오프 미팅을 개최한다.

C. 관련 경험이 있는 새 팀원을 추가하고, 새로운 팀원을 재배치하며, 교훈관리대장에 이직 이슈를 기록한다.

D. 이것은 자연스러운 프로젝트 진행임을 인식하고 생산성이 약간 저하되는 것을 감안하여 일정을 수정한다.

해설

새로운 구성원들이 적절한 교육을 받았는지 확인하는 것은 프로젝트 관리자의 책임이다. 이 접근 방식은 그러한 교육을 제공한다.

11 팀의 노력에도 불구하고 칸반 블록 칸에는 몇 가지 아이템이 남아 있다. 회고전을 통해 모든 장애물이 특정 부서장으로 거슬러 올라갈 수 있음을 알 수 있다. 이전에 프로젝트 관리자가 해당 이해관계자를 교육하려고 노력했지만 여전히 거부감을 드러내고 있다.

프로젝트 관리자는 다음에 무엇을 해야 하는가?

A. 부서장에게 협조 부족으로 인한 지연에 비례하는 예산 배상을 요청한다.

B. 이해관계자 분석을 사용하여 부서장에게 영향을 미칠 조정된 고위 이해관계자를

08 C   09 A   10 B   11 B **정답**

파악한다.

C. 팀원에게 부서장의 장벽을 극복하는 데 도움이 될 수 있는 다른 관계자를 찾아보라고 요청한다.

D. 프로젝트 목표에 대한 적극적인 지원에 따라 이해관계자의 순위를 정보 방열판에 설정한다.

해설

프로젝트 관리자의 노력에도 불구하고 이해관계자가 계속 저항한다면, 단계적 확대 작업이 필요할 수 있다.

12 질병 백신 출시 프로젝트는 사전 검증된 장소가 예약되는 즉시 백신 접종 센터를 배치해야 한다. 지연된 회차분의 선적, 안전 규정 및 대상 연령 그룹과 같은 빠르게 변화하는 요인으로 인해 마지막 순간에 배치를 방해할 수 있다. 하지만 새로운 위치에서 준비를 시작하기 위해 톨게이트를 통과한 후에는 배포 프로세스가 달라지지 않았다.

배치된 센터 수를 최대화하는 목표를 가장 잘 지원하는 프로젝트의 접근 방식은 무엇인가?

A. 각 센터 배포가 종속성에 종속되는 단계인 완전한 예측형 수명 주기이다.

B. 예측 프로세스들의 집합에 포함된 애자일 배포 반복 집합이다.

C. 애자일 프로세스 집합에 포함된 예측형 배포 순서 집합이다.

D. 각 반복에서 종속성과 배포가 결합되는 완전한 애자일 수명 주기이다.

해설

배포가 변경되지 않는 순서를 따르기 때문에 애자일 프로세스 내의 예측이 알맞은 답안이다. 배포를 최대화하려면 애자일 방식으로 처리되는 일련의 변화하는 조건을 감안할 때 가능한 한 많은 병렬 배포를 처리하는 방식으로 해야 한다.

13 새로운 프로젝트에는 다양한 안전 위험에 노출된 약 100명의 전문가, 건축업자 및 물류 작업자로 구성된 직원들이 있다. 프로젝트 관리자는 유연성과 팀의 역동성을 기존 보호 장치와 결합된 확장 가능한 접근 방식을 원한다.

이러한 특성의 하이브리드 프로젝트를 조정하는 데 사용할 수 있는 기술은 무엇인가?

A. 크리스털 방법론(Crystal Methods)

B. 익스트림 프로그래밍(eXtreme Programming, XP)

C. 행동 주도 개발(Behavior-Driven Development)

D. 몬테카를로 시뮬레이션(Monte Carlo Simulation)

해설

확장성이 없는 XP 외에 크리스털 방법론은 하이브리드 조정 방법론으로 정의된 유일한 옵션이다.

14 다음 중 산정 기법이 아닌 것은 무엇인가?

A. 플래닝 포커

B. 티셔츠 사이즈

C. 제품 상자

D. 변형된 피보나치

해설

• T-Shirt Sizing은 어디에서나 흔히 볼 수 있는 티셔츠와 사이즈에 대한 지식을 이용하여 개인들이 사용자 이야기에 가치를 부여하는 방식이다.

• Story Pointing은 기능의 난이도나 복잡도 수준에 대한 상대측정을 사용하여 피보나치 수열의 숫자인 스토리 포인트를 할당하는 방식이다.

• Planning Poker는 개발 노력의 상대적 크기 또는 노력을 추정하는 데 사용된다. 피보나치 번호가 수정된 카드로 개인들은 사용자 이야기에 투표한다. 이 기법은 스크럼 포커라고도 불린다.

• 제품 상자(Product box)는 일종의 비전 디자인으로 시스템에 대한 은유인 상상의 "제품 상자" 디자인이다.

15 백로그를 정제하는 동안 당신은 관련 이해관계자를 조언하고 코칭해야 한다. 이 프로세스 동안 관련 이해관계자는 누구인가?

(2개 선택)

A. 조직의 CEO   B. 제품 책임자

C. 최종 사용자   D. 개발 팀

E. 주주 투자자

해설

스프린트 계획(Sprint Planning)에는 Scrum 팀이 현재 스프린트에 대한 작업을 계획하는 스크럼 협업적 이벤트로, 제품 책임자의 Backlog를 개발 팀이 Sprint backlog로 만드는 회의이다.

16 어떤 아티팩트(Artifacts)가 애자일 프로젝트에 고유한가? (3개 선택)

A. 스프린트 백로그(Sprint backlog)

B. 스프린트 목록(Sprint list)

C. 제품 목록(Product list)

D. 제품 백로그(Product backlog)

E. 제품 비전 기술서(Product vision statement)

해설

애자일 스크럼의 대표 아티팩트는 제품 백로그, 스프린트 백로그, 제품 비전 기술서가 사용된다.

17 주요 이해관계자들은 프로젝트 관리자에게 자신이 선호하는 조치를 따르도록 압력을 가한다. 프로젝트 관리자는 여러 이해관계자와 조정하고 계획해야 하지만, 복잡한 관계와 자주 변경되는 시나리오도 처리해야 한다.

프로젝트 관리자는 무엇을 고려해야 하는가?

(2개 선택)

A. 분류의 우선순위 지정 방법을 사용한다.

B. 분류의 두드러진 모델을 사용한다.

C. 분류의 변환 모델을 사용한다.

D. 분류의 거래 모델을 사용한다.

해설

중요도 모델과 우선순위 지정 모두 이해관계자를 분류하는 데 사용할 수 있다. 특히 시나리오가 자주 변경되고 관련된 여러 대표자와의 복잡한 관계에 대한 시나리오인 경우에 그렇다.

18 회사는 여러 단계가 있는 새 프로젝트의 범위를 정의하는 데 어려움을 겪고 있으며, 단계 간에 높은 수준의 종속성 관계가 있다.

프로젝트 관리자는 이 문제에 대해 어떻게 접근해야 하는가?

A. 회사의 대규모 프로젝트에 대한 작업 범위를 정의하는 데 전문적으로 도움을 줄 수 있는 제3자 회사와 계약한다.

B. 프로젝트 이해관계자와 협력하여 프로젝트 범위를 정의하는 데 도움이 될 수 있는 반복적인 접근 방식을 권장한다.

C. 일정 내에서 추가 시간을 제공할 수 있는 프로젝트 관리 계획을 수립한 다음 작업 범위를 수정한다.

D. 작업 범위가 명확해지면 일정을 수정할 시간을 갖기 위해 프로젝트의 최종 인도 날짜를 연기한다.

해설

대부분의 방해 요소가 프로젝트 관리자에게 나쁜 아이디어는 아니지만 핵심은 반드시 수행해야 하는 첫 번째 수정 조치에 있다. 예측이 어려운 환경에서 적응 단계들을 도입하는 것은 결코 쉬운 일이 아니며 이해관계자들은 이 프로세스에 많이 참여해야 하기도 한다.

19 다음 중 프로젝트 문서를 작성, 저장, 검색 및 배포하는 데 사용되는 시스템은 무엇인가?

A. 작업물 관리   B. 형상 관리

C. 문서 관리   D. 프로젝트 관리

해설

- 프로젝트 문서를 작성, 저장, 검색 및 배포하는 데 사용되는 시스템은 작업물 관리 시스템이다.
- 일종의 기록관리 시스템으로 PMIS(Project Management Information System)의 한 부분이다.

20 다음 중 제품 또는 서비스의 변경 사항을 관리하는 데 사용되는 도구는 무엇인가?

A. 이슈 관리

B. 형상 관리

C. 형상 관리 시스템

D. 작업물 관리 시스템

해설

변경 관리에는 형상 관리가 사용된다. 버전 관리를 포함하여 전반적인 변경 관리가 포함된다.

21 성공적인 프로젝트 리더는 팀 구성원의 기술과 지식을 육성하고 프로젝트 전반에 걸쳐 구성원에게 동기를 부여한다. 이러한 리더십을 촉진하는 데 도움이 되는 조치는 무엇인가?

A. 단호하며 팀의 요구 사항, 우려 사항 및 신념을 지지한다.

B. 프로젝트 작업의 위임을 통해 팀이 도전적으로 일하도록 촉진한다.

C. 팀원들이 우려 사항을 표명하고 응답을 받을 수 있는 일일 세션 일정을 잡는다.

D. 성공적으로 완료된 각 작업에 대해 팀 보상책을 만든다.

해설

프로젝트 팀과 관련하여 프로젝트 관리자의 주요 목표는 팀이 업무를 수행할 시간과 자원을 확보하고 마주칠 수 있는 장벽을 제거하는 것이다. 팀의 신념을 옹호함으로써 프로젝트 관리자는 팀에 대한 지원을 입증하는 것이다.

22 프로젝트 관리자가 이해관계자들로부터 일관된 의견을 얻는 데 어려움을 겪고 있지만, 전략적 및 운영상의 가정과 제약을 식별하기 위해 이해관계자의 의견이 필요하다.

프로젝트 관리자는 이해관계자의 의견을 어떻게 개선할 수 있는가?

A. 정치적 인식 기법을 사용한다.

B. 체크리스트 정책을 수립한다.

C. 효과적인 회의 관리 기법을 연구한다.

D. 효과적인 촉진 기법을 사용한다.

해설

촉진이란 한 그룹의 행사를 성공적인 결정, 해결책 또는 결론에 효과적으로 안내하는 능력을 말한다. 촉진자는 효과적인 참여가 있고, 참가자가 상호 이해를 달성하고, 모든 기여사항들이 고려되었는지, 결론이나 결과가 프로젝트에 대해 설정된 의사 결정 프로세스에 따라 완전히 동의되고, 달성된 조치와 합의가 적절하게 이루어졌는지 이후에 확인한다.

23 다음 설명 중 섬김형 리더십의 접근 방식을 가장 잘 반영하는 것은 무엇인가?

A. 팀의 요구사항을 지원함으로써 선도한다.

B. 팀원에게 작업을 할당함으로써 선도한다.

C. 팀 활동을 세세하게 관리함으로써 선도한다.

D. 팀 검토를 촉진함으로써 선도한다.

해설

섬김형 리더십은 팀원에게 동기부여하고, 자율적인 업무 추진 환경을 지원하고, 팀원들이 필요로 하는 요구사항을 지원한다.

24 다음 중 인정(Recognition)의 가장 좋은 예는 무엇인가?

A. 금전적 보너스

B. 노력에 대한 칭찬

C. 추가 휴식

D. 정시 회의 시작

해설

인정은 팀원의 노력에 대한 칭찬과 격려 부분이 좋은 예이다. 나머지 부분은 인정보다는 보상 측면이 강하다.

25 애자일 프로젝트는 시간상자(타임박스) 없이 구조화 된다. 태스크는 상위 수준 목표별로 그룹화되어 있지만 일정을 예측할 수 없다.

작업을 효율적으로 수행하기 위해 어떤 3가지 방법으로 분배할 수 있나? (3개 선택)

A. 준비 상태를 추적하여 팀이 적시에 작업을 시작하는 데 도움이 된다.

B. 팀이 허용 가능한 한도 내에서 작업을 완료할 수 있도록 데드라인을 설정한다.

C. 작업 보드를 사용하여 작업을 행으로 그룹화하고 열 간의 진행률을 추적한다.

D. 작업 관리 태스크 풀(Task pool)을 유지 관리하여 진행 중인 태스크 수를 제한한다.

E. 차단기를 미리 식별하여 실행 순서를 결정한다.

해설

다음과 같은 경우 흐름 기반 애자일 접근 방식의 작업 분배를 보다 효율적으로 수행할 수 있다.

• 지연을 줄이기 위해 작업 트리거링(Triggering)을 지속적으로 모니터링한다.

• 작업 보드는 진행 단계를 열에 표시하며, 행 별로 그룹화된 작업의 진행 단계를 표시할 수 있다.

• 작업 풀은 진행 중인 동시 태스크 수를 제한한다. Work in Progress limit라고도 하며 Multi-tasking을 줄여 Bottleneck을 방지하여 원활한 작업속도를 만드는 데 목적이 있다.

26 두 개의 신생 기업이 합병하여 현재 애자일 9개 팀에서 120명 이상의 개발자가 공동의 포트폴리오를 만들고 있다. 팀 간의 릴리스 조정을 가장 잘 보장할 수 있는 애자일 작업 방식 또는 방법은 무엇인가?

A. Scrum of Scrums

B. Mobbing

C. Scrum-ban

D. Feature-Driven Development

해설

FDD(Feature-Driven Development)는 특히 대규모 소프트웨어 개발 프로젝트의 요구에 맞는 가장 완벽한 메소드 세트(Method set)를 제공한다.

27 애자일 코치는 팀원들이 질문을 두려워하고 서로 협력하지 않으며 자신의 행동에 대해 책임을 지지 않는 것을 알게 되었다.

팀원들 사이에서 그러한 행동이 나타난 가장 큰 이유는 무엇인가?

A. 갈등의 두려움(Fear of conflict)

B. 리더십 부족(Lack of leadership)

C. 책임 회피(Avoidance of accountability)

D. 직업 안전 부재(Absence of job security)

해설

신뢰 부족이 주요 원인으로 신뢰 부족의 결과는 갈등이다. 갈등에 대한 두려움은 팀원들이 책임을 회피하고 질문을 두려워하며 서로 협력하지 않는 주된 이유 중 하나이다.

28 어떤 상황에서 프로젝트 또는 단계 종료 프로세스를 수행하지 않는가?

A. 프로젝트가 종료되었을 때

B. 프로젝트 단계가 완료되었을 때

C. 고객이 중간 인도물을 확인할 때

D. 프로젝트가 완료되었을 때

해설

- 중간 인도물 확인은 종료 프로세스 수행과 직접 관계가 없다.
- 종료는 전체 종료 또는 단계 종료가 있는데, 프로젝트가 공식적으로 종료될 때와 단계가 종료될 때이다.

29 프로젝트 팀은 로컬 팀원과 가상 팀원으로 구성되어 있다. 팀 구성원 간의 일정 우선순위 갈등을 관리하기 위해 프로젝트 관리자는 화상 회의 통화를 예약한다.

이 진술이 보여주는 갈등 해결 기술은 무엇인가?

A. 완화　　　　　B. 문제 해결

C. 강제　　　　　D. 타협

해설

협업/문제 해결 접근 방식은 다양한 관점과 통찰력을 통합한다. 그것은 일반적으로 합의와 헌신으로 이어지는 협력적인 태도와 열린 대화를 요구한다. 이러한 접근 방식은 윈-윈 상황으로 이어질 수 있다.

30 애자일 팀원들은 대부분 한 달 동안 자리를 비우지만, 프로젝트는 진척이 필요하다. 프로젝트 관리자는 이야기를 원격으로 작업하기 위해 해외 계약업체에 작업을 아웃소싱한다. 첫 번째 스프린트에서 해외 팀은 특정 사용 요구사항을 이해하지 못했지만, 원래 팀이 작업의 알고리즘 복잡성을 처리할 수 없어 이전에 차단되었던 5가지 사례를 간신히 완성했다.

이 상황에서 프로젝트 관리자는 프로젝트를 진행하기 위해 어떻게 해야 하는가?

A. 통역사를 고용하여 모든 요구사항을 번역한다.

B. 나머지 지역 팀원에게 모든 유용성 스토리를 할당한다.

C. 원격 팀의 기술과 일치하도록 백로그를 다시 재우선화를 한다.

D. 더 나은 언어 능력을 가진 다른 원격 팀을 찾는다.

해설

프로젝트 관리자는 원격 팀이 더 높은 전문 기술 수준을 보유하고 있다는 것을 인지하고 자신의 재능을 활용하려고 해야 한다. 이런 조치는 현지 팀의 기술 격차를 메운다.

31 한 회사가 전 세계 10개국에 재활용 공장을 건설하고 있다. PMO의 책임자는 지리적으로 멀리 떨어져 있는 각 프로젝트의 프로젝트 관리자 간에 보다 시기적절한 진행 상황 보고와 경험 공유를 원한다.

PMO가 이러한 요구를 충족하기 위해 사용할 수 있는 2가지 애자일 방법은 무엇인가?

(2개 선택)

A. 완료의 정의

B. 전자 칸반 보드

C. 백로그 정제

D. 가상 일일 스탠드업 미팅

E. 2주당 회고

해설

- 칸반 보드는 시기적절한 진행 상황 보고를 제공할 것이며, 회고는 격주로 개선을 위한 최근의 경험과 교훈을 공유하는 장이 될 것이다.
- 완료 기준에만 초점을 맞추고 모든 PM이 공통 제품을 작업하는 경우에만 백로그 개선 및 Scrum의 Scrum이 유효하기 때문에 Done의 정의가 잘못되었다.

32 글로벌 가상 팀이 의사소통에 문제가 있을 때 무엇을 먼저 해야 되나?

A. 같이 지역에서 일하게 한다.

B. 매일 화상회의를 한다.

C. 의사소통 이슈가 왜 발생하는지 근본 원인을 분석한다.

D. 이슈로그에 등재하여 관리한다.

> **해설**
>
> 프로젝트 관리에서 문제가 발생하면 제일 먼저 해야 하는 것은 원인 분석이다.

33 3년 동안의 R&D 프로젝트를 마무리하는 상황이다. 당신은 어디에 중점을 두겠는가?

A. R&D 프로젝트의 백로그 종료일자를 등록한다.

B. 의사소통 관리 계획서를 최종 업데이트한다.

C. 스폰서 또는 Steering committee와 종료 미팅을 준비한다.

D. 프로젝트 교훈관리대장 양식을 최종적으로 마무리한다.

> **해설**
>
> 프로젝트 종료는 스폰서 또는 조정위원회로부터 프로젝트 종료 승인을 받아야 한다. 이에 관련 회의를 준비해야 한다.

34 프로젝트 관리자는 5개 나라에 기능 그룹을 가진 대규모 프로젝트를 관리하고 있다. 프로젝트가 종료 시점에 가까워지고 있기 때문에, 프로젝트 관리자는 프로젝트 인도물 인수에 대한 정확한 승인을 얻을 필요가 있다.

해당 프로젝트에서 적절한 승인을 얻으려면 어떻게 해야 하는가?

A. 프로젝트 스폰서에게 승인을 요청한다.

B. 운영위원회에 승인을 요청한다.

C. 프로젝트 관리자의 사업부 담당 중역에게 승인을 요청한다.

D. 프로젝트에 참여한 5개국 관리자들에게 승인을 요청한다.

> **해설**
>
> 스폰서가 프로젝트를 위한 자원을 제공했기 때문에 공식적으로 프로젝트 결과물에 대한 승인을 하는 것은 스폰서의 책임이다.

35 애자일 팀은 시각적으로 "큰 그림"을 보는 것이 중요하다. 다음 중 우선순위 지정에 가장 적합한 도구는 무엇인가?

A. 에픽(Epic)

B. 사용자 스토리(User story)

C. 와이어 프레임(Wire frame)

D. 스토리 맵(Story map)

> **해설**
>
> 스토리 맵은 애자일 이해관계자가 사용 가능한 정보를 기반으로, 계획 프로세스 초기에 프로젝트 우선순위를 매핑하는 데 사용할 수 있는 개략적 계획 도구이다. 스토리 맵은 필수적으로 제품을 만들기 위한 기능 및 사용자 스토리의 우선순위가 지정된 매트릭스이다.

36 회고 실행의 목표는 무엇인가? (2가지 선택)

A. 이해관계자에게 팀에 대한 액세스 권한을 제공한다.

B. 통찰력을 생성한다.

C. 1~2회의 실험을 통해 팀의 성과를 향상시킨다.

D. 제품에 대한 피드백을 받는다.

> **해설**
>
> • 회고를 통해 Scrum Master가 팀원들의 모임을 통해 팀이 자체적인 개선 사항을 확인할 수 있다.
>
> • 팀의 프로세스와 관행을 검토하고 팀이 성과, 협업 등을 개선할 수 있는 방법을 식별한다.

37 Simon은 지난 달 팀 리더가 될 수 있는 첫 기회를 얻었다. 잠시 동안 일을 한 후, 그는 이제 자신감을 얻고 독립적인 결정을 내릴 수 있다.

이것은 어떤 기술습득 단계인가?

A. 유능한(Competent)

B. 코칭(Coaching)

C. 리(Ri)

D. 노밍(Norming)

해설

성인기술 습득(Adult skill acquisition) 단계를 설명하는 모델은 Dreyfus 모델이다. Dreyfus 모델은 이 설명을 바탕으로 "독립적인 결정을 내릴 때"에 대해 구체적으로 언급하지는 않지만, Simon이 고급 초보자 또는 유능한 단계에 있는 것처럼 보인다. 코칭은 리더십 스타일이며, Ri는 최고 수준의 기술 숙달이며, Norming은 팀 개발 단계이다.

– Dreyfus's model of skill acquisition(5단계)

– Novice

– Advanced beginner

– Competent

– Proficient

– Expert

38 프로젝트 관리 오피스(PMO)를 활용하는 대규모 조직에서 프로젝트 거버넌스 관리를 담당하는 사람은 누구인가?

A. PMO 내 개별 프로젝트의 프로젝트 관리자

B. PMO

C. 조직의 거버넌스 위원회

D. 조직의 변경통제 위원회

해설

프로젝트 관리 오피스(PMO)를 활용하는 대규모 조직에서는 일반적으로 프로젝트 관리 오피스에 의해 거버넌스가 관리 및 통제된다.

39 프로젝트 팀은 다른 프로젝트 관리 방법론과 관련된 우선순위를 논의하고 있다. 애자일 실무자는 최우선 순위를 무엇이라고 말하는가?

A. 작동하는 소프트웨어 및 간단한 문서

B. 개인과의 상호 작용 및 가벼운 프로세스 및 도구

C. 가치가 있는 제품 전달을 통한 고객 만족

D. 계획의 변화와 점진적인 구체화에 대응

해설

"가장 중요한 소프트웨어를 조기에 지속적으로 제공하여 고객을 만족시키는 것"이라고 말하는 Agile Manifesto에 따르면 가장 높은 우선순위와 가장 유사하다.

40 애자일 팀(Agile team)은 릴리스 반복(Release's iterations)의 중간속도(Velocity midway)에 따라 릴리스 마감일(Release deadline)을 충족할 수 없다고 생각한다.

팀은 어떻게 해야 하나?

A. 제품 책임자(Product owner)를 만나서 새로운 출시 날짜를 논의한다.

B. 팀에 더 많은 개발자를 추가한다.

C. 팀이 속도를 높일 수 있도록 사용자 스토리를 쪼갠다.

D. 제품 책임자(Product owner)를 만나서 백로그의 우선순위를 정한다.

해설

애자일 프로젝트에서는 비용과 일정이 고정되어 있고 범위는 유연하다. 따라서 범위를 줄이는 것이 더 나은 옵션이다. 팀에 더 많은 개발자를 추가 한다고 해서 항상 생산성이 향상되는 것은 아니다. 이 문제에서는 제품 책임자와 협의하여 범위 축소, 즉 백로그의 우선순위를 재조정하는 것이 제공된 답변 중에서 가장 적합한 옵션이다.

41 애자일 팀이 반복에서 완료하는 스토리 포인트(Story point)의 수를 나타내는 데 사용되는 용어로, 팀의 역량을 나타내는 것은 다음 중 무엇인가?

A. 친화도(Affinity)

B. 케이던스(Cadence)

C. 상대성(Relativity)

D. 속도(Velocity)

해설

애자일 팀이 스프린트 중에 수행할 수 있는 작업량을 설명하기 위해 스토리 포인트 측정에 대해서는 속도(Velocity) 하나만 사용된다. 속도(Velocity)는 애자일 팀이 반복에서 완료하는 스토리 포인트 수를 나타낸다. 케이던스(Cadence)는 애자일에서 때때로 스프린트 동안 수행된 평균 작업의 '리듬'에 도달하지만 스토리 포인트에서 구체적으로 측정되지 않는 경우를 설명하기 위해 사용되는 용어이다.

42 세 번의 애자일 이터레이션에서 테스트 작업이 점점 더 길어지는 경향이 나타난 후 팀은 집중적으로 백로그 정련 작업을 수행했다.

문제가 효과적으로 해결되었음을 나타내는 지표는 무엇인가?

A. 스토리당 가치 증가

B. 장애 해결 속도

C. 이터레이션당 완료된 스토리

D. 백로그 항목 수 감소

해설

정련의 결과로 더 작고 덜 복잡한 스토리가 생성되어 팀이 스토리를 더 빨리 완료할 수 있다. 다른 선택지들은 스토리 복잡성과 관련이 없거나(장애 해결), 비논리적이거나(작은 스토리는 일반적으로 더 낮은 가치를 가짐) 애자일 관행과 일치하지 않는다(백로그는 지속적으로 정련되는 항목에서 계속 증가한다).

43 신생 기업이 빠르게 성장하여 현재는 애자일 5개 팀이 상호 관련 제품을 개발하고 있다. 모든 팀은 다른 팀에서의 업무와 관련된 장애와 격차를 경험하기 시작했다.

프로젝트 관리자는 이 문제를 어떻게 해결해야 하는가?

A. 팀 간의 의존성을 제거한다.

B. 회의보다 협업 도구를 선호한다.

C. Scrum of Scrums 층을 구현한다.

D. 두 개의 큰 팀으로 통합하여 이슈를 줄인다.

해설

Scrum of Scrum은 상호 관련 제품을 작업하는 팀 간의 작업을 조정하는 가장 효과적인 방법이다.

44 애자일 팀은 처음 3번의 반복에서 인상적인 발전을 보였지만, 이제 제품 책임자는 뚜렷한 이유 없이 최근 4번의 반복에서 생산량이 낮다는 것을 알게 되었다.

이 상황의 원인은 무엇인가?

A. 팀은 처음 3번의 반복 작업 동안 백로그부터 낮은 복잡도의 스토리를 작업했다.

B. 기술 부채가 발생했으며, 원인이 제거될 때까지 팀의 생산량은 계속 떨어질 것이다.

C. 팀은 개발의 혼돈기 단계에 있고 이제 규범기 단계로 넘어갔다.

D. 특정 실적이 부진한 팀원이 팀의 속도를 늦출 가능성이 높다.

해설

애자일 팀은 복잡한 스토리보다 덜 복잡한 스토리를 먼저 완료하여 더 빠른 진행을 선호한다. 밀린 백로그의 우선순위는 속도 기반이 아니라 가치 기반이어야 한다.

45 하이브리드 도시 폐기 관리 프로젝트는 많은 짧은 행정 업무와 소규모 공공 사업을 결합한다. 애자일 트랙은 주요 목표에는 좋은 진전을 이루지만, 작은 작업들이 밀린 채 쌓여가고 있다. 대부분의 작업은 하루에 수행할 수 있지만, 예측할 수 없는 트리거 이벤트(Trigger event)에 종속된다.

이러한 사소한 작업을 더 빨리 정리하기 위해 어떤 접근 방식이 가장 효과적인가?

A. 여러 가지 작은 작업을 결합하여 스토리 크기(Story size)를 주요 목표와 일치시킨다.

B. 가장 작은 스토리(Small story)를 선호하도록 백로그(Backlog)를 다시 정렬하고 재할당한다.

C. 최근 트리거(Trigger)가 스토리 우선순위를 높일 수 있도록 백로그(Back log)를 다시 정렬한다.

D. 작은 작업을 완료의 정의(Definition of done) 또는 허용 기준에 통합한다.

> **해설**
>
> 관련된 작은 작업이 트리거되고 완료될 때까지 이야기는 완전한 것으로 간주되지 않는다.

46 마케팅 팀에서 기존 제품군에 대한 새로운 웹 사이트를 개발하고 있다. 팀은 현재 웹 사이트에 제출된 일부 고객의 의견을 검토한다. 마케팅 팀은 대상 고객의 스타일 선호도를 파악하기 위해 어떤 도구나 기법을 사용해야 하는가?

> • "딸깍 소리가 너무 심해요!"
> • "점점 더 좋게 해주세요."
> • "쉽게 하세요."

A. 포커스 그룹   B. 브레인스토밍
C. 제품 분석   D. 벤치마킹

> **해설**
>
> 포커스 그룹은 사전 자격을 갖춘 이해관계자와 주제 전문가가 모여 제안된 제품, 서비스 또는 결과에 대한 기대와 태도를 학습한다.

47 다음 중 브레인스토밍이 적절한 기법이 될 수 있는 상황은 무엇인가?

A. 갈등 해결

B. 스프린트 검토 및 데모

C. 옵션 파악 및 우선순위 지정

D. 스탠드업 회의 실행

> **해설**
>
> • 브레인스토밍은 다양한 유형의 분석을 수행하여 팀이 가장 적절한 대안을 선택하는 데 도움을 준다.
> • 브레인스토밍은 한 그룹이 빠르게 문제나 이슈에 대한 많은 아이디어를 만들어내려고 노력하는 협업 기술이다.

48 애자일 팀이 이전 프로젝트에서 함께 작업을 했었다. 팀의 마지막 프로젝트에서 가장 큰 부정적인 비판은 산정치의 부정확성이었다. 새로운 프로젝트에 대한 산정을 준비할 때, 애자일 실무자는 팀원들이 무엇을 다르게 행동할 것을 권장해야 하는 것인가?

A. 산정치에서 불확실성을 완전히 제거하기 위해 광범위하게 생각한다.

B. 미세조정 방법이지만 산정으로 최대의 편익을 얻기 위해 너무 많은 노력을 기울이면 안 된다.

C. 예산, 일정 및 범위를 고정하여 정확성을 향상시킨다.

D. 한 팀원이 산정을 소유하는 일차적인 책임을 져야 한다.

> **해설**
>
> 애자일 계획에서는 점진적인 정교함이 사용된다. 산정을 너무하면 수익을 감소시킬 수 있는 지점이 있다. 산정에 추가 노력을 기울이면 정확도가 최소한으로 향상된다. 따라서 팀은 미세 조정할 수 있지만, 추정에 너무 많은 시간이나 노력을 투자해서는 안 된다.

49 팀은 획득가치관리를 사용하여 프로젝트의 성과를 추적하고 있다. 프로젝트 팀이 비즈니스에 가치를 제공하기 위해 완료된 작업과 진행 상황을 계획하는 데 도움이 되는 변수는 무엇인가?

A. 계획 가치(Planned Value)

B. 획득 가치(Earned Value)

C. 실제 비용(Actual Cost)

D. 원가성과지수(Cost Performance Index)

해설

획득 가치(Earned Value)가 계획 가치와 실제 비용과 비교하여 프로젝트 진행 현황을 알 수 있게 한다. 획득 가치 분석에서는 EV가 가장 중요한 변수이다.

50 개략적 수준의 교훈 데이터를 기반으로 하며 일반적으로 프로젝트 초기에 이루어지는 원가산정의 유형은 무엇인가?

A. 단계적 산정치(Phased estimate)

B. 확정적인 산정치(Definitive estimate)

C. 유사 산정치(Analogous estimate)

D. 대략적 크기 순서(Rough Order of Magnitude)

해설

• 먼 미래의 산정에는 Rough Order of Magnitude가 사용될 수 있다.

• 프로젝트 초기는 원가 산정이 개략적 정보도 부족하므로 정확성이 부족할 수밖에 없다.

• Rough Order of Magnitude는 −25~+75% 수준의 정확성을 가지고 있다.

51 애자일 팀은 패키징 디자인의 보류된 문제를 해결하기 위해 노력하고 있으며, 해결책을 찾았지만 다른 제품 형식이 필요하다.

팀은 해결책을 추가로 개발하기 전에 무엇을 해야 하는가?

A. 프로토타입을 만들어 최종 고객에게 시연한다.

B. 제품 책임자에게 변경 승인을 요청한다.

C. 비용/편익 분석을 실행하여 가치를 결정한다.

D. 변경 사항이 제품 비전과 일치하는지 확인한다.

해설

이것은 기본적인 제품 특성이 변경의 영향을 받을 수 있으며, 제품 비전에 반영되지 않을 수 있는 경우를 보여준다.

PO(제품 책임자)는 이해관계자와 협력하여 제품을 형성시킬 책임이 있다.

52 두 회사의 합병으로 인해 애자일 소프트웨어 프로젝트와 예측형 전자 프로젝트를 단일 하이브리드 프로젝트로 결합하게 되었다. 2개월 후, 요구사항은 두 트랙 모두에서 변경되었지만 둘 다 요구사항의 상태나 중요성에 대한 완전한 그림을 가지고 있지 않다.

프로젝트 관리자가 문제를 가장 잘 해결할 수 있는 방법은 무엇인가?

A. 제품 백로그를 요구사항 사양에 통합하고, 소프트웨어 팀에게 새 문서 작업에 대해 교육한다.

B. 요구사항 사양을 제품 백로그에 통합하고, 전자 팀에게 새 문서 작업에 대해 교육한다.

C. 제품 백로그를 요구사항 사양과 결합하여 요구사항 추적 매트릭스를 만들고, 두 문서를 투입물로 정의한다.

D. 상태 추적을 위해 수정된 작업 패키지와 업데이트된 제품 백로그 항목을 새 마스터 WBS에 통합한다.

해설

요구사항 추적 매트릭스는 요구사항에 대한 간단하고 유연하지만 완전한 상태 보기를 제공한다. 각 트랙에서 원활한 연속성을 보장하기 위해서는 제품 백로그와 요구사항 사양이 모두 필요하다.

53 세 개의 프로젝트 팀이 하나의 프로젝트의 각 부분을 담당하고 있다. 각각의 부분은 서로 간에 상당히 의존적이다. 팀장이 세 팀으로부터 나온 결과물이 합쳐졌을 때 갈등을 야기할 수도 있을 것이라고 지적한다. 프로젝트 관리자는 팀장에게 지침을 제공할 필요가 있다.

어떠한 지침이 제공되어야 하는가?

A. 팀장은 잠재적인 갈등 요인들을 식별하여야 하고, 각기 다른 팀의 작업을 모니터하기 위해 세 팀 구성원이 참여하는 주간 회의를 주선해야 한다.

B. 팀장은 어느 팀의 작업이 우선적으로 수행되어야 하는지 결정하여야 한다. 그 후 갈등이 발생되지 않도록 나머지 두 팀의 작업을 지연시킨다.

C. 팀장은 갈등이 발생할 때마다 문서화하여야 하고 제기되는 문제에 대한 해결 조치를 해야 한다.

D. 팀장은, 갈등은 시험 단계에서 해소될 수 있음을 인식하고, 세 팀 모두에게 동시에 작업을 진행하도록 지시하여야 한다.

해설

프로젝트 관리자는 조치를 취하기 전에 잠재적인 갈등을 파악하고 진행 상황을 감시할 필요가 있다.

54 착수회의를 하는 동안 프로젝트 관리자는 회사 운영의 세부 사항에 대해 전체 팀을 대상으로 교육을 제공했다. 1년 후, 프로젝트에 뒤늦게 추가된 구성원의 이해 수준이 낮아 프로젝트의 생산성이 저하되었다.

프로젝트 관리자는 이 문제에 대해 어떻게 대응해야 하는가?

A. 새로운 팀 구성원에게 이해하지 못하는 일이 발생하면 오랜 기간 동안 일한 구성원에게 도움을 요청하도록 지시한다.

B. 현재 팀 구성원에게 교육 및 지원을 제공하도록 요청하고, 새 팀 구성원을 위한 두 번째 착수회의를 개최한다.

C. 관련 경험이 있는 새 구성원을 추가하고, 새 팀 구성원을 다시 할당하고, 교훈 관리대장에 이직 문제를 기록한다.

D. 이것이 자연스러운 프로젝트 진행임을 인식하고 생산성이 약간 감소하는 것을 허용하는 일정으로 수정한다.

해설

새 구성원이 적절하게 교육을 받았는지 확인하는 것은 PM의 책임이다. 이 접근 방식을 통해 해당 교육을 제공한다.

55 진행 중인 애자일 프로젝트는 다음과 같이 측정되는 시점에서 프로젝트의 지표는 무엇인가? (2개 선택)

2주 스프린트	스토리 계획	스토리 완료	계획 가치	완료 가치
1	15	10	450K	300K
2	20	18	600K	540K
3	20	25	800K	1000K
4	22	25	1100K	1250K
합계	77	78	2950K	3090K

A. SPI=0.98   B. CPI=1.05

C. CPI=1.30   D. SPI=1.01

E. CPI=0.95

해설

SPI는 완료된 스토리/계획된 스토리(78/77=1.01)로 계산되고, CPI는 계획된 가치/완료된 가치(3090K/2950K=1.05)로 계산된다.

56 효율적인 신속한 변화를 위한 애자일 혁신 팀은 법무 부서의 필수 승인이 왜 그들의 진행을 지연시키는지 이해하지 못한다. 결국 팀은 열띤 회고적 대화에서 제품 책임자와 대면하였으며, 제품 소유자는 팀 제품의 출시를 방해할 수 있는 기존 특허를 확인하기 위해 승인이 필요하다고 답변한다.

이러한 갈등을 방지하려면 어떻게 조치해야 하는가?

A. 지원 부서 이해관계자가 매일 회의에 참석하여 진행 상황을 보고하도록 요구한다.

B. 제품 책임자가 팀의 질문 및 우려 사항에 쉽게 응답할 수 있도록 한다.

C. 팀이 진행 상황에 대한 우려가 있는 경우 팀이 스토리를 칸반의 보류 열로 이동하도록 요구한다.

D. 제품 책임자가 정련 작업 흐름 뒤에 있는 이론적 근거를 팀에 제시하도록 한다.

해설

- 갈등의 이유는 의사소통의 부족뿐만 아니라 지연을 방지하기 위한 조치가 없기 때문이다.
- 가장 포괄적인 대응은 팀과 제품 책임자 간의 지속적인 의사소통을 보장하는 것이다.
- 비현실적(일일 회의), 비효율적(보류 열) 또는 불완전(정련 근거) 때문에 다른 선택지는 올바르지 않다.

57 프로젝트가 다음과 같은 상황에 있다. 프로젝트 관리자는 어떠한 조치를 해야 하는가?

- 프로젝트 현지에서 채용할 수 없는 숙련된 자원이 필요하다.
- 현장에서 일할 수 있는 자원을 식별했지만 다른 국가에 살고 있으며 취업 비자가 필요하다.
- 취업비자 수속이 예상 보다 오래 걸린다.

A. 기존 팀에 초과 근무를 할당한다.

B. 프로젝트의 범위를 줄인다.

C. 해당 기간만큼 프로젝트를 지연한다.

D. 자원이 원격으로 일하도록 요청한다.

해설

- 가상 팀을 사용하면 프로젝트 팀원을 확보할 때 새로운 가능성이 생긴다.
- 가상 팀은 대면하는 시간이 거의 또는 전혀 없이 역할을 수행하는 공통 목표를 가진 사람들의 그룹으로 정의할 수 있다.
- 이메일, 음성 회의, 소셜 미디어, 웹 기반 회의 및 화상 회의와 같은 통신 기술의 가용성으로 인해 가상 팀이 실현 가능하게 되었다.

58 두 개의 회사가 합병되어 현재 100명 이상의 개발자가 8개의 애자일 팀에서 공통 포트폴리오를 작업하고 있다.

팀 간의 릴리스 조정을 가장 잘 보장할 수 있는 애자일 방식은 무엇인가?

A. 스크럼의 스크럼

B. 모빙

C. 스크럼반

D. 기능 중심 개발

해설

FDD는 특히 대규모 소프트웨어 개발 프로젝트의 요구에 가장 완벽한 방법 세트를 제공한다. 다른 선택지들은 더 적은 수의 소프트웨어별 방법을 제공한다.

59 프로젝트 관리자는 시간 단계별 예산을 사용하여 원가 성과를 측정한다. 그 예산은 무엇이라 부르는가?

A. 원가 기준선

B. 원가 산정치

C. 자금 요구사항

D. 우발사태 예비비

해설 ●

원가 기준선은 승인된 버전의 시간 단계별 프로젝트 예산으로 관리예비비는 제외되며, 공식적인 변경통제 절차를 통해서만 변경될 수 있고, 실제 결과에 대한 비교 기준으로 사용된다.

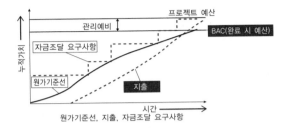

원가기준선, 지출, 자금조달 요구사항

60 프로젝트 관리자는 이동통신 1년 만에 관련 장비의 약 20%가 금수 조치로 인해 수입이 금지되고 있음을 알게 되었다. 조달 계약에는 금수 건이 포함되지 않지만, 납품 미완료 시 회사는 중징계를 받을 수 있다.

그 상황에 적합한 해결책은 무엇인가?

A. 애자일 트랙을 추가하여 대체 장비 제공을 탐색하고 계획한다.

B. 리스크 비용을 충당하기 위한 보험 및 우발사태예비비 옵션을 살펴본다.

C. 배송 또는 미배송으로 인한 위약금 비용을 비교하여 낮은 금액을 선택한다.

D. 고객의 페널티를 받아들이고 프로젝트를 종료하고 국내에서 사업을 중단한다.

해설 ●

이 프로젝트는 계약상 고객에게 인프라를 제공하기로 약속했다. 수입금지 조치(엠바고)를 고려하지 않은 것은 고객이 아니라, 공급업체의 잘못이다. 애자일 트랙을 추가하는 것만이 약속된 결과물을 이행할 수 있는 유일한 선택이다.

61 한 계약자가 여러 계약자와 긴 실행 단계에 있는 프로젝트에 대해 마지막 청구서를 긴급히 지불하라는 이메일을 보냈다.

프로젝트 관리자는 이 계약자의 요청에 어떻게 대응해야 하는가?

A. 구매자 및 계약자와의 회의를 통해 지급 조건을 협상한다.

B. 지급 가능한 계정에 통보하여 지급을 승인하고, 지급이 이루어졌는지 확인한다.

C. 조달 관리 계획 및 서명된 계약/계약서의 합의된 약속에 따라 행동한다.

D. 예상 지출과 실제 지출의 비교 검토 후에만 지급을 승인하여 실제 상태가 허용되는지 확인한다.

해설 ●

• 경험이 부족한 프로젝트 관리자라도 계약자를 고용하여 실제 프로젝트 작업을 수행하도록 하기 전에 계약 조건에 동의해야 한다는 것을 이해해야 한다.

• 조달계획서 및 계약/계약서는 모든 자료 참조 계약을 보유하고 있으며 지급 활동을 안내하는 원천이다.

62 프로젝트의 규모가 크게 증가하여 프로젝트의 단일 스폰서가 운영위원회로 대체되었다. 프로젝트 관리자는 이 변화에 어떻게 접근해야 하는가?

A. 이해관계자 구조에 변화가 있음을 인지하고 새로운 운영위원회에 대한 의사소통을 조정한다.

B. 스폰서가 주요 이해관계자이고 새로운 위원회 구성원이 적은 인력으로 일한다는 점을 인지하고 초기 프로젝트 계획을 따른다.

C. 초기 프로젝트 계획을 계속 따르면서 새로운 운영위원회 및 팀과 함께 절제된 소개 미팅을 예약한다.

D. 새로운 운영위원회 팀원이 프로젝트의 현재 상태 보고서를 받도록 한다.

해설 ●

프로젝트 관리자는 변화에 능동적으로 대응해야 한다. 단일 스폰서를 위해 계획된 동일한 의사소통이 운영위원회에는 적용되지 않을 수도 있다.

63 하이브리드 프로젝트의 칸반 보드에 예기치 않은 장애물이 갑자기 나타났다. 모든 구성원들이 예측 트랙에 의해 발행된 규정 사양과 관련된 하나 이상의 서로 다른 문제들을 보고했다.

리스크 평가에서 가장 높을 것 같은 매개 변수는 무엇인가?

A. 관리 용이성(Managebility)

B. 휴면성(Dormancy)

C. 연결성(Connectivity)

D. 제어성(Controllability)

해설

- 리스크는 모두의 공통 소스인 사양과 관련되어 있으므로 "리스크가 다른 많은 리스크들과 연결된 경우 연결성이 높음" 정의에 따라 연결성의 순위가 높다.
- 리스크 요인은 외부 규제 기관에 따라 달라지므로 관리 용이성과 통제 가능성은 올바르지 않다.
- 사양이 발표된 직후 리스크가 감지되어 휴면성은 순위가 낮다.

64 제품 책임자의 일정이 매우 **빡빡하여** 일부 작업을 숙련된 애자일 팀에 위임하려고 한다.

애자일 팀에 위임하기에 적합한 작업은 무엇인가?

A. 크기에 따라 백로그에 항목 우선순위를 지정

B. 백로그 정련 세션 시작 및 실행

C. 스프린트 백로그의 우선순위 항목 선택

D. 우선순위를 지정하기 전에 백로그에 항목 추가

해설

- 제품 책임자는 일반적으로 비즈니스 요구에 따라 백로그의 우선순위를 지정하고 계획할 수 있는 단독 권한을 갖는다.
- 정련에도 우선순위가 필요하다. 항목 추가는 위임할 수 있으며, 제품 책임자는 나중에 우선순위를 지정한다.

65 프로젝트 관리자는 애자일 팀에 T자형 기술의 적절한 조합이 있는지 알고 싶어 한다.

프로젝트 관리자가 이를 결정하기 위해 측정할 수 있는 것은 무엇인가?

A. 감지된 결함의 감소

B. 재할당된 작업의 감소

C. 내부 지식의 공유 감소

D. 주제 전문가와의 더 많은 협업

해설

팀에 T자형 구성원이 여러 명 있으면 구성원이 협업하여 작업을 완료할 수 있기 때문에 작업 이양이 줄어든다. 다른 선택지들은 결함에 대한 더 높은 초점, 지식 공유가 효과적이지 않은 공유된 기술, 전문화되지 않은 영역에 대한 더 많은 외부 전문 지식의 필요성과 같은 I형 팀의 조건을 설명한다.

66 프로젝트 관리자는 데이터 센터 마이그레이션 프로젝트를 진행 중이며, 스케줄 관리 계획을 수립하고 있다. 프로젝트 스폰서의 요청에 따라 스케줄은 가능한 한 빨리 모든 업무에 대한 계획을 세워야 한다. 또한 프로젝트 관리자에게는 스케줄 제약 조건을 위반하지 않는 가능한 네트워크 경로가 제시된다. 프로젝트 관리자는 이 상황에 적합한 리드 및 지연 관계를 선택할 필요가 있다.

프로젝트 관리자는 어떤 유형을 선택해야 하는가?

A. 모든 활동에서 빠른 시작이 늦은 시작보다 작다.

B. 몇몇 활동에서 빠른 시작과 늦은 시작이 같다.

C. 모든 활동에서 빠른 시작과 늦은 시작이 같다.

D. 몇몇 활동에서 빠른 시작이 늦은 시작보다 작다.

해설

ES=LS가 모든 작업에서 발생하는 경우, ES=LS는 여유시간 없이 예약되며 모든 작업을 최대한 빨리 시작해야 한다.

67 일부 예약된 작업의 감소에 대응하여 프로젝트 관리자는 문제를 해결하기 위해 여러 후속 작업의 수를 다시 지정했다. 이 방법은 효과가 없었으므로 프로젝트 관리자가 문제를 에스컬레이션해야 한다.

프로젝트 관리자가 참고해야 할 두 가지 항목은 무엇인가? (2개 선택)

A. 변경 관리 계획

B. 이해관계자 참여 계획

C. 리스크 관리 계획

D. 의사소통 관리 계획

E. 형상 관리 계획

해설

- 일정 지연이 문제가 되어 이제는 에스컬레이션으로 대처해야 한다.
- 이해관계자 참여 계획은 이해관계자를 참여시키는 방법을 알려주며, 의사소통 관리 계획은 의사소통 전략에 의해 정의된 다양한 형식과 다양한 방법으로 이해관계자에게 메시지가 전달되도록 보장한다.

68 최근에 구성된 애자일 팀은 스프린트 약속을 이행하기 위해 하루 12시간을 일한 후 지쳤다. 누가 이 상황에서 자신의 의무를 제대로 이행하지 않았는가?

A. 프로젝트 관리자

B. 팀원

C. 스크럼 마스터

D. 제품 책임자

해설

스크럼 마스터는 작업 부하를 포함한 팀의 작업 조건이 적절하고 지속 가능한지 확인하는 역할을 한다.

69 회사는 4개월 안에 고객 만족도를 증진시키고자 하는 목표를 가지고 있다. 이러한 목표를 달성하기 위해 프로젝트가 시작되었다. 프로젝트 관리자는 모범 사례를 식별할 필요가 있다. 프로젝트 관리자는 이를 위해 실제 고객으로 피드백을 받는 등 구체적인 방안 협의가 필요하다.

이에 이 부분을 추진하는 데 있어 무엇을 활용해야 하는가?

A. 관찰

B. 핵심 전문가 그룹

C. 포커스 그룹

D. 친화도

해설

핵심은 조직의 맥락에 맞는 고객 만족도를 개선하기 위함이다. 포커스 그룹이 최선의 해결책이다.

70 다음과 같은 상황인 경우 프로젝트에 대한 설명으로 옳은 것은 무엇인가?

- 총예산 300만 달러
- 계획가치 US $630,000
- 실제 원가 US $650,000
- US $540,000의 획득 가치

A. 예산을 절감하며 일정보다 앞서 있다.

B. 예산을 초과하며 일정보다 늦어졌다.

C. 예산을 초과하며 일정보다 앞서 있다.

D. 예산을 절감하며 일정보다 늦어졌다.

해설

- CPI=EV/AC=$540,000/$650,000=0.857 또는 0.86, 1 미만=예산 초과
- SPI=EV/PV=$540,000/$630,000=0.83, 1 미만=일정보다 뒤처짐.

71 중간 규모의 회사가 신규 시장으로 진입하고 있다. 그러나 회사는 해당 시장에서 이전 경험이 없다. 프로젝트 관리자는 요구사항들을 수집할 필요가 있다.

프로젝트 관리자는 어떤 도구 또는 기법을 사용해야 하는가?

A. 프로토타입
B. 전문가 판단
C. 제품 분석
D. SWOT 분석

해설

전문가 판단만이 전체 맥락을 다루는 유일한 선택일 것이다. 프로토타이핑은 실제로 제품을 제작하기 전에 예상되는 제품의 모델을 제공하여 요구사항에 대한 초기 피드백을 얻는 방법이다.

72 지난 6개월 동안 잘못된 플랫폼으로 인해 스토리당 비용이 250% 이상 증가했다. 애자일 프로젝트는 다음 이터레이션에서 예산 증가 임계 값을 초과할 것으로 예상된다.

프로젝트 취소 여부는 누가 결정해야 하는가?

A. 사업관리본부장
B. 조달 관리자
C. 프로젝트 관리자
D. 제품 책임자

해설

제품 책임자는 애자일 프로젝트에서 후원자 역할을 하므로 조건이 프로젝트 종료를 정당화하는지 결정할 권한이 있다.

73 프로젝트 팀은 소규모이고 팀원들은 서로를 오래 전부터 알고 있다. 팀의 프로젝트는 실행 단계이다. 최근 한 팀원은 새로운 프로젝트 관리자에게 다른 팀원이 프로젝트가 관리되고 있는 방식에 대해 불평을 해오고 있다고 말하였다.

이 새로운 프로젝트 관리자는 어떻게 대응하여야 하는가?

A. 어려움을 해결하기 위한 방법을 찾기 위해 현 이해관계자 관리 계획을 사전 검토한다.

B. 새로운 사회적 계약(팀 헌장)을 만들 수 있게 직권 팀 회의를 계획한다.

C. 팀원들에게 새로운 사회적 계약(팀 헌장)을 위한 무기명 건의를 제출해야 한다고 공지한다.

D. 팀원들에게 불만족을 조치하기 위한 제안을 요청하는 설문을 보낸다.

해설

• 프로젝트 관리자는 모든 팀원이 참여하도록 하고 팀에 대한 명확한 가이드라인을 제시하도록 권장한다.

• 팀의 상호 합의(팀 헌장)는 팀원들이 서로 협업하고 소통하는 방법이라는 점을 명심한다.

• 팀 헌장의 목표는 팀원들이 한 팀으로서 역량을 최대한 발휘할 수 있는 애자일 환경을 조성하는 것이다.

74 프로젝트 관리자는 여러 개의 프로젝트를 수행하고 있다. 한 프로젝트는 신규 팀원들을 가지고 이제 막 시작하는 단계이다. 불행하게도 프로젝트 관리자는 다음 몇 주 동안은 다른 프로젝트 수행으로 매우 바쁠 예정이다.

프로젝트 관리자는 다음 몇 주 동안 새로운 프로젝트 팀을 어떻게 개발시킬 수 있는가?

A. 팀 유대를 장려할 사회적 계약(팀 헌장)을 만들 수 있도록 팀을 돕는다.

B. 팀을 정상화하기 위한 여러 가지 팀 구성 이벤트에 참여하도록 제안한다.

C. 간략한 일일 프로젝트 상태 업데이트를 보냄으로써 팀에게 알린다.

D. 관계 수립을 위해 각각의 팀원들과 만나 개인적 대화를 나눈다.

해설

• 팀이 스스로 정상화하고 사용할 수 없을 때 자체적으로 팀의 가치를 포함한 준비를 하여야 한다.

• 팀 헌장을 수립할 때는 팀의 운영 방식에 대한 기본 규칙과 발생하는 갈등을 처리하는 데 사용될 방법에 대한 기대 사항을 설정한다.

75 팀 구성원은 방금 시운전한 프로젝트의 기능으로 운영 및 유지 관리 직원을 돕는 데 시간을 자주 보낸다. 프로젝트 관리자는 기능이 승인되고 소유권이 이전되었는지 확인해야 한다.

이 목적을 위해 프로젝트 관리자는 어떤 문서를 확인해야 하는가?

A. 조달 계약서, 조직 프로세스 자산 업데이트 및 최종 보고서

B. 조달 계약서, 조직 프로세스 자산 업데이트 및 프로젝트 문서 업데이트

C. 이해관계자 참여 계획서, 조직 프로세스 자산 업데이트 및 조달 계약서

D. 프로젝트 문서 업데이트, 조직 프로세스 자산 업데이트 및 최종 보고서

해설

프로젝트 문서 업데이트, 조직 프로세스 자산 업데이트 및 최종 보고서는 프로젝트 종료 또는 단계 프로세스의 산출물이다.

76 다음 중 Finish-to-Start 선행관계 유형에 대한 적합한 표현은 어느 것인가?

A. 활동 A가 완료되어야 활동 B가 시작된다.

B. 활동 A는 활동 B가 완료되기 전에 시작해야 한다.

C. 활동 A는 활동 B가 완료되기 전에 완료되어야 한다.

D. 활동 A를 시작하려면 먼저 활동 B를 시작해야 한다.

해설

선행활동이 완료되고 후행활동이 시작되는 순서가 FS(Finish-to-Start)이다.

77 건설회사의 프로젝트 관리자가 이해관계자들과 만나고 있다. 모든 이해관계자는 프로젝트 수명 주기가 20개월인 것에 동의하고 있다. 작업이 시작된 후 프로젝트 관리자는 이해관계자들이 겨우 12개월 만에 프로젝트가 완료되는 것을 선호한다는 것을 알게 되었다.

프로젝트 관리자가 가장 먼저 취해야 할 대응 방안은 무엇인가?

A. 핵심 이해관계자를 만나 일부 프로젝트 요구사항을 축소할 수 있는 방안을 논의한다.

B. 이해관계자 요구사항을 만족시키기 위해 이번 한 번만 작업을 보다 빠르게 진행할 수 있게 팀원을 충원한다.

C. 범위 추가(scope creep)는 권장되지 않음을 설명하면서 일정 수정을 거절한다.

D. 기존 프로젝트에서 협의된 작업을 식별하고, 더 짧은 신규 일정을 맞추는 데 필요한 추가 임무를 할당한다.

해설

프로젝트 관리자는 이해관계자와 협의하여 기간을 단축할 수 있는 방안을 협의할 수 있으며, 그중에서 요구사항 축소가 방안이 될 수 있다.

78 교훈관리대장은 언제 생성을 시작하는가?

A. 프로젝트 완료 시 모든 작업이 완료된 후

B. 첫 번째 작업 단계 완료 후

C. 프로젝트 실행 시작 시

D. 프로젝트 시작 시점

해설

교훈 수집은 프로젝트를 시작하는 때부터 즉시 시작한다.

79 프로젝트 중에 배운 지식을 전달할 궁극적인 책임은 누구에게 있는가?

  A. 스폰서

  B. 프로젝트 관리자

  C. 작업패키지 담당자

  D. 모든 이해관계자

지식 공유, 지식 전달은 고성과(High-Performing) 조직이 되기 위한 문화이다.

80 스프린트 계획 중에 일부 새 백로그 항목의 우선순위가 지정되지만 산정은 되지 않았다. 제품 책임자는 항목의 고유한 속성을 확인하기 위해 새로운 테스트 세트가 필요하다고 생각한다.

  스프린트 백로그에 추가하기 전에 어떤 일이 일어나야 하는가?

  A. 유사한 스토리에 대한 유사한 테스트를 기반으로 유사산정을 사용한다.

  B. 제품 책임자는 다음 스프린트에서 테스트할 수 있도록 새로운 에픽을 정의한다.

  C. 준비의 정의 관련 허용 기준을 추가한 다음 산정한다.

  D. 제품 책임자는 팀에서 정련할 초기 산정을 제공해야 한다.

- 모든 노력이 설명되었는지 확인하기 위해 평가 전에 영향을 받는 항목의 준비 정의에서 특정 허용 기준을 정의하고 확인해야 한다.
- 애자일(스프린트에 걸친 테스트, PO 추정)에 반하며 또는 비논리적이기(유사산정은 고유한 속성을 다룰 수 없음) 때문에 다른 선택지들은 잘못된 것이다.

81 혁신적인 제품은 품질 통제 및 마케팅 캠페인에 대한 상당한 투자에도 불구하고 목표 소비자를 만족시키지 못한다.

  이러한 유형의 향후 장애를 잘 예방할 수 있는 애자일 방법은 무엇인가?

  A. 제품 릴리스에 대해 지속적인 소비자 사용적합성 테스트를 실행한다.

  B. 제품 책임자와 마케팅 사이의 목표를 조정한다.

  C. 대상 소비자의 페르소나 유형 정의를 넓힌다.

  D. 최소 실행 가능 제품(MVP)에 기능과 테스트를 추가한다.

지속적인 사용자 테스트 및 피드백은 사용자 요구에 맞게 요구사항을 조정하고 점진적으로 제품 릴리스에 통합하는 가장 효과적인 방법이다.

82 팀 구성원이 고지 없이 일주일 동안 결석했으며, 부재로 인해 여러 후속 활동이 일정보다 늦어져 프로젝트의 주요 경로에 영향을 미쳤다.

  프로젝트 관리자는 이 상황에 어떻게 대응해야 하는가?

  A. 전문적인 방식으로 작업 패키지를 완료할 수 있는 새 자원을 추가한다.

  B. 팀 구성원과 상황을 논의하고 실행 가능한 해결책을 식별하기 위해 함께 작업한다.

  C. 팀 구성원이 돌아왔을 때 작업 패키지를 더 빨리 완료하도록 요구한다.

  D. 새 자원 할당을 포함하여 프로젝트에 대한 추가 지원에 대해 기능 관리자에게 문의한다.

해설

- A. 아니오 – 이것은 시기상조이며 상황을 바로 잡는 것보다 시간이 더 오래 걸릴 것이다.
- B. 예 – PM도 코치가 될 수 있다. 서번트 리더십은 경청과 봉사를 장려하는 것이며 팀원과 타협을 할 수도 있다.
- C. 아니오 – 이것은 상황을 다루지 않으며 프로젝트 관리자의 코칭 역할과 직접적으로 모순된다.
- D. 아니오 – 이것은 상황을 직접적으로 다루지 않으며 제3자를 통해 책임을 상쇄하는 것이다.

83 프로젝트를 진행 중인 팀에서 기술적인 문제를 해결하여 프로젝트를 진행하고 있다. 프로젝트 관리자는 향후 유사한 프로젝트에서도 동일한 문제가 발생할 수 있다는 경고를 받았다.

프로젝트 관리자가 이 경고에 응답할 때 가장 먼저 해야 할 일은 무엇인가?

A. 이슈로그가 업데이트되었는지 확인하고 교훈관리대장을 업데이트한다.

B. 리스크 보고서를 작성하고 보고서를 최신 상태로 유지한다.

C. 프로젝트 스폰서에게 경고에 대해 알린다.

D. 교훈관리대장이 업데이트되었는지 확인한다.

해설

이슈 해결 방법을 반영하도록 이슈 로그를 업데이트한다. 그런 다음 향후 프로젝트의 잠재적 위험에 대해 학습한 내용을 등록부에 업데이트한다.

84 사용자 테스트 중에 고객은 최종 제품에 동의하였지만, 2일 후 고객은 최종 제품이 승인되지 않을 수 있다고 한다. 프로젝트 관리자가 이 문제를 해결하기 위한 첫 번째 단계는 무엇인가?

A. 고객과 우려 사항을 논의하고 프로젝트의 인수기준을 상의한다.

B. 프로젝트의 품질 관리 계획을 검토한다.

C. 프로젝트의 요구사항 문서를 검토한다.

D. 프로젝트 헌장 및 교훈관리대장을 참조한다.

해설

프로젝트 책임자는 고객과 함께 합격 기준을 검토하여 누락된 부분이 있는지 확인하고, 고객이 제품이 부적합하다고 생각하는 이유를 파악해야 한다. 모든 허용 기준을 충족한다는 것은 이해관계자의 요구가 충족되었음을 의미한다.

85 선임 프로젝트 관리자가 프로젝트를 감독하는 도중 새 프로젝트 관리자가 프로젝트에 추가되면서 스폰서는 새 프로젝트 관리자에게 품질 관리 계획서를 개발하도록 요청한다.

새 프로젝트 관리자는 어떻게 진행해야 하는가?

A. 변경 요청을 제출하여 품질 관리 계획서의 개발을 연기한다. 품질 지표 및 품질 체크리스트가 생성된 경우에만 진행한다.

B. 요구사항을 수집하고 벤치마킹 표본을 얻기 위해 고객과의 회의를 진행한다.

C. 벤치마킹 표본 및 비용–편익 분석의 결과를 얻기 위해 스폰서와 회의를 진행한다.

D. 선임 프로젝트 관리자로부터 기존에 확립된 품질 프로세스 및 계획을 획득한다. 그런 다음 적절한 표준을 선택하는 데 대한 지침을 요청한다.

해설

새로운 프로젝트 관리자는 어떤 관행과 프로세스가 이미 시행되고 있는지 알아보기 위해 선임 프로젝트 관리자와 상의해야 한다.

86 스마트폰 제조사가 사용자 불만으로 제품 개발 방식을 재평가하고 있다. 불만 사항을 분석한 결과 사용자들이 설계팀에서 예상하지 못한 방식으로 일부 기능을 사용하려고 시도하는 것으로 나타났다.

이러한 결과를 고려했을 때 어떠한 애자일 방식으로 이 문제를 가장 효과적으로 방지할 수 있는가?

A. 테스트 주도 개발의 승인(Acceptance Test-Driven Development)

B. 스모크 테스트(Smoke Testing)

C. 행위 주도 개발(Behavior-Driven Development)

D. 빨강, 초록, 리팩토링(Red, Green, Refactor)

해설

• 행위 주도 개발은 테스트 주도 개발의 확장으로, 제품을 개발하기 전에 자동화된 테스트와 시뮬레이션을 만들게 된다.
• 결함은 테스트를 통과하는 것과 같은 방식으로 장치를 생산하기 전에 테스트를 강제로 실패하게 함으로써 발견된다.
• 팀의 가정사항과 인수 테스트 주도 개발-ATDD, 최소한(스모크) 또는 너무 제한적(페르소나)인 것을 기반으로 하기 때문에 다른 선택지는 정확하지 않다.

87 당신은 실제 성과를 일정 및 원가기준선에 기록된 대로 계획된 성과와 비교하여 프로젝트 진행 상황을 측정할 계획이다.

어떤 방법을 사용하겠는가?

A. 획득가치(EV)

B. 실제원가(AC)

C. 계획가치(PV)

D. 획득가치기법(EVM)

해설

획득가치관리(EVM)는 프로젝트의 범위, 일정, 자원 측정치를 모두 결합하여 프로젝트 성과 및 진척률을 평가하는 방법론이다. 작업 기여의 금전적 가치를 이해하는 것이 중요하다.

88 다음 중 프로젝트에 참여하는 여러 팀이 시간을 낭비하지 않도록 하거나 불필요한 병목 현상 또는 낭비되는 업무가 발생하지 않도록 하기 위해 프로세스에서 잠재적인 이슈를 파악하는 데 도움이 되는 것은 무엇인가?

A. 가치흐름 맵

B. 속도 차트

C. 칸반(Kanban) 보드

D. 착수회의

해설

가치흐름 맵은 고객을 위해 제품이나 서비스를 생산하는 데 필요한 정보나 자재의 흐름을 기록, 분석 및 개선하는 데 사용하는 린 엔터프라이즈 기법이다.

89 프로젝트 진행 중간에 외부 공급업체를 추가하는 원가 리스크에 대한 우려가 있다. 또한 여러 팀 구성원이 다른 프로젝트로 이전되었으며, 프로젝트 관리자는 외부 공급업체의 자원에 대한 지원이 필요하다. 프로젝트 관리자는 조달 팀과 협력하여 사용할 계약의 사양과 유형을 설정해야 한다.

어떤 계약 유형이 권장되는가?

A. 성과급 가산 고정가(FPIF) 계약을 제안한다.

B. 시간 및 자재(TM) 계약을 권장한다.

C. 성과급 가산 원가(CPIF) 계약을 제안한다.

D. 확정 고정가(FFP) 계약을 권장한다.

해설

FPIF(Fixed Price Incentive Fee Contract)는 구매자가 판매자에게 정해진 금액(계약에 정의됨)을 지불하고 판매자가 정의된 성과 기준을 충족하는 경우 판매자가 추가 금액을 받을 수 있는 계약 유형으로, FPIF 계약은 구매자가 가장 위험을 회피할 수 있는 계약이다.

86 C   87 D   88 A   89 A   **정답**

90 다음 중 교훈관리대장(Lessons learned register)과 교훈관리대장 저장소(Lessons learned repository)의 차이점을 가장 잘 설명한 것은 무엇인가?

   A. 교훈관리대장은 이슈를 포함하며, 교훈관리대장저장소는 해결안을 포함한다.

   B. 교훈관리대장은 모든 프로젝트의 모음이며, 교훈관리대장저장소는 한 개의 프로젝트에만 한정된다.

   C. 교훈관리대장은 한 개 프로젝트에만 한정되며, 교훈관리대장저장소는 조직 내 모든 프로젝트를 모은 것이다.

   D. 교훈관리대장은 리스크 관리를 위한 것이고, 교훈관리대장저장소는 이슈 관리를 위한 것이다.

해설

• 교훈관리대장은 현재 프로젝트에서 활용하고, 교훈 저장소에도 추가할 수 있도록 프로젝트 수행 과정에서 습득한 지식을 기록하는 문서이다.

• 교훈 저장소는 다양한 프로젝트에서 습득한 교훈에 관한 선례정보의 저장소이다. 여러 프로젝트에서 얻은 교훈의 데이터베이스인 교훈 저장소에 추가해야 한다.

91 프로젝트 관리에서 이해관계자들을 잘 식별하고 관리하는 것이 중요하다. 당신은 프로젝트 관리자로서 프로젝트의 이해관계자를 정의할 때, 다음 설명 중 틀린 부분은 어느 것인가?

   A. 프로젝트 팀원의 의견과 상충될 수 있다.

   B. 프로젝트의 성과 이익을 가질 수도 있다.

   C. 프로젝트 팀원도 중요한 이해관계자에 포함된다.

   D. 프로젝트를 수행 시 주로 감시 및 통제에 가장 많은 시간과 노력을 하며, 성과물에 대한 인수를 가장 중요시 한다.

해설

프로젝트 이해관계자는 프로젝트에 영향을 주거나 받는 개인 또는 조직을 포함하며, 주로 핵심 이해관계자는 프로젝트 팀원 고객 스폰서 등이 될 수 있다. 물론 결과물의 검증에도 관여하지만 시간과 노력은 실행단계에서 가장 많이 들어간다. 여기서는 폭 넓게 이해관계자로 이해하여야 하며, 프로젝트 생애주기의 일반적인 특성으로 이해하여야 한다.

92 프로젝트 관리자는 팀원들이 데모 후 기분이 좋지 않은 것을 관찰한다. 이해관계자들의 피드백은 팀에 지속적으로 우려를 불러일으키고 있다. 그 결과 팀은 제품 데모를 서둘러 살펴보며 팀과 이해관계자 간의 상호 작용은 줄어든다.

프로젝트 관리자는 어떤 조치를 취해야 하는가?

   A. 이해관계자들과 만나 피드백의 근본 원인을 파악한다. 이해관계자들과 협력하여 문제를 해결한다.

   B. 프로젝트 요건이 적절하고 팀원들이 작업을 할 수 있는지 확인한다.

   C. 팀이 업무에 더 자신감을 갖고 이해관계자들과 적절하게 소통하도록 코칭한다.

   D. 이해관계자 매트릭스를 참조하여 이들 중 어려운 사람이 있는지 확인한다.

해설

• 팀을 이끈다는 것은 그들이 가장 잘 성공할 수 있는 방법을 이해하는 것을 의미한다.

• 프로젝트 관계자들과 제대로 소통하지 못하고 사기가 저하될 위험이 있다. 이러한 행동은 의사소통의 부실로 인한 프로젝트에 대한 위험으로 인식해야 한다.

• 이해관계자들과 더 잘 협력할 수 있는 방법을 팀원들에게 코칭한다.

93 한 스토리 포인트에서 산정된 스토리는 실제로 완료하는 데 2일이 걸렸다. 반복이 끝나고 계산할 때 속도에 얼마나 기여하는가?

A. One Point

B. Three Points

C. Two Points

D. Cannot be calculated

94 현재 프로젝트 성과지수가 CPI=0.93일 때 프로젝트의 상태는 향후 어떻게 될 것인가?

A. 이 프로젝트는 예산 내에서 완료되기 어려울 것이다.

B. 이 프로젝트는 계획된 예산으로 완료된다.

C. 이 프로젝트는 계획된 일정으로 준수된다.

D. 이 프로젝트의 일정은 준수될 수 없다.

95 진행 중인 애자일 프로젝트는 다음과 같이 측정된다. 다음 중 프로젝트의 지표 2개는 무엇인가? (2개 선택)

2주 스프린트	스토리 계획	스토리 완료	계획 가치	완료 가치
1	15	10	450K	300K
2	20	18	600K	540K
3	20	25	800K	1000K
4	22	25	1100K	1250K
합계	77	78	2950K	3090K

A. SPI=0.98   B. CPI=1.05

C. CPI=1.30   D. SPI=1.01

E. CPI=0.95

96 애자일 팀은 지난 세 번의 애자일 이터레이션에서 계획된 스토리 수를 초과했다. 프로젝트 관리자는 수행된 모든 작업이 제대로 완료되었는지 어떻게 확인할 수 있는가?

A. 결과가 만족스러운지 제품 책임자에게 문의한다.

B. 완료의 정의에 대한 결과를 확인한다.

C. 팀에 다른 구성원의 작업을 교차 확인하도록 요청한다.

D. 수행된 모든 테스트의 결과를 확인한다.

97 계획 워크숍(Planning workshop)에서 제품 책임자(Product owner)는 비즈니스 가치(Business value)에 따라 기능의 우선순위를 정하고, 순위를 매긴 다음 개발 팀에 주요 기능을 제시했다.

그렇다면 팀의 다음 논리적 단계는 무엇인가?

A. 자세한 내용을 캡처하기 위해 고객 검토 회의(Customer review meeting)를 설정한다.

B. 계획 및 산정을 시작한다(Start planning and estimating).

C. 특징(기능)을 이야기로 분해한다(Decompose the features into stories).

D. 백로그(Backlog)의 우선순위를 정한다.

해설

질문에 대답하려면 값 기반 분석 및 분해 단계를 고려한다. 기능을 스토리로 분해하는 것이 최선의 선택이다. 다음 단계는 팀이 기능을 스토리로 분해하여 분석을 계속하는 것이다. 이러한 분할(Decomposition)은 적응 계획의 일부이다.

98 프로젝트 관리자는 리스크를 관리하기 위해 승인된 변경을 실행하였다. 이로부터 3개월 후, 프로젝트 관리자는 변경이 원하는 결과를 산출하지 못하였고 부정적인 결과들이 있음을 알게 되었다.

프로젝트 관리자는 향후 프로젝트에서 이러한 문제를 회피하기 위해 무엇을 할 수 있는가?

A. 교훈관리대장의 리스크 정보를 갱신한다.

B. 가정사항 기록부를 검토한 후 기존 가정사항들을 재검토 또는 변경한다.

C. 후속 조치를 통해 리스크 대응이 예상대로 수행되고 있는지 검증한다.

D. 모든 새로운 리스크를 평가한 후 확률–영향 매트릭스를 갱신한다.

해설

- 프로젝트 작업은 리스크 감시 프로세스를 적용하여 새롭게 변화하고 오래된 개별 프로젝트 리스크 및 전체 프로젝트 리스크 수준 변화에 대해 지속적으로 감시하여야 한다.
- 리스크 감시 프로세스는 프로젝트 실행 중에 생성된 성과 정보를 사용하여 대응 대책이 효과적인지 확인한다.

99 차량과 장비에 대한 접근이 제한된 오지에서 프로젝트가 계획되고 있다. 프로젝트 관리자는 상당한 비용에도 불구하고 회사가 모든 중장비를 직접 납품할 것을 제안한다. 프로젝트 관리자가 이 활동에 대해 모든 책임을 질 것이다.

프로젝트 관리자가 보여주고 있는 리스크 대응 유형은 무엇인가?

A. 전가   B. 완화

C. 수용   D. 회피

해설

리스크 수용은 프로젝트 팀이 리스크를 인정하고 리스크가 발생하지 않는 한 조치를 취하지 않기로 결정하는 리스크 대응 전략이다.

100 자기 주도형 교육 설루션을 사용할 수 있는 근거를 제공하는 것은 어느 것인가?

A. 광범위한 규모의 필요한 교육을 제공

B. 질문과 대답 세션에 대한 광범위한 요구 사항

C. 교육을 자주 반복할 수 있는 능력

D. 기존 학습 관리 시스템을 이미 보유

해설

자기 주도형 교육은 다양하고 광범위한 교육을 제공받을 수 있다.

101 인프라(기반 시설) 회사의 예측 프로세스에 몇 가지 AGILE 접근법이 최근에 추가되었다. 팀은 계획된 스토리 포인트들을 완료하지 않고 있고, 변경통제위원회(CCB)는 소극적이다. 프로젝트 관리자는 이를 우려하며 생산성을 높이고자 한다.

프로젝트 관리자는 무엇을 해야 하는가?

A. 팀 교육(훈련)을 제공함으로써 팀으로 하여금 스토리 포인트들을 더 잘 평가(추정)할 수 있도록 한다.

B. 백로그(Backlog)를 줄임으로써 프로젝트의 속도를 높인다.

C. 프로젝트에 더 많은 반복(주기)을 추가함으로써 스토리 포인트 완료에 대한 필요한 시간을 확보한다.

D. 팀 성과를 평가하기 위해 번 다운 차트를 활용한다.

해설

교육은 장기적인 해결책으로 팀에 더 많은 기술과 능력을 추가해야 한다.

102 프로젝트 관리자가 월간 프로젝트 현황 보고서를 준비하는 동안 네 가지의 새로운 리스크가 식별되었다. 해당 리스크는 중요한 핵심 마일스톤에 영향을 미칠 수 있다.

프로젝트 관리자는 이 새로운 리스크 정보를 제출하기 전에 무엇을 해야 하는가?

A. 조직 프로세스 자산(OPA)과 리스크 관리대장을 검토한다.

B. 리스크 관리 계획서와 리스크 보고서를 참조한다.

C. 리스크 보고서와 교훈저장소를 검토한다.

D. 리스크 보고서와 리스크 관리대장을 검토 후 업데이트한다.

해설

첫 단계는 새로운 리스크를 분석하는 것이 될 것이다. 현재 리스크 기록부와 리스크 보고서를 검토하는 것이 가장 좋은 출발점이 될 것이다.

103 프로젝트 스폰서와 프로젝트 팀 모두 프로젝트 관리자에게 신규 프로젝트는 실현 가능한 일정과 충분한 예산을 보유하고 있음을 장담하고 있다. 프로젝트 관리자는 계획되지 않은 사건들이 프로젝트의 성공을 위협할 수도 있다고 우려한다.

프로젝트 관리자는 이러한 우려에 어떻게 대응해야 하는가?

A. 프로젝트 계획을 충분히 다룰 만한 추가 자금을 요청한다.

B. 모든 프로젝트 리스크들을 나열하고 평가한다.

C. 계획되지 않은 리스크의 잠재적 영향을 해결하기 위해 기능 관리자와의 회의 일정을 수립한다.

D. 원래 프로젝트 계획을 검토하고 일정에 맞추어 계획을 완료하는 데 집중한다.

해설

프로젝트 관리자는 사전 예방적이고 확인된 리스크와 리스크 완화 전략을 숙지할 필요가 있다. 가장 먼저 리스크를 식별하고 평가하여야 한다.

104 섬유 개발 프로젝트는 600시간 동안 일할 수 있는 전문 자원이 필요하다. 그 회사는 이 시간을 아웃소싱을 하기로 결정했다. 내부 정책 때문에 모든 잠재적 서비스 제공자에게는 요구사항에 대한 동일한 정보가 제공되어야 한다.

이를 보장하기 위해 프로젝트 관리자는 어떤 조치를 취해야 하는가?

A. 각 서비스 공급업체와 직접 협상을 진행한다.

B. 서비스 제공업체와 입찰자 협의를 실시한다.

C. 조달관리계획이 각 서비스 제공업체에 전송되도록 한다.

D. 각 서비스 제공자를 이해관계자 관리대장에 추가한다.

해설

• 입찰자 회의는 제안서를 제출하기 전에 구매자와 예비 서비스 제공업체 간의 회의이다.

• 회의는 모든 입찰 예정자들이 조달에 대해 명확하고 공통적인 이해를 하도록 보장하며, 어떠한 입찰자도 특혜를 받지 않는다.

105 결과물은 합의된 품질 사양을 충족하지 못하기 때문에 고객이 거부한다. 팀원들은 공급업체가 제공한 부품에 문제가 있어 결과물이 기대에 미치지 못한다는 사실을 알게 된다. 공급업체는 문제를 수정하지 않겠다고 한다.

다음 단계를 결정하기 전에 프로젝트 관리자는 무엇을 해야 하는가?

A. 공급업체와 체결한 서비스 수준 계약(SLA)을 확인한다.

B. 조달관리 계획서 및 계약서를 검토한다.

C. 내부 품질 보증 보고서를 확인한다.

D. 자원관리 계획을 검토하고 교훈사항을 문서화한다.

해설

계약은 판매자가 특정 제품, 서비스 또는 결과를 제공할 의무가 있는 상호 구속력 있는 계약이며, 구매자가 판매자에게 보상할 의무가 있으며, 법정에서 구제 대상이 되는 법적 관계를 나타낸다.

106 팬데믹으로 인해 지연이 발생하여 제시간에 신제품을 출시하기가 매우 어렵다. 출시일 날의 TV 광고는 이미 구매한 상태라 CEO는 프로젝트 관리자에게 일부 사소한 기능이 포함되지 않더라도 제품을 출시할 수 있는 방법을 찾아달라고 요청했다.

성공적이고 시기적절한 제품 출시를 위한 가장 효과적인 조치는 무엇인가?

A. 가능한 한 빨리 결함을 감지하고 수정할 수 있도록 테스트 팀 규모를 두 배로 늘린다.

B. 팀에 첫 번째 시도에서 실패할 가능성이 가장 높은 제품 테스트를 제거하고 해당 테스트와 관련된 요구사항의 범위를 줄이도록 요청한다.

C. 동시 작업을 통해 계획된 출시 날짜에 최대한 가깝게 새로운 테스트 및 준비 마일스톤을 설정한다.

D. 최소 실행 가능한 제품에 대한 요구사항을 개발하고 불필요한 예측 작업의 범위를 줄이기 위해 병렬 반복 트랙을 계획한다.

해설

• MVP(Minimum Viable Product)는 특별히 고객 피드백을 통해 제품 성공을 늘리고 노력을 최소화하여 개발을 가속화하기 위한 것이다.

• 일정 압축 또는 범위 축소만을 선택하여 일하는 것은 불필요한 요구사항을 기반으로 일할 수 있으므로 다른 선택지들은 올바르지 않다.

107 고객 측 직원이 현황 회의 도중 프로젝트 관리자에게 추가적인 새로운 제품 기능을 요청하고 있다. 해당 요청을 승인할 권한이 있는 사람을 찾기 위해 프로젝트 관리자는 어떤 문서를 가장 먼저 참조해야 하는가?

A. 변경사항 기록부

B. 변경관리 계획서

C. 수행담당(R), 총괄책임(A), 자문담당(C), 정보통지(I) – RACI 매트릭스

D. 변경 요청 문서

해설

변경 관리 계획은 프로젝트 변경 내용을 제출, 평가 및 구현하는 프로세스에 대해 설명한다.

108 프로젝트 관리자가 이해관계자들과 주기적인 검토 회의에 참석하고 있는 중이다. 프로젝트 스폰서는 프로젝트 관리자에게 인도물이 어떻게 정확성이 확인되고 수락되는지 묻고 있다.

어느 프로젝트 문서에서 이 정보를 찾을 수 있는가?

A. 범위관리 계획서

B. 요구사항관리 계획서

C. 품질관리 계획서

D. 작업성과 보고서

해설

품질 관리 계획은 프로젝트 및 결과물에 대한 품질 요구사항 또는 표준을 식별하고 프로젝트가 품질 요구사항 또는 표준을 준수하는 방법을 문서화한다.

109 한 피부관리 회사가 제품 중량 미달에 대해 고객 불만이 증가하고 있다고 전했다. 프로젝트 관리자는 생산 라인에서 변경되어야 할 부분이 있는지 결정할 필요가 있다.

해당 작업을 위해 프로젝트 관리자가 사용할 수 있는 도구 또는 기법은 무엇인가?

A. 파래도 다이어그램

B. 산점도

C. 관리도

D. 히스토그램

관리도는 프로세스가 안정적이거나 예측 가능한 성과를 가지고 있는지 여부를 결정하는 데 사용된다.

110 제품은 범위에 정의된 기능 요구사항의 96%를 구현한다. 고객은 그 제품이 100% 구현하지 못했기 때문에 받아들이려 하지 않는다. 프로젝트 관리자는 이러한 상황을 예방하기 위해 어떤 다른 방법이 있었는지에 대해 평가하고 있다.

프로젝트 관리자는 어떻게 했어야 하는가?

A. 시험관리 계획서를 평가했어야 했다.

B. 작업분류체계(WBS)를 작성했어야 했다.

C. 품질 매트릭스가 정의되었는지 확인했어야 했다.

D. 요구사항 문서들을 검토했어야 했다.

품질 매트릭스(지표)는 프로젝트 또는 제품 특성 및 측정 방법에 대한 설명이다.

111 유럽 연합(EU) 규정의 영향을 평가하는 데 필요한 긴 분석으로 인해 전 세계 제품 출시가 지연될 수 있다. 집행 위원회는 EU 내에서 출시를 연기하기로 결정하지만, 모든 비EU 국가에서 출시 날짜는 유지하기로 했다.

프로젝트 관리자는 두 가지 출시를 모두 지원하기 위해 프로젝트를 어떻게 다시 계획해야 하는가?

A. 비상 예산을 사용하여 EU 출시에 대한 침몰 비용을 충당하고, 비EU 출시에 대한 계획을 조정한다.

B. 완전한 애자일 반복 세트로 프로젝트를 다시 계획하고, 결정된 마일스톤들을 번다운 차트에 문서화되도록 한다.

C. EU 출시에 대한 분석 활동 및 톨게이트를 계획하고, 비EU 출시 일정을 중단한다.

D. 일련의 반복을 포함하여 EU 제품을 분석 및 개발하는 동시에 비EU 출시 계획을 조정한다.

• 비EU 출시가 지연되는 것을 방지하려면 두 개의 출시 업무 흐름을 병렬로 실행해야 한다.

• 알려진 요구사항이 없기 때문에 예측 가능한 EU 내의 출시 계획을 세우는 것이 불가능하다.

• 손실을 방지하려면 기존 마일스톤을 유지해야 한다.

112 하이브리드 제약 프로젝트에서 팀이 의료 스캔의 기계 학습(ML) 처리를 실행할 수 있도록 새로운 고정된 날짜의 활동들을 추가한다. ML 분석의 산출물은 애자일 의사 팀에서 환자 사례의 다음 단계를 결정하는 데 사용된다. 프로젝트 관리자가 범위 기술서와 일정을 업데이트했다.

프로젝트 관리자는 이 새로운 프로세스를 어떤 다른 문서에 기록해야 하는가? (3개 선택)

A. Stakeholder Register 이해관계자 등록부

B. Sprint Backlog 스프린트 백로그

C. Definition of Ready 준비의 정의

D. Risk Register 리스크 등록부

E. Resource Management Plan 자원관리
계획서

해설

ML 산출물이 애자일 팀의 분석을 트리거하도록 준비의 정의가 업데이트되었다. 리스크 등록부는 새로운 기술 및 작업 방식의 적응 및 학습과 관련된 리스크에 대한 계획을 위해 업데이트된다. ML 반복을 실행하는 머신이 작업을 완료하는 데 필요한 자원이기 때문에 자원관리 계획서가 업데이트되었다. 이 시점에서 제품 백로그를 업데이트할 수 있지만 새로운 이해관계자가 추가되지 않으며(팀이 ML 자원을 실행함), 스프린트 백로그는 프로세스가 지정되기 전에 적절하지 않기 때문에 다른 선택지들은 잘못되었다.

113 프로젝트 팀 구성원 간의 의사소통과 사기를 향상시키기 위해 비공식적으로 블로그가 만들어졌다. 프로젝트 관리자는 이전에 블로그에 대해 알지 못했지만 팀 구성원이 블로그를 부적절하게 사용하고 있음을 발견했다.

프로젝트 관리자는 무엇을 해야 하는가?

A. 블로그를 검토하고 의사소통 관리 계획서를 평가한다.

B. 관련된 모든 개인을 책망하고 문제를 규정 준수 부서에 보고한다.

C. 의사소통 관리 계획서의 일부가 아니므로 블로그를 폐쇄한다.

D. 블로그를 통한 의사소통을 감시할 수 있는 관리자를 식별한다.

해설

의사소통 관리 계획서에 포함되지 않은 의사소통은 추가적인 리스크와 문제를 유발할 수 있다. 그러나 팀이 블로그를 사용하고 있었기 때문에 프로젝트 관리자는 의사소통 관리 계획서에 공백이 있는지 평가해야 한다. 또한 프로젝트 관리자는 블로그 팀과 함께 행동 규칙을 수립해야 한다.

114 성공적인 프로젝트 리더들은 팀원들의 기술과 지식을 키워주고 프로젝트 내내 팀원들이 동기부여를 할 수 있도록 한다. 성공적인 프로젝트 리더십을 고양하기 위해서 어떤 행동이 도움이 될 것인가?

A. 확신에 차게 행동하고 팀의 요구, 우려 및 신념을 옹호한다.

B. 프로젝트 작업을 위임함으로써 팀 도전을 촉진한다.

C. 팀원들이 의견을 제시할 수 있는 일일 회의를 계획하고 반응을 접수한다.

D. 성공적으로 완료된 업무 각각에 대해 팀 보상을 마련한다.

해설

• 프로젝트 팀과 관련된 프로젝트 관리자의 1차 목표는 팀이 자신의 업무를 수행할 시간과 자원을 확보하고 그들이 직면할 수 있는 장벽을 제거하는 것이다.

• 프로젝트 관리자는 팀의 신념을 옹호함으로써 팀에 대한 그들의 지지를 증명하고 있다.

115 애자일 팀은 고객의 웹사이트를 유지하기 위해 다른 공급업체로부터 인계받을 것이다. 팀은 최근 브라우저 변경으로 인해 웹 사이트의 기존 콘텐츠 대부분이 이제 사용자에게 플러그인을 설치해야 한다.

이에 애자일 팀은 어떻게 나아가야 하는가?

A. 고객에게 알리고 영향 분석을 제안한다.

B. 기존 코드를 모두 업데이트하여 플러그인 종속성을 제거한다.

C. 고객에게 이전 공급업체의 과실에 대해 알린다.

D. 계약에 정의된 대로 코드 업데이트를 전달한다.

해설

고객은 최근 플러그인 이슈가 비즈니스 및 비용에 미치는 영향을 인지해야 한다.

116 반복 제로(Iteration Zero)를 갖는 이유는 무엇인가?

A. 작업하는 프로세스를 결정하기 위해

B. 제품이 만들어져야 한다는 것을 증명하기 위해

C. 제품이 정확하게 만들어질 것이라는 것을 증명하기 위해

D. 프로세스가 작동함을 증명하기 위해

해설

빈복 제로는 반복을 위한 준비작업으로 볼 수 있다.

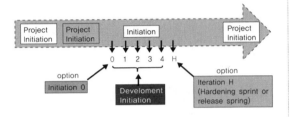

117 프로젝트의 규모가 커졌으며 결과적으로 프로젝트의 단일 스폰서가 운영위원회로 대체되었다.

프로젝트 관리자는 이 새로운 개발 방식을 수용하기 위해 무엇을 해야 하는가?

A. 새로운 운영위원회 구성원을 포함하도록 의사소통 및 이해관계자 참여 계획서가 수정되었는지 확인한다.

B. 새로운 이해관계자가 현재까지의 프로젝트 진행 상황에 중점을 둘 것이기 때문에 초기 프로젝트 계획이 준수되었는지 확인한다.

C. 운영위원회를 팀에 소개하고 프로젝트 마감일을 맞추기 위해 초기 프로젝트 계획을 계속 따른다.

D. 프로젝트에 대한 현재 상황 보고서를 보낼 때 새로운 운영위원회 구성원이 포함되어 있는지 확인한다.

해설

프로젝트 관리자는 이러한 변화에 능동적으로 대처해야 한다. 단일 스폰서를 위해 계획된 것과 동일한 의사소통 및 참여가 이 운영위원회에서 반드시 작동하는 것은 아니다.

118 몇 달 후, 당신이 이끌고 있는 애자일 팀이 마침내 성과 단계에 도달했다. 팀원들은 리더인 당신에게 무엇이 필요하다고 할 것인가?

A. 그들은 목표에 완전히 집중할 수 있도록 많은 지시를 필요로 한다.

B. 그들은 그들의 성과를 높게 유지하기 위해 지금 당신의 지시와 지원이 필요하다.

C. 지금 그들은 많은 지시나 지원이 필요하지 않다. 대부분 자기 지원과 자기 지시로 일한다.

D. 그들이 인정하지는 않지만, 여전히 많은 지원이 필요하다. 당신은 그들이 일을 할 수 있도록 지시할 수 있다.

해설

팀이 성과단계에 도달하면, 팀 멤버들은 리더의 지시나 지원이 필요하지 않다. 그들은 매우 부드럽게 협력하여 대부분 자기 지원과 자기 지시로 일을 한다.

119 고객이 부가 기능을 추가하고 싶다고 알려 온다. 비록 이 요청이 프로젝트 실행 단계에 이루어졌지만, 프로젝트 관리자는 추가에 소요되는 비용이 작을 것이라는 걸 안다. 부가 기능 추가가 성공적이라면 이는 수익 창출의 기회를 증가시킬 것이다.

프로젝트 관리자는 다음에 무엇을 해야 하는가?

A. 해당 기능이 상당한 기회를 제공할 수 있음에는 동의하지만, 기능의 추가는 프로젝트 범위 밖의 일이다.

B. 회사 관리팀과의 회의 일정을 잡고, 부가 기능 추가에 대한 고객의 요구사항을 좋은 기회라고 발표한다.

C. 프로젝트 관리 예비비를 사용하여 해당 기능을 추가하며 계속 진행한다.

D. 기존에 개발된 기능 중 새로운 기능과 결합될 수 있는지를 식별하고, 이 기능 조합을 고객의 요구를 충족하는 데 사용한다.

해설

팀은 작은 증분을 구축한 다음 이를 테스트하고 검토함으로써 새로운 기능 또는 추가 수주 프로젝트 측면에서 가치를 더할 수 있다. 성공적인 구현 및 가치 포착을 위한 중요한 요소이다.

120 은퇴하는 프로젝트 관리자가 모든 자료를 새 프로젝트 관리자에게 넘긴다. 새 프로젝트 관리자가 테스트 중에 중요한 구성 요소가 실패했음을 알게 될 때까지 프로젝트가 원활하게 실행되고 있는 것으로 보인다.

이 문제에 대응할 때 적절한 첫 번째 단계는 무엇인가?

A. 리스크 관리 계획서를 검토하여 이러한 리스크 및 그에 따른 대응 전략이 포착되었는지 여부를 확인한다.

B. 다른 지역 팀 프로젝트 관리자에게 문의하여 문제에 어떻게 대응할 것인지 확인한다.

C. 완화를 구현하기 위해 필요한 추가 시간으로 인한 지연을 고려하여 시각표를 수정한다.

D. 프로젝트와 관련된 문제, 제안된 원가 및 인도 날짜의 잠재적 변경 사항을 설명하면서 이해관계자들과 소통한다.

해설

확인된 위험에 대한 리스크 대응은 리스크 관리 계획서의 일부로 요약되어야 한다.

121 팀원이 프로젝트 수행 중 계획에 없던 휴가를 냈다. 이에 대한 대응으로 프로젝트 팀은 일부 작업 일정을 조정했다. 그 결과 중요한 활동이 동시에 발생하고 있다.

프로젝트 관리자가 가장 먼저 해야 할 일은 무엇인가?

A. 프로젝트 팀과 함께 새롭게 나타난 리스크를 평가한다.

B. 원래 일정으로 되돌려 리스크를 완화한다.

C. 리스크 관리대장을 수정한 다음 프로젝트의 리스크 순위를 지정한다.

D. 새로 나타난 리스크에 대한 적절한 대응을 식별한다.

해설

• PM과 프로젝트 팀은 새로 발견된 리스크를 평가해야 한다.
• PM은 리스크 관리대장을 업데이트하고, 리스크를 분석하고, 우선순위를 지정하고, 대응을 계획해야 한다.

122 한 프로젝트 팀이 개발 중인 프로토타입에 대한 복잡한 문제를 브레인스토밍하고 있다. 그들은 그 분야의 수많은 전문가들과 상의했고, 가능한 조치의 선택을 두 가지로 좁혔다.

팀은 어떤 조치를 취해야 할지 어떻게 결정해야 하는가?

A. 팀 리드가 선택할 수 있도록 권한을 부여한다.

B. 더 낮은 비용을 기준으로 선택한다.

C. 델파이(Delphi) 기술을 사용한다.

D. 프로젝트 관리 계획을 검토한다.

해설

이 팀은 응집력이 있으며 문제 해결을 위해 올바른 일을 하고 있다. 그들은 이미 전문가들과 협의를 마쳤으며, 이것이 델파이 기법이 요구하는 바이기 때문에 전문가들과 상의하고 그들의 조언을 바탕으로 행동 방침을 도출하는, 이 만장일치의 의사 결정 방법을 계속 사용할 수 있다고 생각할 이유가 있다.

정답 120 A   121 A   122 C

123 분기별 결과는 경쟁사들이 가격을 인하하고 있음을 보여준다. 회사는 시장 점유율을 잃어가고 있고, 제품 개발 프로젝트 도중에 스폰서 사업부가 투자금을 돌려받지 못할 것 같다.

프로젝트 관리자가 이러한 새로운 조건에 맞춰 프로젝트를 조정해야 할 2가지 행동은 무엇인가? (2개 선택)

A. 시간당 절반 이하의 비율로 일할 수 있는 외부 전문 직원으로 현지 직원을 점진적으로 교체한다.

B. 경쟁업체와 유사기능을 제공하고 가격을 맞추기 위해 프로젝트 범위를 변경한다.

C. 결과물에 대한 비용/편익 분석을 수행하여 제공 비용과 속도를 최적화한다.

D. 프로젝트 잔여 부분의 일정을 단축하여 의도한 범위를 낮은 간접비로 제공한다.

E. 애자일 트랙을 분할하여 정해진 예산 내에서 가치를 점진적으로 극대화한다.

해설

비용/편익 분석 및 고정 예산 증분 개발은 비즈니스의 중단 없이 수익성 손실을 해결하기 때문에 정확하다.

124 Agile 프로젝트 팀이 중대하고 파괴적인 변화를 겪고 있는 환경에서 일하고 있다. 팀원들이 스트레스로 인해 실적이 좋지 않지만, 일은 계속되어야 한다.

그 팀은 무엇을 해야 하는가?

A. 팀이 원하는 결과에 집중할 수 있도록 Agile Coach에게 의지한다.

B. 제품 소유자에게 일정에 시간을 추가해 달라고 요청한다.

C. 정상적으로 작업을 계속한다.

D. 프로젝트 마감 또는 취소 옵션을 검토한다.

해설

만약 일이 계속되어야 한다면, 답은 일에 집중하는 방법을 찾는 것이다. 마감일을 연장하거나 아무 문제가 없는 척하는 것은 리스크라 할 수 있다. 프로젝트 마감 옵션을 검토하는 것은 이 단계에서 다소 과격할 수 있다.

125 다음 중 특정 프로젝트에 적합한 프로젝트 매트릭스 유형은 무엇인가? (2가지 선택)

A. 완료된 작업 비율

B. 결함

C. 하도급업체 승인

D. 프로세스 준수

해설

특정 프로젝트에는 품질 매트릭스는 품질 인도물, 결함 및 허용 가능한 산출물을 추적하는 다양한 측정을 포함한다.

126 전체 범위를 추적하는 번 업 차트(Burn up charts)가 번 다운 차트(Burn down charts)와 어떻게 다른 지에 대한 내용이다.

다음 중 틀린 내용은 어느 것인가?

A. 번 업 차트(Burn up charts)는 범위가 변동으로부터 진행률을 구분한다.

B. 번 업 차트(Burn up charts)와 번 다운 차트(Burn down charts)는 서로 반대 수직 방향의 흐름이다.

C. 번 업 차트는 WIP(Work in Progress)를 추가하여 누적 흐름도(Cumulative flow diagrams)로 변환할 수 있다.

D. 번 다운 차트(Burn down charts)는 노력 속도의 변화(Rate of effort changes)가 진행 중 변경 때문인지 범위 변경에 의한 것인지를 표시한다.

해설

• 제시된 옵션 중에서 진행 중인 작업을 표시하는 가장 좋은 도구는 작업 보드(Task board)이다.

- 사용자 스토리 백로그에는 프로젝트에서 수행해야 할 작업이 아직 남아 있다.
- 번 업 차트(Burn up charts)는 노력 속도의 변화(Rate of effort changes)가 진행 중 변경 때문인지 범위 변경에 의한 것인지를 표시한다.

127 이슈 기록부를 검토하는 동안 프로젝트 관리자는 두 명의 팀 구성원에게 할당된 작업이 일정보다 상당히 뒤처져 있음을 확인하게 되었다.

프로젝트 관리자는 무엇을 해야 하는가?

A. 추가적인 프로젝트 리스크를 방지하기 위해 기한이 지난 작업을 신속하게 완료해야 할 필요성을 담당 팀 구성원에게 알린다.

B. 이슈를 문서화하고 프로젝트 스폰서에게 에스컬레이션한 다음 어떻게 해결되기를 원하는지 묻는다.

C. 일정이 늦어진 팀원들에게 작업이 지연된 이유와 원래의 일정으로 어떻게 복귀할 것인지 설명해야 한다고 말한다.

D. 관련 팀 구성원과 협력하여 지연된 작업을 검토하고 해결 전략을 결정한다.

해설

프로젝트 관리자는 사전 예방적이어야 하며, 팀 구성원과 함께 활동을 검토하고 해결 전략을 식별해야 한다.

128 프로젝트에서 성과 변화가 발생한 이유는 무엇인가? (4개 선택)

A. 사양 변경

B. 새로운 규정

C. 요구사항 누락

D. 프로젝트 계획에 대한 새로운 변경

E. 부정확한 초기 예측

해설

- 성과가 변경된다는 것은 사양이 변경되고, 규정이 바뀌고, 요구사항 변경 및 산정의 부정확성이 될 수 있다.
- 프로젝트 계획에 대한 새로운 변경도 성과 변화의 요소로 가능성이 있으나, 계획이 변경된다는 것은 기준선이 같이 변경되기 때문에 성과의 변화보다는 새로운 기준선을 기준으로 하기 때문에 새롭게 성과 목표를 정해야 한다.

129 누가 변경을 요청할 수 있는가?

A. 팀원 및 프로젝트 관리자

B. 스폰서

C. 이해관계자

D. 고객

해설

변경은 프로젝트와 관련된 모든 이해관계자가 요청할 수 있다.

130 1~6 단계의 반복에서 팀의 속도 추적 차트(Team's velocity tracking chart)는 20포인트, 35포인트, 18포인트, 23포인트, 25포인트 및 22포인트를 보여주고 있다.

이것은 우리에게 무엇을 말하는가?

A. 속도(Velocity)가 초기부터 안정적이다.

B. 속도(Velocity)가 일정보다 앞서 있다.

C. 속도(Velocity)가 빨라지고 있다.

D. 속도(Velocity)가 안정화되고 있다.

해설

이 팀의 속도는 일반적인 패턴을 보여주고 있다. 처음 몇 번의 반복에서 약간의 변화가 있었지만, 이제 팀이 프로젝트에 익숙해 짐에 따라 속도가 22~25포인트 사이에서 안정화되고 있다.

정답 127 D   128 A, B, C, E   129 C   130 D

131 어떤 애자일 회의가 잠재적으로 전달 가능한 제품 증분이 모든 관련된 이해관계자에게 보여지는가?

    A. 반복 수락 회의(Iteration Acceptance Meeting)

    B. 반복 계획 회의(Iteration Planning Meeting)

    C. 반복 검토 회의(Iteration Review Meeting)

    D. 반복 회고 회의(Iteration Retrospective Meeting)

해설

반복 검토 회의(Iteration review meeting) 또는 스프린트 리뷰 회의(Sprint review meeting)는 개발 팀이 현재 반복 중에 개발한 잠재적으로 인도 가능한 제품 구성 요소를 모든 관심 있는 이해관계자에게 제시(데모) 하는데, 주로 반복 종료 시 발생한다.

132 어느 날 일일 스탠드업 회의 중 팀원들이 선행 작업이 너무 많아서 재작업에 참여해야 한다고 말하고 있다.

    프로젝트 관리자는 이러한 문제에 대해 어떻게 대응해야 하는가?

    A. 검토를 위해 칸반 보드를 사용하도록 해본다.

    B. 팀원에게 반복 주기를 더 짧게 수행할 것을 요청한다.

    C. 제품 책임자에게 제품 가치를 극대화할 것을 요청한다.

    D. 제품 백로그 감소를 관리하는 프로세스에 참여한다.

해설

반복이 짧을수록 기능을 보다 면밀하게 관리할 수 있다. 팀은 반복 주기를 짧게 하여 수시로 피드백을 받아서 최소한의 실행 가능한 제품을 계속 작업할 수 있다.

133 프로젝트 관리자가 휴가를 갔다가 불협화음으로 돌아왔다. 이해관계자 2명에 따르면 이해관계자 C가 문제를 일으키고 있다고 한다. 지난 2주 동안 매일 이해관계자 C가 팀에게 이메일을 보내 진행 상황을 확인하고 새로운 지시를 내렸다. 팀은 이메일을 무시하고 작업을 계속했지만, 다른 이해관계자들은 이해관계자 C의 행태를 우려하고 있다.

    프로젝트 관리자는 어떻게 해야 하는가?

    A. 팀이 그랬던 것처럼 두 명의 이해관계자에게 이해관계자 C를 무시하도록 지시한다.

    B. 모든 사람을 회의에 초대하고 의사소통 이슈를 해결한다.

    C. 이해관계자 C와 사적인 대화를 시작하고 이 문제를 해결한다.

    D. 문제를 조사하여 근본 원인을 찾는다.

해설

갈등 상황에는 냉정하고 합리적인 접근이 필요하다. 어떤 당사자에게 접근하기 전에, 사실과 문제의 원인이 무엇인지 이해하는 것을 목표로 한다.

134 자원 문제로 인해, 건설업자는 작업이 거의 완료되었음에도 불구하고 중요한 프로젝트 결과물을 늦게 제출한다. 다음 프로젝트는 이번 프로젝트의 정시 완료에 달려있기 때문에 반드시 제때에 전달되어야 한다. 비용에 대한 프로젝트 예산에는 20%의 여유가 있지만, 스케줄은 4주밖에 남지 않았다.

    프로젝트 관리자는 이 문제를 어떻게 해결할 수 있는가?

    A. 현재 공급업체를 대체할 새 공급업체를 찾는다.

    B. 여유자금을 사용하여 결과물 일정을 맞출 수 있는 다른 공급업체를 찾아본다.

C. 이러한 지연에 대해 계약상 영향을 공급
업체와 논의하고 정시 완료를 위해 협상
한다.

D. 이 이슈를 프로젝트 스폰서에게 즉시 보
고한다.

해설

• 4주가 남았고 대부분의 작업이 완료된 상황에서 새로운
공급업체를 고용하는 것은 이상적인 일이 아니다.

• 프로젝트 인도물은 주요 초점이기 때문에 프로젝트 관리
자는 먼저 계약서 내용을 기반으로 대안을 평가해야 한다.

135 프로젝트 관리자는 이슈로그를 검토하면서
두 명의 팀원에게 할당된 작업이 일정보다 상
당히 지연된 것을 알게 된다.

프로젝트 관리자는 어떻게 해야 하는가?

A. 프로젝트 리스크가 추가로 발생하지 않
도록 담당 팀원에게 지체된 업무를 신속
하게 완료해야 함을 통보한다.

B. 문제를 문서화하고 프로젝트 스폰서에게
보고한 후 해결 방법을 묻는다.

C. 일정이 늦어진 팀원들에게 업무가 지연
된 이유와 일정에 복귀하는 방법을 설명
해야 한다고 말한다.

D. 관련 팀원들과 협력하여 지연된 업무를
검토하고 해결 전략을 결정한다.

해설

프로젝트 관리자는 능동적으로 팀원들과 함께 활동을 검토
하고 해결 전략을 파악해야 한다.

136 신제품 개발 프로젝트는 어려운 비즈니스 상황
에서 시작될 예정이다. 시장 경쟁은 제품가격을
인하 요구하고, 원자재 비용은 상승하고 있다.
이러한 맥락에서 애자일 증분형 프로젝트 접근
방식이 가장 안전한 선택인 이유는 무엇인가?

A. 프로젝트를 손실 없이 언제든지 취소할
수 있다.

B. 팀 규모를 줄이고 의사소통 병목 현상을
제거한다.

C. 비즈니스 가치의 전달을 가속화하고 관
련이 없는 기능의 리스크를 최소화한다.

D. 품질 및 적합성 비용을 줄이기 위한 엄격
한 방법을 제공한다.

해설

소규모 릴리스의 경우 더 빨리 시장에 출시될 수 있고 이전
사용자 입력의 이점을 누릴 수 있기 때문에 비즈니스 가치
가속화 및 타깃팅이 더욱 개선되는 결과로 나타난다.

137 핵심 이해관계자는 전체 프로젝트가 완료될
것으로 예상시간이 얼마인지 묻는다. 다음 중
그 질문에 답하는 데 도움이 될 만한 내용은
무엇인가?

A. 칸반 보드(Kanban board)

B. 간트 차트(Gantt chart)

C. 번 다운 차트(Burn down chart)

D. 프로세스 흐름도(Process flow
diagram)

해설

번 다운 차트는 전체 범위에서 작업량을 감소시키는 방식으
로 그래프가 표현되기 때문에 작업량이 모두 소모되는 일자
의 예상 그래프 추세를 볼 수 있다.

138 프로젝트를 위해 팀을 구성하고 있다. 그 팀
은 작고 많은 기술들을 대표한다. 가치 및 운
영 지침을 정의하는 데 도움이 되는 기술은
무엇인가?

A. 프로젝트 헌장

B. 팀 헌장

C. 프로젝트 범위기술서

D. 팀 평가

해설

팀 헌장은 운영지침을 포함한다. 또한 갈등 관리 부분 등 팀
이 나가야 할 방향을 설정한다.

139 잘 알려지지 않았거나 현재 갈등을 조사하고 해결할 시간이 없는 상황에 가장 적합한 갈등 관리 접근 방식은 무엇인가?

A. 타협/조정   B. 수용/원활

C. 후퇴/회피   D. 강제/직접

해설

후퇴/회피 전략은 일단 상황상 갈등 상황에서 도피하고 이슈 부분을 연기하는 것이다.

140 새로운 규정이 소비자에 대한 경고를 라벨상에 표시하기를 요구하지만 회사의 제품은 정보를 담기에는 너무 작다. 규정 사양은 솔루션을 제공하지 않으므로 애자일 팀이 접이식 덮개에 정보를 표시하여 문제를 해결하기로 결정한다. 프로젝트의 다음 마일스톤인 새 레이블의 대량 생산 시작은 5일 후에 시작될 예정이다.

애자일 팀은 다음에 무엇을 해야 하는가?

A. 추가 제품 라벨 요구사항을 반영하도록 스프린트 백로그를 업데이트한다.

B. 선택한 형식의 유효성을 확인하기 위해 규정 준수 팀에 문의한다.

C. 변경을 진행하기 위해 운영위원회의 승인을 요청한다.

D. 프로토타입을 개발하고 승인을 위해 라벨 제조업체에 제출한다.

해설

솔루션을 개발하기 전에 솔루션의 규정 준수 여부를 검증하지 않으면 팀은 기껏해야 낭비적인 노력을 기울일 것이고, 최악의 경우 조직을 비준수 처벌의 위험에 빠뜨릴 것이다. 처음부터 운영위원회의 승인을 구하지 않는 것은 관리 계층을 통하지 않고 부서 간에 직접 의사소통하는 Agile 관행과 일치한다.

141 이해당사자가 사양의 잠재적 변경과 관련하여 귀하와 대화를 나누고 있다. 다음 중 귀하가 적극적인 경청을 보여주는 가장 좋은 예는 무엇인가?

A. 이해관계자의 눈을 응시한다.

B. 다른 이해관계자의 행동에 주의를 기울인다.

C. 관련된 후속 질문을 한다.

D. 최대한 빨리 이해관계자의 잘못을 정정한다.

해설

경청에서 적극적인 경청은 대화와 관련하여 관련된 질문으로 피드백을 주는 것이다.

142 한 기업이 특정 직위를 채용 중이었다. 어떤 직위의 경우에는 리더십, 팀 빌딩, 동기 부여, 갈등 관리, 영향력, 협상 등의 기술을 가진 사람들이 필요했다. 이 직위는 특정 목표를 달성하고 예산 제약 내에서 적시에 완료할 수 있도록 개인이 업무(량)를 선도해야 한다.

이 회사에서 채용하려는 직급은 무엇이며, 원하는 기술 설명은 무엇인가?

A. 프로젝트 관리 오피스 책임자 및 의사소통 기술

B. 프로젝트 관리자 및 관리 기량

C. 프로젝트 관리자 및 대인관계 기술

D. 프로그램 관리자 및 비즈니스 기술

해설

특정 목표를 달성하고 예산 제약 내에서 적시에 완료할 수 있도록 개인은 프로젝트 관리자의 역할이고, 리더십, 팀 빌딩, 동기 부여, 갈등 관리, 영향력, 협상 등의 기술을 가진 사람의 역량은 대인관계 기술과 연관있다.

139 C   140 B   141 C   142 C **정답**

143 3년 간의 이동 통신 프로젝트 출시 2개월 후 프로젝트 관리자는 장비의 약 15%가 금수 조치로 인해 배송이 해당 국가에 금지된다는 사실을 알게 되었다. 조달 계약은 금수 조치 사례를 다루지는 않지만 불완전한 인도에 대한 처벌이 적용될 수 있다.

상황에 대한 적절한 해결책은 무엇인가?

A. 애자일 트랙을 추가하여 대체 장비 제공을 탐색하고 계획한다.

B. 공식적으로 금수 조치에 이의를 제기하지만 우발적인 상황에 대한 페널티 비용을 추가한다.

C. 배송 여부에 따른 페널티 비용을 비교하여 가장 낮은 금액을 선택한다.

D. 고객의 처벌을 수락하고 프로젝트를 종료하고 해당 국가에서 사업을 중단한다.

해설

• 프로젝트는 계약상 고객에게 인프라를 제공하기로 약속했다. 금수 조치를 고려하지 않은 것은 고객이 아니라 공급 업체의 잘못이다.

• 애자일 트랙을 추가하는 것은 약속된 인도물을 이행할 수 있는 유일한 선택이다.

• 약속을 이행하지 않고 처벌을 받아들이는 것은 나쁜 비즈니스의 관행이고, 금수 조치에 도전하는 것은 금수 조치를 시행하는 국가와의 비즈니스에 피해를 줄 수 있기 때문에 다른 선택지들은 잘못되었다.

144 초기 회의 중에 프로젝트 관리자는 기술 결정을 처리하는 방법에 대해 다양한 의견이 있음을 인식한다. 팀원들이 서로의 아이디어를 존중하지 않고 환경이 비생산적이었으나 팀은 프로세스와 절차를 개발했으며 현재 충돌이나 중단 없이 원활하고 생산적으로 프로젝트를 진행하고 있다.

팀은 어떤 개발 단계에 있는가?

A. 형성기(Forming)

B. 폭풍기(Storming)

C. 규범기(Norming)

D. 성취기(Performing)

해설

• 스토밍, 즉 폭풍기는 종종 팀원들의 자연스러운 작업 스타일이 충돌하는 곳에서 시작된다.

• 사람들은 다양한 이유로 다양한 방식으로 일할 수 있지만, 서로 다른 작업 방식으로 인해 예상치 못한 문제가 발생하면 좌절하고 비생산적으로 될 수 있다.

• 팀원들이 함께 일하기 시작하고 업무 습관과 행동을 조정하여 지원을 강화하면 팀은 규범기로 전환된다.

145 당신은 회의에서 애자일 팀이 프로세스와 도구가 아닌 사람에 중점을 둔다고 언급했다. 제품 책임자가 잘 이해가 안 된다고 하면 당신은 이를 어떻게 설명할 것인가?

A. 프로세스와 도구를 개발하는 것보다 사람을 찾고 행복하게 하는 것이 더 어렵다.

B. 만일 팀에 적합한 자원을 확보하면, 그들이 사용하는 프로세스와 도구는 중요하지 않다.

C. 권한을 부여받은 팀을 구성하는 것이 사용 중인 프로세스 및 도구보다 프로젝트 성공에 더 중요하다.

D. 프로젝트의 성공 가능성은 팀에서 최고의 인력을 확보할 수 있는지 여부에 따라 크게 달라진다.

해설

애자일 팀은 애자일 선언문의 "프로세스 및 도구에 대한 개인 및 상호 작용"을 따른다. 경험에 의하면 권한을 부여받은 팀을 갖는 것이 그들이 선택한 프로세스 및 도구보다 애자일 프로젝트의 성공에 더 중요하다는 것을 보여 주었기 때문이다.

146 애자일 팀이 최근 개발한 제품을 시연하고 있다. 누가 제품 완성의 승인 여부를 결정하는가?

   A. 개발 팀(The development team)

   B. 제품 책임자(The product owner)

   C. 스폰서(The sponsor)

   D. 애자일 코치(The agile coach)

해설

- 제품 책임자(The product owner)는 승인 기준 (Acceptance criteria)을 검토하고 기능을 확인한 후 반복 검토 회의(Iteration review meeting)에서 완료된 제품 증분(Product increment)을 승인한다.
- 애자일 코치는 제품 증분이 검토되는 회의를 촉진할 수 있으나 제품을 수락하거나 거부하는 것은 애자일 코치의 책임이 아니다.

147 프로젝트 킥오프 2주일 전에 프로젝트 관리자는 주요 프로젝트 전문가를 만나 프로젝트 산출물의 복잡성을 더 깊이 이해한다. 그 전문가는 결과물에 대한 우려를 표현한다.

이에 프로젝트 관리자는 프로젝트 결과물이 현실적이라는 것을 어떻게 보장할 수 있는가?

   A. 타당성 조사를 수행한 후 결과를 평가한다.

   B. 스폰서와 우려 사항을 논의하고 프로젝트 헌장을 수정한다.

   C. 나중에 검토할 수 있도록 이슈로그에 문제를 기록한다.

   D. 리스크 평가를 수행하여 위협 및 예방 조치를 식별한다.

해설

결과물이 현실적인지 확인하기 위해 프로젝트 관리자는 타당성 조사를 수행한 후 결과를 평가해야 한다. 다른 방법으로는 현실적인 결과물을 보장할 수 없다.

148 대규모 프로젝트에는 5개 국가의 업무 그룹, 운영위원회 및 프로젝트 스폰서가 포함된다. 프로젝트 완성이 가까워지면 프로젝트 관리자는 마감 문서를 준비해야 한다.

프로젝트 관리자는 프로젝트 산출물의 수락에 대해 어떻게 적절한 승인을 받아야 하는가?

   A. 프로젝트 스폰서에게 승인을 요청해야 한다.

   B. 운영위원회에 승인을 요청해야 한다.

   C. 5개국에서 온 5명의 관리자에게 승인을 요청해야 한다.

   D. 모든 관련 당사자에게 승인을 요청해야 한다.

해설

스폰서가 프로젝트를 위한 자원을 제공했으므로, 프로젝트 결과물을 공식적으로 승인하는 것은 스폰서의 책임이다.

149 이해관계자는 프로젝트의 현재 상태에 대해 우려하고 있다. 우려 사항을 어떻게 처리해야 하는가?

   A. 자신의 입장을 정당화하는 이메일을 보낸다.

   B. 시정조치를 취한다.

   C. 구체적인 우려 사항을 대상으로 하는 명확한 안건을 사용하여 대면 회의를 실시한다.

   D. 교훈을 문서화한다.

해설

우려 사항에 대해서는 안건으로 만들어 관련 이해관계자와 직접 의사소통을 하는 게 좋다.

150 교훈사항 수집활동은 언제 수행되는가?

   A. 프로젝트 종료 시점에

   B. 단계 종료 시점에

C. 프로젝트 전반에 걸쳐 예측, 반복 및 애자일 생애주기 모두에서

D. 프로젝트 전반에 걸쳐 반복적 생애주기 에만

해설

교훈사항 수집 활동은 프로젝트 진행 중에 주기적으로 이루어진다. 일반적으로 매월, 격월, 분기별로 이루어질 수 있다. 프로젝트 종료 시점에 하는 것은 교훈사항 수집의 마지막 단계를 정리하는 것이지 종료시점 때만 이루어지는 것은 아니다.

151 프로젝트 팀은 프로젝트의 기본 비즈니스 케이스에 영향을 미칠 수 있는 국제 기관으로부터 새로운 준수 요구사항에 대해 알게 된다. 그들은 프로젝트 헌장이 완료되고 프로젝트 스폰서가 서명하면 바로 알게 된다.

프로젝트 관리자는 어떻게 진행하면 되는가?

A. 요구사항과 가능한 결과를 조사한 후 스폰서에게 추천사항을 준다.

B. 품질관리계획 수립을 통해 요구사항을 처리한다.

C. 새로운 요구사항이 프로젝트의 문서화된 범위에 포함되지 않으므로 이 이슈를 무시한다.

D. 요구사항이 리스크 관리대장에 기록되었는지 확인한 후 모든 이해관계자에게 추가 지침을 요청한다.

해설

이 시나리오의 맥락에서 프로젝트 관리자는 조직(스폰서)에 영향을 미치고 규정 준수 요건과 결과를 검토하고 이해한 후 다음 단계를 권고해야 한다.

152 법무팀은 애자일 팀의 현재 80% 완성된 혁신 제품에 다른 회사가 이미 관련 특허를 가지고 있음을 제품 책임자에게 알린다. 이에 제품 책임자는 앞으로 나아갈 적절한 방법을 결정하기 위해 무엇을 해야 하는가?

A. 법무 부서와 협력하여 특허가 등록되지 않은 시장을 찾는다.

B. 한계 경제 분석을 수행하고 적용 가능한 최소 기능을 식별한다.

C. 더 이상의 매몰비용을 방지하기 위해 프로젝트를 즉시 종료한다.

D. 특허받은 구성 요소를 제거한 후 제품 작업을 계속한다.

해설

제품을 출시한다는 기본적인 가정은 "Show-stopper"가 되었다. 한계 경제 분석은 앞으로 실행 가능한 방법이 있는지 결정한다. 최소 릴리스 가능한 특징을 식별하면 경제적 손실을 줄일 수 있다.

153 회사는 새로운 프로그래밍 패러다임을 홍보하기 위한 목적으로 새로운 Architectural Excellence 보드를 고용했다. 애자일 팀은 새로운 소프트웨어 제품과 기존 소프트웨어 제품을 계속 작업한다.

프로젝트 관리자는 이 새로운 개발에 어떻게 대처해야 하는가?

A. 애자일 팀에게 결과 변경이 가능한 한 오래 연기될 것임을 알린다.

B. 이사회가 팀에 명시적인 지시를 내릴 때까지 인내심을 갖고 기다린 후 결정한다.

C. 제품 책임자와 상의하여 변경 사항을 백로그에 추가한다.

D. 팀의 업무 중단을 방지하기 위해 이사회와 기간을 협상한다.

해설

• 제품 책임자가 참여해야 하며, 이 변경 사항을 백로그에 추가해야 한다.

• 백로그 정제는 제품 책임자가 통제하지만 팀의 노력이 필요하다.

• 제품 책임자는 완료의 정의를 변경하거나 허용 기준에 변경 사항을 포함할 수도 있다.

154 애자일 개발 팀은 프로젝트의 설계 요소를 변경한다. 다음 두 번의 반복에 따라 테스트 결과가 크게 개선된다. 세 번째 반복 회고전에서 제품 책임자는 원래 설계의 변경 사항을 알게 된 것에 대해 불만족하며, 팀에 원래 설계를 기반으로 작업을 다시 수행하도록 요청한다.

프로젝트 관리자는 어떻게 이러한 상황을 예방할 수 있는가?

A. 기본 규칙에 모든 의사 결정 경로 조건을 제시하고 가능한 한 일찍 일탈을 시정한다.

B. 팀과의 협업 부족으로 인해 재작업을 위해 제품 책임자에게 추가 자금 지원을 요청한다.

C. 제품 책임자와 주기적 참여를 보증받고 필요한 경우 후속조치 회의를 실행한다.

D. 서번트 리더로서 모든 장애물을 제거하여 팀이 집중할 수 있도록 돕는다.

해설

제품 책임자는 제품의 범위에 대한 궁극적인 권한을 가진다. 따라서 범위 변경 또는 범위에 영향을 미칠 수 있는 변경 사항을 고려할 때 제품 책임자의 참여가 매우 중요하다.

155 새로 합류한 팀원이 소극적이고 참여가 부족하다. 어떻게 하겠는가?

A. 면담을 실시하고 원인을 파악한다.

B. 팀원을 지속적으로 관찰한다.

C. 팀원을 교체한다.

D. 팀원에게 교육을 실시한다.

해설

무엇이든지 문제가 있으면 원인 파악이 우선이다.

156 애자일 검토회의에서 고객이 요구사항과 다르다고 불만이다. 이런 상황에서 이에 대해 어떻게 대응하겠는가? 또는 제품 책임자에게 어떻게 가이드 하겠는가?

A. 시간이 가면서 요구사항이 점진적으로 구체화될 것이다.

B. 계약에 고정된 요구사항만을 준수할 것이다.

C. 회고 미팅을 통해 요구사항을 변경할 것이다.

D. 스프린트 리뷰 미팅을 통해 요구사항의 우선순위를 결정할 것이다.

해설

요구사항의 점진적 구체화는 프로젝트가 가지고 있는 기본 특성이다.

157 애자일 팀이 반복되는 이슈의 근본 원인을 파악하려고 한다. 애자일 실무자(Agile practitioner)가 근본 원인을 결정하기 위해 어떤 방법을 선택하는 것이 좋은가?

A. Five Whys   B. Kano

C. MoSCoW   D. Kanban

해설

Five Whys 분석 방법은 Toyota에서 시작되었으며 회고(Retrospective)중 근본원인 분석(Root cause analysis)을 수행하는 애자일 팀에 적합하다.

158 새로운 스크럼 팀(Scrum team)은 다음 프로젝트의 프로세스를 개선하려고 한다. 애자일 실무자는 팀이 프로세스 개선을 하는 데 가장 도움이 되는 방법은 무엇인가?

A. 조직에서 가장 성공적인 팀이 사용하는 프로세스를 채택한다.

B. 새로운 프로젝트에 대한 프로세스를 조정한다.

C. 완료되지 않은 작업과 회고에 초점을 맞춘다.

D. 스크럼마스터(Scrum master) 및 프로젝트 스폰서와 상의한다.

해설

- 애자일 선언 원칙 중 하나와 핵심 애자일 관행 중 하나를 나타내는 정답 선택을 찾는다.
- 단순성과 반성은 핵심 애자일 관행이다.
- "완료되지 않은 작업량을 최대화하는 기술"인 단순성은 애자일 선언 원칙 중 하나이다.
- 리플렉션(Reflection)은 팀의 프로세스와 성능을 향상하기 위한 반복 회고의 중심에 있다.

159 향후 4개월 이내에 기업의 제품에 영향을 미칠 새로운 법안이 마련될 것이다. 다음 제품은 출시를 시작하고 3개월 이내에 마무리되어야 한다. 해당 법안이 통과된다면 신제품은 새로운 요구사항을 충족하지 못할 것이다.

프로젝트 관리자는 이러한 잠재적 문제를 해결하기 위해 어떻게 해야 하는가?

A. 스폰서 및 핵심 이해관계자들과 해당 리스크에 대해 논의하고 회의 결과를 가지고 가정사항 기록부와 프로젝트 헌장을 갱신한다.

B. 리스크 관리 계획서를 갱신하고 프로젝트 계획을 진행한다.

C. 계획에 따라 프로젝트를 진행하고 제품이 법규의 잠재적인 변경 전에 완료될 수 있도록 모든 마감 시한을 준수한다.

D. 스폰서 및 핵심 이해관계자들에게 법규 시행에 대해 주의를 환기시키고 법제화가 완료될 때까지 해당 프로젝트를 보류할 것을 그들에게 조언한다.

해설

새 법규는 그 계획에 지대한 영향을 미칠 수 있다. 그것은 확실히 새로운 잠재적 리스크, 새로운 가정, 그리고 가능한 차터의 변경으로 이어질 것이다.

160 프로젝트의 모든 타임박스 반복(iteration)에는 반복(iteration) 평가 세션 중 마지막에 예약된 데모가 있다.

이 데모의 목표는 무엇인가?

A. 반복(iteration) 백로그를 정리하기 위해

B. 제품 로드맵을 수정하기 위해

C. 제품 책임자(PO) 및 기타 이해관계자에게 피드백을 요청하기 위해

D. 제품 백로그에 포함할 기능을 설정하기 위해

해설

- 소프트웨어 설루션을 변경하려면 변경된 구성, 프로세스, 작업 흐름, 역할 및 담당 업무를 시연해야 할 수 있다.
- 데모는 주요 고객 및 사용자 이해관계자들이 피드백을 검토하여 변경 사항이 의도대로 작동하는지 확인하고 설루션의 작업 흐름에 영향을 주지 않도록 해야 한다.
- 조기 피드백을 통해 피드백을 즉시 적용할 수 있으며, 전반적인 비용과 리스크를 줄이면서 변경 품질을 개선해야 한다.

161 형상관리 시스템의 주된 역할은 무엇인가?

A. 변경 요청 추적

B. 제품 백로그 우선순위 지정

C. 모든 구성 요소의 버전 관리 통제

D. 역할 및 담당 업무를 정의

해설

형상관리 시스템은 프로젝트 품목을 추적하고 품목에 대한 변경을 통제하기 위해 사용되는 절차 규정이다.

- 프로젝트를 변경하려면 형상관리 시스템(CMS)을 업데이트해야 한다.
- CMS는 구성 요소의 버전을 효과적으로 통제하기 위해 모든 구성 요소의 변경 이력을 유지한다.

162 지속 가능한 투자 수익을 얻지 못하고 있다고 알린다. 제품 책임자는 이 문제를 어떻게 해결해야 하는가?

A. 팀과 함께 최소 실행 가능한 제품을 정의하고 관련 백로그 항목의 우선순위를 지정한다.

B. 긍정적인 투자 수익을 보장하기 위해 필요한 만큼 팀원 수를 줄인다.

C. 최소 시장성 기능을 식별하고 관련 백로그 항목의 우선순위를 지정한다.

D. 프로젝트 관리자와 협력하여 회고를 실행하고 프로젝트 취소를 수행한다.

> **해설**
>
> 더 작은 증분 제품을 자주 출시하는 것이 투자 수익을 얻는 가장 빠른 방법이다. 최소 시장성 기능은 공개 출시 준비가 된 것인 반면에, MVP(Minimum Viable Product)는 기능성만 충분한 릴리스이다. 이러한 경우 팀을 줄이면 필요에 따라 가치를 가속화할 수 없다.

163 신제품 개발 프로젝트가, 경쟁은 가격을 낮추고 공급 비용을 증가 시키는 어려운 비즈니스 상황에서 시작된다.

이러한 맥락에서 애자일 증분 프로젝트 접근 방식이 가장 안전한 선택인 이유는 무엇인가?

A. 손실 없이 언제든지 프로젝트를 취소할 수 있다.

B. 비즈니스 가치 제공을 가속화하고 관련성이 없는 위험을 최소화한다.

C. 팀 규모를 줄이고 의사소통 병목 현상을 제거한다.

D. 품질비용 및 적합성 비용을 줄이는 엄격한 방법을 제공한다.

> **해설**
>
> 더 작은 릴리스가 더 빨리 시장에 출시될 수 있고 더 빠른 사용자 의견의 이점을 얻을 수 있기 때문에 가속화된 비즈니스 가치와 더 나은 타깃팅은 증분의 인도 결과이다. 다른 선택

지들은 비현실적이거나(손실 없이 취소) 접근 방식과 관련이 없다(팀 규모 및 품질 관리).

164 현재 진행 중인 애자일 프로젝트가 다음과 같이 측정된다. 이 수치로부터 어떤 결론을 이끌어낼 수 있는가? (2개 선택)

2주 스프린트	스토리 계획	스토리 완료	계획 가치	완료 가치
1	15	10	450K	300K
2	20	18	600K	540K
3	20	25	800K	1000K
4	22	25	1100K	1250K

A. 팀은 시간이 지남에 따라 덜 효율적으로 일했다.

B. 백로그는 가치 실현 시간에 우선순위를 둔다.

C. 팀은 일정한 효율성을 유지했다.

D. 백로그는 가치 실현 시간에 대한 우선순위가 지정되지 않았다.

E. 팀은 시간이 지남에 따라 더 효율적으로 일했다.

> **해설**
>
> • 차트는 계획 가치/스토리 계획을 나눌 때 시간이 지남에 따라 가치가 증가함을 보여준다(가치가 증가한다는 건 우선순위의 늦은 시간을 의미함).
>
> • SPI가 1(완료된 스토리/계획된 스토리)보다 크면 팀이 시간이 지남에 따라 더 많은 스토리를 더 빨리 완료했음을 나타낸다.

165 인체 조직 스캔을 분석하는 애자일 의사 팀이 포함되지만 CEO가 스캔 분석에서 의사보다 빠르고 정확한 것으로 입증된 머신 러닝(ML) 기술을 활용하고자 한다.

제품 책임자는 CEO의 뜻에 따라 어떻게 진행해야 하는가?

A. 관리대장에 리스크를 기록하고 회고록에서 대응 논의를 위한 계획을 수립한다.

B. 팀과 협력하여 ML 자원 사용 방법을 계획하고 비즈니스 사례를 생성한다.

C. 팀에 요령 있게 알리고 이직 또는 조기 퇴직 계획을 시작하도록 돕는다.

D. 인간 기반의 검증을 지원하는 SWOT 분석을 생성하도록 팀에 요청한다.

해설

- 프로젝트 관리자는 비즈니스 서비스에서 일하고 CEO의 결정을 지원한다.
- ML은 전문가를 대체하는 것이 아니라 가속화하는 도구이다.
- 새로운 작업 방식을 계획하기 위해 팀과 협력하고 결정을 지원하기 위해 비즈니스 사례를 사용하는 것은 회사와 팀에 있어 최선의 이익이다.
- 리스크를 기록하는 것은 불충분하고 고립된 대응이며, 팀이 실직할 것이라고 가정하는 것은 무책임하고 조작된 것이고, SWOT 분석으로 CEO의 결정에 도전하는 것은 비전문적이다.

---

166 현재 4개의 애자일 팀이 상호 관련된 제품을 작업하고 있다. 모든 팀은 다른 팀의 작업과 관련된 장애와 격차를 경험하기 시작했다.

문제를 어떻게 해결해야 하는가?

A. 팀 간의 종속성 제거

B. 회의보다 협업 도구 선호

C. 계층 구현

D. 문제를 줄이기 위해 두 개의 큰 팀으로 병합

해설

Scrum of Scrum은 상호 관련된 제품을 작업하는 팀 간의 가장 효과적인 조정 작업이다. 다른 선택지들은 비현실적(종속성 제거), 애자일 관행에 반함(대규모 팀) 또는 덜 효과적인(협업 도구) 이유 때문에 잘못된 것이다.

---

167 회고의 목적은 무엇인가?

A. 문제 발생 원인을 비난하기 위해

B. 팀에 도움이 되지 않는 사람을 파악하기 위해

C. 완료되지 않은 모든 작업을 다시 살펴보기 위해

D. 잘한 부분과 개선할 수 있는 부분을 파악하기 위해

해설

회고의 목적은 지속적인 개선이 목적이다. 스프린트 리뷰회의 시 나온 피드백을 기반으로 개선 부분을 정리해서 다음 스프린트에 반영한다.

---

168 기술부채(Technical debt)는 제품의 실제 변경비용(CoC; Cost of change)과 최적 CoC 간의 차이이다. 기술부채 관리는 오늘날 안정적인 인도를 보장하고 내일의 고객 요구에 즉시 적응할 수 있도록 도와준다.

기술부채는 언제 발생할 수 있는가?

A. 초기 개발 중

B. 지속적인 유지 관리

C. 개선 중

D. 상기 모든 동안

해설

- 초기 개발, 지속적인 유지 관리(제품을 원래 상태로 유지) 또는 향상(기능 추가) 중에 기술부채가 발생할 수 있다.
- 기술 부채는 적시에 개선하지 않고 미루어 두었다고 나중에 문제가 발생한 것을 의미한다.
- 기술부채가 발생하면 일정과 원가가 추가로 들어가고 전체적으로 문제를 발생시킬 수 있다.

169 하이브리드 제품 설계 프로젝트에서 기기 오작동이 발생하여 특정 원료 공급품에 막대한 손실이 발생했다. 생산팀이 애자일 프로그래밍 팀에게 문제를 이야기할 때 잘못 번역된 데이터 시트가 두 팀 모두에게 문제를 일으켰지만, 애자일 팀은 오작동이 발생하기 한 달 전에 문제를 해결했다.

애자일 팀은 오작동을 방지하기 위해 무엇을 할 수 있는가?

A. 데이터 시트의 정보에 의해 영향을 받는 스토리의 우선순위를 낮춘다.

B. 프로젝트 스폰서에게 번역 수정 보류 중인 프로젝트의 중단을 요청한다.

C. 정보 방열기에 회고적 결론들의 요약사항을 공유한다.

D. 프로젝트 장비 공급업체의 변경을 공식 요청한다.

해설

근본적인 문제는 애자일 팀의 영향력 있는 정보가 오작동을 방지하기 위해 예측 팀에 제때 전달되지 않았다는 것이다. 회고적 교훈을 방송하는 것은 적시에 가장 광범위한 그룹에 도달하는 가장 좋은 방법이다. 애자일 트랙 결정이 예측 트랙(우선순위 해제)에 영향을 미치지 않고, 문제를 완화하기 위해 프로젝트를 다시 계획해야(중단되지 않음) 하고, 공급업체 변경은 매우 파괴적이며 너무 많은 미지수를 수반하기 때문에 다른 선택지들은 잘못되었다.

170 프로젝트가 계획되었으며 계약서에 서명할 준비가 되어 아파트 단지를 건설하기 시작했다. 고객이 소비자 조사가 진행되는 동안 한 구획의 토지에 대한 계획된 작업을 중단하도록 주계약자에게 요청하였고, 연구 결과에 따라 해당 구획에 어떤 종류의 구조물이 건설될 것인지 결정할 것이다.

새로운 고객의 요구사항을 감안할 때 주 계약자가 거래를 신속하게 성사시키기 위해 무엇을 해야 하는가?

A. 전체 작업의 합의된 가격에 위험 프리미엄을 추가하고 완전히 정의되면 새로운 범위를 재협상하는 조항을 추가한다.

B. 변경 요청을 제기하여 범위 및 가격에 대한 영향을 조사하고 모든 정보를 사용할 수 있게 되면 거래를 종료한다.

C. 프로젝트 계획 및 가격 책정에서 구획에 대한 모든 작업을 제외하고 범위가 명확해지면 별도의 계약을 제안한다.

D. 견적 가격에서 구획 작업을 빼고 시간과 자재를 기반으로 지불하는 애자일 반복으로 구획작업을 계획한다.

해설

T&M(Time & Material)을 기반으로 한 반복은 프로젝트 시작을 지연시키지 않고 프로젝트 확장을 처리하는 윈-윈 방식이기 때문에 정답이다. 애자일 반복 작업은 알 수 없는 작업량에 대한 입력값의 역할을 할 수 있다.

171 다음 주 회고에 대한 설명 중 맞는 표현이 아닌 것은 다음 중 어느 것인가?

A. 회고는 유효한 지속적 개선 도구이다.

B. 회고는 스프린트 리뷰미팅이 끝나고 가급적 빨리 진행하는 것이 좋다.

C. 팀이 다음 스프린트 수행 시 개선사항을 계획하는 데 도움이 된다.

D. 회고 회의의 주체는 제품 책임자로, 회의 시 백로그의 우선순위를 결정한다.

해설

제품 책임자로 백로그의 우선순위 결정은 스프린트 계획회의 이전에 이미 결정된다.

172 새로운 프로젝트 스폰서가 세 가지 다른 시간 대와 위치에서 일하는 자원을 포함하는 프로 젝트 팀을 구성하도록 요청했다. 프로젝트 스 폰서는 이 요구사항의 의미를 고려하지 않았 으며, 요청이 원가를 절감하면서도 이상적인 프로젝트 팀을 구성할 것이라고 믿고 있다.

프로젝트 관리자는 프로젝트 헌장에서 이 요 청을 어디에 문서화해야 하는가?

A. 주요 이해관계자 목록

B. 프로젝트 전체의 리스크

C. 상위수준의 요구사항

D. 자원관리계획서

해설

분산된 프로젝트 팀을 갖는다는 것은 리스크 없이 할 수 없 다. 이러한 리스크는 프로젝트의 리스크 기록부에서 식별해 야 한다.

173 리스크를 관리하기 위해 승인된 변경이 구현 되었다. 3개월 후 프로젝트 관리자는 변경 사 항을 통해 원하는 결과를 얻지 못했다는 것을 알게 되었다. 사실, 그 변화는 부정적인 결과 를 낳았다.

프로젝트 관리자는 향후 프로젝트에서 이러한 문제를 방지하기 위해 무엇을 해야 하는가?

A. 리스크 정보를 교훈관리대장에 업데이트 한다.

B. 현재의 가정사항을 다시 살펴보거나 변 경하기 위해 가정 기록부를 검토한다.

C. 구현된 리스크 대응이 효과적인지 확인 한다.

D. 새로운 리스크를 평가하고 확률 및 영향 매트릭스를 업데이트한다.

해설

• 리스크 감시 프로세스를 적용하여 신규, 변경 및 오래된 프 로젝트의 개별 리스크들과 전체 프로젝트 리스크 수준의 변화에 대해 프로젝트 작업을 지속적으로 감시해야 한다.

• 리스크 감시 프로세스에서는 프로젝트 실행 중에 생성된 성 과 정보를 사용하여 대응이 효과적인지 여부를 결정한다.

174 당신에게 고객이 자기조직 및 자기관리 팀의 의미를 설명하도록 요청하고 있다. 그것들을 어떻게 설명하겠는가?

A. 팀이 자기조직 및 자기관리 팀의 도움이 되는 공동의 위치(Co-location)에 존재 한다.

B. 팀은 관리자가 필요 없는 전문가들의 그 룹이다.

C. 팀은 모든 프로젝트와 관련된 결정을 내 릴 수 있다.

D. 팀은 완료의 정의(Definition of Done) 에 대한 공유 지식을 기반으로 어떻게 각 반복의 결과를 생성할 것인지에 대한 자 체 결정을 내릴 수 있다.

해설

• 자체 조직 팀은 팀에게 성공에 대한 책임을 위임하고 목표 달성에 필요한 일을 할 수 있도록 해야 한다. 그들 스스로 업무에 대한 결정을 내린다.

• 자체 관리 팀은 팀 규범을 만들고 현지 의사 결정을 내릴 수 있도록 집단적으로 작업할 수 있는 권한을 부여한다. 그 과정에서 발생하는 많은 문제를 해결한다. 반복의 범위 내에서 팀은 스스로 시간을 조절한다.

175 프로젝트 관리자가 잠재적 팀원의 기술을 평 가하는 데 사용할 수 있는 기법은 무엇인가?
(2가지 선택)

A. 능력 테스트

B. 핵심 전문가 그룹

C. 칸반(Kanban) 보드

D. RACI 매트릭스

해설

팀원 평가 시 팀원의 역량(능력)을 테스트하고 핵심 그룹에 서 검토하는 것이 좋다. 사전 배정 도구(Pre-Assignment Tools)를 보면 태도조사, 능력시험, 포커스 그룹, 구체적인 평가, 구조적인 인터뷰가 있다.

176 RACI 차트에서 R로 식별되면 무엇을 의미하는가?

  A. 결과에 대한 책임은 당신에게 있다.

  B. 필요한 투입물을 제공하기 위해 참여해야 한다.

  C. 최신 상태로 유지해야 한다.

  D. 활동의 실행에 대한 책임은 당신에게 있다.

해설

- R(Responsible)은 작업에 대한 수행책임을 의미한다.
- RACI 차트에서 일반적인 유형의 책임 할당 매트릭스(RAM)는 책무감, 책임감, 자문 및 정보 상태를 사용하여 프로젝트 활동에 대한 이해관계자의 참여를 정의한다.
- R(Responsible), A(Accountable), C(Consult), I(Inform)의 약자를 이해해야 한다.

177 다음 중 애자일 방법(Agile Method)으로 간주되는 않는 것은 어느 것인가?

  A. 적응형 소프트웨어 개발(Adaptive Software Development)

  B. 기능 중심 개발(Feature Driven Development)

  C. 린 소프트웨어 개발(Lean Software Development)

  D. 테스트 주도 개발(Test Driven Development)

해설

적응형 소프트웨어 개발, 기능 중심 개발 및 린 소프트웨어 개발은 모두 애자일 방법으로 간주되지만, 테스트 주도 개발은 애자일 도구로 간주된다.

178 XP(eXtreme Programming)는 소프트웨어 개발 프로세스 중에 수행되는 네 가지 기본 활동을 정의한다. 디자인, 코딩, 테스트와 더불어 나머지 한 가지는 무엇인가?

  A. Collaborating   B. Leveling

  C. Communicating D. Listening

해설

소프트웨어 개발 프로세스 중에 수행되는 XP의 네 가지 기본 활동은 다음과 같다.

① 고객의 의견을 듣고 원하는 것을 결정하고 동료 개발 팀원에게도 귀를 기울인다.

② 고객과 팀의 의견을 경청하여 요구사항에 대한 팀의 이해를 기반으로 코드를 설계한다.

③ 개발 노력의 최종 결과물이 코드 프로그래밍에 기초하기 때문에 코딩한다.

④ 가능한 한 버그가 없는 수준에서 최고 품질의 코드를 제공하도록 프로그래밍 된 코드를 테스트한다.

179 애자일 프로젝트 관리 및 제품 개발은 각 반복마다 고유한 여러 유형의 문서를 사용하며 이를 "아티팩트(Artifacts)"라고 한다.

  다음 중 애자일 아티팩트(Artifacts)가 아닌 것은 어느 것인가?

  A. 반복 비전 선언문(Iteration Vision Statement)

  B. 반복 백로그(Iteration Backlog)

  C. 반복 계획(Iteration Plan)

  D. 반복 번 업 차트(Iteration Burnup Chart)

해설

- 애자일 프로젝트 관리 및 제품 개발에 사용되는 4가지 주요 Artifacts는 반복 계획, 반복 백로그, 반복 번 다운 차트 및 반복 번 업 차트이다.
- 애자일에서 아티팩트 (Artifacts)로 사용되는 유일한 "비전 진술" 유형은 제품 비전 진술이다.
- "반복 비전 선언문"은 만들어진 용어이다.

180 프로젝트가 실행 단계에 있다. 원래 승인된 도면을 바탕으로 1,000개의 제품이 개발되었다. 프로젝트 팀은 품질 계획과 비교하여 평가할 제품 100개를 랜덤하게 선택한다.

프로젝트 팀은 무엇을 하고 있는가?

A. 조달통제
B. 통계적 샘플링
C. 프로세스 감사
D. 품질 보증

해설

통계 샘플링에는 검사할 모집단의 일부를 선택하는 작업이 포함된다. 예를 들어 75개 리스트에서 무작위로 10개의 엔지니어링 도면을 선택하는 작업이 포함된다. 샘플을 채취하여 대조군을 측정하고 품질을 확인한다.

PMP®
Certification
ECO 문제집

2023. 4. 28. 초 판 1쇄 인쇄
2023. 5. 10. 초 판 1쇄 발행

지은이 │ ATP(Authorized Training Partner) 주식회사 PCCA, 박성철, 이길호, 이두표, 오석현, 최광호, 김현일, 현정훈
펴낸이 │ 이종춘
펴낸곳 │ **BM** ㈜도서출판 **성안당**
주소 │ 04032 서울시 마포구 양화로 127 첨단빌딩 3층(출판기획 R&D 센터)
      │ 10881 경기도 파주시 문발로 112 파주 출판 문화도시(제작 및 물류)
전화 │ 02) 3142-0036
     │ 031) 950-6300
팩스 │ 031) 955-0510
등록 │ 1973. 2. 1. 제406-2005-000046호
출판사 홈페이지 │ **www.cyber.co.kr**
ISBN │ 978-89-315-5944-6 (13000)
정가 │ **50,000원**

이 책을 만든 사람들

책임 │ 최옥현
진행 │ 최창동
교열 │ 인투
본문 디자인 │ 인투
표지 디자인 │ 박원석
홍보 │ 김계향, 유미나, 이준영, 정단비
국제부 │ 이선민, 조혜란
마케팅 │ 구본철, 차정욱, 오영일, 나진호, 강호묵
마케팅 지원 │ 장상범
제작 │ 김유석